DIE UNGLEICHEN PARTNER

Die ungleichen Partner

DEUTSCH-BRITISCHE BEZIEHUNGEN
IM 19. UND 20. JAHRHUNDERT

Aus Anlaß des fünfzigjährigen Bestehens der
DEUTSCH-ENGLISCHEN GESELLSCHAFT E.V.
herausgegeben von
Wolfgang J. Mommsen

DEUTSCHE VERLAGS-ANSTALT · STUTTGART

Die Deutsche Bibliothek – CIP-Einheitsaufnahme

Die **ungleichen Partner** : deutsch-britische Beziehungen
im 19. und 20. Jahrhundert / aus Anlaß des fünfzigjährigen
Bestehens der Deutsch-Englischen Gesellschaft e.V.
hrsg. von Wolfgang J. Mommsen. –
Stuttgart : Deutsche Verlags-Anstalt, 1999
ISBN 3-421-05287-5

Satz: Typomedia Satztechnik GmbH, Ostfildern aus Sabon und Syntax
Druck und Bindearbeit: Friedrich Pustet, Regensburg
Diese Ausgabe wurde auf chlor- und säurefrei gebleichtem,
alterungsbeständigem Papier gedruckt.
Printed in Germany
ISBN 3-421-05287-5

Inhalt

Geleitwort

Die Deutsch-Englische Gesellschaft feiert in diesem Jahr ihr fünfzigjähriges Bestehen. Gegründet als privater deutsch-englischer Neuanfang von Düsseldorfer Bürgern auf Initiative von Lilo und Hans Milchsack mit der Unterstützung von Robert Birley am 18. März 1949, hat sie vor allem mit der seit 1950 jährlich wiederkehrenden Königswinter Konferenz, ihren Vortragsveranstaltungen und der Jung-Königswinter Konferenz dazu beigetragen, daß aus einstigen Gegnern auf dem Wege aufgeschlossener Begegnung und offenen Gespräches wieder vertrauensvolle Partner wurden.

Die Gesellschaft möchte aus Anlaß dieses Jubiläums ihren Mitgliedern, Förderern, Freunden und allen, die sich für die angelsächsische politische Kultur interessieren, einen Festband mit Essays über die Entwicklung der Beziehungen zwischen unseren beiden Nationen im neunzehnten und zwanzigsten Jahrhundert vorlegen, die ihr wechselvolles Verhältnis zueinander in allen Facetten, seinen Höhen und Tiefen, in Annäherungen und Rivalitäten, Gemeinsamkeiten und Gegensätzen bis in die unmittelbare Gegenwart nachzeichnen. Der Leser, der diesen Festband zur Hand nimmt, wird eine Themenbreite vorfinden, die weit über den engen Bereich der politischen und militärischen Beziehungen hinaus die dynastischen, geistig-kulturellen, wirtschaftlichen und wissenschaftlich-technologischen Bezüge einfängt. Gerade jetzt, da die Beziehungen zwischen unseren beiden Staaten, dem nunmehr wiedervereinigten Deutschland und dem Vereinigten Königreich von Großbritannien, von einer jüngeren Politikergeneration neue Anstöße erfahren und die deutsche Politik mit dem Ortswechsel nach Berlin wieder über eine für London attraktive europäische Metropole verfügt, muß über die anspruchsvolle Partnerschaft zwischen Deutschland und Großbritannien im Europa des 21. Jahrhunderts neu nachgedacht werden. Dafür ist es unerläßlich, wie Jakob Burckhardt sagt, die großen Tatsachen und Zustände nicht zu bejammern, sondern sie zu erkennen. So mag dieser Essayband seinen Teil dazu beitragen, die

Gemeinsamkeiten und Gegensätze, die Komplexität und sichtbaren Strukturen, die Vielfältigkeit und Tiefe der politischen, kulturellen und wirtschaftlichen Beziehungen in Vergangenheit und Gegenwart zwischen den beiden Staaten deutlich zu machen. Die Deutsch-Englische Gesellschaft, getreu ihrem Anliegen, den intensiven Dialog zwischen Deutschland und dem Vereinigten Königreich zu fördern und zu bereichern, wünscht mit diesem Festband einen weiteren fruchtbaren Beitrag dafür zu leisten.

Prof. Dr. Wolfgang J. Mommsen, gegenwärtig Robert von Mohl-Fellow am Europäischen Zentrum für Staatswissenschaften und Staatspraxis, Berlin, hat dankenswerterweise die Herausgabe dieses Bandes übernommen. An dieser Stelle sei all jenen gedankt, die am Zustandekommen dieses Bandes mitgewirkt haben, insbesondere Elke Berger, Susanne Jahn, Catherine McDowell, Silvia Osada und Christian Haase. Wir freuen uns sehr, daß die Deutsche Verlags-Anstalt bereit war, Gestaltung und Lektorat des Bandes zu besorgen. Vor allem aber danken wir der Königswinter Stiftung, dem DaimlerChrysler-Fond im Stifterverband für die Deutsche Wissenschaft e. V., der Robert Bosch GmbH und der Deutsche Bank AG für die großzügige finanzielle Hilfe bei der Erstellung und Drucklegung des Bandes.

Hermann Freiherr von Richthofen
Berlin, im Mai 1999

WOLFGANG J. MOMMSEN

Einleitung

Die in diesem Bande vereinigten Essays behandeln in exemplarischer Form die Höhen und die Tiefen der deutsch-britischen Beziehungen in den letzten zwei Jahrhunderten. Beide Gesellschaften waren einander in vieler Hinsicht immer schon näher verwandt als viele andere europäische Gesellschaften. Und das spannungsreiche Wechselverhältnis beider Länder hat ihre Geschichte in überaus hohem Maße geprägt, im Guten wie im Bösen.

Im 18. Jahrhundert verhalfen die militärischen Konflikte in Mitteleuropa Großbritannien indirekt dazu, relativ mühelos große Teile seines Empires jenseits des Atlantiks zu erwerben, und ebenso waren die Napoleonischen Kriege, welche das Heilige Römische Reich deutscher Nation auslöschten und zeitweilig Preußen aus der Reihe der europäischen Großmächte eliminierten, aus britischer Sicht ein Weltkrieg, der die endgültige Stabilisierung der britischen Herrschaft über den indischen Subkontinent und die Reste des ehemaligen spanischen Empires brachte. Das Bündnis des älteren Pitt mit Friedrich dem Großen und schließlich die definitive Niederwerfung der Napoleonischen Weltherrschaftsbestrebungen durch England und Preußen auf dem Schlachtfeld von Waterloo waren mehr als eine bloße Episode, sie standen für gemeinsame Interessen beider Mächte, wie unter anderem Peter Wende in seinem Beitrag über »Deutschland und Großbritannien im 18. Jahrhundert« zeigt.

Auch in gesellschaftlicher Hinsicht bestanden Gemeinsamkeiten; die aristokratischen Führungseliten beider Länder fühlten sich einander durch Lebensstil und Weltbild verbunden, auch wenn der kontinentale Adel immer schon der ärmere Bruder des britischen war. Gleichzeitig wurden Großbritannien und seine politische Kultur in Deutschland zum wichtigsten Vorbild des anfänglich noch zaghaften bürgerlichen Liberalismus, und dies um so mehr, als dieser sich in seiner großen Mehrheit mit der Tradition des französischen Jakobinismus nie hat anfreunden können.

Auch auf geistigem und kulturellem Gebiet waren die Berührungen eng und vielfältiger Art: die schottischen Aufklärer und Immanuel Kant hatten in vieler Hinsicht mehr miteinander gemein als mit Rousseau und Voltaire und den französischen Enzyklopädisten. Die große Wertschätzung, die Georg Friedrich Händel in England entgegengebracht wurde und die ihn dazu bestimmte, gleichsam selbst zum Engländer zu werden, darf als Symbol einer deutsch-britischen Symbiose auf kulturellem Gebiet gesehen werden, die, wie Thomas Kielinger in einem faszinierenden Essay »Zwei Jahrhunderte deutsch-britischer Begegnungen« zeigt, auch während des 19. Jahrhunderts fortbestand, ungeachtet tiefgreifender politischer Gegensätze. Demgemäß geht die Thematik dieses Essaybandes bewußt über den vergleichsweise engen Bereich der politischen und militärischen Beziehungen hinaus und bezieht die kulturellen, wirtschaftlichen und technologischen Beziehungen zwischen beiden Ländern, die schon im 19. Jahrhundert einen großen Umfang angenommen hatten, in die Betrachtungen ein.

Auch in der ersten Hälfte des 19. Jahrhunderts änderte sich die relative Gleichläufigkeit der Politik Großbritanniens und der deutschen Staatenwelt noch nicht grundlegend. Die britische Politik hat auf dem Wiener Kongreß von 1814 und 1815 maßgeblich dazu beigetragen, daß die verworrenen deutschen Verhältnisse in einer erträglichen, wenn auch nicht sonderlich befriedigenden Form geregelt wurden. In der Folgezeit hat die britische Diplomatie unter Lord Palmerstone die Bestrebungen, in den deutschen Staaten konstitutionelle Reformen durchzusetzen, durchweg unterstützt, wie Wolf D. Gruner in seinem Beitrag über »Großbritannien und die Staaten des Deutschen Bundes zwischen dem Wiener Kongreß und den Revolutionen von 1848/49« darlegt. Und noch Anfangs der 1860er Jahre war die Aussicht, daß es in Preußen zu einer gemäßigt-konstitutionellen Regierung unter dem Thronfolger Friedrich nach Art des britischen Whiggismus kommen werde, nicht gering, bis dann Bismarck das Ruder herumriß und der Entwicklung in Preußen-Deutschland mit großer Härte eine andere, konservative Richtung gab. Die dynastischen Beziehungen zwischen beiden Ländern waren eng, wie Wilfried Rogasch in seinem Beitrag zu diesem Bande am Beispiel der Kaiserin Friedrich darlegt, und sie hätten, sofern Friedrich III. früher und noch als gesunder Mann den Thron bestiegen hätte, dem Gang der Dinge durchaus eine andere Wendung geben können.

Dennoch ist es kein Zufall, daß Großbritannien der Reichsgründungspolitik Bismarcks wohlwollende Unterstützung zuteil werden ließ, und nicht allein deshalb, weil der fortbestehende Gegensatz zu Frankreich dies nahelegte, sondern auch, weil sie davon ausging, daß man der Begründung einer nationalstaatlichen Ordnung in der Mitte Europas nicht in den Weg treten dürfe, obwohl es an warnenden Stimmen nicht gefehlt hat, die auf die Gefahr einer zukünftigen hegemonialen Politik des Deutschen Reiches auf dem europäischen Kontinent hinwiesen. Was Bismarck anging, so war er gewiß kein besonderer Freund Großbritanniens. Insbesondere hegte er eine ausgesprochene Abscheu gegenüber William Edward Gladstone, dem »großen alten Mann« des britischen Liberalismus. Aber das Verfassungsgebäude des Deutschen Reiches war keineswegs so reaktionär ausgelegt, wie man gemeinhin annimmt. In mancher Hinsicht war Bismarck sogar in die Schule Disraelis gegangen, der seinerseits gezeigt hatte, daß eine richtig verstandene konservative Politik sich nicht einfach nur auf reaktionäre Positionen versteifen dürfe, sondern mit der Zeit gehen und das Bündnis mit den konservativ gesinnten Massen der Bevölkerung suchen müsse. In mancher Hinsicht war die Reichsverfassung mit ihrem allgemeinen, gleichen, geheimen und direkten Wahlrecht demokratischer als die gleichzeitige englische Verfassungswirklichkeit. Jedenfalls wurde durch den halbautoritären Charakter des deutschen Verfassungssystems nicht ausgeschlossen, daß sich beide Länder in anderen Lebensbereichen auf parallelen Bahnen fortentwickelten.

Dies war insbesondere auf wirtschaftlichem Gebiet der Fall. Die deutsche Staatenwelt gehörte grundsätzlich zu den Nachzüglern des Industrialisierungsprozesses, der in Großbritannien bereits seit dem frühen 17. Jahrhundert eingesetzt hatte; auch Frankreich und Belgien waren ihr ursprünglich um einige Längen vorausgewesen. Die sprunghafte Entwicklung eines modernen industriellen Systems seit der Mitte des Jahrhunderts verdankte sich, wie Wolfhard Weber in seinem Beitrag über »Technologietransfer von Großbritannien nach Deutschland während der industriellen Revolution« eindrucksvoll darlegt, in hohem Maße der Übernahme britischen *know hows* und britischer Produktionsmethoden; nur im Rheinland spielten belgische Unternehmer und Ingenieure eine Mittlerrolle. Ebenso bestanden enge Beziehungen zwischen der englischen und der deutschen Unternehmerschaft, auch und sofern sich diese als Konkurrenten empfanden: Wenn sie in technologischer und betriebswirtschaftlicher Hinsicht vielfach andere Wege gingen, so lag dies an unterschiedlichen ökonomischen und technologischen Gegebenheiten. Ulrich Wengenroth beschreibt in seinem eindrucksvollen Beitrag die Leistungen und Schwächen der britischen und der deutschen Unternehmerschaft im Lichte der zeitgenössischen Kritik von 1880 bis in unsere Gegenwart hinein in faszinierender Weise; es ergibt sich, daß beide voneinander zu lernen hatten.

Überhaupt war die vielbeschworene wirtschaftliche Rivalität zwischen Großbritannien und dem Deutschen Reich eher eine Sache der Journalisten und der politischen Agitatoren als der Unternehmer und Kaufleute: Schon früh stellte sich vielmehr heraus, daß beide Wirtschaften gleichsam komplementär operierten. Vor allem aber blieb Großbritannien, auch wenn es im Sektor der herkömmlichen industriellen Produktion hinter Deutschland und die USA zurückfiel, ersterem auf dem tertiären Sektor der Dienstleistungen und des *retailing* stets Meilen voraus, vom Umfang der überseeischen Investitionen ganz zu schweigen. Und der Besitz eines weltweiten Empires verlieh ihm immer noch einen enormen Vorsprung, auch wenn die kontinentalen Länder, und nicht zuletzt das Deutsche Reich, gerade hier enorme Exportchancen entdeckten.

Diese Konstellation gab den Nährboden ab für den besonderen Charakter der deutsch-britischen Beziehungen seit den 1880er Jahren, die Michael Howard in seinem Beitrag treffend als »Haß-Liebe« charakterisiert, »Haß« ungeachtet enger wirtschaftlicher und kultureller Beziehungen, verbunden mit gegenseitiger persönlicher Wertschätzung in großen Teilen der politischen, wirtschaftlichen und geistigen Eliten beider Länder. Gerade in den letzten Jahrzehnten vor dem Ausbruch des Ersten Weltkrieges kam es zu einer beachtlichen Annäherung zwischen beiden Völkern. Die deutsche Wissenschaft genoß in Großbritannien hohes Ansehen und zwischen den wissenschaftlichen Institutionen und Universitäten bestanden enge Beziehungen. Die großbürgerlichen Eliten in Deutschland sandten ihre Töchter, wenn sie sich dies leisten konnten, vorzugsweise zur Erziehung in englische Pensionate. Ebenso gewann die Kooperation zwischen der deutschen und der britischen Wirtschaft einen immer größeren Umfang. Namentlich die Londoner City und die deutschen Großbanken operierten in Übersee vorzugsweise gemeinsam, sofern ihre Regierungen dies nicht durch Einflußnahmen auf Bankvorstände oder gesetzliche Maßnahmen aktiv behinderten. Andererseits kam es seit der Jahrhundertwende auf dem Gebiet der überseeischen Politik beider Länder zu immer stärkeren

Reibungen; die Versuche der deutschen Weltpolitik, mit aller Macht in den Kreis der Weltmächte vorzustoßen, weckten bei den *beati possidentes* Widerstand und Besorgnisse. Am Ende genügte ein regionaler Konflikt über Bosnien, um den schon lange drohenden europäischen Krieg auszulösen, der sich infolge des Eingreifens Großbritanniens nahezu unabwendbar in einen Weltkrieg verwandelte, an dessen Ende nur der vollständige Sieg oder die totale Niederlage einer der beiden Mächtegruppen stehen konnte.

Die fatalen Auswirkungen des Ersten Weltkrieges oder, wie ihn die Briten noch heute nennen, des »Great War«, auf die deutsch-englischen Beziehungen sind unübersehbar; sie werden in den Beiträgen von Michael Howard und Wolfgang J. Mommsen im einzelnen angesprochen. Jetzt erst bildeten sich in beiden Ländern jene Feindbilder aus, welche die deutsch-britischen Beziehungen bis in die jüngste Vergangenheit hinein vergiftet haben. Zugleich verhinderten die großen politischen und wirtschaftlichen Probleme und mehr noch die mentalen Strukturen, die der Erste Weltkrieg hinterließ, eine dauerhafte Konsolidierung Europas; im Gegenteil, sie gaben den Nährboden ab für die Entstehung und das stete Wachstum extrem nationalistischer politischer Bewegungen, welche die Nachkriegsordnung, welche nur nach langem, erbitterten Auseinandersetzungen auf der Pariser Friedenskonferenz zustande gebracht worden war, wieder mit Gewalt zerstören wollten.

Peter Alter schildert in seinem Beitrag über »Großbritannien und Deutschland zwischen den Weltkriegen« mit bemerkenswerter Präzision die Bemühungen der zwanziger und frühen dreißiger Jahre, schrittweise wieder erträgliche Beziehungen zwischen beiden Länderen zu begründen. Aus deutscher Sicht war Großbritannien das einzige Land, das überhaupt Bereitschaft zeigte, die junge demokratische Republik von Weimar zu unterstützen. Mehr und mehr gelangten die britischen Regierungen zu der Einsicht, daß die französischen Versuche, die Erfüllung bzw. Einhaltung der Bedingungen des Versailler Friedensvertrages gegebenenfalls mit Gewalt zu erzwingen, insbesondere durch die militärische Besetzung des Rheinlandes, auf Dauer zu nichts führen könnten. Sie ließen der Politik des Ausgleichs, die Gustav Stresemann seit 1923 einleitete und die mit dem Vertrag von Locarno und der Aufnahme Deutschlands in denVölkerbund einen ersten Höhepunkt erreichte, flankierende Unterstützung zuteil werden. Auch auf kulturellem und wissenschaftlichem Felde wurde die anfänglich rigorose Isolierung Deutschlands schrittweise aufgehoben und eine allmähliche Normalisierung der beiderseitigen Beziehungen angebahnt. Anfang der dreißiger Jahre hatte sich, ungeachtet aller Vorbehalte, die Einstellung der britischen Öffentlichkeit gegenüber Deutschland um einiges gebessert. Alles dies wurde dann bekanntlich nach der Machtergreifung der Nationalsozialisten wieder Makulatur, obschon nicht wenige Briten anfänglich dazu neigten, Adolf Hitler in einem eher positiven Licht zu sehen, und erst allmählich den wahren Charakter des nationalsozialistischen Systems erkannten.

Die britische Politik des »Appeasement«, die hier von Bernd Jürgen Wendt mit großer Kompetenz dargestellt ist, gilt gemeinhin als einer der schwersten Fehler der britischen Außenpolitik der 30er Jahre; dabei wird, wie uns scheint, ungeprüft vorausgesetzt, daß Adolf Hitler, sofern man ihm früh genug entschlossen entgegengetreten wäre, von seinen aggressiven Plänen abgehalten und vielleicht sogar gestürzt worden wäre. Dies ist reine Spekulation; vermutlich wäre seine Machtstellung dadurch zunächst eher noch gestärkt worden. Wendt zeigt im übrigen, daß die britischen Bemühungen in den dreißiger Jahren, einen erträglichen Ausgleich mit dem deutschen Diktator zu finden, nicht einfach nur auf eine Fehleinschätzung Adolf Hitlers und des nationalsozialistischen Herrschaftssystems zurückgeführt werden können. Vielmehr haben gewichtige innenpolitische und empirepolitische Gründe Neville Chamberlain dazu bestimmt, den Versuch zu unternehmen, durch Aushandlung eines Kompromisses einer militärischen Auseinandersetzung Großbritanniens mit dem Deutschen Reich wenigstens für die vorhersehbare Zukunft aus dem Wege zu gehen. Die optimistische Erwartung Hitlers, daß sich mit den Herren des Britischen Empires eine Verständigung bezüglich einer Teilung der Herrschaft über die übrige Welt werde erreichen lassen und daß diese ohnehin nur »Papiertiger« seien, die im kritischen Augenblick stets zurückweichen würden, erhielt freilich auf diese Weise neue Nahrung, mit am Ende fatalen Auswirkungen.

Die Frage, weshalb die britische Regierung während des Zweiten Weltkrieges davon Abstand nahm, mit der deutschen Widerstandsbewegung gegen Hitler zu kooperieren, obschon dies die einzige Möglichkeit, eine Eskalation in einen totalen Krieg mit ungewissem Ausgang zu vermeiden, ist immer schon Gegenstand lebhafter Debatten gewesen; Marion Gräfin Dönhoff hat dieses angebliche Versäumnis in ihrem Essay über »Die Anfänge der Deutsch-Englischen Gesellschaft«

erneut thematisiert. Peter Hoffmann zeichnet jedoch in seinem Beitrag über »Der deutsche Widerstand und Großbritannien« ein wesentlich differenzierteres Bild. Es erweist sich, daß die britischen Staatsmänner die deutsche Widerstandsbewegung durchaus ernst genommen haben, aber gute Gründe dafür hatten, sich nicht näher auf eine Zusammenarbeit mit den Männern des Widerstandes einzulassen, mit dem im nachhinein nur schwer zu widerlegenden Argument, daß die Deutschen erst nach einer vollständigen Niederlage den Weg in eine demokratische Ordnung würden finden können.

1945 standen die Siegermächte vor der schweren Aufgabe, in einem besiegten und weithin zerstörten Lande, in dem überdies große Zahlen von Flüchtlingen, Vertriebenen und Displaced persons ohne festen Wohnsitz herumirrten, einen neuen Anfang zu machen. Die Beschlüsse der großen vier auf der Potsdamer Konferenz hatten die allgemeine Marschroute dafür festlegt und vorgesehen, daß Deutschland zwar in drei (späterhin vier) Besatzungszonen aufgeteilt, aber unter der Verantwortung des Alliierten Kontrollrates in Berlin verwaltet werden sollte. Aber die Gemeinsamkeit der alliierten Mächte ging nahezu von Anfang an in die Brüche.

Wie Wolfgang J. Mommsen in seinem Beitrag »Vom Kriegsgegner zum Partner« darlegt, war die britische Politik anfänglich, vornehmlich aus weltpolitischen Gründen, bestrebt, die in den Kriegsjahren begründeten Gemeinsamkeiten mit der UdSSR so weit wie möglich zu erhalten und letztere daher nicht unnötig zu antagonisieren. Aber diesem Gesichtspunkt setzte sie von Anfang an den Grundsatz entgegen, daß man den Deutschen zu einem wirklichen Neuanfang verhelfen müsse und daß es deshalb nicht angängig sei, sie auf Dauer wirtschaftlich und politisch zu diskriminieren oder sie für die absehbare Zukunft auf einem niedrigen Lebenshaltungsniveau zu halten, wie dies anfänglich sogar in den Vereinigten Staaten erwogen worden war. Statt dessen setzten sie zielbewußt auf die Schaffung demokratischer politischer Institutionen zunächst auf den unteren Ebenen der Gesellschaft, unter Beteiligung der Deutschen selbst, mit dem langfristigen Ziel der Errichtung eines westdeutschen Staates. Daneben standen Bemühungen, die Deutschen durch eine zwar behutsam vorgehende, aber in der Sache entschiedene Politik der »Reeducation« für die westliche demokratische Ordnung zu gewinnen. Insofern spielte die Kulturpolitik im weitesten Sinne des Wortes, neben der ständigen Sorge, wie das wirtschaftliche Leben wieder in Gang zu bringen sei, im Rahmen der britischen Besatzungspolitik eine besondere Rolle. Diesen Problemen wendet sich eine Fallstudie von Anthony Glees über »Britische Kulturpolitik in Deutschland in der unmittelbaren Nachkriegszeit« zu. Glees gelangt, bei erheblicher Kritik an dem Vorgehen der britischen Besatzungsbehörden im einzelnen, zu dem Ergebnis, daß die Briten ihre »Aufgabe gut gelöst« hätten. Allerdings war dies nur möglich, weil sie ihrerseits die Eigeninitiative jener Kreise in Deutschland unterstützten, welche von dem Modellcharakter der angelsächsischen politischen Kultur überzeugt waren und diese breiteren Schichten der Bevölkerung nahezubringen suchten. Die 1949 von Lilo und Hans Milchsack begründete Deutsch-Englische Gesellschaft, deren Frühgeschichte Marion Gräfin Dönhoff in diesem Bande aufgrund ihrer persönlichen Erinnerungen beleuchtet, war dafür ein herausragendes Beispiel.

Die lange Geschichte der schrittweisen Emanzipation der 1949 ins Leben gerufenen Bundesrepublik von der Tutelage der Alliierten, einschließlich der Briten, ist oft beschrieben worden; sie findet in diesem Bande nur kursorische Erörterung, vornehmlich soweit sie unmittelbar das deutsch-britische Verhältnis tangierte. Tatsache ist, daß die Briten früher und entschiedener als die Franzosen und auch die Amerikaner dafür eintraten, die Deutschen der Bundesrepublik wieder als vollgültige Mitglieder in die westliche Staatengemeinschaft aufzunehmen, unabhängig davon, daß der ausbrechende »kalte Krieg« schließlich keine andere Alternative mehr offenließ. Andererseits neigte die britische Politik stärker dazu, wo immer möglich, einen Weg des Ausgleichs mit der UdSSR zu suchen, als dies die Deutschen selbst wollten, ohne dabei die seit 1948 hart erkämpfte Eigenständigkeit der dem Westen nunmehr auch bündnispolitisch verbundenen Bundesrepublik aufs Spiel zu setzen, eine politische Linie, die namentlich bei Konrad Adenauer zeitweilig erhebliche Irritationen auslöste. Umgekehrt hat die britische Regierung die Ostpolitik der Regierung Brandt, die unter dem Stichwort »Wandel durch Annäherung« indirekt die deutsche Frage wieder in Bewegung bringen bzw. in Bewegung halten wollte, eher mit einer gewissen Zurückhaltung verfolgt. Dennoch konnte die deutsche Regierung stets auf die loyale Unterstützung ihrer Politik in der Downing Street zählen und wäre ohne diese gewiß nicht so erfolgreich gewesen. In jenen Jahren wurde die Bundesrepublik von einem unter Kuratell stehenden Juniorpartner zu einem Bundesgenossen; in den letzten Jahrzehnten entwickelte sich eine intensive Zusammenarbeit Großbritanniens und der Bundesrepublik auf militärischem Gebiet, die, wie Christoph Bluth in seinem Beitrag über die britisch-deutschen Sicherheitsbeziehungen seit 1953 zeigt, ein wichtiges Element der gemeinsamen Sicherheitspolitik des Westens im Hinblick auf die Abwehr einer potentiellen sowjetischen Aggression geworden ist und bis in die unmittelbare Gegenwart hinein andauert.

Seit dem Beginn der achtziger Jahre veränderte sich der Charakter der deutsch-britischen Beziehungen auch in instrumenteller Hinsicht. Die gemeinsame Tätigkeit in multinationalen Institutionen wie der NATO, der Westeuropäischen Union und der KSZE wurde zunehmend bedeutsamer als die bilateralen Beziehungen als solche. Diese wurden zunehmend überschattet von einem zentralen Problem, nämlich der britischen Haltung zu dem großen Projekt der Europäischen Gemeinschaft oder, wie es seit Maastricht heißt, der Europäischen Union. Während sich die Deutschen der alten Bundesrepublik mit Leidenschaft wenn auch nicht immer mit Augenmaß, der europäischen Idee verschrieben hatten und den Zusammenschluß Europas selbst unter Hintanstellung eigener wirtschaftlicher Interessen konsequent voranzutreiben suchten, verhielt sich die britische Politik in dieser Beziehung zurückhaltend, ja abweisend, jedenfalls sofern eine Erweiterung der Zuständigkeiten der Europäischen Kommission oder die Einführung des Mehrheitsentscheids zur Debatte stand. Die Deutschen haben die Briten immer an Bord des europäischen Bootes haben wollen; deren zögerliche Politik in europäischen Dingen wird von ihnen vielfach als eigensüchtig und kleinlich mißverstanden, mit durchaus zwiespältigen Auswirkungen auf das deutsch-britische Verhältnis. Allerdings haben seit einiger Zeit auch in Großbritannien jene Stimmen an Gewicht gewonnen, die bezweifeln, ob sich das Land es auf Dauer leisten könne, weiterhin auf halbem Wege stehenzubleiben, statt in der ersten Reihe der Mitgliedsstaaten der Europäischen Union an der Ausgestaltung des »Europäischen Hauses« mitzuwirken. Darüber berichtet William E. Paterson in seinem, diesen Band abschließenden Beitrag über »Großbritannien, Europa und das deutsch-britische Verhältnis«.

Wir hoffen, daß dieser Band dazu beitragen möge, das gegenseitige Verständnis der Briten und der Deutschen füreinander zu fördern, im Lichte einer wechselvollen Geschichte, die zwischen enger Freundschaft und erbitterter Feindschaft hin und her pendelte, aber gleichwohl stets die Geschichte einer fortschrittsfördernden Partnerschaft war und dies bis heute geblieben ist.

THOMAS KIELINGER

Zwei Jahrhunderte deutsch-britischer Begegnungen

Großbritannien, oder – wie es oft verkürzt unter Deutschen heißt – »England«: das beschrieb lange Zeit über einen fast beneideten Umstand des historischen Glücks. Inseln beflügeln die Vorstellungskraft – derjenigen, die auf ihnen leben, wie der anderen, die ihnen dabei zuschauen oder sich mit ihnen ins Benehmen zu setzen suchen. Auf Inseln herrscht so etwas wie Retortenatmopshäre; der Weltgeist macht es sich bequem und statuiert ein Exempel. Alles ist so rund und überschaubar, so natürlich gefestigt und unnahbar stabil – nicht Shakespeare, nein, der *Genius loci* selber hat John of Gaunt, in »Richard II«, jene berühmten Zeilen eingegeben, die zu den Gründertexten des britannischen Selbstbewußtseins gehören:

»Dies Volk des Segens, diese kleine Welt,
Dies Kleinod, in die Silbersee gefaßt,
Die ihr den Dienst von einer Mauer leistet,
Von einem Graben, der das Haus verteidigt
Vor weniger beglückter Länder Neid;
Der segensvolle Fleck, dies Reich, dies England ...«

Es ist das Pech klassischer Zitate, daß sie, in die Gegenwart gehoben, wie deplaziert wirken können. »Diese kleine Welt«, »Mauer« und »Graben« – das ist nicht unbedingt mehr die Richtung, in die der Fortschritt made in Britain seine Schritte lenken möchte. Doch hat ohnehin niemand diese Barriere mutiger und öfter übersprungen als die Briten selber. »Diese kleine Welt« hatte der Laune der Geographie, der sie sich verdankt, ein Schnippchen geschlagen und sich eine große Welt jenseits ihrer eigenen Grenzen hinzu erobert.

Zu den größten Bewunderern dieser Leistung gehörten immer wieder die Deutschen, auch weil sie selber lange Zeit über aus der Krähwinkeligkeit ihrer politischen Lage heraus nur Zaungäste von Wandel und Progreß auf der Insel sein konnten. Dieses Gefühl einer latenten kulturellen Inferiorität begann freilich spätestens zu Beginn des 19. Jahrhunderts sich seine Entlastung zu suchen. Ein Feuerkopf wie Friedrich Schlegel etwa, trunken vor Begeisterung über die deutsche idealistische Philosophie, rümpfte, kaum hatte sich Kant etabliert, seine Nase über die »zwischen Merkantilität und Mathematik geteilte Nation« der Briten[1] – ein Urteil, das einen vielreisenden Deutschlandfreund wie Henry Crabb Robinson geradezu auf die Palme brachte. »Erbärmliche Empiriker schilt man uns hier«[2], schrieb er 1802 an seinen Bruder nach Hause. Was wohl der verehrte Geheimrat Goethe zu all diesen Verunglimpfungen sagen würde?

Der mag seinen schottischen Gast bei ihren verschiedentlichen Begegnungen durchaus getröstet haben, und höchst unterhaltsam dazu, mit Einsichten über die beiden Völker, wie sie nicht besser mehr formuliert worden sind seitdem. »Während die Deutschen sich mit der Auflösung philosophischer Probleme quälen, lachen uns die Engländer mit ihrem großen practischen Verstande aus, und gewinnen die Welt«, verriet er später seinem Boswell, Johann Peter Eckermann.[3] Aber der Weimaraner ging weiter, sprach gar von »Erlösung« durch das englische »Vorbild«: »Könnte man nur den Deutschen, nach dem Vorbilde der Engländer, weniger Philosophie und mehr Thatkraft, weniger Theorie und mehr Praxis beibringen, so würde uns schon ein gutes Stück Erlösung zu Theil werden«, wunschträumte er im Gespräch mit Eckermann.[4]

Wer bei der Einfühlung in britische nationale Prädispositionen (um das abgegriffene Wort vom Charakter oder gar Nationalcharakter zu vermeiden) Geographie und Geschichte als Ratgeber hinzuzieht, der wird ähnlich auch im deutschen Fall verfahren müssen. Wo die Insel mit ihren festen Grenzen sich einer natürlichen Ordnung erfreut, lebte in der Mitte des Kontinents lange Zeit hindurch der Horror unbestimmter Grenzen, mit allen Unwägbarkeiten und Unsicherheiten, die daraus entstehen und die ständig bekämpft werden mußten, um das Leben erträglich zu machen. Die feste Geographie scheint eine Tradition der individuellen Freiheit zu begünstigen, sie gewährt einen Vorsprung durch Sicherheit, den geographisch ungefestigte Territorien offenbar nur wettmachen können durch ein Übermaß an Kontrolle und kontrollierender Herrschaft.

Tief eingegraben saß in Deutschland der Schrecken über die Verwüstungen des Dreißigjährigen Krieges. »Die traumatischen Konsequenzen«, so liest man bei Gordon Craig, »diese Angst ließ die Überlebenden gerne sich jeder Autorität unterwerfen, die stark genug schien, eine Wiederholung solcher Schrecknisse zu verhindern.«[5] Aber Gehorsam gegenüber der Obrigkeit behielt seine Wirkung noch lange, nachdem die äußeren Bedingungen, denen sich diese Haltung verdankte, verschwunden waren. Dafür hatte sich politische Restauration als Dauerform festgesetzt, der Korken im Halse des Fortschritts.

Craig sieht hinter dem oft konstatierten »Hauptmotiv« der Deutschen, dem Gehorsam, mithin dessen systemimmanente Genese. Ähnlich kann man die Hauptverführung der Briten abhandeln – die Xenophobie. Auch sie ist ein der geographischen Lage entsprungener Reflex: der Versuch, fremde Eindringlinge von den Gestaden eines seit 1066 nicht mehr eroberten Reiches abzuhalten. Nicholas Ridley, Margaret Thatchers ehemaliger Handelsminister, ging 1990 in einem berühmt gewordenen Interview mit der Zeitschrift *Spectator* so weit, die Europäische Währungsunion als »einen deutschen Schwindel« darzustellen, »ausgeheckt, um sich ganz Europa zu unterwerfen«.[6] Eine geradezu klassische Argumentation mit Hilfe eines alten Stereotyps. Man vergleiche damit, was ein gewisser Willi Frischauer im Londoner *Evening Standard* vom 20. Januar 1962 veröffentlichte:

> »Es gibt eine Verschwörung des Schweigens (...), die die Menschen vergessen machen will, wie der wirkliche Boß in Brüssel heißt, mit seinem ingoutablen Namen, der sich weder weich noch angenehm noch Französisch spricht, der vielmehr deutsch ist – kein anderer als Dr. Adenauers vertrauter Kumpan, Professor Walter Hallstein. (...) Was Hitler im Krieg nicht gelang, will Hallstein im Frieden schaffen. (...) Für Adenauer und Hallstein ist kein wirtschaftliches Opfer groß genug, wenn es auf dem Weg zu einer deutsch-kontrollierten politischen Herrschaft über Europa weiterhilft.«[7]

Eine Karikatur? Gewiß, aber insofern »stimmig«, als sie auf einem historisch nachprüfbaren Reflex beruht, dessen Stoßrichtung sich lediglich im Zeitpunkt vertan hatte. Hallstein und Adenauer waren eben nicht mehr Napoleon oder Philipp II. von Spanien, ganz abgesehen davon, daß 1962 längst deutlich geworden war, daß die geschichtsverschüchterten Deutschen allein schon das Wort »Macht« aus ihrem Vokabular gestrichen hatten. Fast dreißig Jahre später mußte dann der besagte Nicholas Ridley erleben, wie aus Stereotypen Sprengsätze werden können, wenn sie die Intimität des Hinterkopfes verlassen und ihren Weg in die Öffentlichkeit finden. Ein Rohrkrepierer, der den Mann an der Lunte, Ridley, seinen Kabinettsposten kostete.

Daß feste Versatzbilder nationaler Eigenarten nicht nur »draußen« entstehen, sondern einen fruchtbaren Boden auch in der jeweiligen Gesellschaft selber vorfinden, muß nicht eigens begründet werden. Niemand hat über die Franzosen besser gespottet als Molière oder Voltaire, niemand besser über die Briten als Alexander Pope oder Jonathan Swift, Lord Byron, Oscar Wilde oder Bernard Shaw. Auch die deutschen Pappenheimer sind allein schon von Goethe (oder den Goethe/Schiller »Xenien«) trefflich durchschaut worden. »Wunderliche Leute!«, sinnierte Goethe gegenüber Eckermann. »Sie machen sich durch ihre tiefen Gedanken und Ideen, die sie überall suchen und überall hineinlegen, das Leben schwerer als nötig.«[8] Und nicht nur das Leben: »Je näher sie sich gewissen philosophischen Schulen hingeben, desto schlechter schreiben sie«[9], monierte er – was auch heute, leider, nicht geleugnet werden kann.

Christoph Martin Wieland hatte aus diesem letzteren Manko längst die Konsequenz gezogen und sich Lektüreanregung lieber bei englischen Zeitgenossen geholt, bei seinem geliebten Shaftesbury vor allem, der ihn davor bewahrte, sich auf die »Komplizierung des Denkens« einzulassen, wie sie mit Kant begonnen hatte.[10] Heinrich Heine schließlich sollte seine eigene spöttische Stereotypen-Liste in den berühmten Zeilen aus »Deutschland, ein Wintermärchen« hinzufügen:

»Franzosen und Russen gehört das Land,
Das Meer gehört den Briten,
Wir aber besitzen im Luftreich des Traums
Die Herrschaft unbestritten.

Hier üben wir die Hegemonie.
Hier sind wir unzerstückelt;
Die andern Völker haben sich
Auf platter Erde entwickelt.«

Genug der Einzelbeispiele. Zu Beginn des 19. Jahrhunderts jedenfalls lag alles schon vor zwischen den Briten und Deutschen, was eigene Ansicht und Hörensagen hatten zusammentragen können an Urteilen und Vorurteilen. Auch war es Engländern und Deutschen inzwischen zur Gewohnheit geworden, mit Sticheleien und Sottisen übereinander herzuziehen – wir bewegen uns in den Anfängen einer Rivalität, die bald die Ebene friedlicher Konkurrenz hinter sich lassen sollte. Selbst Samuel T. Coleridge, der soviel für die Vermittlung deutscher Kultur in England unternahm, war deshalb keinesfalls Deutschland-unkritisch. Schillers Version des Blankverses, der klassischen Shakespeare-Zeile, kommt ihm vor »wie eine Fliege in der Klebeflasche«, rügte er. Gedanken und Versrhythmus strebten völlig auseinander. Überhaupt: »Da ist ein Zuviel in allem Deutschen. Es ist die nationale Unart.«[11] Ein Clairvoyant, dieser englische Romantiker.

Fast wäre Coleridge selber von der beschriebenen Unart angesteckt worden, denn die philosophischen Möglichkeiten der deutschen Sprache hatten es ihm ungemein angetan. So liebte er besonders die Vorsilben »ver-« und »zer-«, die er allzu gerne ins Englische hätte einführen wollen: »Why not verboil, zerboil; verrend, zerrend? I should like the words verflossen, zerflossen to be naturalised:«

»And as I look
Now feels my soul creative throes,
And now all joy, all sense zerflows.«[12]

1813 hatte Madame de Staël im Londoner Exil ihr epochemachendes Werk »De l'Allemagne« herausgebracht, auf französisch zuerst, dann, im gleichen Jahr noch, auf Englisch, bei John Murray, dem schottischen Verleger. Das Buch wurde ein Sensationserfolg unter der Londoner Elite – wohl weniger, weil das britische Verständnis für deutsche Dinge solche Fortschritte gemacht hatte, als wegen der Fama, die der Autorin nach England vorausgeeilt war. Im Grunde nämlich konnnte die englische Intelligenzija, geschult in Kompromiß, Common sense und den praxiszugewandten Lehren, wie sie seit John Locke herrschten, wenig mit dem Lob anfangen, das die berühmteste politisch Verfolgte ihrer Zeit gerade der deutschen Philosophie zu singen wußte. Ausdruck dieser Abneigung war die Rezension von »De l'Allemagne«, die man im Dezember 1813 in der einflußreichen *Edinburgh Review* lesen konnte: »Die deutsche Philosophie ist verwurzelt in einer Abneigung gegenüber jedem System, das auf Erfahrung basiert oder das Glück zu seinem Zwecke hat«, schrieb der Rezensent, seinerseits voller Abneigung.[13]

Man spürt, wie tief bereits das Urteil über den deutschen Charakter saß, durch keine neue Interpretation, wie Madame de Staël sie gewagt hatte, zu erschüttern. Dabei gingen Abwehr und Selbsterhöhung Hand in Hand: Die Kritik an der deutschen Philosophie lebte von der Überzeugung, daß die eigene Denkart, der Empirismus eines David Hume etwa, dem »deutschen Weg« klar überlegen war. Man könnte in diesem Zusammenhang von einer frühen Form des »Nullsummenspiels« sprechen – einer Vergleichsmethodik, die der eigenen Art schmeichelt, während sie die des anderen leise (oder weniger leise) herabsetzt. Manchmal wurde daraus ein treffendes Bonmot, wie bei dem Historiker Thomas Maccauly, dem auch heute wenige widersprechen würden: »Ein Morgen Landbesitz in Middlesex«, so befand er, »ist besser als ein ganzes Fürstentum in Utopia.«[14] Das war witzig formuliert, sparte die dahinterstehenden »Engländer« und »Deutschen« aus, und dennoch wußte jeder, wer und was gemeint war.

Weniger indirekt drückte sich Ex-Premierminister Sir Robert Peel aus, der im April des Revolutionsjahres 1848 dem preußischen Gesandten Christian Freiherr von Bunsen empfahl, seiner Regierung mitzuteilen, »in den nächsten vier Wochen absolutes Schweigen in allen Fragen der europäischen Politik zu wahren.«[15] Denn auch dieser britische Politiker hatte bereits ein vorgeprägtes Vergleichsbild von Deutschen und Engländern im Sinn, mit deutlichen Zensuren, die er dem Botschafter nicht vorenthielt: »Ihr Deutschen sprecht auf der Ebene emotionaler Regung über die Zukunft. Wir hören skeptisch zu.«[16]

Das war, wie gesagt, 1848, nicht 1998. Ähnlich klangen noch vor kurzem die Beschwerden in Whitehall gegenüber dem Europa-Kurs der deutschen Regierung. Es trete, so klagte man, eine »typisch deutsche« Versessenheit auf abstrakte Ideologeme hervor, das Durchsetzenwollen um jeden Preis von supranationalen Konzepten, die im Common sense der Praxis nicht getestet sind und der friedlichen Erfahrung anderer Völker, die mit der Nation keinen Schiffbruch erlitten haben, wenig entsprächen. Daß die Blair-Regierung heute eine andere Tonart pflegt, ändert nichts an dem grundsätzlichen Befund. Im Gleichklang der Beschwerden, über die Zeiten hinweg, muß man wohl eine jeder Aktualität vorgelagerte prototypische Gegensätzlichkeit der deutschen und der britischen Art, mit den Realitäten der Welt umzugehen, vermuten.

Solche Unterschiede mögen im heutigen politischen Alltag irrelevant sein, wo in der Max-Weber-Nachfolge die »Politik der kleinen Schritte« und das »beharrliche Bohren dicker Bretter« der deutschen Politik das durchgehende Muster pragmatischer Vernünftigkeit verpaßt haben und wo ein Premierminister Blair einen so deutlichen Kurs in Richtung Europa zu steuern begonnen hat. Aber die Partner werden gut daran tun, deshalb ihre Unterschiede nicht unter den Teppich zu kehren. Denn gerade, wenn man auf eine Ära neuer Kooperation zugeht, gehören kulturelle Unterschiede zur Voraussetzung einer sich gegenseitig durchdringenden fruchtbaren Ergänzung.

Ein wichtiger Zeuge für das Stadium der aufkeimenden deutsch-britischen Rivalitäten im 19. Jahrhundert ist Theodor Fontane, der sich seinerseits früh in vergleichender Völkerpsychologie übte und beim Studium der englischen Bräuche nicht selten den Patrioten in sich selber entdeckte. Ihm wie vielen im Grunde ihres Herzens englandfreundlichen Deutschen jener Zeit begann auf die Nerven zu gehen, mit welcher gewohnheitsmäßigen Herablassung die britischen Eliten über ihre deutschen »Verwandten« zu urteilen pflegten. Da war Prinz Albert, der Coburger, Gemahl der Königin Victoria, den man in bestimmten Kreisen wissen ließ, daß seine Art von Genauigkeit und Penibilität wenig Stil, wenig Adel (wenig »breeding«, wie man sagte) verriet. Und da war der traurige Rückstand der Deutschen in allen Fragen der Demokratie und des gesellschaftlichen Fortschritts – eine bittere Erkenntnis für England-Reisende, die Augen hatten zu sehen, wieviel weiter und höher entwickelt die Insel in der Tat in diesen modernen Strukturen war. Aber mußte einem das fortwährend schon zum Breakfast serviert werden?

Fontane fuhr verschiedene Male die Retourkutsche, indem er den Engländern die Felder ihrer eigenen Rückschrittlichkeit munter unter die Nase hielt. »Wir haben Bevormundung und Polizei und Untertanengeist«, räumte er in dem fruchtbaren Jahr seines zweiten England-Aufenthalts, 1852, ein, »und stehen doch da als die Träger und Apostel einer echten Demokratie. Das Wort von der Freiheit und Gleichheit ist nirgends weniger eine Phrase als bei uns.« Wie das? fragen wir uns, erstaunt, in der Rückschau. Nun, Fontane blieb die Antwort nicht schuldig: »Wir haben keine politische Demokratie, aber eine soziale. Wir haben Klassen, aber keinen englisch-chinesischen Kastengeist; wir haben Schranken, aber keine Kluft. (...) Das Allgemeingut der Bildung webt ein unsichtbares Band zwischen den Ständen und schreibt uns die Zutrittskarten, die niemand zurückzuweisen wagt.«[17]

Man mußte wohl anglophil sein wie Fontane, um gleichzeitig die Schwächen der britischen Gesellschaft so scharfsichtig zu durchschauen. Diesem auf Geburt und Adel vertrauenden System stellte der Autor und Journalist die Vorzüge der deutschen Bildungslandschaft gegenüber, »dieses Allgemeingut«, das die Klassenschranken einebnete und damit eine Demokratie eigener Prägung schuf. Auch wenn die deutschen Staaten mit der verfaßten demokratischen Ordnung Englands nicht wetteifern konnten, so sah Fontane in der Anziehungskraft von Bildung, die nach Meriten, nicht nach Privilegien funktionierte, durchaus einen Vorsprung an deutscher demokratischer Erfahrung.

Dies ist ein schönes Beispiel dafür, wie Gesellschaften, die allzu lange nur schlecht im Vergleich mit den Charakteristika anderer Kulturen abschneiden, an bestimmten Punkten des Vergleichs den Spieß umdrehen und sich ihrerseits über den Rivalen zu erheben lernen. Daher wird das Spiel der Abmessung nationaler Stereotypen miteinander nicht selten zu einer höchst ergiebigen Quelle des Nationalstolzes. Wobei man hinzufügen muß, daß Stolz und Überheblichkeit immer nur durch eine dünne Wand voneinander geschieden sind.

Nicht lange nach Fontanes vergleichender Analyse britischer und deutscher Demokratie begegnen wir einem Leitartikel der *Times*, der seinerseits das anglo-deutsche Nullsummenspiel, inzwischen so richtig in Fahrt gekommen, weiter anheizte. Die Frustration mit deutscher Politik, die dieser Text aus dem Jahr 1860 zum Ausdruck bringt, verhüllt nur schlecht eine bis zur Verachtung getriebene Pose: »Den Launen der deutschen Politik folgen zu können«, so schreibt der wie üblich anonyme Kommentator, »darf niemand von sich behaupten. Es ist zwecklos, nach Tiefe zu suchen, wo vielleicht nur Pedanterie am Werk ist, oder nach einem greifbaren Ziel, wo vielleicht nur die Sehnsucht vorliegt, irgendwelche verträumten historischen Vorstellungen in die Tat umzusetzen.«[18]

Da ist es wieder, dieses Bild von den »verträumten« Deutschen, und noch immer mit jener auch bei Heine herauszuhörenden Abschätzigkeit vorgetragen, die sich nicht vorstellen konnte, daß solche Sehnsucht einmal buchstäblich »tätlich« würde werden wollen. Man hatte sich in Großbritannien und anderswo allzulange an das Stereotyp vom biedermeierlich-netten, philosophisch zwar rigorosen aber ansonsten politisch-gesellschaftlich zurückgebliebenen Land der Deutschen gewöhnt. Es schien so gar nicht fürs praktische Leben zu taugen. Seine besten Köpfe hatten selber so oder ähnlich über ihr eigenes Land geklagt. Wieder ist Fontane unser bester Zeuge, wenn er in einem Brief während seines zweiten England-Aufenthalts die Hände ringt:

> »Dasselbe Volk, das die Wahrheit liebt und dem Wesen der Dinge nachforscht, es verliert im Suchen nach dem Wirklichsten die Wirklichkeit unter den Händen und wird zum Träumer, dem das Leben in seiner Welt über die Welt da draußen geht …«[19]

Nach 1870 war es endgültig vorbei mit den nur träumenden Deutschen. Mit der Reichsgründung durchbrachen sie entschieden die Urteile, die sich in den Jahrzehnten zuvor angesammelt hatten, machten sie fast über Nacht zu Makulatur, verwandelten sie in überholte Klischees. Selbst der schärfste Kritiker seiner neureich auftrumpfenden Zeitgenossen, Friedrich Nietzsche, schreckte nicht vor einem eigenen Stück Triumphalismus zurück, das er gezielt den Briten an den Kopf warf, Hegemon, als der er sich fühlte in seinem angestammten Reich, der Philosophie. »Das ist keine philosophische Rasse – diese Engländer«, schnaubte er. »Im Kampf mit der englisch-mechanistischen Welt-Vertölpelung waren Hegel mit Schopenhauer (…) einmütig. (…) Hobbes, Hume und Locke sind eine Erniedrigung und Wert-Minderung des Begriffs ›Philosophie‹ für mehr als ein Jahrhundert.«[20]

Starke Worte. Auf der politischen Ebene sollte der bramarbasierende Kaiser Wilhelm II. sich als wahrer Erbe solcher Hochmütigkeiten gegenüber dem Inselreich erweisen, dem er in unstillbarer Haßliebe verbunden war. Mit Hitler schließlich steigerte sich der deutsche *pursuit of unhappiness* ins Unermeßliche. Es ist von höchster Ironie, daß es der angelsächsischen »Welt-Vertölpelung« bedurfte (Nietzsche), um den deutschen Geist nach 1945 zu seinem Glück zurückzubekehren. Offenbar war ihm die Welt der Erfahrung und der praktischen Freiheit doch nicht so wesensfremd, wie es viele irrtümlich-Deutschtümelnden so verheerend lange dem deutschen Bürgertum eingeredet hatten.

So kehrte nach 1945 auch die deutsche Sicht des britischen Vetters zu ihrer alten Bewunderung und Wertschätzung zurück, die selbst unter dem Firnis des Nationalismus und seines exzessiven Konkurrenzdenkens nie ganz verlorengegangen war. Eine der schönsten Beschreibungen dieser Sicht findet sich ausgerechnet bei einem Schriftsteller, der seine ästhetische Heimat immer mehr in Frankreich als in der angelsächsisch-demokratischen Welt gesehen hatte: Ernst Jünger. In Jüngers Tagebuch aus dem Zweiten Weltkrieg, »Strahlungen«, findet sich unter dem Datum des 16. August 1942 die folgende Eintragung (wobei der Autor, 1895 geboren, noch die für seine Generation geläufige Bezeichnung »die Preußen« statt »die Deutschen« wählte):

»Die angelsächsische Konstanz in anbrüchigen Verhältnissen – ein wunderlicher und unvorhergesehener Zug in unserer Welt, den man eher den Preußen prophezeit hätte. Der Unterschied liegt aber darin, daß der Engländer ein bedeutend größeres Quantum an Anarchie verdauen kann. Wenn beide Gastwirte in ramponierten Vierteln wären, so möchte der Preuße, daß das Reglement in jedem Zimmer aufrechterhalten wird. Er hält damit auch einen gewissen Anstrich von Ordnung aufrecht, unter dem das ganze Gebäude vom Nihilismus ausgefressen wird. Der Engländer läßt die wachsende Unordnung zunächst auf sich beruhen, fährt ruhig fort einzuschenken und zu kassieren und steigt endlich, wenn ihm die Wirtschaft zu toll wird, mit einem Teil der Gäste nach oben und vermöbelt die anderen.

Charaktereologisch hat der Engländer dem Preußen gegenüber den Vorteil des Phlegmatikers vor dem Sanguiniker und sachlich den des Seemannes gegenüber dem Landmann. Seefahrendes Volk ist an größere Schwankungen gewöhnt ... «

Die Insel und der Kontinent – das sind, wie eingangs festgestellt, geradezu stereotypische Kategorien, man könnte sie fast als zwei Varianten von prädestinierten »Sonderwegen« bezeichnen. Es kann jedenfalls kaum verwundern, daß sie zwei historische Lebenswege und zwei nationale Eigenarten von gleichsam klischeehafter Gegensätzlichkeit hervorgebracht haben, für die die meisten Beobachter ihrerseits über die Jahrhunderte hinweg nur stereotype Beschreibungen fanden. Danach gliederten sich Deutsche und Engländer nach solchen Extremen wie »Theorie« und »Praxis«, »Philosophie« und »Tatkraft«, »Gehorsam« und »Freiheit«, »Spekulation« und »Erfahrung« – oder nach deren polemischen Pendants: »Heroismus« und »Krämergeist«, »Helden« und »Händler«, »Kultur« und »Zivilisation«, auch »Pedanterie« und »Flexibilität.«

Aber wie auffallend-bezeichnend auch immer die Rolle des Stereotyps in den deutsch-britischen Beziehungen gewesen sein mag, wie treffend die Erkenntnisse früher Bobachter über die eigenen und die fremden Charakterzüge – etwas haben sie alle ausgelassen, zumeist jedenfalls: die Möglichkeit, daß aus Gegensätzlichkeiten Ergänzungen werden könnten, aus Extremen Konvergenzen, aus Nullsummenspielen Kooperation, aus Unvereinbarkeiten Kompromisse, aus Ausschließlichkeiten Synergien zur Steigerung des gegenseitigen Vorteils.

Wenn man es genau betrachtet, dann steckte nämlich in all diesen deutsch-britischen Typologien, mit denen sich immer so schön spielen und am Ende weniger schön Kriege führen ließen, immer schon ein großer Denkfehler, eine unnötige Schärfe der abgrenzenden Profilierung. Machen nicht beide Seiten die Münze aus? In der Tat: In der Philosophie sind »Theorie« und »Praxis« nicht nur Gegensätze, sondern Komplementärfaktoren von unverzichtbarer Bedeutung, unverzichtbaren Folgen. In der Wissenschaft gehören beide, »Spekulation« wie auch »Erfahrung«, zu den Grundmustern der Aneignung und Erweiterung von Wissen überhaupt. Ohne »Gehorsam« und »Freiheit« ist kein contract social, kein moderner Gesellschaftsvertrag auch nur denkbar, wie ohne die gleichzeitige Anwendung von »Präzision« und »Flexibilität« (Robert Musil nannte es in seinem großen Romantorso »Der Mann ohne Eigenschaften« »Genauigkeit und Seele«) keine Planung, keine Administration auskommt, wie auch keine moderne Verkehrsführung ohne die Mischung aus »Kreuzung« und »Rondell«, dem rigorosen und dem schmiegsamen Prinzip. Und was wäre schließlich die Politik ohne das galvanisierende Element von Visionen, die der Erfahrung ebenso Beine machen können, wie sie von ihr, der Erfahrung, wiederum in Zaum genommen werden?

Mit anderen Worten: Nimmt man den Briten und den Deutschen als zwei archetypische Gegensätze, dann ist die Auflösung dieses Spannungsverhältnisses von nicht geringerer archetypischer Bedeutung: In der Synthese, in der Konvergenz begegnen sich die beiden Enden in ihrer geradezu klassischen Zusammengehörigkeit, Unzertrennlichkeit. Hierin liegt eines der Geheimnisse der politischen Postmoderne, das zu entdecken allerdings unendliche Mühen und noch größeres Leid gekostet hat: Staaten, europäische Staaten, die einst in nichts anderem als in Konflikt und Rivalität ihr raison d'être zu beschreiben pflegten, dienen heute in Kooperation und Austausch, in Ergänzung und friedlicher Durchdringung ihrem besten Eigeninteresse.

Das ist wohl auch der Grund, warum die anglo-deutschen Beziehungen heute einen solchen Grad von fast natürlicher Vertiefung erreicht haben, vielleicht nicht unbedingt in allen Fragen der Politik, dafür aber auf der gesamten Breite dessen, was wir die *culture*, den *way of life* nennen, eingeschlossen die Usancen des wissenschaftlichen und künstlerischen Austausches. Damit es aber dahin kommen konnte, bedurfte es in der Nachkriegszeit einer enormen Anstrengung, den in der Moderne gewachsenen Urteilen übereinander zu entrinnen, sie als abgelegtes und überwundenes Kapitel der Geschichte zu durchschauen, ja, geradezu zu enttarnen.

Wie Europa nach 1870 erfahren mußte, daß das sorgsam gehegte Bild von den verträumten Deutschen nicht das letzte Wort der Geschichte war und sich somit als Klischee selbst entlarvte, so mußte die Generation nach 1945 den noch kühneren Sprung wagen und ihrerseits die Verwilderungen des Nationalismus nicht als das letzte Urteil über die deutsche Eigenart für wahr nehmen. Es kam in beiden Fällen darauf an, die jeweils letzte Stufe des geformten Urteils zurückzuweisen, sich nicht von ihr bluffen zu lassen, um sich für die jeweils neue Wirklichkeit fit und firm zu machen. Dazu war 1945, zugegebenermaßen, ein stärkerer Willensakt notwendig, bei den Siegern wie auch bei den Besiegten.

Schließlich hatten sich alle, die Anti-Hitler-Koalition wie auch die Deutschen selber, von einer Ahnenreihe blenden lassen, die die Nationalsozialisten über sich und Deutschland als das schlüssige deutsche Charakterbild aufgestellt hatten. Diese Reihe ging von Luther über Friedrich den Großen, Preußen, Bismarck bis hin zu Hitler. Es waren eben nicht erst der britische Politiker Robert Vansittart oder sein Landsmann, der Historiker A.J.P. Taylor, die polemisch diese Linie zogen – es waren, wie gesagt, die Nazis selber, die sich und Deutschland solcherart definiert hatten. Aus der Bild-Reihe, die wie stolze Familienporträts die Wände des verführten deutschen Nationalbewußtseins geschmückt hatte, wurde nach 1945 (bei der Anti-Hitler-Koalition vielfach schon davor) die Chiffre einer dunklen Verdammnis.

In Wahrheit aber wiesen der überhebliche wie auch der anklagende Finger in die falsche Richtung, wenn nicht in die Irre. Diese historische Bild-Reihe, dieses zum Klischee geronnene Image der Deutschen von sich selber (sowie anderer über sie) war wie der Bluff im Poker: Wer nach 1945 den Mut und die Kühle besaß, sich von ihm nicht ins Bockshorn jagen zu lassen, der besaß wirklich den Schlüssel zum Wiederaufbau Deutschlands und der Deutschen.

Viele dürfen sich diesen Ruhm teilen – darunter die Briten, die hinter dem Palimpsest der falschen Bilder und Selbstdefinitionen das »andere«, das bleibende Deutschland hervorkratzten und auffrischen halfen. Darunter aber auch die Deutschen selber, die zum erstenmal den größten Bluff ihrer modernen Geschichte, das ihnen unablässig eingehämmerte Image des hegemonialen Nationalstaats, zu durchschauen lernten. Götterdämmerung 1945 – das war auch ein Sturz der vertrauten Bilder und Stereotypen. Aus den Trümmern irregeleiteter Selbstbeschreibungen sich ausgegraben zu haben, gehört daher zu den bleibenden Leistungen der damaligen Generation. Sie ist um nichts dadurch geschmälert, daß es zum Sich-Ausgraben aus der Vernichtung keine Alternative gab. Die Prägekraft von Urteilen, die zu Vorurteilen mutierten, über sich selbst und über andere, bleibt oft noch erhalten, nachdem der Boden, dem sie entsprangen, längst abgetragen worden ist. Es war also nicht selbstverständlich, daß Deutschland nach 1945 von der Erkennungsmelodie der vorangegangenen sieben Jahrzehnte so rasch und endgültig Abschied nehmen würde.

Was wird aus nationalen Stereotypen und ihrer Rolle, wenn im weiter integrierten Europa die klassische Bilateralität schwindet, um einem multilateralen permanenten Sich-Einmischen Platz zu machen? Die neuen Verwerfungen, die aus solcher institutionellen Nähe entspringen, sind noch gar nicht abzusehen. Noch weiß niemand, ob das Nebeneinander europäischer Unterschiedlichkeiten unter der Flagge weiterer Harmonisierung Nervenfieber entwickeln wird oder ob es ungetrübt friedlich weiterläuft. De Tocqueville hat irgendwo bemerkt, daß die Menschen, je gleicher sie werden, desto empfindlicher auf Unterschiede reagierten. Eine zeitgemäße Warnung an alle übereifrigen Harmonisierer: Es sind die Unterschiede, die uns interessant füreinander machen. Damit sie nicht Empfindlichkeiten wecken, muß die natürliche Ungleichheit, denen sie entspringen, soweit wie möglich gewahrt bleiben. Nur so bleibt das Spiel nationaler Stereotypen endlich doch bloß nur – ein Spiel.

PETER WENDE

Großbritannien und Deutschland im 18. Jahrhundert

Nur in begrenztem Umfang und lediglich unter bestimmten Blickwinkeln kann im 18. Jahrhundert von deutsch-britischen Beziehungen die Rede sein. Zunächst einmal fehlt die enge Verbindung unmittelbarer Nachbarschaft. Statt dessen trennt die räumliche Distanz, besonders in der Zeit der Postkutsche und der reitenden Boten, die etwa zwölf Tage brauchten, um die Nachricht von der Geburt einer königlichen Prinzessin in London dem Bruder der Königin in Mecklenburg-Strelitz zu übermitteln. Vor allem für die Engländer war Deutschland im 18. Jahrhundert ein fernes Land.

Zu ungleich waren zudem die Partner. Auf der einen Seite das 1707 aus der staatsrechtlichen Vereinigung von England und Schottland hervorgegangene Vereinigte Königreich von Großbritannien, als europäische Großmacht auf dem Wege zur Weltmacht, auf der anderen Seite ein politisches Vakuum. Wohl wird der Begriff Germany, so wie in einem gelehrten Lexikon aus dem Jahre 1764, mit einem »extensive empire of Europe, situated between 5° and 19° east longitude and between 45° and 55° north latitude« verbunden, doch dieses Reich ist allenfalls wegen seiner merkwürdigen Verfassung der Erwähnung wert, nicht aber als politische Größe von Gewicht zu registrieren. Beziehungen im Sinne von politischen Verbindungen konnten lediglich zwischen Großbritannien und Teilstaaten des deutschen Reiches existieren. Und wenn nun tatsächlich in diesem Bereich wie auch immer geartete deutsch-britische Allianzen zustande kamen, so waren sie stets Funktion weiterreichender politischer Zielsetzungen. Denn im Laufe des 18. Jahrhunderts begann Großbritannien sich in wachsendem Maße von Europa zu distanzieren. Mit der zunehmenden Bedeutung seines Handels und seiner Kolonien war es auf dem Wege, Weltmacht zu werden. Beziehungen zu europäischen Mächten bzw. deutschen Staaten wurden jenen überseeischen Interessen zu- bzw. untergeordnet, in denen die Londoner Regierungen den Primat ihrer Politik erkannten. Dies gilt letztendlich auch für jene besondere Verbindung, die Großbritannien zu Beginn des 18. Jahrhunderts mit dem deutschen Kurfürstentum Hannover in Form einer Personalunion eingegangen war. Auf der politischen Ebene bildet sie das Kernstück der deutsch-britischen Beziehungen im 18. Jahrhundert.

Diese Personalunion war das Ergebnis der englischen Verfassungskämpfe des 17. Jahrhunderts. Hier hatte das Parlament letztlich das Recht errungen, die monarchische Erbfolge seinen politischen Zielvorstellungen entsprechend zu korrigieren; so in der Bill of Rights des Jahres 1689 und der Act of Settlement von 1701. Darin waren die Stuarts, also Jakob II. und dessen katholische Nachfahren, ausdrücklich von der englischen Thronfolge ausgeschlossen, in Reaktion auf eine Politik, mit der diese Herrscher versucht hatten, nicht nur die politischen Rechte des Parlaments zu beschneiden, sondern auch die Errungenschaften der Reformation rückgängig zu machen. Der seit dem späten 16. Jahrhundert gültigen Maxime englischer politischer Kultur zufolge, wonach Katholizismus mit Tyrannei und Protestantismus mit Freiheit gleichzusetzen sei, wurde nun nach der Glorreichen Revolution die protestantische Erbfolge durch Staatsgrundgesetze festgeschrieben. Als im Juli 1700 der elfjährige Herzog von Gloucester, das letzte von 7 früh verstorbenen Kindern der Königin Anna, starb, anullierte die eigens zu diesem Zweck abgefaßte Act of Settlement die Erbanspruche von nicht weniger als vierundfünfzig katholischen Nachkommen der Stuarts und nominierte statt dessen Sophia, eine Enkelin Jakobs I., die Witwe des Kurfürsten Ernst August von Hannover, als Thronerbin. Dementsprechend wurde, als mit dem Tode der Königin Anna 1714 der Erbfall eintrat und Sophia ebenfalls kurz zuvor verstorben war, deren Sohn Georg Ludwig, seit 1699 Kurfürst von Hannover, als Georg I. am 20. Oktober des gleichen Jahres in der Abtei von Westminster zum König von Großbritannien gekrönt. Damit war die Personalunion mit dem deutschen Kurstaat Hannover begründet. Sie sollte bis zum Jahre 1837 bestehen, als die in Hannover geltenden salischen Erbfolgegesetze Königin Viktoria dort von der Thronfolge ausschlossen und statt dessen ihr Onkel, der Herzog von Cumberland, König von Hannover wurde.

Bemerkenswerterweise begründete diese staatsrechtliche Verbindung keine besonders engen oder langwirkenden Beziehungen zwischen Deutschland und England. Der Göttinger Historiker Hermann Wellenreuther gelangt vielmehr zu dem Schluß: »Wir stehen vor dem erstaunlichen Befund, daß 123 Jahre gemeinsamer Herrscher und reger Reisetätigkeit sowohl englischer als auch kurhannoverscher Politiker zwischen beiden Ländern ohne jede Folgewirkung blieben.«[1] Dies lag in der unterschiedlichen politischen Verfassung der beiden Staaten wie auch deren divergierenden Interessenlagen begründet. Das Rechtsinstitut der Personalunion konstituiert ja keine staatliche Einheit, beläßt formal jedem Partner seine Eigenständigkeit und beschränkt sich auf das gemeinsame gekrönte Staatsoberhaupt. Dessen politische Macht war jedoch im absolutistischen Fürstentum Hannover ganz anders definiert als im bereits weitgehend parlamentarisch regierten England. Hier, das mußten Georg I. wie auch sein ebenfalls noch in Deutschland aufgewachsener Sohn Georg II. bald herausfinden, war der Herrscher weder frei in der Wahl seiner Minister, noch konnte er die Zielsetzungen der Außenpolitik aus eigener Machtvollkommenheit bestimmen. Bereits die Act of Settlement hatte festgeschrieben, daß der neue Monarch keine britischen Staatsämter mit Deutschen besetzen und Großbritannien ohne die Zustimmung des Parlaments keinen Krieg im Interesse Hannovers führen dürfe. Darüber hinaus war ursprünglich auch verfügt worden, daß der König nicht ohne Billigung des Parlaments in das heimatliche Hannover reisen dürfe – eine Klausel, die allerdings schon früh fallengelassen wurde. Aus dergleichen Diskrepanzen resultierte ein spannungsreiches Verhältnis, nicht nur zwischen Hannover und Großbritannien, sondern auch zwischen den ersten beiden Herrschern aus dem Haus Hannover und ihren Ministern und Untertanen in England.

Georg und seine Räte in Hannover hatten darauf gesetzt, durch den Erwerb der englischen Krone mit der machtpolitischen Rückendeckung durch Großbritannien die Position des Kurfürstentums als deutschen Mittelstaat zu stärken. Entsprechend freudig hatte man den Thronerwerb befürwortet und begrüßt. Die Briten hingegen waren skeptisch und lediglich von der Notwendigkeit geleitet, ein protestantisches Haupt für ihre Krone zu finden. Dafür war man jedoch keinesfalls bereit, stärker als bisher politisch oder gar militärisch auf dem Kontinent präsent zu sein. Großbritanniens Interessen lagen in Übersee, in seinem Handel, in seinen Kolonien. Hier wurde auf allen Fronten der Rivale Frankreich bekämpft, und man nahm daher mit Irritation zur Kenntnis, daß die hannoverschen Besitzungen des englischen Königs künftig dem weltpolitischen Gegner eine offene Flanke boten. Sollten die englischen Herrscher künftig ihre Stammlande aufs Spiel setzen, nur weil das englische öffentliche Interesse den Krieg mit Frankreich verlangte, bzw. sollte Großbritannien sich künftig stärker in Europa engagieren, nur um die Domänen seines Königs vor dem französischen Zugriff zu schützen? Grenzte es nicht an politische Schizophrenie, wenn der König als Reichsfürst in bestimmten Belangen den Kaiser unterstützte, während er als britischer Monarch sich neutral verhielt, so daß Friedrich der Große die Frage stellte, ob man ihn als eine oder zwei Personen zu betrachten habe? So erwies sich schließlich die Personalunion mit Hannover als Belastung für die deutsch-britischen Beziehungen, besonders in England, wo eine freie Presse das Pro und Kontra des Verhältnisses offen diskutieren konnte. Speziell wenn es darum ging, im Parlament Gelder zur Finanzierung hannoverscher Truppen aufzubringen, wuchs der öffentliche Unwille und steigerte sich zur Schmähung des Staatsoberhauptes, das als Wüstling oder ignoranter deutscher Bauer beschimpft wurde. »Down with foreigners«, »Down with the German« oder »No foreign government« lauteten die Parolen einer feindseligen Opposition. Vor allem wenn man unter finanziellen Gesichtspunkten die Auswirkungen der Personalunion bilanzierte, ergab sich für die englische Seite ein beachtliches Defizit, Bilanzen, welche die hannoversche Seite entrüstet zur Kenntnis nahm und als Reduzierung einer europäischen Schicksalsfrage zu kleinlicher Rechnungsstellung verurteilte.

Und so nimmt es denn nicht wunder, wenn bereits Georg I. eine Auflösung der Union ins Auge faßte und in seinem Testament verfügte, daß die Kronen unter seine künftigen Urenkel aufgeteilt werden sollten bzw. das Kurfürstentum auf eine anderen Linie des Hauses übergehen sollte. Doch weder die hannoverschen Räte noch, was den Ausschlag gab, die britischen Regierungen unternahmen Anstalten, dergleichen Wünsche in die Tat umzusetzen. Denn entgegen allen Bekundungen in der Öffentlichkeit erkannten die britischen Politiker sehr wohl, daß die Bindung an Hannover in der Auseinandersetzung mit Frankreich nicht nur eine außenpolitische Hypothek bedeutete, sondern zugleich durch die englische Präsenz im deutschen Kurstaat auch französische Kräfte in Europa gebunden blieben.

Schließlich erwuchs aus der besonderen Bindung Großbritanniens an Hannover als spezielle Variante deutsch-britischer Beziehungen während des 18. Jahrhunderts die englisch-preußische Allianz des Siebenjährigen Krieges. Sie war die logische Konsequenz des säkularen französisch-britischen Gegensatzes. Dieser bestand auch fort, als in der Zeit zwischen 1714 und 1739 in Europa beide Mächte in scheinbar einträchtigem Miteinander den Frieden von Utrecht garantierten. In Wahrheit jedoch wurde, teils verdeckt, teils offen, in Übersee zwischen Großbritannien auf der einen und Spanien-Frankreich auf der anderen Seite um entscheidende Positionen im Kontext von kolonialer Macht und weltweitem Handel gerungen. Als daher 1756 Österreich auf der Suche nach Verbündeten gegen Preußen sich dem alten Gegner Frankreich annäherte, sah sich Großbritannien gezwungen, seinerseits die traditionsreiche bewährte politische Partnerschaft mit Habsburg aufzukündigen, zum Schutze Hannovers mit Preußen die Konvention von Westminster zu schließen und damit »den Umsturz aller Bündnisse« zu vollenden. Damit rückten zugleich Preußen und vor allem sein König verstärkt ins Zentrum britischen öffentlichen Interesses.

Seit seiner Thronbesteigung waren in englischen Zeitungen und Monatsblättern Berichte über Friedrich II. zu lesen, den Prinzen, der unter der brutalen Zuchtrute seines Vaters aufgewachsen nun das Ideal des tugendhaften Herrschers verkörperte, der sein Land in ein »goldenes Zeitalter« zu führen versprach. Daran änderten auch die beiden ersten schlesischen Kriege nichts Grundsätzliches. Obwohl England hier noch auf der Seite Österreichs stand, gab es im Lande eine »preußische Partei«, welche die Position des preußischen Herrschers dokumentierte und rechtfertigte. Lange vor dem Umsturz der Bündnisse feierten Publizisten auf der Insel Friedrich als das Haupt des Protestantismus auf dem Kontinent und somit als den eigentlichen natürlichen Verbündeten Englands. Selbst nach dem Einfall in Schlesien pries eine Flugschrift ihn als »Darling of Mankind« und eine andere gar als »a good protestant and a good Englishman«.[2] Er sei es – so die Publizisten der Opposition –, der in Wahrheit das Gleichgewicht Europas in den Händen halte und der deswegen für Großbritannien in dessen Kampf gegen Frankreich gewonnen werden müsse. »Prussia must be gained«, lautete die von Horace Walpole schon vor 1756 ausgegebene Parole.[3] Dementsprechend erfaßte nach Ausbruch des Siebenjährigen Krieges das ganze Land eine Welle regelrechter Preußenbegeisterung. Sowohl in London als auch draußen im Lande feierte man enthusiastisch nicht nur den Sieg über die Franzosen bei Roßbach, sondern nicht minder den von Leuthen. Das nüchterne Kalkül der Politik, die aufstrebende deutsche Macht Preußen in den Dienst der eigenen Sache zu stellen, hatte eine Entwicklung in Gang gesetzt, die in allgemeine Begeisterung über diese neue Form deutsch-britischer Beziehungen mündete. In krassem Gegensatz zu den wenig beliebten eigenen

Königen aus dem Hause Hannover ließen nun die Engländer ihren neuen Helden hochleben, besonders aus Anlaß seines Geburtstages im Januar 1758. Im Parlament und in den Kirchen, in den Kneipen und auf den Straßen huldigte man dem »preußischen Helden«. In den Häfen schossen die Schiffe Salut und das Militär paradierte auf den Straßen, auf Teekannen und Bierkrügen prangte das Haupt des Preußenkönigs. Friedrichs beeindruckende Siege zu Beginn des Krieges waren für die Engländer um so wichtiger, als eigene militärische Erfolge in Übersee vorerst ausblieben. Zeitweilig und partiell setzte dergleichen Euphorie sogar Stereotypen einheimischer politischer Kultur außer Kraft, nämlich das eingefleischte Mißtrauen gegenüber dem Militär, besonders in Gestalt stehender Heere sowie die bedingungslose Verurteilung der Staatsform des monarchischen Absolutismus. Plötzlich übten sich Freiwilligenverbände im Land in der Nachahmung »preußischer Disziplin«, die nun nicht mehr als Schule des Untertanengehorsams, sondern als Basis grandioser militärischer Erfolge gefeiert wurde.

Aufs Ganze gesehen rückt im 18. Jahrhundert für Großbritannien Deutschland auf politischer Ebene vor allem als Nebenschauplatz überseeischer Politik ins Blickfeld, als die Bühne von Allianzen und Schlachten. Dabei wechseln durchaus negative Eindrücke, wie sie mit der hannoverschen Personalunion weitgehend verknüpft blieben, mit den positiven Assoziationen eines mit dick aufgetragenen Farben gemalten Preußenbildes. Beide Szenarien traten nach dem durch den Frieden von Paris besiegelten Sieg über Frankreich in den Hintergrund. Für das Verhältnis zu Hannover bedeutete die Thronbesteigung Georgs III. den entscheidenden Wendepunkt. Der junge König markierte, im Gegensatz zu seinen beiden Vorgängern, von Anbeginn deutliche Distanz zum Land seiner Väter, bezeichnete sich offen als Engländer und besuchte während seiner gesamten Regierungszeit das Kurfürstentum kein einziges Mal. Die Personalunion wurde auf die verfassungsrechtlichen Formalitäten reduziert, und damit war Großbritannien künftig nicht mehr machtpolitisch erpreßbar, wie es dies noch in gewissem Umfang unter Georg I. und Georg II. gewesen war. Das Verhältnis zwischen beiden Ländern normalisierte sich fortan, da die Distanz zwischen beiden nun die räumliche Voraussetzung für weitgehende politische Eigenständigkeit lieferte. Für beide Staaten blieb die Personalunion Episode ohne tiefgreifende politische Folgen. Episode blieb in diesem Sinne auch die britisch-preußische Allianz, nämlich ein zeitlich begrenztes Zweckbündnis. Überhaupt sollte Deutschland, nachdem 1763 Großbritannien als führende Weltmacht etabliert war, noch stärker als zuvor aus dem Horizont britischer Politik heraustreten. Hier konnte von einem deutsch-britischen Verhältnis nicht mehr die Rede sein.

Wie auf dem Felde der Politik, so spielten auch im Bereich der Wirtschaft deutsch-britische Beziehungen lediglich eine untergeordnete Rolle. Das mag überraschen, denkt man daran, welch wichtige Rolle hansische Kaufleute in England im Mittelalter gespielt hatten und daß im späten 16. Jahrhundert, als der bis dahin für England so wichtige Umschlagplatz Antwerpen geschlossen wurde, englische Kaufleute versuchten, sich mit Hamburg einen neuen Zugangsort zum Kontinent zu erschließen. 1567 gründeten die Londoner »Merchant Adventurers« eine eigene Niederlassung in der Hansestadt. Und tatsächlich sollten auch weiterhin zwischen beiden Städten in gewissem Umfang besondere Beziehungen bestehen, die jedoch im 18. Jahrhundert, wie noch zu zeigen sein wird, eher im kulturellen Bereich als auf dem ökonomischen Sektor von Belang waren.

Ähnliches gilt auch für das hannoversch-britische Verhältnis. Hier hatte man, besonders auf britischer Seite, zunächst vor allem die ökonomischen Aspekte der Personalunion hervorgehoben, zumal der Kurstaat kurz zuvor Bremen seinem Herrschaftsbereich eingegliedert hatte, von dessen Besitz man sich auch in Krisenzeiten ungehinderten Zugang zu den Märkten des Kontinents versprach. Tatsächlich jedoch entwickelten sich die englischen Exporte in den mitteleuropäischen Raum nicht den Erwartungen entsprechend. In der ersten Hälfte des 18. Jahrhunderts ließ sich hier lediglich eine Zuwachsrate von ca. 15 Prozent registrieren. Weitaus wichtiger war der Mittelmeerhandel und wurde besonders der nach Übersee, der sich nach Amerika um das Siebenfache und nach Asien immerhin um das Sechsfache steigerte. In der Zeit, in der England zum zentralen Stapelplatz im weltweiten Handel zwischen Europa, Asien und der neuen Welt wurde, blieb Deutschland als Partner von untergeordneter Bedeutung. Die politischen Beziehungen zwischen den deutschen Ländern und Großbritannien besitzen durchaus ihre Entsprechung im ökonomischen Bereich. Hier überrascht zudem, daß von der rasanten englischen ökonomischen Entwicklung, die im Zeichen zahlreicher technischer Innovationen auf den Gebieten der Agrarökonomie wie auch des produzierenden Gewerbes stand, kaum nennenswerte Impulse nach Deutschland hin, auch nicht nach Hannover ausgingen. Dabei hatte man hier die Möglichkeiten, sich über die neuesten Entwicklungen etwa im Bereich der Landwirtschaft ausgiebig zu informieren, denn die Universität Göttingen kaufte die einschlägige englische Literatur. Das Bestreben, hier dem englischen Vorbild nachzueifern und damit zur großen Aufholjagd anzusetzen, sollte dem 19. Jahrhundert vorbehalten bleiben.

Dennoch, trotz solch vorwiegend negativer Befunde auf jenen Gebieten, auf denen sich in der Regel zuvörderst wechselseitige Beziehungen entfalten und etablieren – auf dem Felde der Politik und der Wirtschaft –, kann und muß von deutsch-britischen Beziehungen gesprochen werden: nämlich im kulturellen Bereich, vor allem sobald man hier nach dem Ausmaß und der Intensität gegenseitiger Wahrnehmung fragt. Dabei sind die Voraussetzungen für die Perzeption des jeweiligen anderen bzw. für Transferleistungen zwischen den Partnern im 18. Jahrhundert höchst ungleich gewichtet. Sie sind durch ein markantes Gefälle von England nach Deutschland hin gekennzeichnet, das bereits in einer deutlichen Asymmetrie gegenseitiger Wahrnehmung seinen Ausdruck fand. Vorbei waren die Zeiten, in denen Engländer nach Deutschland schauten, weil es das Land Luthers und Martin Bucers war, weil hier die Reformation ihren Ausgang genommen hatte. Nun übertraf die Zahl der gebildeten Deutschen, die an englischen Zuständen Interesse bekundeten, weitaus die ihrer britischen Zeitgenossen, die auf Deutschland blickten bzw. die über ein gewisses Maß an Kenntnissen über dieses Land verfügten. Die Routen der klassischen Grand Tour verdeutlichen solche Diskrepanzen. Während die deutschen Kavaliere in ihre Bildungsreise, die ursprünglich die Niederlande, Frankreich und Italien umfaßte, alsbald im 18. Jahrhundert auch England einschlossen, berührte der englische Gentleman Deutschland allenfalls dann, wenn er ausnahmsweise von Paris nach Italien den Weg rheinaufwärts wählte. Entsprechend wenig wußte man über die Geographie, das Klima oder die politischen Verhältnisse dieses fernen Landes. Ein einheitliches Deutschlandbild existierte nicht, konnte es auch nicht geben. Statt dessen stößt man auf die unterschiedlichsten Ansichten über Deutschland, wie sie entweder von Reisenden oder in wissenschaftlichen oder literarischen Beiträgen formuliert wurden und die ihrerseits wiederum von bestimmten, zum Teil divergierenden Voreinstellungen geprägt waren. Vielen galt Deutschland als fernes und dementsprechend rückständiges, wenn nicht gar düsteres Land. Immer wieder berichten die britischen Besucher wie der Gelehrte Thomas Nugent oder Lady Mary Montagu von beschwerlichen und gefährlichen Reisen auf nahezu ungebahnten Wegen, von Gasthäusern, die den Reisenden lediglich einen Raum mit einem Strohlager offerierten, in das sich Männer und Frauen zu teilen hatten. In Niedersachsen, so stellte man überrascht fest, hausten Tier und Mensch in den Bauernhäusern unter demselben Dach. Bewohnt war dieses Land von langsamen, ernsten, ehrlichen, nicht selten zum Trübsinn neigenden Menschen. Hier folgte man den Einsichten der in der frühen Neuzeit so einflußreichen Klimalehre, derzufolge in den nördlichen Zonen das Blut wegen der Kälte langsamer fließe und die Lebensgeister entsprechend schwerfällig seien. Von daher rühre das allbekannte »Phlegm« der Deutschen und der Holländer, ein weitverbreitetes Vorurteil, das die Reisenden immer wieder gern bestätigt sahen, wie etwa Lady Montagu, die sich selbst sogar schon bald vom Phlegma dieses Landes angesteckt fühlte. Und das Stereotyp von der angeblichen deutschen Trunksucht, von der Tacitus in seiner »Germania« berichtet, wurde in englischen literarischen Berichten des 18. Jahrhunderts über die Deutschen als ethnologischer Topos sorgsam gepflegt. Wer als britischer Gelehrter mit deutschen Kollegen verkehrte oder wer an einem der zahlreichen Duodezhöfe seine Aufwartung machte, amüsierte sich über das umständlich-zopfige Zeremoniell und die ausgeprägte Titelsucht der Deutschen. Andere jedoch waren beeindruckt von der Verfassungswirklichkeit der freien deutschen Reichsstädte, in denen beispielsweise der schottische Historiker Robertson Inseln republikanischer Freiheit in einem Meer monarchischer Willkürregime erblickte.

Aufs Ganze gesehen existierte natürlich kein einheitliches Deutschlandbild. Statt dessen gab es viele zum Teil lang überlieferte Vorurteile, die auch durch die unmittelbare Anschauung stets eher bestätigt als korrigiert wurden. Hierbei wirkte sich in besonderem Maße aus, daß die protestantischen Engländer vorwiegend nach dem protestantischen Deutschland blickten und dem katholischen, südlichen Deutschland mit Unverständnis und Abscheu begegneten. Der Antikatholizismus als Wesenszug britischer politischer Kultur prägte somit auch ganz wesentlich die Impressionen über Deutschland. Armut, Elend, Unterdrückung und Verzweiflung sieht und schildert man als das Ergebnis einer durch finsteren Aberglauben aufrechterhaltenen betrügerischen Priesterherrschaft, die sich hinter der vergoldeten Pracht barocker Fassaden verbirgt. Für die englischen Romantiker des späten 18. Jahrhunderts war

Deutschland zudem das Land übernatürlicher Geschehnisse und dämonischer Gestalten. Coleridge zeigte sich tief beeindruckt von einem Luther, der auf der Wartburg nach dem Teufel mit dem Tintenfaß geworfen habe, und noch 1818 läßt Mary Shelley ihren Frankenstein sein Monster an der Universität Ingolstadt zusammensetzen.

Trotz zahlreicher Varianten im Deutschlandbild der Engländer, trotz offenkundiger Widersprüche, wie sie etwa Preußen betrafen, das zum einen als Land des Absolutismus, in dem der Militarismus die Untertanen zum bedingungslosen Gehorsam erzieht, verurteilt wurde und dessen Herrscher zum andern als Freiheitsheld an der Spitze der Internationale des Protestantismus gefeiert wurde, spiegelt die britische Haltung gegenüber Deutschland nicht nur das ökonomische und politische, sondern auch das kulturelle Gefälle zwischen beiden Ländern wider. D.h. für die Sicht Deutschlands war für die Engländer der Standpunkt eines jüngst zu weltbeherrschender Stellung aufgestiegenen Nationalstaates maßgebend, der seine überlegene Position seiner freiheitlichen Verfassung sowie seinem nüchternen, aufgeklärt-pragmatischen Sinn verdanke.

Jenem Gefälle entsprechend bleiben kulturelle Transfers von Deutschland nach Großbritannien die Ausnahme. Diese Ausnahme allerdings bildet der Bereich der Musik, von der auch kritische englische Zeitgenossen zu berichten wissen, daß sie selbst im finsteren katholischen Deutschland auf beneidenswert hohem Niveau gepflegt werde. Daß deutsche Musik den Weg nach England fand, ist nicht zuletzt der Personalunion mit Hannover zu verdanken. Dessen Herrscher waren leidenschaftliche Liebhaber der Musik, und als sie nach London übersiedelten, machten sie dieses zum Mekka kontinentaleuropäischer Komponisten und Interpreten. Händel wurde, bevor er seine große Karriere in London machte, von Georg I. als Musiklehrer für seine Enkel engagiert, und das gleiche gilt für Johann Christian Bach und die Kinder Georgs III.

Die mehrfach betonte Asymmetrie der wechselseitigen Beziehungen zwischen Großbritannien und Deutschland wird nicht zuletzt unbestreitbar bezeugt durch das gesteigerte Interesse, das im 18. Jahrhundert die deutsche gebildete Öffentlichkeit englischen Zuständen im allgemeinen und englischer Kultur im besonderen entgegenbrachte. So übertrifft die Zahl der Beobachter, der Kommentatoren und der Reisenden, die von Deutschland aus die Insel zum Gegenstand ihrer Betrachtungen erheben, die der entsprechenden britischen Zeitgenossen mit einem Interesse an Deutschland um ein Vielfaches. Wie überhaupt das Zeitalter der Aufklärung mit der Zunahme des Wissens über andere Länder einherging, so betraf dies in Deutschland in erster Linie die Verbreitung und Vertiefung von Kenntnissen über England. 1790 schließlich wurde in Hamburg die erste englische Buchhandlung eröffnet. Vor allem nimmt, mit der schon erwähnten Ausdehnung der deutschen Kavaliersreise auf Großbritannien, die Zahl der Reisenden und damit auch die Zahl der damals so beliebten und entsprechend verbreiteten Reiseberichte speziell in der zweiten Hälfte des Jahrhunderts deutlich zu. 1781 erschien der erste ausführliche »Reiseführer«, ein vierbändiges Kompendium von Johann Jacob Volkmann mit dem Titel »Neueste Reisen durch England, vorzüglich in Absicht auf die Kunstsammlungen, Naturgeschichte, Oekonomie, Manufakturen und Landsitze der Großen«.

Nicht um touristische Neugier oder das Interesse am exotisch Fremden zu befriedigen, sondern vor allem um zu lernen, um Vorbilder zu studieren, wenden sich die Blicke der aufgeklärten deutschen Zeitgenossen nach England hin. Schließlich werden »Aufklärung und Anglophilie in Deutschland« (M. Maurer) mehr oder weniger synonyme Begriffe.[4] Der Anstoß hierfür war ebenfalls von außen gekommen, von der französischen Aufklärung, die ihrerseits den Weg zum lehrreichen Studium englischer Zustände gewiesen hatte. Indem der Rest Europas, für das Französisch die Verkehrsprache der gebildeten Welt war, wie gewohnt nach dem klassischen Vorbild Frankreich blickte, wurde es auf England verwiesen, das heißt Frankreich erfüllte hier die Funktion eines geistigen »Umschlagplatzes« im Ideenverkehr des 18. Jahrhunderts. An erster Stelle sind hier Voltaires »Lettres philosophiques« und Montesquieus »De l'Esprit des lois« zu nennen. Dabei schöpfte Voltaire direkt aus den Eindrücken und Erfahrungen eines fast dreijährigen Englandaufenthaltes, der ihn zugleich zum Anglophilen und zum Aufklärer werden ließ. In seinen Briefen vermittelte er seinen Landsleuten und damit dem übrigen Europa nicht nur Kenntnis der englischen empirischen Philosophie, die für ihn neben dem Denken Lockes auch die Entdeckungen und Theorien Newtons einschloß, sondern auch Einsicht in das seiner Sicht nach ganz im Zeichen der Toleranz stehende religiöse Leben wie auch in die englischen Verhältnisse im allgemeinen, von Shakespeare über den englischen Handel bis hin zur Pockenimpfung. Bei Montesquieu, der ebenfalls sein Englandbild auf persönliche Anschauung gründete, steht neben dem Lob des zivilisationsfördernden englischen Handels besonders der englische Staat und seine Verfassung im Zentrum des Interesses, wie er sie in seiner berühmten idealtypischen Konstruktion des Staates der Freiheit im elften Buch beschrieben hat.

Für die deutschen aufgeklärten Beobachter und Besucher steht ebenfalls die politische Freiheit an erster Stelle. Von Britanniens Freiheit »nur einen Hut voll« wünscht sich Christian Friedrich Daniel Schubart für seine deutschen Landsleute, und so unterschiedliche Geister wie Justus Möser und Johann Wilhelm von Archenholtz sehen in der vorbildlichen englischen Verfassung die Garantie eines Höchstmaßes von persönlicher Freiheit. Und diese Freiheit wiederum sei es, die als die Grundvoraussetzung von Wohlstand, Bildung und schließlich auch eines berechtigten Nationalstolzes zu gelten habe. Und so werden die deutschen Anglophilen nicht müde, das hohe Lied ihres englischen Vorbilds zu singen, nicht nur mit Blick auf dessen philosophische Tugenden und politische Zustände, sonderen auch im Hinblick auf seine ökonomische Pionierrolle in Landwirtschaft und Industrie, die ästhetischen Qualitäten seiner Landhaus- und Gartenkultur und schließlich seine Literatur, die nicht nur einen Shakespeare, sondern auch einen Richardson aufzuweisen habe. Einen ganzen Brief widmet Georg Christoph Lichtenberg dem überwältigenden Eindruck der Hamletdarstellung des berühmten Schauspielers David Garrick.

Doch auch für dieses Englandbild der deutschen Aufklärung gilt, daß es keineswegs homogen, sondern durchaus mit Widersprüchen durchsetzt ist. Vor allem gegen Ende des Jahrhunderts wird gelegentlich Einspruch erhoben gegen die vorherrschende Anglophilie, der schließlich dann in den zwanziger Jahren des 19. Jahrhunderts in der radikalen Kritik Heinrich Heines gipfelte. Wo die einen die wirtschaftliche Dynamik rühmten, tadelten andere den englischen Krämergeist; wenn gemeinhin die britische Freiheit gepriesen wurde, so verwiesen dennoch einzelne auf die Vorzüge der »guten Polizey« im Wohlfahrtsstaat des aufgeklärten Absolutismus, in dessen Schutz die deutschen Untertanen sich besser aufgehoben wissen konnten. Vor allem aber fühlten sich besonders deutsche Reisende immer wieder abgestoßen von der oft aus Ignoranz und Indolenz gespeisten Arroganz der Engländer gegenüber allem Ausländischen und Fremden.

Es war, abgesehen von den unterschiedlichen Interessenlagen, vor allem der junge und zugleich selbstgewisse Nationalismus der Briten, wie er sich in den Auseinandersetzungen um die Weltmachtgeltung und

Ausgestaltung des Kolonialreiches gebildet hatte, der dazu beitrug, daß es, mit Ausnahme der kurzzeitigen Preußenbegeisterung, keine der deutschen Anglophilie entsprechende Germanophilie gab. Dies änderte sich jedoch schlagartig in der Mitte der zweiten Jahrhunderthälfte. Dabei läßt sich der Zeitpunkt genau fixieren mit dem Jahr 1779, als die erste englische Übersetzung (bezeichnenderweise aus dem Französischen) von Goethes »Werther« auf dem britischen Markt erschien und sogleich ungeheures Aufsehen erregte. Der Stoff wurde sofort für die Bühnenaufführung bearbeitet, entsprechende Kupferstiche und Porzellanfiguren fanden reißenden Absatz. Plötzlich entdeckte man die deutsche Literatur nicht nur des Sturm und Drang, auch Kotzebues Bühnenstücke erfreuten sich nun größter Beliebtheit, wie Jane Austens »Mansfield Park« bezeugt. Als schließlich 1798 Coleridge zu einer Reise nach Deutschland aufbrach, die entscheidenden Einfluß auf sein weiteres Schaffen ausüben sollte, war endgültig der Beginn einer neuen Phase der deutsch-britischen Beziehungen im Bereich der Kultur eingeleitet. Deutschland existierte nun zumindest auch als Kulturnation. Das allzu ferne, provinzielle, bestenfalls skurrile Deutschland war nun in den Rang eines gleichwertigen Partners erhoben worden, die Ära des einseitigen kulturellen Transfers war endgültig vorüber, und eingeleitet war eine Phase fruchtbarer wechselseitiger Beziehungen und gegenseitiger Anerkennung, die das 19. Jahrhundert kennzeichnen sollte, zumindest solange, bis machtpolitische Rivalität hier wiederum neue Akzente setzte.

WOLF D. GRUNER

Großbritannien und die Staaten des Deutschen Bundes im Vormärz[1]

Großbritannien spielte und spielt in der Geschichte und Gegenwart Europas und auch Deutschlands eine wichtige, tragende Rolle. In der hier zu erörternden Periode der deutschen und europäischen Geschichte zwischen 1814/15 und 1848/49 stieg Großbritannien zur politischen und ökonomischen Weltmacht auf. In der Phase des Übergangs zu einer industriellen Massengesellschaft an der Schwelle vom 18. zum 19. Jahrhundert stand das innen- und außenpolitische Krisenverhalten Großbritanniens unter drei *Leitgesichtspunkten*, deren Auswirkungen auch für die britische Politik gegenüber den deutschen Staaten Gewicht besaßen:

- Der *tiefgreifende wirtschaftliche und soziale Strukturwandel*, der mit der Industriellen Revolution seit der zweiten Hälfte des 18. Jahrhunderts einsetzte.
- Die *Reformfähigkeit und Reformbereitschaft des politisch-sozialen und ökonomischen Systems* und der dieses tragenden politischen und wirtschaftlichen Eliten.
- Der das außenpolitische Konfliktverhalten Großbritanniens als zentrale Einflußgröße des nationalen Interesses bestimmende Gesichtspunkt der *Friedenssicherung*. Er muß in einem unmittelbaren Zusammenhang mit dem Strukturwandel und der Reformbereitschaft und dem Wunsch nach Stabilität im internationalen System gesehen werden.

Die genannten Leitgesichtspunkte sind für das Verständnis des Aufstiegs Großbritanniens zur ersten wirklichen Welt- und Wirtschaftsmacht im 19. Jahrhundert von grundlegender Bedeutung. Sie spielen unter anderem bei der Europäischen Neuordnung 1814/15 und vor allem auch bei der Neugestaltung des mitteleuropäischen Raumes und Italiens eine wichtige Rolle. Sie machen deutlich, daß die Außenpolitik in hohem Maße durch innenpolitische Determinanten beeinflußt wird, daß aber auch Faktoren der internationalen Politik die innenpolitischen Rahmenbedingungen entscheidend mit prägen können. Der britische Fall zeigt sehr anschaulich den komplexen und unauflöslichen Zusammenhang zwischen innerer und äußerer Politik.

An der Entstehung der Nachfolgeorganisation des Alten Reiches, des Deutschen Bundes, hatte Großbritannien aus sicherheitspolitischen und handelspolitischen Interessen und Überlegungen im weitesten Sinn, aus europäischen Gesichtspunkten aber auch aus dynastischen Interessen aktiven Anteil.

Wenn in den nachfolgenden Überlegungen von der britischen Politik gegenüber den Staaten des Deutschen Bundes und vom Stellenwert dieser Staaten für die britische Europa- und Deutschlandpolitik gesprochen wird, so ergeben sich für die Periode zwischen 1814/15 und 1849 qualitativ verschiedene Analyseebenen, die für die britische Deutschland- und Europapolitik wie für die Gesamtpolitik unterschiedliche Priorität besaßen. Es läßt sich durchaus von einer Hierarchie der Beziehungen sprechen. Diese wird in hohem Maße durch macht- und sicherheitspolitische Faktoren, aber auch durch wirtschaftliche, ideologische und dynastische Einflußgrößen bestimmt. Diese können sich aber über die Zeit verändern. Für den hier zu erörternden Zeitabschnitt lassen sich folgende Prioritäten festhalten:

- *Die beiden deutschen und europäischen Großmächte Österreich und Preußen.* Sie besaßen als Mitgaranten der Verträge von 1814/15 und als Mitspieler im europäischen Krisenmanagement wie als ideologische Gegner in verschiedenen Konstellationen zwischen 1815 und 1849 große Bedeutung.
- *Der Deutsche Bund* als Band für die deutsche Nation und föderativer Organisationsrahmen für die Neuordnung Mitteleuropas. Er wurde zur Nachfolgeeinrichtung für die aus der Zerschlagung des Heiligen Römischen Reiches deutscher Nation und aus der napoleonischen Flurbereinigung hervorgegangenen großen, mittleren und kleinen deutschen Staaten. Für das multipolare europäische System erhielt er im britischen Denken eine wichtige Bedeutung als »Schlußstein«, Stabilisator und konstitutives Element für das angestrebte »doppelte Gleichgewicht«.
- Das *Königreich Hannover.* Es war bis 1837 in Personalunion mit Großbritannien verbunden. Besondere Bedeutung erhielt die komplexe Dreiecksbeziehung Hannover – Großbritannien – Deutscher Bund. Hannover ermöglichte es Großbritannien als »dritte Großmacht« direkt auf die Politik des Deutschen Bundes Einfluß zu

nehmen. Es wurde aber auch immer wieder in die Probleme und Auseinandersetzungen in der Binnenpolitik des Deutschen Bundes hineingezogen. Die Personalunion mit Hannover verursachte in Großbritannien selbst – wie beispielsweise 1816 im Zusammenhang mit den Beratungen über den Militärhaushalt, 1819/20 wegen Karlsbad, »Peterloo«[2] und der Regency Crisis, und 1830/32 – immer wieder innenpolitische Probleme. Die Verbindung zu Hannover engte verschiedentlich in europäischen Krisenlagen den Handlungsspielraum britischer Politik ein.

- Die *deutschen Mittelstaaten*, wie Bayern, Württemberg, Sachsen und Baden. Sie spielten in der britischen Deutschlandpolitik als konstitutionelle Staaten auch über 1848/49 hinaus eine wichtige Rolle. Sie erhielten insbesondere in der Phase der Entstehung und Ausgestaltung der Bundesinstitutionen, im Prozeß der Gründung von Zollvereinen wie auch 1830/32 in der Phase europäischer ideologischer Blockbildung zentrale Bedeutung.
- Die *deutschen Kleinstaaten* wie beispielsweise die Hansestädte und Frankfurt. Als Häfen, Handelsstädte, Finanzplätze und Standort von Messen hatten diese als politische Einheiten einen besonderen Stellenwert.[3]

Nachfolgend sollen zunächst die Rahmenbedingungen für die europäische und deutsche Neuordnung von 1814/15 und die britische Interessenlage erörtert werden. Daraus ergeben sich die Grundlinien britischer Politik gegenüber der deutschen Staatenwelt zwischen dem Wiener Kongreß und den Revolutionen von 1848/49. In weiteren Abschnitten wird die britische Deutschlandpolitik an verschiedenen Schnittpunkten deutscher und europäischer Politik skizziert. Herausgegriffen wurden dabei die Jahre 1819/20, die Julirevolution von 1830 und ihre Auswirkungen auf Großbritannien und die Staaten des Deutschen Bundes, die damit in direktem Zuammenhang stehende belgisch-luxemburgische Frage, das Verhältnis Großbritanniens zur deutschen Verfassungsbewegung und zu den konstitutionellen Staaten, schließlich die Hannoversche Verfassungsfrage und die Rheinkrise von 1840 sowie die britische Reaktion auf die Ereignisse von 1848/49 und den Plan der deutschen Großmächte 1851 mit ihrem gesamten Staatsgebiet dem Deutschen Bund beizutreten. Ein Sonderproblem ist die britische Politik gegenüber der Entstehung des Deutschen Zollvereins zwischen 1827/28 und 1834.

Großbritannien und die politisch-territoriale Neugliederung des mitteleuropäischen Raumes

Die britischen Erfahrungen mit Napoleon Bonaparte 1801/03 und mit dem Frieden von Amiens (1802) sollten für die Gesamtpolitik sowie für die Europa- und Deutschlandpolitik des Landes bis zur endgültigen Niederringung des Korsen wichtig werden. Sie wurden zwischen 1803 und 1814/15 zur Leitlinie für die Formulierung britischer Friedensziele. Nach dem Scheitern von Amiens ging es für Großbritannien seit 1804/05 um die Herstellung einer Friedensordnung, in der die britischen Sicherheits-, Handels-, Wirtschafts- und Machtinteressen sowie die als Sonderrecht beanspruchten »maritime rights« berücksichtigt sein würden. Es mußte zudem durch den Frieden für Handel und Verkehr die Freiheit der Verbindungswege sowie unbeeinträchtigten »lines of communication« sichergestellt werden. Großbritannien strebte daher für den Kontinent eine Friedensordnung an, die den europäischen Staaten eine unabhängige politische, wirtschaftliche und soziale Entwicklung garantierte und durch ein neues Völkerrecht Rechtssicherheit schaffen konnte. Diese Rahmenbedingungen mußten vorliegen, um es dem Land wegen der unauflöslichen Verknüpfung von innerer und äußerer Politik zu erlauben, seine globalen Wirtschafts- und Machtinteressen zu verfolgen und die als dringend erforderlich erkannten Reformen und »improvements« im politisch-sozialen und wirtschaftlichen System ohne gesellschaftliche Verwerfungen und Revolution bereits während des Krieges und in der kritischen Übergangssituation vom Krieg zum Frieden ohne Fremdeinwirkungen einleiten zu können.

Für das britische Konzept einer »reconstruction of Europe« spielten somit nicht allein außen- und sicherheitspolitische Motive eine zentrale Rolle[4], beispielsweise die Sozialbeziehungen im Innern, finanz- und haushaltspolitische Überlegungen sowie weitere binnen- wie außenwirtschaftliche Beweggründe. Hinzu kamen neben der Eigendynamik der internationalen Ordnung zusätzlich psychologisch-mentale Einflußgrößen, die den politischen Entscheidungsprozeß bestimmten.[5]

Großbritannien hatte klare Friedensziele entwickelt, etwas, das es im Vergleich mit den anderen Kriegsalliierten auszeichnete. Allerdings spielten bei der Verwirklichung einer Friedensordnung, eines »British Peace«, auch glückliche innen- und außenpolitische Umstände zwischen 1812 und 1814/15 mit eine Rolle. Die Viererallianz von Chaumont 1814 schuf eine rechtliche Grundlage für die Nachkriegsordnung. Die Großmächte verpflichteten sich als »Sachwalter Europas«, Verantwortung für die Sicherheit und Stabilität der europäischen Staatenordnung über den Friedensschluß hinaus zu übernehmen. Großbritannien konnte sich auch mit seinem Ziel, das besiegte Frankreich durch eine »doppelte Friedenssicherung« (Frieden von Paris 1814; »Friedensvollzugskongreß« von Wien 1814/15) unmittelbar in die zu schaffende multipolare Gleichgewichtsordnung einzubinden, durchsetzen. Notwendig war aus britischer Sicht kein Siegfrieden, sondern ein Frieden der Mäßigung. Nur so war aus britischer Sicht eine stabile, dauerhafte und entwicklungsfähige europäische Staatenordnung zu schaffen. Allerdings, bei der Festsetzung der französischen Nachkriegsgrenzen sollten auch die Sicherheitsinteressen der Nachbarn angemessen Berücksichtigung finden. Die territoriale Neuordnung Mitteleuropas und Italiens mußte ein europäisches Sicherheitssystem gegen Frankreich ermöglichen, den hegemonialen Einfluß des napoleonischen Frankreich auf dem Kontinent beseitigen und zugleich Nachkriegsfrankreich gleichberechtigt in das neue internationale System einbinden. Die britische Deutschlandpolitik wie die Frankreichpolitik verdeutlichen, daß Stabilität und Sicherheit 1813–1815 Leitmotiv britischer Außen- und Sicherheitspolitik waren. Sie wurden in hohem Maße durch gesellschaftliche, finanzielle, wirtschaftliche und innenpolitische Einflußgrößen vorgegeben.

Dank seiner Schlüsselstellung im Friedensprozeß konnte Großbritannien 1814/15 in Paris und Wien sowie bei den Verhandlungen zum Zweiten Pariser Frieden seine Vorstellungen für die mitteleuropäische und europäische Neuordnung weitestgehend durchsetzen. Hierbei spielte die Stellung der deutschen und europäischen Großmächte Österreich und Preußen in und zu der Nachfolgeorganisation für das Alte Reich ebenso eine Rolle wie die Organisationsform des neuen »Reiches« und die künftige Einbindung des Kurfürstentums / Königreichs Hannover in eine mitteleuropäische bzw. gesamteuropäische Ordnung.[6] Die Schaffung eines »deutschen Gleichgewichtes« wurde als Voraussetzung für ein multipolares »europäisches Gleichgewicht« angesehen. Dies verdeutlichen die entsprechenden Akten des Kabinetts wie die privaten Nachlässe der politischen Akteure in der Machtelite.[7] Dabei war die geographische Lage im Herzen Europas ebenso bedeutsam wie die Tatsache, daß die wichtigsten europäischen Kommunikationslinien, wie Handels- und Wasserwege, durch diesen Raum führten und der freie Zugang zum Kontinent für Großbritanniens Handels-, Wirtschafts- und Sicherheitsinteressen von vitaler Bedeutung war. Diese Aspekte wurden für die britische Deutschlandpolitik im 19. Jahrhundert wichtig. Die Nachfolgeorganisation des Heiligen Römischen Reiches deutscher Nation sollte einen organisatorischen Rahmen erhalten, der diesen Raum zusammenfaßte, ihm Frieden, Stabilität, Prosperität und Entwicklungsmöglichkeiten eröffnete und ihm zugleich mehr Einheit und politisches Gewicht geben konnte. Es sollte unter allen Umständen verhindert werden, auch mit Blick auf die Erfahrungen Hannovers zwischen 1792 und 1814, daß dieser Raum wieder zum Schlachtfeld Europas wurde, auf dem die rivalisierenden Machtinteressen und Konflikte der Großmächte wie im 17. und 18. Jahrhundert und in der Epoche der Französischen Revolution 1789–1815 ausgetragen wurden. Der Antagonismus der deutschen Großmächte aus der Zeit des Alten Reiches mußte daher möglichst beendet oder zumindest durch eine Verfassungsordnung neutralisiert werden. Grundbedingung für die Herstellung eines deutschen Gleichgewichtes wurde es somit, Österreich und Preußen zu tragenden Säulen des neuen »Reiches« zu machen, zugleich aber zu verhindern, daß sie einzeln oder gemeinsam eine Hegemonie ausüben konnten. Sie mußten in ein Föderativsystem eingebunden werden, dem sie die nötige Festigkeit geben, das sie aber nicht dominieren konnten.

Diese Konzeptionen verdeutlichen, daß die Lösung der deutschen Verfassungsfrage nach den napoleonischen Kriegen nicht allein von deutschen, sondern von europäischen Konstellationen und Interessen abhängig war. Die Gründung des Deutschen Bundes auf dem Wiener Kongreß, dem in den britischen Nachkriegsplanungen eine Schlüsselstellung zufiel, vollzog sich nicht im luftleeren politischen Raum, sondern im Bezugsrahmen der Bedürfnisse und Erfordernisse der zu schaffenden europäischen Staatenordnung, mit der »a general and comprehensive system of public law in Europe« wiederhergestellt werden sollte.[8]

Von den drei Verfassungsmodellen, die für den deutschen Raum 1813–1815 diskutiert wurden, nämlich

- Wiederherstellung eines reformierten Reiches mit gestärkten Zentralinstitutionen und österreichischer Spitze,
- Gründung eines österreichisch-preußischen Kondominiums über Deutschland mit dem Main als Scheidelinie für die jeweiligen Interessenzonen und
- die Schaffung einer mitteleuropäischen Föderativordnung,

war eigentlich lediglich ein bündisches Verfassungsdach für die Nachfolgeorganisation des Alten Reiches annehmbar und auf deutscher und europäischer Ebene mehrheitsfähig. Der künftige Verfassungsrahmen für Mitteleuropa und seine politisch-territoriale Struktur gehörten daher für die Londoner Regierung zu den als vitale Interessen angesehenen Eckpfeilern der Friedensordnung. Gerade bei diesen Punkten ergaben sich Interessenkonflikte mit der Krone, Teilen der Herrschaftselite und den Hannoveranern. So lehnten Außenminister Castlereagh und Premierminister Liverpool eine verfassungsrechtliche Wiederherstellung des Alten Reiches und des Kurfürstentums Hannover ebenso ab wie die überzogenen territorialen Ambitionen der Welfenpartei für einen norddeutschen Großstaat Hannover. Es lag im Interesse der britischen Deutschland- und Europapolitik, den Besitzstand Hannovers in sicheren und wirtschaftlich entwicklungsfähigen Grenzen zu restituieren, gleichermaßen aber auch, Preußen wiederherzustellen und es trotz mancher Bedenken territorial in Deutschland zu arrondieren. Den Ausgleich mit der Großmacht Preußen stellte London über hannoversche Sonderinteressen. Allerdings mußte die territoriale Neuordnung sicherstellen, daß keine der deutschen Großmächte oder der großen Mittelstaaten eine Hegemonialstellung in Deutschland bzw. auf regionaler Ebene erlangen konnte. Hier sind die Hintergründe dafür zu suchen, daß Preußen und Bayern 1815 kein geschlossenes Staatsgebiet erhielten. Dies hätte den Haupthandelsweg von den Seehäfen nach Süddeutschland, Italien, der Schweiz und Böhmen unter preußische bzw. am Rhein unter bayerische Kontrolle gebracht.

In der deutschen Verfassungsfrage setzte sich in London die Konzeption von einem »föderativen Band« für die deutschen Staaten durch. In Wien übernahm es schließlich auch Hannovers Verhandlungsführer Graf Münster, der in enger Kooperation mit Castlereagh und Wellington an der Entstehung der Akte des Deutschen Bundes vom 8.6.1815 zentralen Anteil hatte. Die wichtige Rolle Großbritanniens und Hannovers bei der Entstehung der Bundesakte ist bisher kaum zur Kenntnis genommen worden. Zwar hätte sich Großbritannien für die Nachfolgeorganisation des Reiches eine festere Struktur gewünscht, doch war es wichtig, daß der Bund mit einer entwicklungsfähigen Grundordnung gegründet werden konnte. Obwohl die Bundesakte »mehrere wichtige Punkte unerschöpft« lasse, sei es dennoch wünschenswerter, »einen unvollkommenen Deutschen Bund als keinen einzugehen. Der Bund, wie er beliebt ist, schließt keine Verbesserung ganz aus.«[9]

Aus der Interessenlage britischer Politik hatte der Deutsche Bund von 1815 vor allem drei Aufgaben für Europa und das internationale System zu erfüllen:

- Er mußte das gemeinsame Band der Nachfolgestaaten des alten Reiches werden und durch seine Organisationsform den Mittel- und Kleinstaaten dieses Raumes ihre staatliche Existenz und Rechtssicherheit garantieren. Hieran hatte Großbritannien besonderes Interesse, weil Hannover nur im Rahmen dieses gemeinsamen Bandes seine Existenz würde sichern könne. Die napoleonischen Kriege hatten gezeigt, daß Großbritannien zu seiner Verteidigung nur bedingt in der Lage war.
- Durch die Föderativordnung Deutscher Bund sollte das europäische System die notwendige Stabilität und Widerstandsfähigkeit erhalten. Der »Centralstaat« von Europa mußte so stark sein, daß ein Angriff für jeden Angreifer zum Risiko werden mußte. Gleichzeitig durfte er nicht so stark sein, daß er expansive Ziele verfolgen und so zum Risikofaktor werden könnte. Für die Funktionsfähigkeit des europäischen Gesamtsystems war dies entscheidend, der Bund mußte zum »Schlußstein« für die europäische Friedensordnung werden. Die Einbindung der deutschen Großmächte in das Föderativsystem sollte verhindern, daß sie den Deutschen Bund für ihre eigenen Machtinteressen mißbrauchen konnten.
- Im 1815 geschaffenen europäischen Sicherheitssystem gegen Frankreich hatte der Deutsche Bund eine wichtige Scharnierfunktion zu erfüllen. Das Königreich der Vereinigten Niederlande als neue Mittelmacht mit Sicherungsfunktionen gegen Frankreich wurde über die Personalunion mit dem Großherzogtum Luxemburg mit dem Deutschen Bund verbunden.

Die dem Deutschen Bund im europäisch-internationalen System von 1815 zugewiesene funktionale Rolle – vielfach wird sie in der älteren Historiographie fälschlicherweise als machtpolitische Neutralisierung interpretiert – konnte er nur dann erfüllen, wenn ihm durch die Verfassungsordnung und die territoriale Gliederung die notwendige innere und äußere Stabilität gegeben werden konnte. Die Bundesakte von 1815 als Grundgesetz des Deutschen Bundes eröffnete alle Möglichkeiten für eine Fortentwicklung des politisch-sozialen Systems des Bundes und seiner Gliedstaaten über eine konstitutionelle hin zu einer parlamentarischen Verfassungs- und Gesellschaftsordnung. Es war daher kein Zufall, daß im März 1848 die Bundesakte zur Grundlage für die Verfassungsberatungen gemacht wurde. Für eine nationalstaatliche Einigung Deutschlands wollten weder die ehemaligen Rheinbundstaaten noch Preußen ihre eigenstaatliche Souveränität aufgeben. Großbritannien mußte sich daher einer derartigen Entwicklung nicht widersetzen. Für den Deutschen Bund als Mischform zwischen Staatenbund und Bundesstaat hätte vor allem Großbritannien gerne – gerade wegen seiner Doppelfunktion für das europäische Gleichgewicht – eine stärker bundesstaatliche Organisationsform gesehen. Eine Stärkung und Stabilisierung des europäischen »Centralstaates«, die ihm mehr Einheit in der Vielheit geben würde, wurde daher zu einer Maxime britischer Deutschlandpolitik weit über 1848/49 hinaus.

Bei der politischen und territorialen Neuordnung von 1815 spielten aus der Perspektive »Frieden als nationales Interesse« sicherheitspolitische Überlegungen eine große Rolle: Frankreich sollte als gleichberechtigter Partner in die Wiener Ordnung aufgenommen, zugleich aber auch durch ein europäisches Sicherheitssystem so eingedämmt werden, daß es nicht offensiv gegen seine Nachbarn vorgehen konnte. Die Sicherheitskonstruktion, deren Langzeitwirkung von den Akteuren 1814/15 nicht gesehen wurde, hatte Konsequenzen für Mitteleuropa. Nach der britischen Konzeption sollte Preußen durch eine Verlagerung seiner »natürlichen Interessen« nach Deutschland hineinwachsen, als eine in erster Linie deutsche Großmacht die Verteidigung Deutschlands und Nordwesteuropas gegen Frankreich übernehmen sowie eine direkte Grenze mit Frankreich erhalten. Mit den Rheinprovinzen erhielt Preußen industriell weit entwickelte Gebiete, verkehrsgünstig zu den Häfen im Schnittpunkt der europäischen Haupthandelswege gelegen, und schuf sich damit die Voraussetzungen für sein ökonomisches, militärisches und schließlich auch politisches Übergewicht in Deutschland. Österreich, der Präsidialmacht des Deutschen Bundes, wurde in der Wiener Ordnung die Rolle der Schutzmacht Italiens zugewiesen. Die territoriale Arrondierung in Italien und der territoriale Rückzug aus Deutschland wirkten sich negativ auf das österreichische Bundesengagement aus und zogen es in Krisenlagen immer wieder in Konflikte mit Frankreich und Italien hinein, wie 1831, 1848/49 und 1859.

Großbritannien und die Staaten des Deutschen Bundes 1816–1849: Von der Konstituierung des Bundes zum Scheitern der Gründung eines deutschen Nationalstaats

Mit der Gründung des Deutschen Bundes und der Einbindung der beiden deutschen Großmächte in die mitteleuropäische Föderativordnung hatte Großbritannien ein wichtiges Ziel seiner Deutschland- und Europapolitik erreicht. Großbritannien brauchte nach über zwanzig Jahren Krieg ein stabiles europäisches Zentrum, gesichert durch eine föderative Verfassungsordnung. Dies eröffnete ihm die Voraussetzungen, seine globalen Interessen und Aufgaben als Welt- und Handelsmacht zu verfolgen und zugleich die schwierigen innenpolitischen Probleme zu lösen. Der Deutsche Bund konnte als »Schlußstein« des Systems die ihm zugedachte Stabilisierungs- und Sicherungsfunktion für die europäische Ordnung übernehmen und bot aufgrund seiner territorialen Neuordnung und verfassungsmäßigen Organisation die Gewähr dafür, daß expansive Intentionen Frankreichs eingedämmt werden konnten. Damit erfüllte er zugleich eine wichtige Funktion für die britische Frankreichpolitik. Der erfahrene britische Gesandte beim Deutschen Bund, Lamb-Hamilton, äußerte sich im März 1817 folgendermaßen über die Bedeutung des Deutschen Bundes für Großbritannien:

> »The Confederation promises to arrive at a freedom of action, and a consistency which I at least did not expect, and in that case it will develop such a force as to be by far the most powerful political body in Europe and so situated as to interpose between all the great Powers and to become the chief guarantee of the Peace of the Continent.«[10]

Die relative Ruhe zwischen 1815 und 1820 in der internationalen Ordnung eröffnete Großbritannien die Möglichkeit, die tiefgreifenden Probleme des Übergangs von einer Kriegs- zur Friedenswirtschaft zu bewältigen. Die langen Kriegsjahre hatten einen nachhaltigen gesellschaftlichen und wirtschaftlichen Umbruch bewirkt. Hinzu kamen die enormen finanziellen Lasten, die dem Land aufgebürdet worden waren, sowie ein riesiger Schuldenberg als eine der »legacies of the war«. Bevölkerung und Parlament forderten von der Regierung »peace«, »prosperity«, »retrenchment« und steuerliche Entlastung. Die Kriegssteuern, vor allem die »Property Tax«, ließen sich nicht mehr aufrechterhalten. Die drastischen Kürzungen im Haushalt wirkten sich auf zahlreiche Lebensbereiche aus. Über die Höhe und die Bereiche der Einsparungen kam es seit 1814/15 zu heftigen parlamentarischen und außerparlamentarischen Auseinandersetzungen. Im Zentrum der Diskussionen standen vor allem der Militärhaushalt, die Zivilliste und die Apanage der königlichen Prinzen. In den Debatten zeigte sich ein deutlich negatives »Deutschlandbild«. Neben dem preußischen Militarismus wurde es vor allem durch den ungeliebten fettleibigen Prinzregenten aus dem »deutschen Fürstenhaus« geprägt. Hannover wurde im politisch-ideologischen Meinungsstreit als Waffe eingesetzt. Brougham griff in den Debatten über den Militäretat das Whigbild vom deutschen Despostismus und vom bereits vollendeten Militärstaat auf, wenn er seinem »Royal master« öffentlich mitteilte »that this was not a country in which the constitutional system and habits were to be encroached upon by the prejudices, tastes, or views of a military monarch [...] that this country was England not Germany«.[11]

Bis 1821 gelang es der Regierung, die angespannte innenpolitische Nachkriegssituation – mit Versorgungsproblemen und Rezessionen in Landwirtschaft, Handel und Industrie – durch Reformen und Gesetzesmaßnahmen für Handel und Industrie zu meistern, Vertrauen zurückzugewinnen und der »middling sort of people« das Gefühl zu geben, daß sie etwas für die innere Sicherheit unternahm, auch wenn sie die Erwartungen der Bevölkerung nach »peace and plenty« zunächst nicht erfüllen konnte. In einer Zeit, in der die Lösung innenpolitischer Probleme Priorität besaß, war Großbritannien in der für die Ausbildung des Deutschen Bundes entscheidenden Phase 1816–1821 an der Festigung der Institutionen des Deutschen Bundes und seiner Friedenssicherungsfunktion interessiert. Mit Sorge sah man daher in London, daß die preußische Regierung in der für den Deutschen Bund formativen Phase aus innenpolitischen Gründen und wegen der Verfassungsdiskussionen bundes- und europapolitisch nur eingeschränkt handlungsfähig war und davon mit aggressiven Erklärungen, Maßnahmen und Forderungen scheinbar ablenken wollte. Militarisierungstendenzen, eine explosive innenpolitische Spannungslage und eine wachsende antienglische Stimmung veranlaßten den britischen Vertreter in Berlin zu dem Kommentar, daß Preußen »the greatest danger to the Peace of Germany, and therefore to that of Europe« sei.[12] Die wenig kalkulierbare Politik Preußens, die damit verbundene Gefahr der

Erschütterung des inneren Gleichgewichts des Deutschen Bundes und die sich abzeichnenden internationalen Konflikte in Südamerika, auf der Iberischen Halbinsel und Italien vor dem Hintergrund der angespannten innenpolitischen Lage in Großbritannien ließen die Regierung in London in der internationalen Krise von 1819/20 eine an der Sicherung Hannovers orientierte Deutschlandpolitik verfolgen. Über die Beratungen der deutschen Regierungen in Karlsbad, die zur gleichen Zeit wie das »Massaker auf dem St. Petersfeld in Manchester« stattfanden, war London über Hannover informiert und trug die Entscheidungen mit. Die Karlsbader Beschlüsse schienen eine Chance für die Eindämmung der revolutionären Stimmungslage in Deutschland, insbesondere in den preußischen Rheinprovinzen zu eröffnen. Durch Karlsbad konnte Preußen seine bundes- und europapolitische Handlungsfähigkeit zurückgewinnen, woran England aus innenpolitischen Gründen, aus Stabilitätsgesichtspunkten für die internationale Ordnung, aus hannoverpolitischen und bundespolitischen Überlegungen dringend interessiert war. Preußen war 1815 unter entscheidender Mitwirkung Großbritanniens in die Wiener Sicherheitsordnung und das deutsche Gleichgewicht hineinkonstruiert worden, um als aktiv handelnder Faktor in der Bundespolitik, als Sicherheitsschild für Nordwesteuropa und als erhofftes liberales Element in Deutschland – neben den süddeutschen Mittelstaaten – eine österreichische Hegemoniestellung in Mitteleuropa, die Instrumentalisierung des Deutschen Bundes zu einem »größeren Österreich« zu verhindern. Dies war um so notwendiger, als sich Österreich seit dem Aachener Kongreß zunehmend Rußland zuwandte und dadurch die gute Zusammenarbeit mit Großbritannien seit der Endphase der napoleonischen Kriege belastete. Aus britischer Interessenlage gesehen, hatte Karlsbad noch einen weiteren positiven Effekt. Mit den Karlsbader Beschlüssen und der Wiener Schlußakte von 1820 wurden die russischen Versuche, auf die Politik des Deutschen Bundes Einfluß zu nehmen, zumindest erschwert; auch angesichts des wachsenden britisch-russischen Antagonismus und des Selbstverständnisses der russischen »Puissance militaire«, die sich als »General Protector and Arbiter of Europe« sah, war London an einem stabilen »Centralstaat« interessiert. Britischerseits standen dabei allemal Stabilitäts- und Sicherheitsgedanken im Vordergrund, wenn auch dadurch aus dem nationalen Interesse einer Großmacht heraus verfassungspolitische Maßnahmen über Hannover mitgetragen wurden, die keinesfalls mit den »English liberties« übereinstimmten. Aufgrund der

Haltung der deutschen Verfassungsstaaten wußte London auch aus den Berichten aus Frankfurt, München und Stuttgart, daß die süddeutschen Staaten die Beschlüsse der Bundesversammlung nur bedingt umsetzten würden, da sie teilweise im Widerspruch zu ihren Verfassungen standen. Langfristig setzte Großbritannien in den Staaten des Deutschen Bundes darauf, daß sich das konstitutionelle Lager mit seinen am britischen Modell orientierten Verfassungen vergrößern und schließlich die Mehrheit der Bundesstaaten repräsentieren würde. Gerade hier liegt mit einer der Gründe, warum Großbritannien 1830–1832 die Verfassungsstaaten unterstützte und nach dem Hambacher Fest bei den deutschen Großmächten und beim Deutschen Bund intervenierte, um einen von den Großmächten über den Deutschen Bund gelenkten Eingriff in die liberalen Verfassungen in den süddeutschen Staaten, Sachsen und Hannover zu vereiteln. Sicherlich spielten dabei die Berichte Lord Erskines, der den Whigs zugerechnet werden muß, aus München ebenso eine Rolle wie die guten persönlichen Beziehungen Palmerstons zu Metternich.

Zum Zeitpunkt der erfolgreichen Julirevolution von 1830 in Frankreich befand sich Großbritannien wegen einer allgemeinen europäischen Absatzkrise, verbunden mit einer Agrarkrise seit Mitte der 1820er Jahre in einer schwierigen Situation; Diskussionen über die Abschaffung der »Corn Laws«, Auseinandersetzungen um die Katholikenemanzipation, Forderungen nach Reformen im politischen System, steigende Arbeitslosigkeit, wachsende soziale Spannungen wegen des zunehmenden Auseinanderdriftens von Löhnen und Preisen, das bevorstehende Ableben des Königs und die zu erwartenden Neuwahlen des Unterhauses verschäften die Lage, und diese wurde durch weitere internationale Krisen und Konflikte noch weiter zugespitzt.[13] Einen europäischen Krieg wegen Frankreich wollte Großbritannien auf jeden Fall vermieden wissen, zumal der revolutionäre Funke auch in die südlichen Niederlande, in einige Staaten des Deutschen Bundes sowie auch nach Italien und Polen übersprang. Der Verzicht auf eine Intervention wurde vom britischen Premierminister damit begründet, daß die Könige von Frankreich und den Niederlanden nicht verfassungsgemäß regiert hätten und daher keinen Anspruch auf europäische Hilfe beanspruchen könnten. Die Regierung Wellington wurde im November 1830 in einer kritischen innen- und außenpolitischen Situation von dem Kabinett Grey abgelöst. Infolge der jahrelangen Auseinandersetzungen über die Reformbill, die schließlich 1832 verabschiedet werden konnte, war der außenpolitische Handlungsspielraum Großbritanniens eingeschränkt. Dies galt auch für die Deutschlandpolitik.

Mit großer Aufmerksamkeit beobachtete man in London die Vorgänge in den Staaten des Deutschen Bundes. Immer wieder kam es aus höchst unterschiedlichen Motiven (Steuern, Löhne, Preise, Zolltarife) zu Unruhen in den nichtkonstitutionellen Staaten. Die Unruhen begannen im September 1830 in Braunschweig, Kurhessen und im Großherzogtum Hessen und griffen auf Teile der preußischen Rheinprovinz, Sachsen und dann auch Hannover über. Die explosive Stimmung im Königreich Hannover bildete den Auftakt für das für den Deutschen Bund und Europa politisch hoch brisante Krisenjahr 1831. Hannover entschloß sich nun unter dem Druck Londons zu Reformen und, gegen den Willen des künftigen Königs von Hannover, zur Ausarbeitung einer konstitutionellen Verfassung und reihte sich wie Sachsen und andere Bundesstaaten in die konstitutionellen Bundesstaaten ein. Ihren Höhepunkt, ausgelöst durch die Auseinandersetzungen in der Bundesversammlung über das badische Pressegesetz von 1831, erreichte die angespannte politisch-soziale Situation im Frühsommer 1832 mit dem Hambacher Fest in der Pfalz. Bereits im Februar 1832 hatte der britische Gesandte beim Bund an Palmerston berichtet, daß die beiden deutschen Großmächte mit dem Verbot des badischen Pressegesetzes ein Exempel statuieren wollten, um den steigenden Einfluß der Liberalen zu bremsen. Dieser Versuch werde aber auf Widerstand stoßen und Rückwirkungen auf den Bund haben, denn der Großherzog, die Liberalen und die öffentliche Meinung würden sich den Bundesbeschlüssen nicht kampflos beugen, »and if any explosion of popular feeling should unfortunately occur, it is to be apprehended it would extend to the Bavarian Rhine provinces where the public mind is ripe for every extremity«.[14]

Das Hambacher Fest wurde als der erste Höhepunkt des »revolutionären Fiebers« angesehen, das sich wie ein Flächenbrand über Deutschland ausbreiten könne. Österreich brachte beim Bund einen Antrag zur inneren Sicherheit ein, den es vorher mit Preußen abgestimmt und den wichtigsten Bundesstaaten mitgeteilt hatte. Alle Regierungen der Bundesstaaten mit Ausnahme Bayerns, das Änderungen forderte, stimmten – nicht zuletzt aus Revolutionsfurcht – den Vorschlägen zu.[15]

Die zahlreichen diplomatischen Berichte aus Wien, Frankfurt, München, Stuttgart und Berlin deuteten an, daß es die Intention der Großmächte sei, »crushing the liberal spirit now prevailing«. Bereits Anfang 1832 hatte der britische Gesandte in München seine Regierung aufgefordert, sich »for the protection of the Constitutional liberties of the smaller States of Germany« einzusetzen. Dies würde entscheidend dazu beitragen, in diesen Staaten Einfluß zu gewinnen »and to further the cause of Freedom well defined and guarded by wholesome Laws, against the encroachment of the arbitrary powers«.[16]

Nach dem Hambacher Fest und den Bundesbeschlüssen forderte Erskine in einem Privatbrief das Londoner Kabinett auf, gemeinsam mit Frankreich Schritte beim Deutschen Bund zu unternehmen, um die »enlightened institutions against Tyranny & blind Despotism« zu schützen.[17] Palmerston teilte die Ansicht seines Gesandten und anderer diplomatischer Vertreter, daß die Maßnahmen der deutschen Großmächte die Bundesakte von 1815 verletzten und nicht geeignet seien, Ruhe, Sicherheit und Stabilität in Deutschland wiederherzustellen.

Das beabsichtigte Vorgehen Palmerstons gegen die reaktionäre Politik der deutschen Großmächte muß im größeren Zusammenhang der ideologischen und machtpolitischen Auseinandersetzungen bewertet werden. Sein Einsatz für Bayern und die anderen Verfassungsstaaten war nicht uneigennützig. Gerade die Privatkorrespondenz Palmerstons mit dem mit ihm befreundeten Botschafter in Wien und Lord Erskine in München unterstreicht dies. In einem Privatbrief an Erskine äußerte Palmerston seine Befürchtungen über die Entwicklungen in Deutschland, »if the Diet pursues the course which Austria & Prussia & Russia too [...] have chalked out for it«, er möge dies der bayerischen Regierung mitteilen. Palmerston sah Bayern als Führer der liberalen, konstitutionellen Staaten im Rahmen der sich abzeichnenden ideologischen Blockbildung. Er warf die Frage auf, »why do not the Constutional States enter into a separate League and understanding among each other? Why do they not give to their Ministers at the Diet instructions to Vote against these arbitrary Measures? The majority of the Voters is with them, if they chose to avail themselves of it [...] Bavaria must take the Lead and supported by Wirtemberg and Baden might withstand any attempt to infringe the Independence of the smaller States [...] The stout Resistance in the Diet would itself check the design of Austria [...] This is the wisest system of Defence which the smaller states could adopt – I have myself no doubt that Metternich aims at the Destruction of all free Institutions and all representative Bodies, except the Diet, in Germany. But he is not a bold Man &

the excitement which has been produced and the Dangers which an Explosion must inevitably create, may poßibly induce him to pause.«[18]

Zu einer direkten Demarche Großbritanniens und Frankreichs beim Deutschen Bund kam es aber nicht, da führende britische Politiker und Diplomaten sowie Wilhelm IV. dieses Vorgehen, auch mit Blick auf die wirtschaftlichen Interessen und die britischen Versuche, die Zollvereinsgründung mit bundesrechtlichen Mitteln zu blockieren,[19] als schädlich für die Interessen Großbritanniens in Deutschland ansahen. Der Monarch weigerte sich, Palmerstons Instruktion an den Gesandten in München zu billigen, denn, so argumentierte er unter anderem, er könne nicht Resolutionen des Deutschen Bundes, die er als König von Hannover gebilligt habe, als englischer König verurteilen. In seiner Korrespondenz mit Palmerston unterstrich der König immer wieder, und er wurde in dieser Position auch vom besten damaligen Deutschlandexperten, Frederick Lamb, unterstützt, daß es das Ziel britischer Deutschlandpolitik sein müsse, den Deutschen Bund zu einen und zu stärken und nicht Zwietracht zu säen oder sogar die Auflösung desselben zu betreiben. Dies würde vor allem Hannover gefährden, das ohne den Deutschen Bund nicht existieren könne. In seiner im Ton sehr gemäßigten Instruktion an die Höfe in Wien und Berlin vom 7.9. 1832, die den anderen Bundesmitgliedern abschriftlich mitgeteilt wurde, forderte Großbritannien diese auf, ihren Einfluß im Bundestag geltend zu machen, um den Deutschen Bund von »unüberlegtem Eifer« abzuhalten und die Umsetzung der Beschlüsse vom 28.6. 1832 zu verhindern. Die Bundesversammlung in Frankfurt verbat sich jedoch die englisch-französische Einmischung in die inneren Angelegenheiten des Bundes. Das konzertierte Vorgehen beider Mächte verfehlte seine Wirkung dennoch nicht. Der Einfluß der konstitutionellen Kräfte wurde gestärkt, der politische Handlungsspielraum der Verfasssungsstaaten wuchs. Zu einem Verfassungskonflikt zwischen Bayern und dem Bund kam es jedoch nicht. An die Stelle der Konfrontation trat ein von beiden Seiten tolerierter »modus vivendi«. König Ludwig I. von Bayern mußte nicht den Beweis antreten, ob die Einschätzung des britischen Gesandten, daß »the King of Bavaria will not violate the laws of his Constitution«, richtig war.[20]

Die Personalunion mit Hannover hatte zwar ein schärferes britisches Vorgehen verhindert und Palmerstons politischen Handlungsspielraum eingeengt, zugleich aber auch die Position der konstitutionell regierten Bundesstaaten gestärkt, wie dies ein Brief des Königs an Palmerston verdeutlicht: »I shall as King of Hanover certainly take the part of Austria and Prussia at the Diet of Frankfort. But the Sovereigns of Austria and Prussia ought to recollect that Hanover and other Parts of Germany have Constitutions.«[21]

Als Ergebnis der Julirevolution von 1830 und ihrer Wirkungen auf Europa waren im Deutschen Bund die konstitutionellen Strömungen verstärkt worden; es zeichnete sich, sofern sich die Erwartungen für einen neuen preußischen König erfüllen sollten, eine Mehrheit für die konstitutionell regierten Bundesstaaten in der Bundesversammlung ab. Dies lag im Interesse Großbritanniens. Diese Entwicklung wurde jedoch mit dem Ende der Personalunion mit Hannover 1837 und der Außerkraftsetzung der hannoverschen Verfassung durch Georg V. zunächst abgebrochen. Die Versuche, in der Bundesversammlung, unter Führung Bayerns, Hannover zur Wiederherstellung der verfassungsmäßigen Ordnung zu zwingen, scheiterten 1840/41 denkbar knapp. Wie so oft in der Geschichte des Deutschen Bundes war das österreichisch-preußische »Spiel mit der Angst« erfolgreich, denn die Mehrheit der Bundesstaaten war ohne das Verfassungsband des Bundes nicht überlebensfähig. In diesem Sinne instrumentalisierten die Großmächte die Rheinkrise von 1840 für eine reaktionäre Politik. Mit der Entscheidung der Bundesversammlung zugunsten des Königs von Hannover und gegen seine Untertanen, die Petitionen an diese geschickt hatten, büßte der Deutsche Bund für jedermann sein Prestige und seine Glaubwürdigkeit als Rechtsinstitution ein. Heines Knüttelvers »Oh Bund, du Bund, du bist nicht gesund« schien Realität geworden zu sein.

Mit der aus der Sicht Palmerstons und anderer Mitglieder der britischen Herrschaftselite endlich erfolgten Trennung Hannovers von Großbritannien 1837 kamen alle Vorurteile bei der Bewertung der Verbindung hoch, die »for a century have embarassed & impeded our March both at home and abroad (...) The Sovereign of England will no longer be hampered by considerations belonging to the petty state of Hanover«[22], der immer wieder die Entscheidungen britischer Politik in Deutschland beeinflußt hatte und vor allem Palmerstons Vorstellungen behindert hatte, die Wiener Ordnung, die er als multipolares, politisch-soziales und territoriales Gleichgewichtssystem verstand, durch »systemic change« zu erhalten. Anders als Metternich sah er den besten Weg, um die Revolution zu verhindern, nicht in der Repression der liberalen Bestrebungen, sondern in der jeweiligen Entwicklung angepaßten Reformen und Veränderungen. Aufgrund seines Selbstverständnisses als »Champion of liberty« wollte Palmerston aus gesamteuropäischer Perspektive und aufgrund der britischen Interessenlage eine Stabilisierung der europäischen Staatenordnung erreichen, unter anderem durch eine Neuinterpretation des Prinzips der Nicht-Intervention. Im Hinblick auf den Deutschen Bund bedeutete dies, daß er zu nichtmilitärischem Eingreifen bereit war, wenn aus seiner Sicht die unter anderen von Großbritannien garantierte Verfassungsordnung verletzt werden sollte. Dieses Selbstverständnis führte 1832 und danach zur Unterstützung der konstitutionellen Staaten gegen die verfassungslosen deutschen Großmächte. Diese wäre ohne die Bindungen an Hannover und die Vorbehalte des Königs 1832/34 offensiver und aggressiver ausgefallen. Die neugewonnene Handlungsfreiheit in der Deutschlandpolitik sollte sich dann in der Hannoverschen Verfassungsfrage zeigen, in der Großbritannien die konstitutionellen Staaten und die Hansestädte in ihrem Bemühen, die Hannoversche Verfassung wiederherzustellen, ermunterte und unterstützte.

Die unterschiedliche Perzeption über den besten Weg zur Erhaltung der Wiener Ordnung, die Interpretation des Interventionsrechtes, die zeitweilige ideologische Blockbildung in den 1830er Jahren und die unterschiedliche Einschätzung von europäischen Krisen haben die Kooperation der europäischen Großmächte dennoch nicht verhindert.

In Konfliktsituationen, die zu einer Destabilisierung der Gesamtordnung führen konnten, wurden immer wieder gemeinsame Lösungen gefunden. Dies galt vor allem für die Mächte der Viererallianz von Chaumont, die 1830/32 in der belgisch-luxemburgischen Frage sowie 1839/41 in der Orientalischen Frage, aber auch noch in den 1850er Jahren trotz ideologischer Gegensätze zum Rapprochement fähig waren. Aus pragmatischen Überlegungen war vor allem Großbritannien an einer Bewahrung des multipolaren Gleichgewichtes in Europa interessiert. Davon war auch die britische Deutschlandpolitik abhängig. Der Deutsche Bund von 1815 wurde nicht als nationaler Staat definiert, sondern als Teil der 1815 geschaffenen Völkerrechtsordnung mit der zweifachen Funktion, zugleich als Band der deutschen Nation und als Schlußstein des europäischen Gleichgewichts zu fungieren. Das Recht zur Intervention leitete Großbritannien aus der Auslegung der Wiener Kongreßakte ab, wonach der Deutsche Bund eine »collective power« sei, aber kein Staat, sondern eine Staatenföderation. Jede Veränderung der Verfassungsordnung oder die Beschneidung der

Rechte der Mitgliedsstaaten in der »Confederation« berechtige daher zur Intervention, auch in deren innere Angelegenheiten. Seit dem Frankfurter Wachensturm 1834 hatte Großbritannien von diesem Recht nicht mehr Gebrauch gemacht, sondern die »Solidarform zwischenstaatlichen Handelns im Rahmen des europäischen Mächtesystems« aufrechterhalten, was sich dann 1848/49 zunächst positiv auszahlen sollte.[23] Über die Veränderungen in den deutschen Staaten seit dem März 1848, die Einsetzung von »Märzministerien« in den konstitutionellen Staaten und die Versuche, ausgehend von der Bundesakte von 1815 eine neue Verfassungsordnung für einen deutschen Gesamtstaat zu schaffen, war Großbritannien über seine diplomatischen Vertretungen gut informiert, auch über den unterschiedlichen Charakter der Unruhen, Reformen und der Revolutionen in den nichtkonstitutionell regierten Staaten. Es konnte sich zunächst auf die Rolle eines interessierten Beobachters beschränken. Das Grundprinzip britischer Deutschlandpolitik seit 1815, alle Maßnahmen zu unterstützen oder zumindest nicht zu behindern, die zu einer Stärkung und größeren inneren Einheit Mitteleuropas führen konnten, galt zunächst auch während der Revolution von 1848/49. Räson britischer Europapolitik war es, daß Veränderungen der europäischen Staatengesellschaft auf innere Umwälzungen beschränkt bleiben mußten und nicht zu das europäische Gleichgewicht störenden territorialen Neugliederungen führen durften.[24] Als die Paulskirche Ideen zur Schaffung eines deutschen Nationalstaates an allen »vier Meeren« entwickelte, mußte dies ebenso auf den Widerstand Großbritanniens stoßen wie die bis auf 1840 zurückgehenden maritimen Ziele (Kolonien, Kriegsflotte, Seegeltung) des zu gründenden deutschen Nationalstaates. Insgesamt war sich das Kabinett in London nicht voll über die Komplexität der gesellschaftlichen, konstitutionellen, politischen und nationalen Prozesse von 1848/49 im klaren, welche sich zu einer deutschen Frage verdichten sollten. Die Vorgänge in Deutschland ließen sich nicht mit jenen in Italien oder Frankreich vergleichen. Sonderbotschafter Stratford-Canning hatte im Mai 1848 bereits auf die Problematik der deutschen Frage aufmerksam gemacht, als er in seinem Bericht an Palmerston feststellte, daß diese ein »wide and tangled field« sei. Es gelte, die konstitutionelle Monarchie zu stärken, einen Ausgleich zwischen den Rechten der Einzelstaaten und einem funktionsfähigen Organisationsrahmen für die Einheit Deutschlands zu finden, die territoriale Integrität des Deutschen Bundes zu sichern, die Beziehungen

Österreichs zum neuen Reich zu klären, die Kaiserwürde ohne machtpolitische Ambitionen wiederzubeleben, Freiheit und Sicherheit des Reiches zu gewährleisten, Institutionen zur Sicherung der Rechte aller Klassen zu schaffen und »to keep down the national enthusiasm at a temperature consistent with due respect for lawful authority and the fair claims of property«.[25]

Für die Komplexität der Situation von 1848/49 in Deutschland fehlte dem britischen Kabinett der richtige Sensor. Vor allem Palmerston beharrte auf der rechtlichen Position, daß der Deutsche Bund durch die Übertragung der Macht an die Nationalversammlung und schließlich die provisorische Reichsgewalt rechtlich nicht aufgehört habe zu existieren und damit die Rechte der Garantiemächte der Wiener Kongreßakte weiterbestünden. Großbritannien versagte daher der provisorischen Reichsgewalt ihre Anerkennung, da sie aus einem revolutionären Akt hervorgegangen sei. Diese Haltung hat mit zum Scheitern der Nationalstaatsgründung 1848/49 beigetragen. Vor allem warnte man Preußen nach der Entscheidung der Nationalversammlung für ein kleindeutsches Reich und nach der Entscheidung, Friedrich Wilhelm IV. die Kaiserwürde anzutragen, daß es für den Fall der Annahme derselben Europa gegen sich haben werde. Ein kleindeutsches Reich unter preußischer Führung werde das europäische Gleichgewicht empfindlich stören. Großbritannien war sehr an der Erhaltung Österreichs als eines selbständigen und handlungsfähigen Machtfaktors in Deutschland gelegen. Andererseits war Palmerston durchaus bereit, den Vorschlag eines engeren und weiteren Bundes als Organisationsform für ein mitteleuropäisches Föderativsystem zu akzeptieren; dieser wurde nach 1866 erneut als Modell für die staatsrechtliche Verbindung zwischen dem Norddeutschen Bund und den Südstaaten diskutiert. Veränderungen im Innern – im vorgegebenen Rahmen – waren hinnehmbar, nicht aber eine Neuordnung Deutschlands und Europas durch die Beschlüsse eines europäischen Kongresses, die Frankreich den Ausbruch aus dem »Käfig der Verträge von 1815« ermöglicht hätten. Hier unterschied sich Palmerston vom Prinzgemahl Albert, der in verschiedenen Memoranden an diesen immer wieder das Recht der Deutschen betont hatte, ihre Verfassungsordnung gemäß ihren eigenen Vorstellungen den Wünschen und Notwendigkeiten der Zeit anzupassen.[26]

Insgesamt blieb die Grundposition britischer Deutschland- und Europapolitik in der ersten Hälfte des 19. Jahrhunderts im wesentlichen unverändert. Die Maxime, daß die Erhaltung des Friedens im nationalen Interesse liege, bedeutete für die Deutschlandpolitik, unabhängig von der Hierarchisierung mit Blick auf die Großmächte, den Deutschen Bund, Hannover, die deutschen Verfassungsstaaten und die wirtschaftlich interessanten Kleinstaaten, daß der mitteleuropäische Raum die ihm aufgrund der Wiener Verträge von 1812 im »ius europaeum« zugewiesene Funktion unverändert erfüllen möge. Während eine Stärkung der Bundesinstitutionen durch Reformen, die dem Bund mehr politische Einheit und Gewicht geben würden, im Interesse der britischen Politik lagen und auch die Unterstützung der konstitutionell regierten Bundesstaaten als Mittel der Abwendung revolutionärer Eruptionen und zur Stabilisierung der politischen Verhältnisse angesehen wurde, stieß jeder Versuch, die territorialen Gesamtbedingungen zu verändern, auf entschiedenen britischen Widerstand. Nach der Wiederherstellung des Deutschen Bundes 1851 als Garantiemacht der Wiener Verträge protestierte Großbritannien daher gegen die Absicht Österreichs und Preußens, dem Deutschen Bund mit ihrem gesamten Staatsgebiet beizutreten.[27]

WOLFHARD WEBER

Technologietransfer zwischen Großbritannien und Deutschland in der industriellen Revolution

Einschnitte, die unserem gesellschaftlich-kulturellen Zusammenleben durch Ausbreitung neuer Techniken zugemutet werden bzw. ihm zuwachsen, sind keine Erscheinung allein des Industriezeitalters. Doch da die industrielle Revolution als Epoche des besonders raschen wirtschaftlichen Wachstums sowie des tiefen strukturellen Umbruchs von einer eher agrarischen Existenz hin zu einer auf industrieller Arbeit mit zunehmend weltwirtschaftlichen Aspekten beruhend verstanden wird, darf erwartet werden, daß sich für den vordergründig sichtbaren Kern dieses industriellen Wandels, dem Transfer technischer Neuerungen, auffallende Veränderungen gegenüber früheren Zeiten ergeben. Aus technikhistorischer Sicht liegt es freilich gelegentlich nahe, diesen Vorgang längerfristig und als ein besonderes Element innerhalb eines ständig sich vollziehenden Rationalisierungsvorgangs zu sehen, dem die gewerbliche Fertigung vor allem in Westeuropa unterlag und der zudem von politisch-gesellschaftlichen Rahmenvorgaben wie auch von der Ausbildung der Mathematik und der Naturwissenschaften erheblich profitierte. Dieser Rationalisierungsprozeß war dort »blockiert«, wo heftige soziale Interessen sich zusammenfanden, um nicht außer Nahrung gesetzt zu werden, und er konnte sich dort schneller entfalten, wo diese Verteidigungsräume nicht zu erkennen waren.

Auch auf der Empfängerseite ist die Aufnahme oder Akzeptanz fremder Technik/Technologie bis heute ein sehr vielschichtiger Prozeß, der neben wirtschaftlichen und gesellschaftlichen auch politische und kulturelle Momente enthält und damit erst der Technik eine historische Dimension vermittelt. Obwohl Deutschland nur schwer als ein »reines« Empfängerland angesehen werden kann, wie Pollard und andere längst herausgestellt haben[1], wird es allerdings eine große Rolle spielen, ob der technologische Rückstand als unvermeidlich hingenommen oder als unverdient empfunden wurde und das Ziel des Tranfers die Erlangung eigener technologischer Kompetenz war, oder ob nur Handelsgewinne abzuschöpfen waren.

Unter Technologietransfer verstehen wir die Implementierung einer neuen oder anderen Technik oder Technologie in einen anderen geographischen Raum (horizontaler Transfer) oder in ein oder mehrere andere technische oder technologische Systeme. Trotz des neuzeitlichen Vokabulars ist technischer Transfer ein Vorgang, der ebenso alt sein dürfte wie der homo faber selbst. Hier sollen nun die historischen Bedingungen der verschiedenen Stationen des Technologietransfers untersucht werden, der sich zwischen der fortgeschritteneren englischen und der sich entwickelnden deutschen Industrie und Technik zwischen 1763/90 und 1850/80 vollzog.[2]

Wichtig für die Reichweite unserer Orientierung ist auch die gewonnene Erkenntnis, daß gewerbliche Entwicklungen in der Regel nur von technischen Systemen nachhaltig beeinflußt werden, weniger von Solitär-Transfers oder -entwicklungen. Ein technisches System muß in sich stimmig sein, es muß arbeitend vorzeigbar sein, also die versprochene Leistung erbringen. Die Übereinkunft darüber, was »inner-« technisch oder auch nur technisch sei, verändert sich je nach Technologie und im Laufe der historischen Entwicklung, vor allem im Verlauf eines Reifungsprozesses, den nahezu jedes technische Erzeugnis im Laufe seiner Produktionszeit durchmacht und der es immer näher an die vorgesehenen oder auch neuen Verwendungszwecke heranbringt. Der Transfer von Technologie findet sich besonders wirkungsvoll eingebettet in die Intensität und Internationalität vor allem der Wirtschaftssysteme. Daher ist das Bestehen oder die Intensivierung von Kommunikationswegen immer auch Voraussetzung für das Bestehen oder die Intensivierung von technologischem Transfer.

Nach der Lösung vom Kontinent am Ende des Hundertjährigen Krieges hatte England im 16. und dann vor allem im konfliktträchtigen 17. Jahrhundert in großem Ausmaß vom Import neuartiger Verarbeitungs- und Veredelungsverfahren aus der hochspezialisierten Gewerbelandschaft jenseits des Kanals profitiert. Auch Handelspraktiken von Italienern und dann Niederländern waren übernommen worden. Sie dienten zur kaufmännischen Absicherung des kriegerisch gegen Spanien, Portugal und Frankreich erworbenen Kolonialreichtums.[3] Zur Versorgung dieser Kolonien bot sich nicht nur der Handel mit den kontinentalen Fertigungsregionen an, sondern auch der Aufbau einer heimischen Gewerbelandschaft. Diese landwirtschaftliche und gewerbliche Verdichtung, die auch viele niederländische Impulse aufgriff und die durch die Navigation Act erheblich gestützt wurde, traf im

18. Jahrhundert auf das erwachte Interesse der deutschen Landesfürsten zwecks Ausbaus ihrer eigenen Territorialwirtschaften, auch wenn sie in der Regel nicht über die Marktzugänge der englischen Großhändler verfügten.

Frühere und meist weniger hektische Innovationsschübe in der Produktion waren oft über soziale Vernetzungen besonderer Art transportiert worden. In Frankreich, in den Niederlanden und England beobachten wir schon im 16. Jahrhundert, daß neue Techniken oft innerhalb einer Glaubensgemeinschaft weitergegeben wurden, die insgesamt dann für die soziale Abfederung der technischen Spezialisten sorgten, so etwa in den Niederlanden für die Entwicklung des Papiers durch Baptisten, die Herstellung von Koksroheisen in England durch Nonkonformisten oder die Zeugdruckerei durch Hugenotten.[4]

Auf der Seite der Veränderung standen meist Menschen mit mehr und anderer Erfahrung als die Einheimischen, quellenmäßig besser überliefert bei den Adligen mit ihren Kavaliers- und Bildungsreisen und ihren späteren Herrschaftsfunktionen und bei den Handwerkern mit ihren Wanderungen, aber auch ihrem begrenzteren Informationswissen. Kaufleute, die durchaus erhebliche Kenntnisse von neuen Produktionsverfahren haben mußten, verstanden sich zum Transfer eher dann, wenn die Verdienstmöglichkeiten aus dem Handel damit zu steigern waren. Insofern waren Messen ein geeignetes Korrelat, das auch einheimischen Händlern und Produzenten Hinweise auf andere Verfahren gab. Ihre Verlegerfunktion gab ihnen dazu eine geeignete Möglichkeit.

Es liegt auch nahe, bei den Adligen, die auf ihrer Kavaliersreise noch im frühen 18. Jahrhundert Italien und Frankreich bevorzugt hatten, und die nun stärker ihren Weg nach Nordwesten und England richteten, besonderes Interesse an der Landwirtschaft, bald auch am Bergbau und Hüttenwesen zu unterstellen, Unternehmen, die ihnen selbst sehr nahe lagen. Andererseits begegneten sie dort zunehmend Deutschen, die als gesuchte technische Experten für die Produktion vom Kontinent geholt worden waren, so daß auf diese Weise London neben Paris zu einer schnell wachsenden Metropole mit einem bunt gemischten auch gewerblichen Publikum internationalen Zuschnitts heranwuchs. Dieses brachte seine Kenntnisse nicht in zünftischer Geheimnistuerei, sondern in Kaffeehäusern und teuer erkauften Patenten auf den Markt.

Die hier zu diagnostizierenden gesellschaftlichen Blockaden sind durchaus zeitgenössisch erkannt worden: So klagte um 1780 ein »Patriot« in seinen »Betrachtungen über den Einfluß der deutschen Staatsverfassung auf das Nationalglück der Deutschen«: »Der industriöse Deutsche, der seine Kunstliebe, sein Kunstgenie befriedigen will, muß auswandern.«[5] Auf das Selbstbewußtsein der Engländer verwies der Verfasser der »Betrachtungen über Englisches und Sächsisches Manufakturwesen«.[6] Er nannte als Einflußgrößen für die englische Suprematie: 1. Erfindungs- und Unternehmungsgeist in der Landesverfassung; 2. zweckmäßige Gesetze; 3. hemmendes Innungswesen; 4. Verteilung der Arbeit [Arbeitsteilung]; 5. Nationalstolz und Widerwillen gegen alles Ausländische; 6. Überfluß an Dampfmaschinen und 7. Einführung von Maschinen. Die weitergehenden Freiheiten des Individuums in England waren also in Deutschland bewußt und damit auch die von diesem praktizierbaren technischen Fertigkeiten, ohne daß allerdings etwa die Rechtspflege in England als vorbildlich empfunden wurde.

Die Kenntnisnahme von Neuerungen wurden den nach England anreisenden Interessenten[7] leichtgemacht: adliges und bürgerliches Reisen als kulturelle Aktivität höherer Schichten, tradiertes handwerkliches Wandern war auch in England bekannt, gepflegt und geduldet. Kaffee-Clubs, Sozietäten und industriell-technische Vereinigungen[8] erleichterten Fremden die Orientierung in England.[9] Der in Anlehnung an niederländische Vorbilder in England vorangetriebene Kanalbau fand ebenso seine Bewunderer wie die auf die Aufhebung der dörflichen Gemeinländereien folgende kapitalistisch motivierte Nutzung.[10] Eigene Landsleute waren in London häufig die ersten Kontaktpersonen, und legitimer ging oft einher mit dem illegitimen Transfer, oft von den diplomatischen Vertretern gedeckt. Industriespionage wurde meist durch Kontakte auf hoher gesellschaftlicher Ebene vorbereitet, wie wir spätestens durch diese »bürgerlichen Aktivitäten« Karl vom Steins als Industriespion in England 1787 und als auftraggebender Minister 1805/06 in Paris wissen.[11]

Ein Blick auf die Versuche, die Dampfmaschinentechnologie auf den Kontinent zu holen, zeigt bereits das ganze Spektrum möglicher Interessenten. Neben den Kohlenbergwerks- und noch mehr Erzbergwerksbesitzern im Lütticher Raum, die schon gleich an der atmosphärischen Maschine Thomas Newcomens von 1712 interessiert waren und die Übertragung auch bewerkstelligten (durch »Einkauf« eines entsprechenden Erbauers bzw. Bedieners)[12], hatten auch die Landesherren etwa für ihre Fontänen- und Wasseranlagen oder für ihre eigenen Bergwerke (Oberungarn, Harz) ganze Teams angesetzt, um in den

Besitz von Konstruktionsunterlagen zu kommen.[13] Dies lag durchaus auf der Ebene, auf der etwa für den Bau der Wasserversorgungsanlagen für Schloß und Stadt Versailles »ausländische« Experten gewonnen worden waren.[14] Doch erst die durch Watt verbesserte und auf neue Grundlagen gestellte Maschine von 1769/74 weckte dann das geballte Interesse französischer und preußischer Nachbauwilliger.[15] Für den militärisch wichtigen Kupferbergbau machte der aus Sachsen stammende preußische Bergbauminister Friedrich Anton von Heynitz, der sich in Paris und London wenige Jahre zuvor über die neuesten technischen Entwicklungen informiert hatte und insbesondere von dort wußte, wie man in Frankreich englische Neuerungen importierte, erhebliche Investitionsmittel locker, um ab 1779 eine sorgfältig ausgewählte Schar von Experten nach und nach zu Boulton und Watt zu senden um wenigsten eine Idee von den neuen Elementen der Maschine und einen kalkulierbaren Kostenvoranschlag für den Kauf oder Bau und den Betrieb zu erhalten. Auch für den später verbesserten Typ mußte Carl vom Stein mit seinem Obersteiger Friedrich 1787 ähnliche Informationen besorgen, mit dem bekannten Desaster der Entdeckung. Fast zehn Jahre hat es gedauert, bis die Maschine in Hettstedt[16] endlich sicher lief. Der Kessel und andere wichtige Teile mußten mindestens zweimal erstellt werden, weil die einheimischen Fachkräfte dazu fehlten. Der Engländer John Baildon erbaute dann 1799 auch die erste Betriebsdampfmaschine in Berlin für die Porzellanmanufaktur; in beiden Fällen handelte es sich also um Regiebetriebe, und durch beide wurde innerhalb des Ministeriums für Bergbau und Hüttenwesen mit seinen qualifizierten adligen Spitzenbergbeamten ein Nimbus aufgebaut, an der Spitze des technischen Fortschritts zu marschieren, hatte doch die technische Konkurrenzbehörde, das Manufakturdepartement, eine Dampfmaschine für eine Berliner Spinnerei nicht lauffähig aufstellen können.

Die Bildung einer Technischen Deputation 1796 im Zusammenhang mit dem Regierungswechsel in Berlin (der Kronprinz war von Heynitz in ökonomischen Fragen beraten worden) deutete schon die Konzentration von technischer Expertise in der Berliner Regierung an. Sie sollte unter anderem der Auswahl der richtigen Mechaniker und Unternehmer dienen, die seit Mitte der achtziger Jahre von unterschiedlichen Departements eingeladen wurden, englische Spinnfabriken zu bauen.[17] Daß es sich hier um eine ganze Sequenz von Neuerungen handelte, macht ein Blick auf den sächsischen Nachbarn deutlich.[18]

Die Suche nach einer verbesserten (mechanisierten und damit gleichmäßigeren) Prozeßbehandlung der Spinnmaterialien hatte nach früheren Erfolgen bei den Seidenspinnern zunächst im 18. Jahrhundert bei den Baumwollspinnern und am Ende auch bei den Wollspinnern Erfolg.[19] Bei der Baumwolle, deren gleichmäßiger Stapel sich besonders für die Mechanisierung eignete, lag eine lückenlose Kontrolle des Materialflusses durch die Großkaufleute zugrunde. Die im englischen Lancashire verbreitete massenhafte Herstellung von Uhren stellte ein hinreichendes mechanisches Qualifikationspotential für Konstrukteure zur Verfügung. Erleichtert wurde dieser ganze Prozeß dadurch, daß das erste in großen Stückzahlen auf dem Markt erscheinende Handwerkszeug, das mehr als einen Faden spinnen konnte, eine Art vervielfältigtes Spinnrad (engine, oder jenny) darstellte, das dem(r) einzelnen Spinner(-in) eine Mehrleistung durch eigene Kraft suggerierte und das sich damit in den Kontext der zeitgenössischen Industrie- und Gewerbfleißagitation sehr gut einfügte. Die Materialkontrolle durch die Verleger/Großhändler kollidierte freilich mit dem verständlichen Bemühen der Spinner, deren Tätigkeit gerade in der zweiten Hälfte des 18. Jahrhunderts im Sinne einer Industriösitätsförderung von einer kameralistischen Landesverwaltung sogar in Schulen (Industrieschule) vorangebracht worden war, diesen kostbaren Rohstoff für den eigenen Bedarf abzuzweigen. Ausgangspunkte und treibende Kräfte hinter diesen Bemühungen waren in England wie Sachsen kapital- und umsatzstarke Textildrucker mit Zugang zum internationalen Markt[20], die auf ein homogeneres Vorprodukt Wert legten und die sich dabei zünftisch ungebundener Experten sowohl in der Organisation, dem Zueinander der nun entstehenden verschiedenen Teilmaschinen wie auch der Nutzung mechanischer Kenntnisse (der Feinmechaniker) bedienten.[21] Ab 1754 begann in Sachsen von Nürnberg aus das beschleunigte Drucken von Geweben durch das Blockdruckverfahren, immerhin zwei Jahre vor den ersten Druckertischen in Berlin (1756).[22] Das Drucken mit Kupferplatten im Blockdruckverfahren breitete sich spätestens zu Beginn der 1760er Jahre in London und dann sehr bald in Frankreich und im Elsaß aus. Ab 1783 kam mit Thomas Bell der Durchbruch zum Rotationsdruck hinzu, der quasi parallel zum Spinnen (1772) und Krempeln[23] einen kontinuierlichen Produktionsvorgang ermöglichte, ebenfalls eine erhebliche Produktionskostensenkung.

Im Großherzogtum Berg hatte Gottfried Brügelmann nach genauer Inspektion der englischen Verhältnisse schon 1784 bei Düsseldorf eine

Spinnfabrik eingerichtet, etwa zur gleichen Zeit, wie eine solche in Berlin entstand. Der Begriff Fabrik umfaßte bis ins frühe 19. Jahrhundert auch noch den Betrieb von handwerklich betriebenen Maschinen unter einem gemeinsamen Dach. Brügelmann, für den Delius aus Herford einen englischen Mechaniker abgeworben hatte, verteidigte sein zwölfjähriges Monopol mit Zähnen und Klauen gegen Industriespionage und Abwerbungen durch Vereidigung sämtlicher Arbeiter bis an ihr Lebensende, allerdings mit mäßigem Erfolg.[24]

Schon gegen Ende des Siebenjährigen Krieges hatte Sachsen mit der Landesdeputation (Landesökonomie, Manufaktur- und Commerziendeputation) die ökonomische Gesundung vorangetrieben und der feudalen Verschwendungswirtschaft ein Ende machen wollen. Diese Deputation war anfangs mit bürgerlichen Führungskräften aus dem Großhandel und dem Funktionsadel besetzt und umfaßte auch eine Reform bzw. Zentralisierung der Finanzverwaltung. Sie war darum bemüht, einerseits die wichtige Rolle der Leipziger Messe zu erhalten, andererseits aber auch, sich den Veränderungen des Weltmarktes durch Veränderung der Produktionsstrukturen sowohl im Berg- und Hüttenwesen wie auch in der Textilindustrie und in der Landwirtschaft zu stellen. Den Umschwung von der »Melioration« im Agrarbereich auf eine solche im Gewerbewesen wird in folgenden beiden Aktionen deutlich: 1764 importierte man noch 1185 spanische Böcke zur Qualitätsverbesserung der Wolle[25], 1784 privilegierte die sächsische Landesdeputation den Tischler Frey, der für das Königreich Sachsen die 15 Jahre zuvor von Hargreaves entwickelte Jenny (engine) für die Baumwollspinnerei nachbauen durfte, was er auch im Wettbewerb mit anderen tat.[26]

Ab 1792 tauchten auf der Leipziger Messe Mule-Garne auf, die anzeigten, daß es weit feiner spinnende Maschinen gab, als es die Jennys waren. Es boten sich jetzt in größerer Zahl auswanderungswillige englische Mechaniker oder Fachkenner an, um ihr Wirken im Anschluß an das Elsaß und die Schweiz auch in andere Ländern auszudehnen. Am 6. November 1798 erhielt Karl Friedrich Bernhard, der aus dem Rheinland stammte und bei Manchester bereits eine Spinnfabrik geleitet haben wollte, ein zehnjähriges Privileg auf die gefragten Mule-Garne. Er engagierte vor allem den englischen Mechaniker Evans Evans[27], der 1800 tatsächlich die ersten Mulemaschinen zum Laufen brachte, die ab 1803 auch am Wasser gingen. Daneben wurden freilich auch Watermaschinen eingesetzt. Als die englischen

Garne 1804 vom Kontinent ferngehalten wurden, begann ein warmer Regen auf die Spinnereien herabzugehen. Die preußische Regierung wollte ihr Land an diesen Verdienstmöglichkeiten beteiligen, und so erhielt Bernhard 1805 nach einem Angebot des preußischen Gewerbeförderers Kunth in Berlin die ehemals Tappertsche Baumwollfabrik von 1791 und 1812 auch eine Dampfmaschine. Beide Unternehmungen, die Berliner wie die sächsische, fallierten allerdings 1815 und 1816[28] nach der Eröffnung des Handels nach England 1814 ebenso wie alle Druckereien. Was gefunden werden mußte, waren Nischen zum Überleben. Erst nach 1820 staunte der sächsische Mechaniker Becker, der das Rheinland bereiste, daß eine Walzendruckmaschine dreißig Drucker ersetzte.[29]

Eine der wichtigsten Persönlichkeiten in der Umbruchszeit zwischen 1804 und 1815, die den Technologietransfer im Gewerbewesen über die diplomatischen Vertretungen organisierten, war der Freiherr vom Stein während seiner Ministertätigkeit.[30] Sein Mitarbeiter Kunth versorgte die Gesandtschaften in Paris und London mit den notwendigen Mitteln, und dessen Schüler Beuth entwickelte dieses Instrumentarium weiter. Beuth und sein Freund Schinkel hatten aber eine durchaus andere Vorstellung von den Möglichkeiten der Gewerbeförderung als nur eine Kopie der englischen Verhältnisse, worauf hier nun kurz im Zusammenhang mit der Eisenbahnentwicklung eingegangen sei. Auch die Sachsen bedienten sich ihres Konsularwesens, um wichtige Informationen zu erlangen.[31] Gegenüber Preußen blieb die Zahl der privaten Reisenden aus Sachsen offenbar geringer.

Die politischen Reformer vor 1806 haben diese wirtschaftliche Entfaltung in England als für Preußen besonders deprimierend empfunden.[32] Unter ihrer Regierungstätigkeit erhielt die Politik des Technologieimports angesichts des nun vorherrschenden Prinzips der Gewerbefreiheit einen andersartigen Charakter: Sie wurde einmal Hilfe zur Selbsthilfe, sie war auch Zeichen eines gouvernementalen Liberalismus (Mieck). Die preußische Gewerbeförderung ist von ganz unterschiedlichen Lagern her als zwangsläufig bzw. notwendig oder als bremsend/erfolglos besonders im Investitionsverhalten interpretiert worden. Diese Bewertung gewinnt zusätzlich an Plausibilität, wenn man die doch erhebliche Rivalität zwischen den beiden Abteilungen der Gewerbeförderer unter Beuth und der Sektion Berg- und Hüttenwesen, 1810 bis 1835 unter Leitung von Ludwig Gerhard, betrachtet. In der durchgängigen Auffassung, daß die Nahrhaftmachung bzw.

Gewerbeförderung eine landesherrliche/staatliche Aufgabe sei, rivalisierten beide Behörden offen mit- und gegeneinander. Die Bergsektion brüstete sich mit dem Erfolg eines dem englischen Vorbild gleichkommenden Technikeinsatzes im Eisenhüttenwesen.[33] Vor sich selbst und auch für den Staatskanzler Hardenberg, der seine ersten Sporen im Bergdepartement verdient hatte und sich nach 1808 für den Erhalt des Direktionsprinzips einsetzte, waren sie damit *die* technischen Experten der Monarchie, weniger freilich für den Handelsminister von Bülow und seine Mitarbeiter Christian Kunth und Peter Beuth. Diese setzten stärker auf eine Vergewerblichung des Landes als der Städte.

Nach 1815 setzte auch von Sachsen wie von Preußen und anderen Ländern her eine wahre Reiseflut nach England ein. Und nicht nur nach dort. Eine sächsische Kommission fuhr ins Rheinland, nach Belgien und Frankreich. Beuth, der wichtige preußische Industrieförderer, reiste dorthin und 1818 auch in die sächsischen Industriezentren. Diese staatlichen Informationsreisen in allen deutschen Staaten brachten allerdings zunächst nur wenige neue Maschinen aus England und den Vereinigten Staaten ins Land, weil die Unternehmen reihenweise fallierten, und auch in Preußen die Preußische Seehandlung die Betriebe stützte, bis diese Nischen gefunden hatten. Um auch in der Maschinenentwicklung selbst auf dem laufenden zu bleiben, hatte Kunth schon 1799 verlangt: [Es ist dabei] »auf neue Erfindungen solcher Maschinen zu achten, welche zur besseren Anfertigung von einzelnen Teilen an anderen Maschinen oder Werkzeugen dienen, z. B. Maschinen, um Räder zu schneiden im Großen wie im Kleinen als für Uhrmacher, Walzen zu riffeln, Bronzeleisten zu ziehen, zu prägen, jedoch immer nur auf Neuere und bessere zu attendieren«[34], eine Erkenntnis, die dem Bergdepartement noch lange fremd blieb, die aber für Kunth und Beuth Anlaß war, spezielle Schulen für Mechaniker zu gründen.

Beuth, der solche Maschinen nach 1819 in einer Sammlung zusammenstellte und wußte, daß diese Maschinen weder bei den Berg- und Hüttenleuten vorhanden waren noch von ihnen eingesetzt werden konnten, nahm den geringen Entwicklungsstand des von der Gewerbefreiheit ausgenommenen preußischen Berg- und Hüttenwesens nach 1816/20 zum Anlaß, ein eigenes Programm in die Wege zu leiten. Ihn störte das Selbstbewußtsein und das geringe Interesse an einer Wettbewerbswirtschaft der für die Produktionstechnik recht unbedarften, aber angesehenen Berg- und Hüttenleute, und er bemühte sich, privatwirtschaftlich tätige Mechaniker dagegenzustellen.

Sein Programm – 1822 im ersten Band der Verhandlung des Vereins zur Förderung des Gewerbfleißes öffentlich vorgestellt[35] – umfaßte neben dem Aufbau eines Technischen Instituts eine Gewerbeschule, umfängliche öffentliche Eingriffe zur Erziehung zu einem gewerbefleißigen Preußen, welches über die Beschaffung von Maschinen und Personal weit hinausging.

Für die mechanische Technologie standen in der Modellwerkstatt all diejenigen Werkzeugmaschinen und Einrichtungen der neuen Maschinentechnik, die Beuth im Lande ausbreiten wollte: erhebliche Summen, allein 1821 standen ihm 65 000 Taler für Maschinenanschaffungen zur Verfügung, nutzte er für die Beschaffung von Werkzeugmaschinen, um deren Vervielfältigung er sich danach bemühte. Damit war diese Werkstatt vorzüglich ausgestattet und sicherlich eine Musterwerkstatt, die sich freilich nicht im Wettbewerb behaupten mußte.

Nach innen verfolgte er den französischen Weg der Musterbereitstellung[36], der Modellsammlung[37], der Bücherbeschaffung, der Erstellung eines Realrepertoriums aus allen technischen Zeitschriften und der Herstellung besonders aufwendiger und für die Geschmacksbildung bestimmter Vorbilder als Belohnung für besonders gute Exponate auf den 1822 und 1827 stattfindenden Industrieausstellungen im Gewerbeinstitut, nach außen hin förderte er den Einsatz strategisch wichtiger Maschinen; er errichtete eine die Provinzen betont einbeziehende gewerbliche Bildung und schuf damit dem Verein für die Förderung des Gewerbfleißes und der dazugehörigen Zeitschrift die erforderliche organisatorische Grundlage für Kommunikation in technischen Fragen und zwischen Unternehmern und Beamten: das französische Vorbild. Interessierte Mechaniker und Unternehmer konnten sich in der Modellsammlung über die Möglichkeiten der (Baumwoll-, später vor allem der Leinen-) Textilherstellung und -veredlung informieren.[38] In den Staatsdienst wollte er bei strikter Ablehnung französischer Vorstellungen jedoch keinen dieser (Schul-) Absolventen einstellen.

In England blieb auch nach 1815 Steinhäuser für Sachsen wie Preußen eine Beschaffungsstelle für modernstes Textilgerät. Das englische Vorbild wurde aber nicht nur auf direktem Wege importiert; Quellen waren auch andernorts in Europa erfolgreich realisierte Anpassungen, etwa in den Niederlanden: Liévin Bauwens hatte schon 1798 in Gent[39] einen kompletten Satz von Baumwolltextilmaschinen aufgestellt; Cockerill war über Schweden 1798 nach Verviers bzw. Lüttich gegangen und hatte mit seinen Söhnen ein staatlich gefördertes umfangreiches Textil- und Eisenhüttenkombinat aufgebaut; und der sich von Harkort lösende Mechaniker Thomas und seine Verwandten engagierten sich; zuwanderungswillige Mechaniker meldeten sich aus dem Elsaß.

In den Jahren ab 1825 gingen auch die sächsischen Konkurrenten[40] auf das landesherrliche Angebot von Landesausstellungen ein. Der Vorschlag, die Ergebnisse der Nationalindustrie in sogenannten Landesproduktenausstellungen vorzustellen, und hier war charakteristischerweise die Ausstellung von Wollfabrikaten gemeint, findet sich schon 1809 und ist sicherlich am französischen Vorbild der Nationalindustrieausstellungen orientiert.[41] Sie sollten für den begrenzten Kreis der industriell Tätigen einen Überblick über technischen Stand und die jeweiligen Modetrends gewähren. Schon die Ausstellungen in Dresden hatten seit 1824 gezeigt, daß Sachsen noch größere Anstrengungen unternehmen mußte als nur diese. Hieß es 1824 noch: »Zur Öffentlichen Ausstellung eignen sich alle Erzeugnisse und Erfindungen aus dem ganzen Gebiete des inländischen Kunst- und Gewerbefleißes, welche sich durch Neuheit oder durch vorzügliche und verbesserte Gestaltung auszeichnen, ... dazu gehören auch Maschinen, Modelle oder Zeichnungen, Werkzeuge, sowie Proben von veredelten in- und ausländischen rohen Naturerzeugnissen ...«, so hieß es 1826 drängender: »Die Landesdeputation wünscht den mechanischen Künstlern Gelegenheit zu verschaffen, sich mit dem, was in ihrem Fache in der neuern Zeit Schönes und Nützliches, besonders im Auslande erfunden wird, und was sonst die Fortschritte der Zeit und des Geschmacks zur Nachahmung empfehlen, in Musterzeichnungen und Kupferwerken bekannt zu machen.«[42]

Harkorts Unternehmungen gehören zu den frühesten deutschen Unternehmen des Maschinenbaus, die auch von Beuth gefördert wurden.[43] Er reiste 1819 und 1826 nach England, um dort jeweils die Fachkräfte für ein Unternehmen »einzukaufen«. Wuppertaler Verwandte in der Londoner Bank Jameson & Aders bahnten ihm den Weg und verschifften die ersten beiden Dampfmaschinenkäufe.[44] Er hatte sich 1819 in Wetter mit einer »Mechanischen Werkstätte« selbständig gemacht und mit Edward Thomas einen technisch versierten Mechaniker gefunden, der seine gut eingerichtete Werkstatt aus Pempelfort bei Düsseldorf mitbrachte. Damit versprach Harkort 1819, Dampfmaschinen jeder Art und Gasbeleuchtungsapparate, ferner jede nützliche Maschine, von der eine richtige Zeichnung beschafft werden konnte, herzustellen. Dafür richtete er die Abteilungen für Modellmacher, Gießer, Dreher und Schmiedearbeiten ein. In seiner Nachbarschaft in Essen (Franz Dinnendahl) und Oberhausen (Gute Hoffnungs-Hütte) begann man 1819/20 ebenfalls mit dem Dampfmaschinenbau.[45]

Harkort und der ihn begleitende Thomas engagierten in England 1819 auch dessen Schwiegervater Samuel sowie dessen Sohn George Godwin[46], ferner den Gießer Obrey.[47] Die Beschäftigung von Samuel Godwin zunächst in England und die enge Verwandtschaft der drei sollten eine wichtige Grundlage der erfolgreichen Zusammenarbeit bis 1826 bilden.[48] Nicht nur die Kontaktaufnahme nach England, auch der Import und Nachbau des differenzierten Maschinenbauparks hatte ein Äquivalent in der Nutzung der Verwandtschaft, moderne Technik hatte also bei ihren unmittelbaren Schöpfern soziale Kohärenz aufzuweisen.

Thomas[49] engagierte sich ab 1824 stärker in Sachsen, seine Verwandtschaft wechselte in eine andere Firma Kamps über, so daß Harkorts enge Beziehungen zu Beuth und seinem Programm sich mangels Kompetenz lockerten. Mit den wachsenden Schwierigkeiten im Textilmaschinenbau wurde Harkort mehr und mehr abhängig vom Dampfmaschinenbau des staatlich dirigierten Bergbaus, der auch pünktlich zahlte. Harkort wollte nun nicht mehr länger Eisenguß und dessen Bearbeitung betreiben; Herstellung und Bearbeitung von Stahl (Puddeleisen), vor allem der Bau von Eisenbahnen[50] und Schiffen sollten zukünftige Schwerpunkte werden. Dazu entfaltete er 1825[51] die Vision eines durch Eisenbahnen erschlossenen deutschen Volkswirtschaftsraumes, für den er auf Kooperation mit der Bergsektion setzte. Es fällt auf, daß Harkorts Töne und Worte für ein nationales Eisenbahnnetz zur Umgehung der holländischen Rheinmündung nun mit stärker patriotischen und auch nationalen Tönen verbunden wurden, auch dieses sicherlich ein Kennzeichen der aufkeimenden Bürgerlichkeit im industriellen Deutschland.

Im Jahre 1826, als die beiden Sparten Gewerbe und Berg- und Hüttenwesen wieder unter einem Ministeriumsdach vereinigt waren, hielten sich weitere preußische Gewerbebeamte, Mechaniker und Unternehmer in England auf, neben Friedrich Harkort auch Peter Beuth. Begleitet von Karl Friedrich Schinkel nahm er mit sehr gemischten Gefühlen die neueren Entwicklungen des englischen Industrialisierungsvorgangs wahr: Pauperismus bzw. Ludditenbewegung.[52] Er setzte nun auf dezentralisierte gewerbliche Produktionsstätten auf dem Lande in der sozialen Umgebung der schnell heranwachsenden unterständischen Schichten; daher sah Beuth in der Eisenbahn allenfalls ein geeignetes Hilfsmittel für Massentransporte, aber keine Einladung zum Zuzug in die großen Städte. Die erhöhte Mobilität für die Bevölkerung erschreckte ihn vielmehr, und vor allem die mit dem Bau von Eisenbahnen verbundenen hohen spekulativen Kapitalbewegungen verabscheute er zutiefst. Gerade noch vor seiner Abreise nach England hatte er auf entsprechende Vorschläge an der Ruhr verlangt, daß jeder, der es mit seinen Fahrzeugen wolle oder könne, die Schienen benutzen dürfe, eine monopolistische Nutzung durch die Kapitaleigner also ausfalle. Insgesamt seien Beuths Vorstellungen von der gewerblichen Entfaltung seines Landes »eliteorientert, ästhetisch, antimodern und antisemitisch«[53], wie Brose meint.

Doch über den Nutzen eines Eisenbahntransportes für Steinkohlen waren auch die unteren Bergbehörden an der Ruhr im Gegensatz zum bürgerlichen Behördenchef Gerhard sehr gespalten: Der Leiter des Oberbergamts Dortmund, Bölling, gehörte zu den festen Gegnern, und auch der neue Leiter Toussaint von Charpentier (1779–1847, Berghauptmann in Dortmund von 1830–1835) hielt nur etwas von staatlich kontrollierter Eisenbahnbewegung[54], aber keineswegs von einer freien kapitalistischen Entwicklung, welche ähnlich wie in England die einträglichen Einkünfte der Finanzverwaltung aus den Schleusengeldern der Ruhr ruinieren würde.[55]

Erfolgreicher war die Berg- und Hüttensektion in der Einführung des Puddelverfahrens 1816 gewesen[56], das einen ganzen Komplex verschiedenartiger Bearbeitungsverfahren darstellte.[57] Kaum wird davon gesprochen, warum es Harkorts englischen Puddelspezialisten so schnell gelang, das Verfahren in Wetter erfolgreich zu praktizieren.[58] Daß sich Harkort später (1867) seiner englischen Helfer nur noch ungern erinnerte, mag aus der Verlegerperspektive verständlich sein. Er mußte seine Unternehmenspläne schließlich 1834 begraben, weil die Berliner Behörden den Eisenbahnbau immer wieder hinauszögerten und nur Pferdeeisenbahnen zuließen, während sein Bruder in Sachsen an der Errichtung der ersten privaten Ferneisenbahn 1838 beteiligt war.[59] Da ein autochthoner Eisenbahnmaschinenbau nicht gelang, auch nicht gelingen konnte, kauften die deutschen Staatsregierungen nach 1836 englische Komplettsysteme vor allem von Stephenson. Einzelne Unternehmen an Standorten wie Residenzen oder merkantilen Plätzen expandierten bald als erfolgreiche Lokomotivbauer.

Es sieht so aus, als sei Harkorts doppelter Anlauf, industrielle Maschinen zu bauen, zweimal gescheitert, einmal an seinem geringen Fachwissen, das ihn vom Mechaniker abhängig machte, und einmal am ausbleibenden Willen der preußischen Regierung, auf den Eisenbahnbau zu setzen.

Hatte unter dem Gesichtspunkt einer nachhaltigen technischen Fortentwicklung bis 1814 aber nicht nur die fachliche Grundlage, sondern auch die Hoffnung auf soziale Existenz und damit soziale Integration der Mechaniker, ihre dauerhafte Anbindung und die Sicherstellung ihrer fortwährenden Verbesserungsaktivitäten das strukturell größte Problem dargestellt, so ist der Aufbau eines gewerblichen Schulwesens nach 1821/25 in Deutschland und die Gewerbefreiheit ein Lösungsangebot geworden, das sich nun nicht vom englischen, sondern vom französischen Vorbild ableitete. Englischen Vorstellungen folgte Beuth in der Absicht, die Absolventen für den freien Arbeitsmarkt, nicht für den Staatsdienst auszubilden.[60] Eine solche Schuleinrichtung nicht für den Staat, sondern für die Wirtschaft lag auch im Interesse mancher sächsischer Reformer, doch da diese (Staats-)Reform erst 1830 einsetzte, blieb es bei der Lösung, ein Polytechnikum in Dresden, dem Sitz der Regierung, einzurichten und nicht eine Gewerbeschule im Industriegebiet, die erst 1836 in Chemnitz mit heftiger Unterstützung des 1829 gegründeten Industrievereins folgte. Die Industriellen hatten bald bemerkt, daß eine einmal gekaufte Verarbeitungstechnologie in dem Moment veraltete, nach dem sie erworben war. Sie lernten, daß technische Entwicklungen als ständiger Prozeß zu begreifen waren, und nicht, wie noch hundert Jahre zuvor, als ein eher statisches Element.

Die Einrichtung eines Schultyps mit neuer sozialer Klientel (anders als in Prag und Wien) kann auch als eine Reaktion auf einen deutlich gesunkenen sozialen Status des »Mechanikers« gesehen werden. War er noch zu Beginn des 18. Jahrhunderts als der Universitätsmechanicus, etwa in der Person Jakob Leupolds, angesprochen worden, der »mit Hilfe der Natur« viele Probleme lösen konnte, so war mit der Ausbreitung des Mechanischen in der zweiten Hälfte des 18. Jahrhunderts und mit ihrem auf Dominanz der Naturinterpretation angelegten Siegeszug zugleich ein Umdenken in der Erwartungshaltung der literarischen Elite zu konstatieren gewesen. Der frühere Mechanikus, aus einem Uhren- und Instrumentenmacher am Hofe und an Akademien hervorgewachsen, war nun ein Repräsentant des Gewerbewesens und ein im sichtbaren Alltag (zunftgesicherte) Arbeitsplätze, und das hieß damals

»Nahrung« vernichtender Spezialist geworden. Am Beginn des 19. Jahrhunderts blieb von der Hochachtung nur die Feier des »mechanischen Genies« übrig; nun war der Begriff des Mechanischen abgewertet, denn nicht das Mechanische, sondern das zum Sturm und Drang aufbrechende allenfalls in organischen Zusammenhängen gebundene »Genie« war nunmehr an die führende Stelle der Veränderungserwartung getreten. Friedrich Schiller hielt 1796 die Teilehaftigkeit einer mechanischen Konstruktion vor Augen und deklarierte sie als ein für die Menschenbildung ungeeignetes Uhrwerk. Der Mechaniker, der Techniker, der Ingenieur war abgewertet, bevor er in der deutschen Wirtschaftsgesellschaft überhaupt in Erscheinung treten konnte. Auch so kann man das geringe Interesse der Reformer von 1805/19 am technischen Schulwesen deuten.

Die technische Neuerung als Ziel des Technologietranfers bedurfte nicht nur des neuartig geschulten Personals, sondern auch des auf die Zukunft setzenden Unternehmers, der die gesellschaftlichen Bedürfnisse zu taxieren hatte. Der Finanzbedarf sowohl für Investitionen wie für Betriebsmittel war freilich schwer vorauszuberechnen. Der Produktionsmittelapparat machte ein Vielfaches früherer Aufwendungen erforderlich, insbesondere Zinsen für das in Maschinenteilen festliegende Kapital. Solche Anlagen galten als unsicher und gelegentlich erst ab 20 Prozent Zinsen als investitionswürdig.[61] Der Unternehmer war daher an Risikominderung interessiert, wenn möglich durch den Landesherrn. Von den drei Wegen (direkte Unterstützung, Zölle, Patente) ist die Patentdiskussion stark aus Frankreich und England beeinflußt worden. Patente galten als Anerkennung der persönlichen Erfinderleistung, waren aber in England an eine Finanzierungsgesellschaft gebunden. Die Patentgewährung oder -nichtgewährung ist in Deutschland ein vorzügliches Beispiel für diesen Einfluß, weil der Staat gerade durch die Nichtgewährung von Patenten (Technische Deputation) den Technologietransfer erheblich beschleunigt hat.[62] Erst in dem Augenblick, als »nationale« Erfindungen selbst der Gefahr unterlagen, nachgeahmt zu werden, vor allem im Bereich der Chemie, später auch der Elektrotechnik, griff ein Patentgesetz 1877 zugunsten der Großbetriebe in diesen offenen Markt ein.

Als Finanzierungsinstrumente standen den jungen industriellen Unternehmern neben der staatlichen Beteiligung oder solcher Zuschüsse die aus den Verlegergeschäften üblichen Familiendarlehen zur Verfügung, die auch bei Harkort eine wichtige Rolle spielten. Daher auch in

Verbindung mit dem Konsumverzicht die »bürgerlich« strikte Einhaltung von Ehekontrakten bzw. eine entsprechende Heiratspolitik. Anders als in England hat sich in Deutschland lange Zeit keine leistungsfähige regionale Bankenorganisation herausgebildet.

Die Beobachtung des Technologietransfers im 19. Jahrhundert hat offengelegt, daß bestimmte Technologien nicht von einem Land generell in ein anderes, sondern von einer ganz bestimmten Region oder Firma an einen ganz bestimmten Anwendungsort in dem neuen Land transferiert worden sind und sich dann von hier wie in einem »Ansteckungsmodell« (Bekannte, Vereine) ausgebreitet haben. Meist sind es ganz ähnliche Anwendungsbedingungen etwa im Eisenhüttenwesen, beim Bau einer Fabrik, bei der Verwendung von Dampfmaschinen, die nach scharfer Betriebskostenkalkulation den Transfer veranlaßten. Die außerordentlich hohen Investitionen für die erste Dampfmaschine Preußens oder auch für die ersten Eisenbahnen oder für das erste Bessemerverfahren bei Krupp beweisen aber, daß zur Absicherung des finanziellen Risikos solcher Neuerungen auch Mentalitäten oder Ideologien herangezogen werden müssen, im 19. Jahrhundert vorzugsweise der Nationalismus. Daher sind bei Transfers auch die ideologischen Aspekte, die den politischen Willen zur vermeintlichen »Opferbereitschaft« stützten, zu berücksichtigen.

Der Technologietransfer von Großbritannien nach Deutschland nahm nach 1848 in bedeutendem Maße zu, weil nun ein breiter Reise- und Informationsstrom einsetzte, der sich auf die organisierten Zentren des Fortschritts, die Ausstellungen fokussierte, die von 1851 bis 1879 Millionen Besucher anzogen und auch für eine große Breite der Kenntnisnahme sorgten.[63]

Schiffbau und Eisenbahnwesen, damit zusammenhängend Stahlentwicklung, Textilmaschinen, Telegraphie und Druck sowie Waffen: England war zur Werkstatt der Welt geworden, und Europa wollte neben den USA daran teilhaben. Mit der Liberalisierung des Handels (Meistbegünstigungsprinzip) setzte England einen wirkungsmächtigen Mechanismus in Gang, der in den ersten kapitalistischen Wirtschaftseinbrüchen 1857, 1866 und 1872 mit ihren sozialen Konsequenzen zwar den Glauben daran, daß Fortschritt nur eine glänzende Vorderseite habe, beseitigte (und alternative Paradiesentwürfe provozierte), der aber zur Abwendung Deutschlands von diesem »englischen« Gesellschaftmodell führte. Nach der Krise der siebziger Jahre wurden weltweit die Zollgrenzen wieder hochgezogen, auch in Deutschland, und die kapitalistischen Konjunkturen wurden nicht nur als undeutsch denunziert, sondern es wurden in den internationalistisch orientierten Sozialisten und in den akademische Arbeitsplätze einnehmenden Juden die Feinde einer neuen, eben deutschen Entwicklung ausgemacht.

Da eine der wichtigsten Voraussetzungen zum Technologietransfer sicherlich ein Art kollektiver Entschluß ist, sei er nun staatlicher oder familiärer Art, an der neuen Technologie teilhaben zu müssen, und die hierfür erforderliche Liberalisierung auf wirtschaftlichem Felde nach 1848/71 gegeben war, hoffte man, die englische Stellung durch neue Strukturen in ihrer Weltgeltung erreichen zu können. Die englische Unternehmensstruktur war relativ klein und arbeitsteilig. Die deutschen Unternehmer setzten bei der relativ kleinen und arbeitsteiligen Unternehmensstruktur der Engländer an, sicherten technische Problemlösungen durch kommerzielle Entscheidungen, Kartelle, Aufkauf der Konkurrenz, Vergabe oder Übernahme von Lizenzen usw. ab, reduzierten den offenen Wettbewerb also erheblich. Anders als in der Mechanik eigneten sich die neuen Industrien Chemie und Elektrotechnik, in denen Deutschland anfangs ebenfalls von England profitiert hatte, aber auch besonders gut, in dieser Weise organisiert zu werden, und der Staat steuerte die wissenschaftliche Grundlagenforschung bei. Zugleich setzte ein erkennbarer Technologietransfer in Richtung Großbritannien ein.

HARTMUT BERGHOFF

Großbritannien und Deutschland 1880–1914: Wirtschaftliche Rivalität oder internationale Arbeitsteilung?

Wenige Tage vor Beginn des Ersten Weltkrieges, jener in den Worten Kennans »Urkatastrophe des 20. Jahrhunderts«, erschien in einer der renommiertesten britischen Wissenschaftszeitschriften ein Artikel, der die wirtschaftlichen Beziehungen Großbritanniens zu Deutschland in folgenden optimistischen Worten beschrieb: »So far as the existing economic relations of the two Empires with each other are concerned we may look to the immediate future with confidence. At the present time it may be affirmed that their true economic interests are reciprocal rather than antagonistic.«[1]

Dieser Auffassung standen jene Stimmen gegenüber, die schon früh von der Unvermeidbarkeit eines großen Krieges kündeten, eines Krieges, der letztlich aus ökonomischen Gründen geführt werden müsse. So hieß es 1897 in dem berühmten »Germaniam esse delendam«-Artikel des *Saturday Review:*

> »... in Europe there are two great, irreconcilable opposing forces, two great nations who would make the whole world their province, ... (...) Is there a mine to exploit, a railway to build, a native to convert from breadfruit to tinned meat, ... the German and the Englishman are struggling to be first. A million petty disputes build up the greatest cause of war the world has ever seen. If Germany were extinguished tomorrow, the day after tomorrow there is not an Englishman in the world who would not be richer. Nations have fought for years over a city or a right of succession, must they not fight for two hundred and fifty million pounds of yearly commerce?«[2]

Die deutsch-britischen Wirtschaftsbeziehungen vor dem Ersten Weltkrieg lassen sich in der Tat unter zwei einander diametral entgegengesetzten Leitmotiven beschreiben, in denen in gewisser Weise der Gegensatz von freihändlerischen bzw. schutzzöllnerischen Positionen weiterlebt: einerseits unter dem Konzept der Rivalität, andererseits unter dem der internationalen Arbeitsteilung. Im letzteren Fall ist auf die Komplementarität, also die gegenseitige Ergänzung beider Volkswirtschaften abzuheben. Gerade aus ihrer Andersartigkeit ergaben sich in der Kooperation erhebliche Synergieeffekte für beide Seiten. Im ersten Fall ist das Ein- und in manchen Bereichen schon Überholen des Pioniers der industriellen Moderne durch den deutschen Nachzügler als eine Art Wettlauf um begrenzte Märkte zu beschreiben. Genau dies war die Wahrnehmung nationalistischer Politiker und Journalisten auf beiden Seiten des Ärmelkanals, die es mit großem Erfolg immer wieder verstanden, den Handelsneid ihrer Landsleute zu schüren und die außenpolitischen Gegensätze zu vertiefen.

Rivalität

Konnte sich Großbritannien bei der Londoner Weltausstellung von 1851 noch unangefochten als »Werkstatt der Welt« präsentieren, traten in den folgenden Jahrzehnten die nachfolgenden Industrienationen in einen scharfen Wettbewerb zu dem Pionier der industriellen Moderne. Damit reduzierten sich die ungewöhnlich hohen, langfristig in keinem Fall haltbaren Marktanteile des kleinen Inselreiches. Beim Weltindustrieexport fielen sie von 45,5 Prozent im Jahr 1872 auf 26,8 Prozent im Jahr 1913. Die Quote Deutschlands stieg parallel dazu von 12,6 auf 24,4 Prozent, die der USA von 2,8 (1880) auf 12,6 Prozent.[3]

Tabelle 1: Ausfuhren Großbritanniens und Deutschlands 1875–1913 in Mio. Pfund Sterling (einschließlich Reexporte)

	1875	1885	1895	1905	1913
Deutschland	125	143	165	281	505
Großbritannien	281	271	286	408	635

Tabelle 1[4] weist nach, daß sich diese relativen Verluste Großbritanniens bei mehr als einer Verdoppelung der absoluten Exportwerte vollzogen. Deutschland schaffte zwar eine Vervierfachung, was aber angesichts des niedrigeren Ausgangsniveaus und des höheren Wachstumstempos nachholender Industrialisierungsprozesse nicht überraschen kann. Wenngleich also die meisten von deutscher Konkurrenz betroffenen Branchen ebenfalls expandierten, schien – so die Wahrnehmung der erfolgsverwöhnten britischen Öffentlichkeit – ein erbitterter Kampf um begrenzte Marktchancen stattzufinden.

Zweifellos führten die Ähnlichkeiten der Volkswirtschaften zu einer handfesten Rivalität. Beide Länder mußten Nahrungsmittel- und Rohstoffe importieren und dafür Industrieprodukte exportieren. Viele Branchen waren sowohl diesseits als auch jenseits des Ärmelkanals anzutreffen und produzierten trotz unterschiedlicher Schwerpunkte vergleichbare Güter. In der Tat existierten nicht wenige Wirtschaftszweige, in denen es zu einer direkten deutsch-britischen Konkurrenz kam, auch wenn ein ausgesprochener Verdrängungswettbewerb selten war.

Als klassischer Fall ist die Eisen- und Stahlherstellung zu nennen, die früh industrialisiert worden war. Deutschland baute seit den 1840er Jahren eigene Industriekapazitäten auf. Damit gingen die »first-mover advantages« britischer Anbieter vielfach verloren, und auf dem deutschen Markt setzte ihre Zurückdrängung ein. Begann der deutsche Eisenbahnbau zu einem überwiegenden Teil mit britischen Schienen und Lokomotiven, kam es binnen weniger Jahrzehnte zu einer nahezu vollständigen Ersetzung durch einheimische Produkte. Dieser Vorgang kann ebensowenig überraschen wie die Tatsache, daß sich in diesen Sektoren deutsche und britische Anbieter bald schon, verstärkt seit den 1880er Jahren, auch auf Drittmärkten als direkte Konkurrenten begegneten. Deutschland konnte in diesen Fällen die klassischen Vorteile industrieller Nachzügler wie niedrigere Löhne und diverse Hilfen des Staates ins Spiel bringen. Zudem kam seit 1880 ein erheblicher Zollschutz hinzu. Im schwerindustriellen Bereich zog Deutschland seit der Jahrhundertwende an Großbritannien vorbei. 1890 lag die britische Roheisenerzeugung mit 8 Mio. Tonnen fast 100 Prozent über der deutschen von 4,1 Mio. 1914 wies sie mit 11 Mio. einen klaren Rückstand gegenüber 14,7 Mio. in Deutschland auf. Beim Stahl vollzog sich ein noch krasserer Umbruch. Zwar konnte Großbritannien seine Ausbringung zwischen 1890 und 1914 von 3,6 auf 6,5 Mio. Tonnen erhöhen, aber Deutschland verzeichnete gleichzeitig einen spektakulären Anstieg von 2,3 auf 14 Mio. Die deutsche Kohlenförderung, die um 1890 noch bei der Hälfte der britischen gelegen hatte, erreichte 1913 fast einen Gleichstand.[5] In der Textilindustrie blieb der Abstand trotz großer deutscher Fortschritte im Kern bis 1914 bestehen, am stärksten bei Baumwolle und Leinen. Im Wollsektor konnte Deutschland nach 1900 immerhin einen Spindelbestand aufweisen, der ca. 40 Prozent desjenigen des Vereinigten Königreiches entsprach.[6]

Die Liste der spezifischen Produkte ist lang, bei denen eine direkte Konkurrenzbeziehung bestand. Bei Röhren fiel die britische Ausfuhr nach Deutschland von 4706 (1874) Tonnen auf 442 (1902). Mit dem zollgeschützten Binnenmarkt im Rücken exportierten dagegen deutsche Röhrenproduzenten 1902 allein innerhalb Europas 46000 Tonnen. Auch beim Maschinenbau ergab sich die Situation, daß die deutsche Wende zum Protektionismus zu Beginn der 1880er Jahre den deutschen Markt für viele britische Hersteller faktisch schloß.[7] Gleichzeitig drangen erstmals zahlreiche deutsche Konsumgüter auf den britischen Markt. Zwar handelte es sich dabei zunächst überwiegend um Produkte wie Musikinstrumente, Glaswaren, Porzellan, Lederwaren, Spielzeuge, Uhren und Stickwaren, deren Herstellung noch auf traditionellen, arbeitsintensiven Fertigungsmethoden beruhte und daher Deutschland Wettbewerbsvorteile gegenüber dem britischen Hochlohnland einräumte.[8] Das massive Vordringen auf den britischen Markt löste dort erhebliche Irritationen und zum Teil hysterische Reaktionen aus, die nicht im entferntesten den realen Umsatzgrößen entsprachen.

Ein anderes Beispiel waren Schneidwaren, bei denen sich Sheffield und Solingen gegenüberstanden. Wie bis heute üblich, bediente sich der industrielle Nachzügler anfangs mitunter unlauterer Mittel wie der Produktpiraterie. Mit nachgemachten Warenzeichen drangen billige Imitationen aus deutscher Herstellung auf Märkte, die bislang einseitig von Großbritannien dominiert worden waren. Diese auch in zahlreichen anderen Branchen zu Beginn unseres Zeitraumes übliche Praxis führte zunächst zu Verhandlungen über eine internationale Konvention, die Deutschland aber nicht zu unterzeichnen bereit war. 1887 erließ Großbritannien den *Merchandise Trade Act*, der eine Kennzeichnung des Herkunftslandes zwingend vorschrieb. Das als Stigma gedachte Zeichen »Made in Germany« verwandelte sich aber in den Folgejahren zu einem positiv besetzten Markenzeichen, das auf gute Qualität zu niedrigen Preisen hinwies. Die für den Markteinstieg unterentwickelter Länder bis heute typische low-quality- und Imitationsstrategie gehörte in den 1890er Jahren längst der Vergangenheit an. Die deutschen Produkte waren besser geworden und boten in bestimmten Segmenten ein überlegenes Preis-Leistungsverhältnis.

Ebenfalls in den 1880er Jahren tauchten deutsche Waren auf den kolonialen Märkten auf, was zu alarmierenden Berichten der britischen Konsulate führte. Ein nüchterner Blick auf die Statistiken beweist, daß eine direkte Rivalität zwar existierte, sich aber innerhalb enger Grenzen vollzog. Zwischen 1883/85 und 1893/95 stagnierten die Werte britischer Ausfuhren in das Empire, während die deutschen Exporte dorthin um 6 Prozent zunahmen.[9] Einige Beispiele lassen den begrenzten Umfang der Konkurrenz in den britischen Kolonien anschaulich hervortreten. Zwischen 1893 und 1900 wuchs der britische Export nach Kanada, Australien und Neuseeland von 31 auf 41 Mio. Pfund. Der deutsche Export dorthin stieg zwar im selben Zeitraum wesentlich schneller, nämlich von 1,7 auf 4,6 Mio. Pfund, blieb aber vergleichsweise gering. Ähnliche Verhältnisse herrschten auf den Weltmeeren. Zwischen 1901 und 1913 wuchs die Tonnage der deutschen Handelsmarine von 1,9 auf 3,2 Mio. Nettoregistertonnen, die britische dagegen von 9,6 auf 12,1 Mio.[10]

Von einem Verdrängungswettbewerb kann nur partiell, d.h. für bestimmte Teilmärkte, gesprochen werden. Wenn britische von deutschen Produkten wie in vielen europäischen Ländern verdrängt wurden, fanden sie mühelos alternative Abnehmer, vorzugsweise innerhalb des riesigen Kolonialreiches und des ebenfalls großen »informal empire«, vor allem in Südamerika. Der vielfach unterstellte Vernichtungswettbewerb fand nicht statt. Vielmehr realisierten beide Länder bis 1914 ein bemerkenswert hohes Wachstum. Um die Entwicklung der ökonomischen Leistungskraft beider Länder vor dem Ersten Weltkrieg objektiv beurteilen zu können, benötigt man einen Indikator, der die Unterschiede von Bevölkerungsgröße und Arbeitszeiten ausklammert, denn in Deutschland lebten 1910 ca. 20 Mio. mehr Menschen als im Vereinigten Königreich. Überdies akzeptierten deutsche Arbeiter deutlich längere Arbeitszeiten als ihre britischen Kollegen.[11] Zu diesem Zweck bietet es sich an, das Bruttosozialprodukt pro Arbeitsstunde zu berechnen. Tabelle 2 vergleicht die Werte für den Zeitraum 1870 bis 1913.[12]

Tabelle 2: Bruttosozialprodukt pro Arbeitsstunde 1870–1913 (US-Dollar, Preise von 1970)

	1870	1880	1890	1900	1913
Vereinigtes Königreich	0,80	0,94	1,06	1,20	1,35
Deutsches Reich	0,43	0,50	0,62	0,79	0,95
Dt. Reich in % des Ver. Königreichs	54%	53%	59%	66%	70%

Als Ergebnis läßt sich festhalten, daß es vor 1914 zur Konvergenz der Leistungskraft beider Volkswirtschaften kam, ohne daß der britische Vorsprung bereits ernsthaft bedroht gewesen wäre. Naturgemäß wuchs die Wirtschaft des deutschen Nachzüglers schneller als die der älteren Industrienation, die aber keinesfalls stagnierte, sondern ebenfalls erhebliche Zuwächse verzeichnete. Die Annäherung fand also auf einem langfristig steigenden Niveau statt. Wir haben es insgesamt mit einer Beziehung zu tun, die zwar partiell harte Konkurrenz, aber kaum echte Verlierer kannte.

Komplementarität

Deutschland und England pflegten traditionell enge Handelsbeziehungen. Das alte, noch um 1860 dominante Muster des Austausches hatte grob gesprochen folgende Konturen: Deutschland war Großbritanniens wichtigster Abnehmer auf dem Kontinent, der vor allem Industrieprodukte, einige Rohstoffe wie Kohle und Blei, aber auch Kolonialwaren von der Seide bis zur Baumwolle und von Gewürzen bis zum Tabak importierte. Dafür lieferte die deutsche Landwirtschaft insbesondere seit der Aufhebung der britischen Kornzölle im Jahr 1846 große Mengen an Getreide nach Großbritannien, aber auch Rübenzucker, Kartoffeln, Gerste und Fleisch.[13]

Die Globalisierung der Nahrungsmittelmärkte, die amerikanisches Getreide und argentinisches Rindfleisch auf den europäischen Markt brachte, sowie die Industrialisierung Deutschlands veränderten dieses traditionelle Muster der internationalen Arbeitsteilung. Grob gesprochen verloren Agrarprodukte für den deutschen Export an Bedeutung, obwohl Zucker noch 1890 der wichtigste Exportartikel Deutschlands war. Im Aufwind befand sich der intraindustrielle Handel, also der Austausch von vergleichbaren Industrieprodukten. Diese, für die Beziehung entwickelter Industrieländer typische Form des Außenhandels wurde aber im Fall Großbritanniens schon durch den massiven Export von Dienstleistungen und Kapital ergänzt.

Intraindustrieller Handel ist nicht gleichzusetzen mit dem Austausch identischer Produkte oder scharfer Konkurrenz auf allen Gebieten. Vielmehr schaffte er auch vielfältige Möglichkeiten der Spezialisierung und Arbeitsteilung, die beide Länder zu nutzen verstanden. Auf der hochaggregierten Ebene ganzer Branchen bildeten sie unterschiedliche Schwerpunkte und Stärken aus. Deutschland führte beim Maschinenbau und Stahl, bei den neuen, wissenschaftsintensiven Zukunftsindustrien, insbesondere in der Elektroindustrie und der organischen Chemie, während Großbritannien bei Textilien, im Schiffbau und im Kohlenbergbau seine alte Vorrangstellung weitgehend verteidigte. Aufschlußreicher ist der Blick auf einzelne Marktsegmente, der die Komplementarität der beiden industriellen Volkswirtschaften erst in ihrer ganzen Komplexität deutlich macht. Im Maschinenbau besaßen deutsche Hersteller einen Vorsprung bei Werkzeugmaschinen und Pumpen, Walzen und Kränen, britische Hersteller dagegen bei Textil- und Dampfmaschinen. Bei Nähmaschinen, Lokomotiven und landwirtschaftlichen Maschinen befanden sich beide Länder ungefähr auf demselben Niveau. »...innerhalb jeder Warengruppe hatte sich eine Art Arbeitsteilung herausgebildet: Siemens-Stahl für Schiffsplatten aus hochwertigem Importerz in Großbritannien gegenüber Bessemer-Stahl für Schienen und Baumaterial in Deutschland.«[14] 1907 exportierte Großbritannien für 3,1 Mio. Pfund Eisen und Stahl nach Deutschland, bezog aber von dort zugleich Eisen und Stahl für 4,9 Mio. Pfund. Im Baumwollsektor konnten deutsche Spinnereien nicht die feinen Garne liefern, die Lancashire aufgrund seines spezifischen Klimas zu bieten hatte. Bei hochwertigen Stoffen blieben britische Webereien lange führend und hatten selbst in Deutschland oder den USA keine Schwierigkeiten, Abnehmer zu finden. Grobe Garn- und Stoffqualitäten sowie Fertigwaren gingen dagegen in die unterentwickelte Welt. Zwar beherrschten die Zechenbesitzer des Ruhrgebietes und Oberschlesiens den deutschen Kohlenmarkt, aber Deutschland blieb weiterhin auf bestimmte Quanten britischer Einfuhren angewiesen. Zum einen deckte die deutsche Ausbringung nicht den gesamten Bedarf; zum anderen eignete sich die walisische Kohle am besten zum Anfeuern von

Dampfschiffkesseln. Daneben existierten »viele Beispiele unmittelbarer Zusammenarbeit: deutsche Stahl- und Gußteile für britische Schiffswerften, und britische Kohle, die in Deutschland zu Anilinfarbe veredelt und zur Anwendung bei Textilien nach Großbritannien verschifft wurde, um dann als Fertigprodukt zurück nach Deutschland geschickt zu werden.«[15]

Daß der »Handelsneid« über alle Maßen übertrieben wurde und die Reibungsflächen direkter Konkurrenz begrenzt blieben, spiegeln auch die unterschiedlichen geographischen Schwerpunkte des Exportes wider. Deutschland konzentrierte sich vor allem auf West-, Mittel- und Osteuropa, Großbritannien dagegen zunehmend auf sein Empire, das nach 1900 mehr als ein Drittel der britischen Ausfuhren aufnahm. Für eine Interpretation der deutsch-britischen Wirtschaftsbeziehungen als Arbeitsteilung zweier hochentwickelter Volkswirtschaften spricht auch die Tatsache, daß sie untereinander die jeweils wichtigsten europäischen Handelspartner waren. Deutschland erzielte 1900 über 19 Prozent seiner Exporterlöse in Großbritannien. Nimmt man das Empire hinzu, ergaben sich 22,8 Prozent, also fast ein Viertel. Kein anderer Absatzmarkt erreichte auch nur die Hälfte dieser Quote. Umgekehrt bezog Deutschland 14,5 Prozent seiner Importe aus Großbritannien, unter Einschluß des Empires 21,5 Prozent. Für Großbritannien war die Bedeutung Deutschlands als Absatzmarkt geringer, auch wenn es der wichtigste europäische Abnehmer blieb. 1904 gingen 8 Prozent der britischen Ausfuhren dorthin, während fast 10 Prozent der Einfuhren aus Deutschland stammten. Im globalen Kontext befand sich das Deutsche Reich aus britischer Perspektive jeweils auf Platz zwei, bei den Exportmärkten hinter Indien, bei den Importeuren hinter den USA.[16]

Diese Unterschiede waren Teil eines fein austarierten Systems weltwirtschaftlichen Austausches. Gegenüber seinen Kolonien und insbesondere gegenüber Indien besaß Großbritannien einen Handelsbilanzüberschuß, der ohne Kompensation ein großes Problem gewesen wäre. Da die britischen Kolonien aber gegenüber Deutschland ihrerseits Überschüsse erwirtschafteten, ließ sich der Kreislauf durch den gerade aufgezeigten deutschen Überschuß gegenüber Großbritannien schließen. Die Existenz dieses globalen Dreieckshandels erhöhte das Gesamtvolumen des Außenhandels und glich damit die Verluste aus der direkten Konkurrenz in anderen Regionen mehr als aus. Ohne den deutsch-britischen Handel hätte Großbritannien nicht im tatsächlich gegebenen

Umfang Baumwollprodukte nach Indien ausführen können. Mit anderen Worten: die Ausrichtung beider Handelsstrukturen entsprach ziemlich genau der ökonomischen Logik einer zusammenwachsenden Welt und stellte für beide Länder einen großen Vorteil dar, wogegen die in der politischen Diskussion aufgebauschte direkte Konkurrenz und das daraus abgeleitete gegenseitige Bedrohungspotential gering ausfielen.[17]

Ein wichtiger Teil der Komplementärstruktur, in dem sich auch der anhaltende britische Entwicklungsvorsprung niederschlug, war die Tatsache, daß Großbritannien sein Defizit im Warenhandel durch Überschüsse der Dienstleistungsbilanz ausgleichen konnte. Das Inselreich exportierte in großem Umfang Kapital, das in Form von Zinsen und Dividenden immense Rückflüsse generierte. Die britischen Auslandsinvestitionen waren so gewaltig, daß ihre Summe vor 1914 fast derjenigen der gesamten deutschen, französischen, belgischen, niederländischen und amerikanischen Auslandsinvestitionen entsprach. Die jährlichen Rückflüsse überstiegen die Gewinne aus dem Warenexport um das Vier- bis Fünffache.[18] Die britische Handelsflotte stellte 1880 ca. 40 Prozent der weltweiten Tonnage und wickelte damit einen großen Teil des globalen Seetransportes ab. Die millionenfache deutsche Überseeauswanderung wäre ohne die Kapazitäten Liverpools logistisch gar nicht durchführbar gewesen. Lloyds war und blieb die wichtigste Institution für die Versicherung maritimer und anderer Großrisiken. London erbrachte als Handels- und Finanzzentrum der Welt eine Reihe wertvoller Dienstleistungen auch für die deutsche Volkswirtschaft, die es an anderer Stelle nicht oder nicht in derselben Qualität gab. Umgekehrt flossen Großbritannien aus Deutschland hohe Summen an Provisionen und Prämien, Zinsen und Gebühren zu. Wenn britisches Kapital in Lateinamerika Eisenbahnlinien baute und betrieb, profitierten davon auch deutsche Exporteure. Großbritannien war Zwischenstation von Tabak, Gummi, Baumwolle, Kaffee und anderen Kolonialwaren, die in Deutschland benötigt wurden, ebenso wie die kommerziellen Kanäle Londons und Liverpools die Kolonialmärkte für deutsche Exportgüter erschlossen. Deutsche Unternehmer bedienten sich regelmäßig britischer Großhändler, Bankiers und Reedereien. Wenngleich Großbritanniens Position als »workshop of the world« unübersehbar abbröckelte, konnte es diejenige als »banker, carrier and insurer of the world« weiter ausbauen.

An der Spitze der City-Elite standen zahlreiche kosmopolitische

Familien wie die Rothschilds, Barings, Goschens, Oppenheimers, Schroders, Kleinworts, Cassels, Speyers und andere, die aus Deutschland stammten und dorthin intensive geschäftliche und private Verbindungen pflegten. Auch in der zweiten Reihe der City befanden sich vielfach deutsch-britische Immigrantenfamilien. Bei einem Blick auf die nord- und mittelenglischen Industrie- und Handelszentren stößt man immer wieder auf zahlreiche Kaufleute, welche die Komplementarität der beiden Volkswirtschaften geradezu verkörperten. Manchester, Birmingham, Nottingham und Bradford besaßen große Zahlen deutschstämmiger Unternehmer. Belfast, Manchester und Nottingham hatten in der zweiten Hälfte des 19. Jahrhunderts deutschstämmige Bürgermeister. 10 Prozent der führenden Kaufleute Manchesters im Zeitraum 1870 bis 1914 waren in Deutschland geboren worden. 1870 existierten in der Stadt allein 154 Handelshäuser, die von Deutschen oder Deutschstämmigen geleitet wurden.[19] Auch unterhalb des Wirtschaftsbürgertums leisteten viele Deutsche, die bis 1891 die größte Einwanderergruppe in Großbritannien stellten, der britischen Wirtschaft wichtige Dienste. Die Zahl der deutschen Büroangestellten in London war so groß, daß man in Phasen nationaler Hysterie in ihnen ein Sicherheitsrisiko sah. Deutsche Bäcker, Konditoren, Fleischer, Schneider und Friseure erfreuten sich bei ihren Kunden großer Beliebtheit, wurden aber in der nationalistischen Presse periodisch als »spies of the Kaiser« denunziert.[20]

Zwischen beiden Volkswirtschaften bestand ein intensiver, für beide Seiten vorteilhafter Austausch. Gerade deren Unterschiede[21] ermöglichten es, von den komparativen Vorteilen des anderen zu profitieren und zu lernen. Der Transfer von Know-how funktionierte deshalb so gut, da der technologische und der soziokulturelle Entwicklungsstand beider Länder zwar klare Differenzen aufwies, sich aber nirgends unüberbrückbare Abgründe auftaten. Lief der Technologietransfer zu Beginn der Industrialisierung überwiegend von Großbritannien nach Deutschland, bildete sich bis 1900 eine weniger einseitige Konstellation heraus. Für deutsche Unternehmer blieb Großbritannien immer noch ein lohnendes Ziel. Der Nachwuchs wurde im Zuge seiner Ausbildung oft zu einem längeren Aufenthalt auf das Inselreich geschickt.[22] Überall dort, wo die internationale Dominanz Großbritanniens noch unangefochten war, insbesondere im globalen Finanz- und Handelsgeschäft, aber auch im Schiffbau und in der Textilindustrie, konnten Deutsche auch weiterhin sehr von solchen Erfahrungen profitieren.

In den neuen, wissenschaftsintensiven Industrien kehrte sich das Verhältnis von Schüler und Lehrer jedoch gegen Ende des 19. Jahrhunderts zunehmend um. In der Chemie-, Elektro-, Optik- und Maschinenbauindustrie gab es eine beeindruckende Zahl deutscher Direktinvestitionen[23] in Großbritannien sowie auch eine Zuwanderung deutscher Unternehmer und Techniker. Die zukunftsträchtige Teerfarbenchemie, die unter anderem synthetische Farbstoffe, Pharmazeutika und Sprengstoffe hervorbrachte, ging auf eine Erfindung des Briten William Henry Perkin zurück, die dieser am Royal College of Chemistry als Schüler des dort lehrenden deutschen Chemikers August Wilhelm von Hofmann machte. Die produktionstechnische Umsetzung begann in England. Der Schwerpunkt der Forschung und industriellen Nutzung verlagert sich jedoch schon bald nach Deutschland, das den Weltmarkt der Teerfarbenchemie um 1900 unangefochten beherrschte. Jedoch begann das überlegene Know-how über abgeworbene Fachkräfte langsam wieder zurückzuwandern. Technikgeschichtlich gesehen handelte es sich »um einen komplizierten Austauschprozeß . . ., bei dem die Hauptwege von der deutschen in die englische chemische Wissenschaft, von der englischen Wissenschaft in die englische Industrie und von dieser zurück in die deutsche«[24] und schließlich auch in die englische Industrie führten.

In der Grundstoffchemie verpaßte die britische Industrie mehrheitlich den Umstieg vom älteren Leblanc- auf das effizientere Ammoniak-Verfahren der Sodagewinnung, das sich in Deutschland rasch durchsetzte. Bezeichnenderweise war es ein deutscher Chemiker, Ludwig Mond, der den Anschluß an die modernen Methoden wiederherstellte, das Ammoniak-Verfahren in England etablierte und in Cheshire die weltgrößte Sodafabrik, Brunner, Mond & Co., gründete, aus der 1926 der britische Chemiegigant ICI hervorging. Zwar ließ sich auf diese Weise der britische Rückstand bis 1914 nicht abbauen. Jedoch wurden die Grundlagen dafür gelegt, daß die britische Industrie die im Ersten Weltkrieg nach dem Wegfall deutscher Lieferungen auftretenden Engpässe zumindest in zentralen Bereichen mit einem Kraftakt rasch überwinden konnte.[25]

Die enge Kooperation beider Länder vor 1914 entsprach der ökonomischen Logik der Weltwirtschaft, die einen bis dahin unvorstellbaren Integrationsschub erfuhr, obwohl der politische Nationalismus starke neomerkantilistische Gegenkräfte entfachte. Zwischen 1870 und 1913 wuchs der Welthandel allen protektionistischen Behinderungsversuchen zum Trotz fast doppelt so schnell wie die Industrieproduktion, die ihrerseits hohe Zuwächse realisierte. Im Zeichen von Eisenbahn, Dampfschiff und Telegraphie rückte die Welt näher zusammen. Der internationale Austausch von Waren und Informationen wurde schneller, sicherer und billiger. Kapitalströme konnten relativ ungehindert zwischen den Ländern hin und her fließen, denn der Goldstandard garantierte feste Umtauschrelationen zwischen den wichtigsten Währungen der Welt. Auch die Mobilität der Menschen erreichte neue Rekorde.

Von diesen Globalisierungstrends profitierten die am weitesten entwickelten Länder Europas am meisten und zwar um so stärker, je mehr sie miteinander kooperierten und die komparativen Vorteile des jeweils anderen für sich selbst nutzten. Von einem aus ökonomischen Gründen zwangsläufigen Weg in den Krieg, den nationalistische Scharfmacher auf beiden Seiten beschworen, kann daher nicht die Rede sein. Diejenigen Unternehmer, die das komplexe System wirklich verstanden und von ihm am meisten profitierten, reagierten auf die eskalierenden außenpolitischen Spannungen mit der Gründung binationaler Klubs und Gesellschaften. So organisierte die »British-German Friendship Society« 1912 eine »Anglo-German Understanding Conference«. Für die an der deutschen Intransigenz gescheiterte Mission des britischen Kriegsministers Haldane, mit der er 1912 eine Verlangsamung des Flottenbautempos erreichen wollte, hatten sich auf beiden Seiten zahlreiche prominente Unternehmer ausgesprochen. Da sie genau wußten, daß ein deutsch-britischer Krieg ökonomisch gesehen keinen Gewinner haben konnte, organisierten sie unter anderem auch ein Besuchsprogramm für Journalisten, um den berufsmäßigen Multiplikatoren chauvinistischer Propaganda zu einem nüchternen Bild der Gegenseite zu verhelfen.[26]

Die zeitgenössische Wahrnehmung der deutsch-britischen Wirtschaftsbeziehungen

Ebensowenig wie aus der realen ökonomischen Konstellation beider Länder zwingende Gründe für eine militärische Konfrontation erwuchsen, läßt sich in der öffentlichen Meinung eine eindeutige, linear auf den Krieg zulaufende Wahrnehmung der deutsch-britischen Wirtschaftsbeziehungen nachweisen. In Großbritannien existierten Konjunkturen der Massenstimmungen, die ziemlich genau den ökonomischen entsprachen und von der außenpolitischen Lage beeinflußt wurden. Völlig irrationale Panikschübe, in denen die deutsche Konkurrenz zum universalen Sündenbock für Wachstumsstockungen im eigenen Land gemacht wurde, traten in der weltweiten Stagnation der 1880er Jahre, in der Rezession der späten 1890er und in den Jahren bis 1905 auf, als eine kurze Wirtschaftskrise mit dem eskalierenden Flottenwettlauf zusammentraf. Instruktiv ist ebenfalls, daß sich diese Wellen ebenso rasch glätteten, wie sie sich aufgebaut hatten.

Jedoch fand auf beiden Seiten des Ärmelkanals die irrige Vorstellung weite Verbreitung, daß der Welthandel ein Nullsummenspiel sei, in dem der eine nur auf Kosten des anderen gewinnen könne. Dieses »alte merkantilistische Hirngespinst«[27] dominierte vor 1914 noch stark das Denken von Politikern, Journalisten und Öffentlichkeit auf beiden Seiten. Dieser Geist erzeugte gegenseitige Vorwürfe und Unterstellungen. Auf britischer Seite hieß es, die Deutschen würden Kunden mit billigen Imitaten systematisch täuschen und Dumping betreiben. Diese Vorhaltungen trafen anfangs oft, bald jedoch immer seltener zu. Andere Wettbewerbspraktiken wie Exportsubventionen durch verbilligte Eisenbahntarife und die tatkräftige Unterstützung durch Konsularbeamte sowie ein durch prohibitive Zölle und Kartelle geschützter Binnenmarkt widersprachen zutiefst dem britischen Verständnis von Fairness.[28] Die deutsche Seite beschuldigte Großbritannien, sich durch seine Flotte sowie das Kolonialreich unberechtigte Vorteile zu sichern. Hinzu traten Vorbehalte gegenüber der Pioniernation der industriellen Moderne, die aus Sicht mancher Deutscher, zumal vieler Bildungsbürger, ein Negativbeispiel einer ebenso rücksichts- wie geistlosen Modernisierung mit verheerenden sozialen und geistigen Konsequenzen darstellte. Treitschke spielte die deutsche »Heldenkultur« gegen die englische »Händlerkultur« bzw. den teutonischen Idealismus gegen britischen Kommerzialismus aus. Sombart und Meinecke griffen unter dem Eindruck des Krieges diese bereits seit Jahrzehnten kursierenden Vorurteile erneut auf. Die Inselbewohner schienen von nackter Gier zerfressene »Krämerseelen« zu besitzen. Ihr Land wirkte als Inkarnation von »Materialismus«, »Mammonismus« und »Manchestertum«. Beide Länder schienen zwei antagonistische Zivilisationsmodelle zu verkörpern, zwischen denen nur der Krieg in einer Art »Gottesgericht« eine welthistorische Entscheidung herbeiführen konnte. In England fanden diejenigen Deutschen ein griffiges Feindbild, die Nationalismus und Antikapitalismus miteinander zu verbinden suchten.[29]

Die britische Diskussion war einerseits von Verwunderung und Verunsicherung darüber geprägt, daß seit 1870 aus einem Wirrwarr rückständiger Kleinstaaten und dem vom österreichischen Rivalen neutralisierten Preußen ein ebenbürtiger politischer und wirtschaftlicher Konkurrent geworden war, der sich anschickte, die Pax Britannica zu stören. Andererseits spielten auch nationale Stereotype eine große Rolle, und nicht selten wurden Deutsche als unverbesserliche Militaristen und vor allem in der aufblühenden Sensationspresse als »barbarische Hunnen« beschrieben, die nach Blut und Eisen lechzten. Zugleich existierte jedoch in beiden Ländern auch eine ausgesprochene Anglo- bzw. Germanophilie, insbesondere im gebildeten Mittelstand. Auf britischer Seite wurden die Philosophie und Musik, das Bildungswesen und die Sozialversicherung, das Militär und der Wein Deutschlands bewundert, auf deutscher Seite die liberale Verfassung, die politische Freiheit und der wirtschaftliche Fortschritt des Inselreiches. Gegenseitig verehrte man die Hochliteratur und Landschaft des Gegenübers. Es fand ein reger Austausch in Form von Reisen oder längeren Gastaufenthalten statt. Die Universitäten zogen Studenten und Forscher aus dem jeweils anderen Land an. Kirchengemeinden und Kommunen schlossen Partnerschaften ab. Außenpolitiker betrachteten beide Länder nicht nur als natürliche Feinde, sondern oftmals auch als natürliche Verbündete.[30]

Gegensätzliche Wahrnehmungen herrschten auch im Wirtschaftsbürgertum vor, was vor allem die für unser Thema zentrale Diskussion um die Außenhandelspolitik zeigte. Obwohl sich in Deutschland 1879 eine aggressive Schutzzollpolitik durchsetzte, gab es in der Wirtschaft niemals einen breiten handelspolitischen Konsens. Während die politisch einflußreichen Schwerindustriellen und Getreidelandwirte, die nur wenige Vorprodukte auf dem Weltmarkt einkauften, protektionistisch gestimmt waren, setzten die modernen Industrien wie Elektro und Chemie, aber auch die in sich hochdifferenzierten Fertigwarenbranchen auf den Freihandel. In der Textilindustrie waren die Spinner schutzzöllnerisch, die Weber, die billiges Garn aus England einführen wollten, freihändlerisch, jedenfalls in bezug auf Garne. Was Tuche, also ihr Endprodukt, anging, sprachen sie sich durchaus für Schutzzölle auf die berühmten englischen Waren aus, was aber die Schneider protestieren ließ.[31] Die deutsche Wirtschaft blieb ebenfalls gespalten, auch wenn die schutzzöllnerische Fraktion obsiegte.

Großbritannien hatte mit dem Cobden-Chevalier-Vertrag von 1860 und durch eine Vielzahl bilateraler Abkommen, wie dasjenige von 1865 mit Preußen, alle Schutzzölle auf Fertigwareneinfuhren abgeschafft. An dieser Generallinie hielt das Land im Kern bis 1914 fest, auch wenn nichtzollbedingte Handelshemmnisse etwas an Bedeutung gewannen.[32] Mehrfach, wenngleich im Endeffekt erfolglos, traten schlagkräftige Lobbyorganisationen wie die »Buy-British-« und »Anti-Dumping«-Bewegung bzw. die »Tariff Reformers« und die »Fair Trade League« auf. Letztere forderte die Verhängung von Strafzöllen und innerhalb des Empires ein umfassendes Präferenzsystem. 1906 und 1910 setzte ihr Sprecher, Joseph Chamberlain, dieses Thema im Unterhauswahlkampf an die Spitze der politischen Agenda. Die Verhandlungen der von ihnen durchgesetzten Tariff Commission brachte 1903 zutage, daß selbst die Branchen, die für ein hartes Vorgehen gegenüber Deutschland plädierten, im Grunde genommen inkonsequent waren, da sie hohe Zölle für die eigenen Erzeugnisse, nicht aber für von ihnen selbst aus Deutschland bezogene Vorprodukte forderten. Die Werften gaben beispielsweise zu, gern deutsche Stahlplatten zu verarbeiten, die sie zu Dumpingpreisen erhielten. Nur auf diese Weise konnten sie deutsche Werften unterbieten, die für dieselben Platten höhere Preise bezahlten. Mit anderen Worten: Deutsches Dumping ermöglichte es britischen Werften, Aufträge deutscher Reedereien zu akquirieren.[33]

Daß sich die britischen Wähler 1906 und 1910 gegen den Protektionismus entschieden, lag neben den Inkonsequenzen der schutzzöllnerischen Agitation auch daran, daß deren Höhepunkt ausgerechnet mit starken Zuwächsen der Exporterlöse zusammenfiel, so daß die Klagen der betroffenen Branchen nicht sonderlich überzeugten. In den Jahren unmittelbar vor dem Kriegsbeginn verstummte die Kritik an den Handelspraktiken des jeweils anderen weitgehend, da die Geschäfte auf beiden Seiten florierten. Zusammenfassend läßt sich festhalten, daß beide Länder zeitweilig sowohl starke Freihandels- als auch Schutzzollfraktionen besaßen, wobei das politische Kräftemessen jeweils unterschiedlich ausging.

Der Diskurs über die deutsch-britischen Beziehungen entökonomisierte sich in den Jahren vor 1914 zunehmend. Statt dessen traten außen- und machtpolitische Aspekte in den Vordergrund. Damit einher ging in der breiteren Öffentlichkeit eine zunehmende Entsachlichung und Dominanz hochgeputschter Emotionen. Insbesondere die Flottenrivalität gewann eine Eigendynamik, gegenüber der wirtschaftliche

Bedenken und andere nüchterne Überlegungen nicht mehr durchzudringen vermochten.

Weder die Analyse der realen Wirtschaftsbeziehungen noch die der öffentlichen Meinung haben Argumente dafür geliefert, daß die deutsch-britischen Spannungen primär ökonomisch zu erklären sind. Schwerer wogen die kolonial- und machtpolitische Konkurrenz, wobei gerade die geographische Nähe ungemein konfliktverschärfend wirkte.[34] Cobdens naiv fortschrittsoptimistische Vision, daß der Freihandel wirtschaftliche Interdependenz und Komplementarität erzeuge, erwies sich zwar als zutreffend. Die Hoffnung jedoch, daß ökonomische Arbeitsteilung Kriegen den Nährboden entzöge, mußte mit den Millionen Toten des Ersten Weltkrieges endgültig begraben werden.

ULRICH WENGENROTH

Deutsche und britische Unternehmer im 19. und 20. Jahrhundert

Das Interesse an einem Vergleich deutscher und britischer Unternehmer im 19. und 20. Jahrhundert ist und war in Großbritannien immer größer als in Deutschland; und ein Beitrag über deutsche und britische Unternehmer im 19. und 20. Jahrhundert spiegelt diese Asymmetrie der Aufmerksamkeit und der Beschäftigung zwangsläufig wider. So gibt es nur in Großbritannien eine lange Debatte um die Leistungsfähigkeit der eigenen Unternehmerschaft. Das unaufhaltsame Zurückfallen der britischen Wirtschaft von ihrer weltweit dominierenden Position in der Mitte des 19. Jahrhunderts auf den Rang einer mittleren europäischen Volkswirtschaft, heute etwa auf einer Höhe mit Italien, aber hinter Deutschland und Frankreich, im Pro-Kopf-Einkommen (1996) übertroffen nicht nur von diesen beiden sondern auch von Schweden, Norwegen, Niederlande, Italien, Finnland, Dänemark, Belgien und Österreich, ganz zu schweigen von der Schweiz, hat die britische Diskussion um die eigenen Unternehmer nicht ruhen lassen.[1] Wenn Großbritannien trotz gewonnener Kriege und ohne politische Umstürze seinen großen ökonomischen Vorsprung aus der Industriellen Revolution nicht halten und dann noch nicht einmal mit seinen europäischen Nachbarn mithalten konnte, lag es nahe, die Träger wirtschaftlicher Entscheidungen, die Unternehmer, als Versager zu verdächtigen.

In Deutschland, das trotz verlorener Kriege und politischer Umstürze einen ganz anderen Weg von der wirtschaftlich ohnmächtigen Kleinstaaterei zur deutlich führenden Wirtschaftsmacht Europas genommen hat, gab es hingegen bis in die jüngste Vergangenheit keinen Anlaß, an der Professionalität der Unternehmerschaft zu zweifeln. Erst mit dem Verlust der als selbstverständlich empfundenen Führungsposition bei Produktivität, Export und Pro-Kopf-Einkommen nach der deutschen Einigung wurde die Professionaliät deutscher Unternehmer und mehr noch die der bezahlten Manager angezweifelt. Aus »Exportweltmeistern« wurden im Handumdrehen »Nieten«.[2] Das blieb jedoch eine sehr begrenzte und wenig folgenreiche Hämekampagne. Hierzulande war es eher die moralische Indifferenz bei unvermindert großem Geschäftssinn zu Zeiten der Nazi-Diktatur, die Empörung und anhaltende Kritik hervorbrachte.[3]

Die alte Debatte um den »entrepreneurial decline« in Großbritannien

Die Befürchtung, daß die einheimische Unternehmerschaft gegenüber ihren Konkurrenten zurückfallen könnte, kam in Großbritannien erstmals in großer Breite zum Ende des 19. Jahrhunderts auf. Erst die USA und dann Deutschland hatten Großbritannien in wichtigen Produktionsindices, vor allem auf dem Gebiet der symbolisch so auffälligen Schwerindustrie, überholt. Großbritannien war nicht mehr die unbestrittene »Werkstatt der Welt«. Die britische Industrie mußte der ausländischen Konkurrenz weichen und fiel auf einen zweiten oder gar dritten Platz zurück. In vielbeachteten Büchern wie E. E. Williams's »Made in Germany«, McKenzie's »American Invaders« und Shadwell's »Industrial Efficiency« wurde dafür der nachlassende Unternehmergeist in der britischen Industrie verantwortlich gemacht. Die *Times* brachte 1902 eine ganze Artikelserie über die »Crisis in British Industry«, und unter »German Peril« oder German Menace» verstand man noch keine große militärische Gefahr, sondern eine Handelsoffensive. Ätzend selbstkritischer Tenor dieser Debatte war, wie es bei Shadwell hieß: «The once enterprising manufacturer has grown slack, he has let the business take care of itself, while he is shooting grouse or yachting the Mediterranean.»[4]

Nicht viel anders hat der amerikanische Theoretiker der »leisure class«, Thorstein Veblen, im ersten Kriegsjahr die Dekadenz der britischen Unternehmer im Vergleich zu ihren erfolgreicheren Konkurrenten in Deutschland beschrieben. »It is quite beyond the reach of imagination that any adult male citizen would of his own motion go in for the elaborate futilities of British shooting or horse-racing, e. g., or for such a tour de force of inanity as polo, or mountain climbing, or expeditions after big game. The deadening of the sense of proportion implied in addiction to this round of infantile make-believe is not to be achieved in one generation; it needs to have all the authenticity that tradition can give it ...«[5] Fatal daran war für Veblen »not so much that this pervasion of the British population by sportsmanlike preoccupations wastes the products and the energies of the industrial system, as that it perverts the sources from which the efficiency of the industrial system is to come«.[6]

Die Industrie des kaiserlichen Deutschland findet zwar auch nicht seine Sympathie, vermag es in seinen Augen jedoch, kulturelle und politische Rückständigkeit in eine Beschleunigung des wirtschaftlichen Wachstums umzusetzen. »Now, it happens that this surviving feudalistic animus of fealty and subservience has visibly been a source of strength to the German State hitherto; as it presumably also has to the economic system ...«[7] Und an anderer Stelle: » ... the German people have been enabled to take up the technological heritage of the English without having paid for it in the habits of thought, the use and wont, induced in the English community by the experience involved in achieving it.« Wenig überraschend für den heutigen Leser und die Zeitlosigkeit des Dekadanzarguments in der Wirtschaftsgeschichte unterstreichend folgt dann noch der Hinweis, daß die japanische Entwicklung viele Analogien mit der deutschen aufweist.[8]

Eine Zusammenfassung der britischen Selbstkritik, die zudem in großem Umfang auf besorgte Konsularreporte zurückgriff, erschien 1933 in den USA.[9] Auch hier war den Tenor, daß die britischen Unternehmer vor allem gegenüber ihren deutschen Konkurrenten im letzten Viertel des 19. Jahrhunderts versagt und ihre frühere Führungsposition durch Untätigkeit und Ideenlosigkeit verspielt hätten. Dies war dann auch das Urteil des sehr einflußreichen Beitrages von David Landes für die Cambridge Economic History of Europe, der 1969 in erweiterter Form unter dem Titel »The Unbound Prometheus« erschien und für viele Jahre zum Standardwerk für das Zeitalter der Industrialisierung wurde.[10] Damit war in den Worten von Peter Payne zugleich die »high-water mark of the critical school« erreicht.[11]

In der Folge waren es vor allem amerikanische und deutsche Historiker, die das verheerende Urteil zu revidieren begannen.[12] Sie konnten entweder die behaupteten Produktivitätsunterschiede nicht feststellen oder fanden außerökonomische, zumindest außerbritische Gründe dafür, die jenseits der Reichweite und damit Verantwortung unternehmerischen Handelns lagen. Schließlich erwiesen sich die zitierten Beispiele für die Kraftlosigkeit britischer Unternehmer meist als zweischneidig. Wenn deutsche Stahlunternehmen Rohstahl nach Großbritannien exportierten, der dort weiterverarbeitet und weiterexportiert wurde, so bedeutete dies nicht nur, daß deutscher Stahl dieser Güte billiger war, sondern eben auch, daß deutsche Unternehmen offenbar selbst nicht in der Lage waren, ihn billig weiterzuverarbeiten. Wenn englische Handelshäuser deutsche Ware in Asien verkauften, dann hieß das auch, daß deutsche Händler nicht in der Lage waren, diese Absatzmärkte zu erschließen. Und wenn der deutsche Markt mit Zöllen vor britischer Ware geschützt wurde, nicht aber der britische vor deutscher Ware, so war das auch kein Hinweis auf die Überlegenheit der deutschen Industrie, wohl aber auf eine besondere Belastung der deutschen Konsumenten. Ja, selbst bei scheinbar »klaren« Vergleichen zugunsten der deutschen Industrie sprechen die nüchternen Zahlen manchmal eine andere Sprache, wie etwa in der Chemie, jener Paradebranche des späten Kaiserreichs und der Weimarer Republik. Das größte Chemieunternehmen am Vorabend des Ersten Weltkriegs war keine der deutschen Farbenfabriken, sondern Brunner, Mond & Co. in England, gefolgt von Solvay in Belgien. Selbst am Ende der zwanziger Jahre ist die britische Unilever immer noch größer als die gesamte IG Farben.[13] Die Produkte, die diese Chemieunternehmen herstellten, waren unterschiedlich, nicht aber ihre jeweils marktbeherrschende Stellung. Wo die erfolgreichsten Unternehmer saßen, hing mehr vom Produkt als vom Land ab.

Viel sprach jetzt wieder für die Gelassenheit von James Bryce, Under Secretary of State for Foreign Affairs, der 1886 schrieb: »Under the changed condition of the world, with telegraphs and lines of steamers everywhere, with some large markets closed by protective tariffs, with native dealers supplanting the old system under which British mercantile houses did business through their branches abroad, the competition to which our commerce is exposed is far more severe than at any previous time. We must face this, perceiving that it was impossible under these changed conditions to retain the sort of monopoly which we practically enjoyed in many parts of the globe, and comforting ourselves with the knowledge that we are still far ahead of any other people.«[14] Gegenüber den USA galt dieser letzte Halbsatz allerdings schon bald nicht mehr, wohl aber gegenüber allen andern Ländern, jedenfalls bis in die sechziger Jahre unseres Jahrhunderts.

Die neue Debatte in der Thatcher-Ära

War noch gut erklärlich, warum andere Länder im späten 19. und frühen 20. Jahrhundert aufholen würden, und war auch zu akzeptieren, daß die USA wegen ihres enormen Ressourcenreichtums und der schieren Größe ihres Marktes die Führungsposition übernehmen würden, so blieb das Zurückfallen gegenüber den kontinentaleuropäischen Ländern und vor allem gegenüber dem in Kriegen zweimal geschlagenen Deutschland seit den späten sechziger Jahren inakzeptabel. Kaum hatten die Revisionisten die Leistung der britischen Unternehmer im 19. Jahrhundert wieder ins rechte Licht gestellt, begann eine erneute Selbstanklage in der britischen Diskussion. Auslöser oder eher Katalysator war Martin Wieners Buch über »English Culture and the Decline of Industrial Spirit«.[15] Auf dem Höhepunkt des Thatcherismus wurde hier das Dekadenzargument des späten 19. Jahrhunderts wieder belebt. Das vorletzte Kapitel über »the gentrification of the industrialist« erinnert in vielem an Veblen und Shadwell. So gut das Buch zu den Reflexen des neokonservativen Zeitgeistes paßte, so vernichtend wurde es von der Fachkritik beurteilt.[16] Die galligen Beschreibungen von Dandytum und pastoralen Träumen mochten sich amüsant lesen, als Kollektivbiographie der britischen Unternehmer und daraus abgeleiteter Kausalanalyse der Wachstumsschwächen der britischen Wirtschaft hielten sie keiner ernsthaften Überprüfung stand. Wenn die britische Wirtschaft in den vergangenen einhundertzwanzig Jahren nicht mehr so schnell wie ihre Mitbewerber wuchs, dann mußte mehr dahinter stehen und die Rolle der Unternehmer konnte nur ein Element unter vielen sein, das seinerseits wohl auch komplexer war, als die Shadwell-Veblen-Wiener Linie behauptete.

Tri-laterale Vergleiche in der Unternehmensgeschichte

Eine interessante Variante des »entrepreneurial decline«, die nicht auf kollektive Charaktermängel rekurrieren mußte, bot der Doyen der amerikanischen Unternehmensgeschichte, Alfred D. Chandler, in »Scale and Scope«, seiner vergleichenden Studie des Managements industrieller Großunternehmen in den USA, Großbritannien und Deutschland.[17] Für Chandler lag der wesentliche Grund der nachlassenden Dynamik britischer Industrieunternehmen darin, daß sie überwiegend noch in der Hand von Familien waren, die stärker an ihrer finanziellen Autonomie als am maximalen Wachstum des Unternehmens interessiert waren. Mit der Übernahme moderner amerikanischer Managementmethoden, insbesondere dem Einsatz eines bezahlten Managements, so Chandlers These, hätten britische Unternehmen ein größeres Wachstum realisieren können. Er sieht zwischen 1880 und 1930 in den

USA, Großbritannien und Deutschland drei grundsätzlich verschiedene Formen des modernen Kapitalismus entstehen: einen »Competitive Managerial Capitalism« in den USA, einen »Personal Capitalism« in Großbritannien und einen »Cooperative Managerial Capitalism« in Deutschland. »In Britain, as the post-World War II era opened, more of the large industrial companies were still run by founding families or their descendants. Fewer nonfamily members were recruited into top management from smaller pools of middle managers.«[18]

Der »Personal Capitalism« Großbritanniens war in seinen Augen am wenigsten geeignet, den Herausforderungen der neuen Technologien und Vermarktungschancen des frühen 20. Jahrhunderts gerecht zu werden. Dahinter stand kein Mangel an Tatkraft oder Rationalität, sondern eine andere Interessenlage der Familienunternehmen. Familienanforderungen und Marktchancen waren nicht kompatibel. »In personally managed, personally owned enterprises (and here British companies provide the best examples), assured income rather than appreciation of assets was usually the goal. The individuals and families who managed the enterprises that they controlled did invest earnings to maintain existing facilities. But they often preferred to pay out earnings in dividends rather than using them to make the extensive investment required to move into foreign markets or to develop new products in related industries.«[19] Diese Haltung begründet dann auch sein Urteil: »This commitment to personal rather than professional management characterized British industrial capitalism. It was also this commitment that made industrial capitalism less dynamic in Britain than in the United States and Germany ...«[20] Und an anderer Stelle: »The general failure to develop organizational capabilities weakened the British industry and with it the British economy.«[21]

Die Unternehmer der deutschen Industrie kommen dagegen in Chandlers Augen dem erfolgreichen amerikanischen Vorbild recht nahe, ja übertreffen es zum Teil noch, da sie mit einer weniger guten Ressourcenausstattung zurechtkommen müssen.[22] Dies ist nach Chandler auch der Grund dafür, daß deutsche Unternehmer eher zu kooperativen Formen neigen, ihre Faktor- und Absatzmärkte durch rechtliche Regelungen und Absprachen verstetigen und kontrollieren. Für die organisatorischen Fähigkeiten der deutschen Unternehmer vor und nach dem Ersten Weltkrieg findet Chandler nur Lob. Selbst die allgegenwärtigen Kartelle wertet er nicht als Einschränkung, da die deutschen Firmen auf den internationalen Märkten stets konkurrenzfähig geblieben seien. Ansonsten bleiben die deutschen Unternehmer in seiner breiten Darstellung aber recht blaß. Erfolgreiche Technokraten und Syndikatsjuristen bieten weniger Stoff als Unternehmerdynastien, die bei der Rekrutierung von Managern mehr auf den Familiennamen als auf die formalen Qualifikationen achten.[23]

Chandler erging es in der nachfolgenden Literatur allerdings auch nicht besser als den Autoren, die sich mit einzelnen Industrien auseinandergesetzt hatten. In dem von ihm selbst mit herausgegebenen Band mit Länderstudien über »Big Business« demontiert Geoffrey Jones Punkt für Punkt Chandlers Urteil.[24] Ohne auf die erfolgreichen deutschen Familienunternehmen Krupp und Siemens oder die vielen sehr erfolgreichen Familien in der italienischen Industrie[25] verweisen zu müssen, zeigt Jones, daß es Familienunternehmen keineswegs an Tatkraft mangelt. Viele britische Unternehmerfamilien waren sehr wohl auf der Höhe der Zeit und konnten auf keinen Fall als typische Verlierer gelten. Zudem kann Jones überhaupt kein Zurückfallen der britischen Industrie vor dem Zweiten Weltkrieg ausmachen, das dann seinerseits als nationales unternehmerisches Versagen hätte diagnostiziert werden können. Zwar lag die Produktivität der britischen Schwerindustrie hinter der ihrer deutschen und amerikanischen Konkurrenten zurück. Bei den Leichtindustrien war es dagegen ganz anders.[26] Dies spricht eher für strukturelle Probleme der britischen Wirtschaft als für kollektives Versagen der Unternehmerschaft.

Eine weitere Schwäche der Argumentation Chandlers, wie der meisten Pessimisten in dieser Debatte, war, daß er sich nur auf Industrieunternehmen konzentriert hat. Die Stärke britischer Unternehmen war aber bereits vor dem Ersten Weltkrieg der Dienstleistungssektor, angefangen bei der Londoner City über Versicherungen und Handelshäuser bis zu den international weitverzweigten Konglomeraten, die in ihrer Dimension als nationale Unternehmen kaum sichtbar werden.[27] Schließlich verfügte Großbritannien bis zum Zweiten Weltkrieg weltweit über die meisten Direktinvestitionen, so daß britische Unternehmen keineswegs nur in Großbritannien zu suchen waren.[28] Gerade die deutsche Industrie verkaufte in großem Umfang Investitionsgüter an britische Infrastrukturunternehmen in Lateinamerika und Asien – finanziert von britischen Banken.[29] Die größere Internationalität der britischen Unternehmer, die auf den Weltmärkten Investitionschancen wahrnehmen wie keine andere nationale Gruppe, entzieht sie dem auf die Landesgrenzen beschränkten Blick.

So waren britische Unternehmen zwar nur selten polyglott, was ihnen zu Hause und in Konsularberichten immer wieder vorgeworfen wurde, dafür aber überall anzutreffen. Sie ließen ihre Unternehmungen dort expandieren, wo sie die größten Chancen sahen, verhielten sich also unternehmerisch hoch rational. Volkswirtschaftliche und betriebswirtschaftliche Rationalität fallen hier viel eher und weiter auseinander als im protektionistisch eingeigelten Deutschland, dessen Industrie vor dem Zweiten Weltkrieg nicht wirklich international sondern eher merkantilistisch denkt. Kapitalexporte dienen der Absicherung der heimischen Basis. Warenexporte geschehen oft zu Dumpingpreisen, um Produktionskapazitäten auszulasten. Souverän auf internationalem Parkett sind die wenigsten.[30] Wohl aber gehen ihre Anstrengungen nahezu vollständig auf das Konto der eigenen Volkswirtschaft, fallen volkswirtschaftliche und betriebswirtschaftliche Rationalität im Falle Deutschlands nicht so weit auseinander.[31] Unternehmer nach der ersten zu beurteilen, macht aber wenig Sinn. Beide in Übereinstimmung zu bringen, ist schließlich Aufgabe der Wirtschaftspolitik und nicht der privaten Unternehmen.

Decline of Declinism

Es bleibt in Einzelstudien nicht viel übrig von den allgemeinen Urteilen über britische Unternehmer vor dem Zweiten Weltkrieg. Entweder waren sie erfolgreicher als die quantitativ nicht abgestützten Meinungen der Zeitgenossen und späterer Autoren auf der Suche nach dem Grund für Britanniens tatsächliche oder auch nur eingebildete Misere wahrhaben wollten; oder sie unterschieden sich in den gebrandmarkten Eigenschaften nicht grundsätzlich von ihren ausländischen Konkurrenten. Hinter den Stand der gründlichen Diskussion in der Wirtschafts- und Unternehmensgeschichte der siebziger und achtziger Jahre wollte zumindest die Zunft der Wirtschaftshistoriker nicht mehr zurückfallen.

Das hieß, daß quantitative und institutionelle Rahmenbedingungen der britischen Wirtschaft weiter untersucht wurden, um die Freiheitsgrade unternehmerischen Handelns überhaupt rekonstruieren zu können. Schließlich war zu fragen, ob die größeren Wachstumserfolge der deutschen Wirtschaft den vergleichsweise größeren Fähigkeiten der deutschen Unternehmer oder eher den ganz anderen institutionellen Rahmenbedingungen zuzuschreiben waren. Dabei wurden die beiden besonders lebhaften Phasen der Diskussion des »entrepreneurial decline« durchaus unterschiedlich bewertet.

Für die Zeit vor dem Zweiten Weltkrieg gilt heute im wesentlichen das zitierte Urteil von James Bryce. Das schließt nicht aus, daß es nach wie vor Debatten um einzelne Industriezweige gibt wie zwischen William Lazonick und seinen Kritikern um die Baumwollindustrie von Lancashire.[32] Hier wiederholt sich das schon vertraute Bild, daß einer pessimistischen Einschätzung der Produktivität einer britischen Industrie die Revision auf der Basis neuer Daten folgt.[33] Insgesamt hat sich das Bild der britischen Industrie bis in die Zwischenkriegszeit jedoch insofern normalisiert, als erfolgreiche Branchen neben weniger erfolgreichen stehen, Detailforschung zu ständigen kleinen Revisionen führt, eine generelle These vom »entrepreneurial decline« jedoch nicht mehr aufrechterhalten wird.[34] David Edgerton konnte darum unlängst zusammenfassend vom »Decline of Declinism« schreiben.[35]

Mochten britische Unternehmer auch weiter Polo spielen oder in Schottland Moorhühner jagen, einen meßbaren Einfluß auf ihre Wettbewerbsfähigkeit hatte das nicht. Follies und business schienen sich gut zu vertragen. Das galt freilich alles ebenso für Schmisse im Gesicht und Uniformverehrung in Deutschland, die Veblens Vorstellungen von Vernunft ebensowenig entsprochen haben. Auf persönliche Narreteien und unorthodoxen Lebensstil folgte zum Verdruß moralisch strenger denkender Zeitgenossen und Historiker keine regelmäßige Bestrafung mit unternehmerischem Mißerfolg. Hierin unterschieden sich Deutschland und Großbritannien nicht. Kruppsche Eskapaden auf Capri und Walther Rathenaus ausgiebiger Besuch der Berliner Salons und seine schriftstellerischen Ambitionen trugen ihnen zwar den Zorn der Vätergeneration und manch selbsternannter Nachlaßverwalter ein, blieben für die Unternehmen – und die Nachfolgeregelung – jedoch unschädlich.[36]

Das wirkliche Problem: die Zeit nach dem Zweiten Weltkrieg

Daß nachholende Industrialisierung schneller gehen kann, ja ohne institutionelle Behinderung schneller gehen muß als das Wirtschaftswachstum an der Spitze, ist heute ein Allgemeinplatz. Es beherrscht die komparativen Produktivitätsstudien des 20. Jahrhunderts, in dem die USA mittlerweile in eine ähnliche Rolle wie Großbritannien im 19. Jahrhundert geraten sind. Die Volkswirtschaften der kleineren Staaten wachsen, seitdem die massiven Handelsbehinderungen und ökonomischen Verwerfungen der Zeit der beiden Weltkriege überwunden sind, schneller als die der USA. Die einstmals enorme Produktivitätslücke, die sich vor allem in den beiden Weltkriegen und dem jeweiligen Nachkriegsjahrzehnt aufgeweitet hatte, schließt sich allmählich.[37] Auffällig bleibt im Falle Großbritanniens jedoch – und wäre es auch im Falle der USA –, daß die britische Wirtschaft nicht nur eingeholt, sondern deutlich überholt wurde. Auf den Zeitraum, in dem das geschah, muß sich darum auch die Frage nach den ökonomisch wirksamen Besonderheiten der britischen Unternehmer konzentrieren. Und hier geht es alleine um die Zeit nach dem Zweiten Weltkrieg, genauer die drei Jahrzehnte von 1950–1979, die paradoxerweise zugleich die Zeit des größten Wirtschaftswachstums in der britischen Geschichte waren.

Großbritannien fiel zurück, als seine Wirtschaft am schnellsten wuchs. In der bislang gründlichsten quantitativen Untersuchung des Wachstums der britischen Wirtschaft und ihrer Komponenten im internationalen Vergleich kommt Nicholas Crafts zu dem Schluß: »If relative decline prior to World War II was largely unavoidable, this seems much less true of the 1950s through the 1970s when British income levels were overtaken by so many European countries. In this period, although the UK grew faster than at any time in its economic history, the verdict must be one of opportunities missed.«[38] Für Crafts, der sich auf eine Reihe quantitativer Vorstudien anderer Autoren stützt, lagen die Versäumnisse in »misdirected interventionism, ineffective exploitation of technological change, and unreformed, ultimately deteriorating, industrial relations.«[39] Fehlgeleiteter Interventionismus lag sicher nicht in der Verantwortung der Unternehmer; nicht wahrgenommener technischer Wandel und sich verschlechternde industrielle Beziehungen möglicherweise schon. Dies galt vor allem im Vergleich zu deutschen Unternehmern, denen gemeinhin auf beiden Gebieten besonders großes Geschick attestiert wurde.

Schaut man sich die Geschichte der Unternehmer in beiden Ländern nach dem Zweiten Weltkrieg an, so fallen sowohl Gemeinsamkeiten wie Unterschiede in deren Verhalten auf. Gemeinsam war die Nachahmung amerikanischer Vorbilder oder besser dessen, was als amerikanischer Standard verstanden wurde. In Deutschland war es vor allem die Abkehr von der desaströsen Autarkiewirtschaft und – deutlich langsamer – dem damit verbundenen Denken in vertikal organisierten industriellen Herzogtümern. In Großbritannien entsprach dem der Drang zur Größe. Großbritannien wurde in Europa »the classic big-business economy«.[40] Lösten sich in Deutschland die beiden von Chandler gelobten Giganten Vereinigte Stahlwerke und IG Farben gar nicht ungern auf, um als eine größere Zahl wieder unabhängiger Unternehmen zu florieren[41], so fand in Großbritannien eine breite Konzentrationswelle statt.

Die britische Wirtschaft behob genau das von Chandler beklagte Defizit, zum Teil privat, zum größeren und nicht weniger erfolgreichen Teil unter der Ägide des Staates. Kohle, Gas, Eisenbahnen und Elektrizität erlebten mit der Verstaatlichung eine regelrechte Management-Revolution. Das Ergebnis konnte sich sehen lassen. Zwischen 1950 und 1970 erreichten diese Staatsunternehmen zum Teil bessere Produktivitätswerte als die Privatindustrie und konnten sich mit amerikanischen Unternehmen durchaus messen.[42] Private Unternehmen zeigten ähnlich erfolgreiche Konzentrationsbestrebungen und orientierten sich in der Unternehmensorganisation eng an amerikanischen Vorbildern.

Die fünfziger und sechziger Jahre waren die große Zeit McKinsey's, die das amerikanische Modell über den Atlantik brachten. Dies galt in gleicher Weise für Großbritannien wie für Westdeutschland, wo die amerikanische Beratungsfirma auf breiter Front die Unternehmensstrukturen umbauen half. In Großbritannien verschwanden zusehends die familiären Bindungen der Unternehmen, in Westdeutschland wurden die Unternehmensstrukturen von vertikalen Hierarchien in dezentralisierte »divisions« umgestellt.[43] Schneller lief die Umstellung auf amerikanische Strukturen und amerikanische Unternehmensgrößen zweifellos in Großbritannien, das bis in die jüngste Vergangenheit mehr Unternehmen unter den 500 größten in Europa aufweist als Deutschland mit seiner in absoluten Zahlen deutlich größeren Wirtschaft.

Angestellte Manager mit amerikanischen Leitbildern prägen jetzt in beiden Ländern das Bild des Unternehmers. Allerdings sind die Rekrutierungsmuster noch in aufschlußreicher Weise unterschiedlich. In Deutschland werden nach wie vor Ingenieure, Naturwissenschaftler oder Juristen bevorzugt in die obersten Etagen berufen. In Großbritannien ist in den fünfziger und sechziger Jahren ein »arts degree« aus Oxford oder Cambridge immer noch die beste Referenz, möglichst mit vorausgegangener *public school*. Es ging jedoch auch ganz ohne akademischen Abschluß. Noch 1987 hatten nach einer Untersuchung britischer Top-Manager nur 24 Prozent einen Universitätsabschluß; in einer andern Studie waren es 42 Prozent.[44] In einer vergleichenden Studie des Managements in Deutschland, Frankreich und Großbritannien kommt die Autorin zu dem Schluß: ». . . the promotion to top level posts of ›gifted amateurs‹ remains a uniquely British phenomenon.«[45] Ein zweites britisches Phänomen ist die ungewöhnliche Dominanz von *accountants*. In den achtziger Jahren hatte Großbritannien dreißigmal so viele ausgebildete Wirtschaftsprüfer wie Deutschland. Zugespitzt formulierte Peter Lawrence dazu in seiner Studie des deutschen Managements: »British managers think industry is about making money, Germans that it is about making three-dimensional artefacts.«[46] Ganz so einfach war es freilich nicht, denn Geld machten deutsche Manager nachgewiesenermaßen zu dieser Zeit in größerem Umfang. Aber sie taten es anders und auf andern Feldern.

In den Jahren, in denen die britische Wirtschaft von der westdeutschen und anderen europäischen überholt wurde, spielten »three-dimensional artefacts« in der Tat eine wichtige Rolle. Dort lag die auffälligste Schwäche britischer Unternehmen. Die Herstellung typischer dreidimensionaler Industrieprodukte, wie Automobile, Maschinen und Möbel gelang in Großbritannien deutlich schlechter. In den späten achtziger Jahren lag die Produktivität in diesen Zweigen weit hinter den deutschen Werten; bei Nahrungsmitteln, Tabak und elektrischen Geräten war sie etwa gleich; bei Chemikalien und Textilien führten britische Unternehmen.[47] Der Zusammenbruch der britischen Automobilindustrie beim gleichzeitigen Aufstieg von Glaxo zum größten pharmazeutischen Konzern Europas ist eine Illustration für diese Ungleichheiten und auch eine Illustration dafür, daß vermutete Überlegenheiten der deutschen chemisch-pharmazeutischen Industrie oft nur ein Mythos waren.

Daß hinter dieser Produktivitätsschwäche traditioneller britischer Industrien keine institutionellen Nachteile, sondern fehlende Managementqualitäten liegen, zeigen ausländische Unternehmen, die etwa in der Automobilindustrie florieren und auch in erheblichem Umfang exportieren. Überhaupt fällt auf, daß in der britischen verarbeitenden Industrie ausländische Unternehmen eine deutlich höhere Produktivität als rein britische Unternehmen aufweisen. Mit britischen Arbeitern erzielten ausländische Industrieunternehmen 1987 eine um fast 50 Prozent höhere Produktivität. Das läßt sich dann nur noch mit besserem Management erklären.[48] Die Schwäche der britischen Unternehmer liegt dabei ganz eindeutig auf dem Sektor »manufacturing«, der nach dem Zweiten Weltkrieg in Großbritannien schneller als in allen andern europäischen Ländern geschrumpft ist.

Es gibt freilich auch in Deutschland Bereiche der verarbeitenden Industrie, in denen ausländisches Management vormacht, daß unter deutschen Bedingungen sehr wohl auch dort Geld zu verdienen ist, wo einheimische Unternehmer scheitern. So zum Beispiel die Branche elektronischer Konsumgüter: Grundig wurde von Philips übernommen; Telefunken, Saba, und Nordmende gingen an die französische Thompson; Wega ist ein Teil von Sony geworden; SEL wurde von Nokia gekauft.[49] Sobald das Farbfernsehen kein technologisches Neuland mehr war, verloren die deutschen Unternehmen ihre Konkurrenzfähigkeit. Da Westdeutschland in den späten achtziger Jahren immer noch gut eine Million Farbfernsehgeräte pro Jahr produzierte[50] – mehr als jedes andere westeuropäische Land –, können die Probleme dieser Industrie, nur beim Management und nicht in den institutionellen Rahmenbedingungen gelegen haben. Was für Großbritannien die Autoindustrie, ist hier die Industrie elektronischer Konsumgüter. Doch dominiert ausländisches Top-Management die hochproduktiven Teile der verarbeitenden Industrie in Deutschland nicht in gleichem Maße wie in Großbritannien. Die größere Zahl und das höhere soziale Prestige von Ingenieuren in Deutschland schlägt sich letztlich doch deutlich in einer robusteren Industrie nieder. Es ist jedoch die Frage, ob darin die Zukunft liegt.

Alle wohlhabenden Industriestaaten unterliegen seit mindestens einem Vierteljahrhundert dem Prozeß der De-Industrialisierung; d.h. die Beschäftigung des Industriesektors schrumpft, während jene in den Dienstleistungen fast ebenso rapide wächst. Dahinter steht keine Innovationsschwäche sondern die weiter rasant steigende Produktivität der verarbeitenden Industrie, die die Aufnahmefähigkeit der Märkte überfordert. Der Industrie geschieht heute dasselbe wie der Landwirtschaft in der Vergangenheit: Sie kann Jahr für Jahr mehr produzieren, als wir verbrauchen können. Die Folge ist Abbau der Arbeitsplätze um Angebot und Nachfrage in Einklang zu bringen.[51] In Großbritannien ist dieser Prozeß durch die Schwäche der verarbeitenden Industrie in den siebziger und achtziger Jahren zu Lasten der Beschäftigung beschleunigt worden. In Deutschland wird er durch ihr Beharrungsvermögen zu Lasten der öffentlichen Kassen hinausgezögert. Beides ist von Nachteil. Doch hat die britische Wirtschaft ihr Jammertal hinter sich und für die neue Dienstleistungsgesellschaft die richtigen Managementressourcen. Was ihr in den drei Nachkriegsjahrzehnten fehlte – Ingenieure und Facharbeiter –, wird künftig ohnehin weniger gebraucht. Während die reiche Ausstattung mit Händlern, accountants und »gifted amateurs« recht gut das zu erwartende Profil beschreibt. Die deutschen Unternehmer müssen sich dagegen erst noch mental »deindustrialisieren«, um in einer globalen Dienstleistungsgesellschaft auf Dauer bestehen zu können. So ist es denn auch kein Wunder, daß die britische Wirtschaft in den vergangenen zwei Jahrzehnten unter dem neuen Regime globalisierter Dienstleistungsmärkte schneller gewachsen ist, was nicht nur als Automatik des Aufholprozesses verstanden werden kann; denn der hat erst einmal begonnen werden müssen und läuft keineswegs überall so schnell wie auf der Insel. Die neuerliche Stärke des Pfundes auf den Devisenmärkten ist jedenfalls kein Ausdruck von Skepsis.

WILFRIED ROGASCH

Zwei Jahrhunderte deutsch-englischer dynastischer Beziehungen

1917, im vierten Jahr des Ersten Weltkrieges, war die britische Öffentlichkeit vom nicht enden wollenden Stellungskrieg gegen Deutschland zermürbt. Eine kritische Pressestimme hatte König Georg V., Enkelsohn der Königin Victoria und Großvater der jetzigen Königin, aber ebenso Vetter seines in England verhaßten Kriegsgegners Kaiser Wilhelms II., der gleichfalls ein Enkel der alten Queen war, schwer attakkiert: Georg sei »dull and uninspiring«, und überdies ja auch noch deutscher Abstammung. Das englische Königshaus reagierte darauf prompt mit der Änderung seines deutschen Familiennamens: Bisher hieß es »Saxe-Coburg-Gotha« nach dem Gemahl Königin Victorias, Prinz Albert von Sachsen-Coburg und Gotha, bis 1901 hatte es »Hanover« geheißen. Von nun an nannte es sich: »Windsor«. Hofbeamte hatten die Namen verschiedener älterer britischer Dynastien wie »Tudor« oder »Stuart« in Erwägung gezogen und als imageschädigend wieder verworfen. Wer auf die geniale Idee kam, den Namen der alten Königsburg an der Themse zu wählen, ist bis heute nicht erforscht.

Das Haus Hannover auf Englands Thron

Die kritische Pressestimme hatte recht: Tatsächlich war die englische Königsfamilie seit Generationen mit Deutschland eng verbunden. Fast auf den Tag genau 200 Jahre vor dem Beginn des Ersten Weltkrieges, im Jahre 1714, war ein Deutscher, Georg I., Kurfürst von Hannover, König von England geworden. Die männlichen Mitglieder des Hauses Hannover hatten im 18. und beginnenden 19. Jahrhundert ausnahmslos wieder deutsche Prinzessinnen geheiratet. Alle 62 direkten Vorfahren der fünf Generationen vor Georgs V. Großmutter, Königin Victoria, gehörten der deutschen Hocharistokratie an. Eine Heirat mit einer Engländerin kam zu keinem Zeitpunkt in Frage: Einerseits sahen die hannoverschen Welfen den eingesessenen englischen Adel nicht als ebenbürtig an, andererseits wollten sie sich in der die britische Innenpolitik bestimmenden Auseinandersetzung zwischen Whigs und Tories nicht dauerhaft auf eine Seite schlagen müssen, was durch Einheirat in eine der großen und politisch aktiven Familien Englands unweigerlich der Fall gewesen wäre. Obwohl das Haus Hannover seit 1714 regierte, war es in Großbritannien vor Königin Victorias Regierungsantritt nie recht populär geworden. Die beiden ersten Georgs waren dem Land zeitlebens fremd geblieben, verstanden die Sprache ihrer Untertanen nur begrenzt, beurteilten die große Politik Europas eher von einem kontinentalen Standpunkt aus und nutzten jede Gelegenheit, in das heimatliche Hannover zu entfliehen. Georg I. starb auch auf einer Reise dorthin und ist in Hannover begraben – als einer der wenigen britischen Monarchen, die nicht in Großbritannien beigesetzt wurden. Dieser Absentismus verstärkte langfristige verfassungsrechtliche Traditionen Großbritanniens: eine fortschreitende politische Entmachtung des Monarchen bei gleichzeitiger Herausbildung des Premierministers als Schlüsselfigur im englischen Machtgefüge.

Erst Georg III. (reg. 1760–1820), vom Volksmund wegen seiner agrarischen Interessen und schlichten Lebensführung »Farmer George« genannt, war, wie er gern betonte, in England geboren und erfreute sich im Laufe seiner sechzigjährigen Regierungszeit als sittenstrenges Oberhaupt einer großen Familie einer gewissen Volkstümlichkeit. Das unprätentiöse Erscheinungsbild des Königs und seiner deutschen Gemahlin, Charlotte von Mecklenburg-Strelitz, und die reduzierte Machtfülle der Monarchie trugen dazu bei, daß der Funken der Französischen Revolution nicht auf das durch die frühe Industrialisierung prosperierende Großbritannien übersprang.

Der gemeinsam von Engländern und Preußen 1815 bei Waterloo errungene Sieg über Napoleon sicherte Großbritanniens Rolle als führende Exportnation über Jahrzehnte hin ab. Für die englische Krone jedoch standen die 25 Jahre vor Victorias Thronbesteigung unter keinem guten Stern: Der bieder-bescheidene »Farmer George« verbrachte sein letztes Lebensjahrzehnt in geistiger Umnachtung auf Windsor Castle. Noch fatalere Folgen für das Ansehen der Monarchie hatte das Scheitern seines Erziehungskonzeptes. Statt bei seinen zahlreichen Söhnen Disziplin und Familiensinn hervorzurufen, erzielten seine puritanischen Prinzipien genau die gegenteilige Wirkung. Unter Georgs III. Söhnen, Queen Victorias »wicked uncles«, erreichte die Monarchie ihr absolutes Popularitätstief. Georg IV. (reg. 1820–1830) galt bei seinen Kritikern im Volk als eitler und vergnügungssüchtiger

Dandy. Seine Scheidung von der Königin, Karoline von Braunschweig, entwickelte sich zu einer jahrelang in aller Öffentlichkeit ausgetragenen Schlammschlacht. Er, sein Bruder und Nachfolger Wilhelm IV. (reg. 1830–1837) sowie seine jüngeren Brüder schienen nichts auszulassen, um die Moralapostel der öffentlichen Meinung auf den Plan zu rufen. In eben jener Zeit, da die bürgerliche Welt sich anschickte, ihre moralischen Standards als universal gültige durchzusetzen, mußte ein Lebensstil, der Elemente barocker Maßlosigkeit aufwies, auf Befremden stoßen. Von Spielleidenschaft, Verschwendungssucht, chronischer Zahlungsunfähigkeit, skandalträchtigen Affären bis hin zu Arroganz und Desinteresse an politischen Aufgaben reichte das königliche Sündenregister. Als Georg IV. 1830 starb, schrieb die konservative *Times*: »Nie ist eine Person von den Mitmenschen weniger betrauert worden als der verstorbene König ... Sollte Georg IV. jemals einen Freund, einen wirklichen Freund, in irgendeiner Volksschicht gehabt haben, dürfen wir behaupten, daß dessen oder deren Namen uns niemals zu Ohren gekommen ist.« Und sieben Jahre später, beim Tode seines Nachfolgers, hieß es im liberalen *Spectator*: »Trotz seiner Willensschwäche, seiner Beschränktheit, seiner mangelnden Bildung und seines Starrsinns war Wilhelm IV. bis zuletzt ein volkstümlicher Herrscher. Doch war dies eine Popularität, die auf einer Art öffentlicher Verachtung, keineswegs aber auf Respekt gegenüber dem Herrscher beruhte.«

Königin Victoria und Prinz Albert

Nicht nur radikale Geister forderten die Einführung der Republik, als die kaum 18jährige Victoria 1837 Königin wurde. Im Königreich Hannover folgte auf Grund der dort herrschenden Erbfolgeregelung ihr Onkel Ernst August, ein weiterer Sohn Georgs III., auf den Thron. Damit endete die 123jährige Personalunion zwischen England und Hannover. Nach dem Tode Ernst Augusts folgte 1851 dessen Sohn, der blinde König Georg V. Er mußte sein Land 1866 verlassen, als das Königreich von Preußen annektiert wurde. 1878 im Exil gestorben, wurde er in Windsor Castle beigesetzt.

Victorias Vater Prinz Edward, Herzog von Kent, hatte von allen Söhnen Georgs III. den günstigsten Eindruck hinterlassen – Spötter sagten, vor allem, weil er früh gestorben war. Bei seinem Tod war Victoria acht Monate alt. Er hinterließ seine Witwe, die ebenfalls

Victoria hieß, eine geborene Prinzessin von Sachsen-Coburg, in bedrängten finanziellen Verhältnissen. Da zu ihren Schwagern Georg IV. und Wilhelm IV. ein schlechtes Verhältnis bestand, war von dieser Seite mit keiner Hilfe zu rechnen. Unterstützung fand die junge Witwe jedoch in ihrem Bruder Leopold, der zu dieser Zeit in England lebte. Leopold, der 1831 erster König der Belgier wurde, sorgte für die Erziehung der Prinzessin. Zur Gouvernante wurde Johanna Lehzen, eine später geadelte hannoversche Pastorentochter berufen, die den Geist des deutschen protestantischen Pfarrhauses in den Londoner Kensington Palace trug.

Durch die tiefe Bindung an bürgerliche Tugenden wie Ordnungsliebe, Schlichtheit, Pünktlichkeit, Pflichtbewußtsein, Sparsamkeit und Frömmigkeit sollte sich Victoria zeitlebens charakteristisch von den ganz anderen Idealen des englischen Adels, aber auch von ihrem deutschen Enkel, Kaiser Wilhelm II., unterscheiden. Baronin Lehzen, eine Frau mit umfassenden Kenntnissen, wurde, da Victoria ohne Altersgenossen aufwuchs, eine wichtige Bezugsperson. Über die Erfolge ihrer Erziehung äußerte sich Victorias Mutter positiv. »Den Hauptzug ihres Charakters«, konnte sie von der 15jährigen sagen, »bildet ihre gute Urteilsgabe, die sie befähigt, sich mit Leichtigkeit zu unterrichten und schnell zu einer treffenden und zuträglichen Entscheidung zu kommen. Ihre Wahrheitsliebe ist so ausgeprägt, daß ich unbesorgt bin, dieses Bollwerk könnte durch irgendwelche Umstände gebrochen werden.« Onkel Leopold sandte Victoria kurz vor ihrer Thronbesteigung seinen einstigen Coburger Leibarzt und jetzigen Brüsseler Geheimsekretär, den liberalen Christian Friedrich Freiherr von Stockmar, der ihr und ihrem Mann viele Jahre wichtigster Berater werden sollte. Stockmars Sohn sollte den gleichen Vertrauensposten bei ihrer Tochter einnehmen, nachdem sie diese nach Preußen verheiratet hatte.

Victorias eigene Heirat wurde von Onkel Leopold von langer Hand geplant. Seit Jahren war seine Wahl auf seinen begabten und politisch wachen Neffen Albert, den zweiten Sohn seines Bruders Herzog Ernst I. von Sachsen-Coburg und Gotha gefallen, den er zielbewußt auf seine künftige Stellung vorbereitet hatte. Victoria wußte von diesen Plänen und hatte seit ihrer Begegnung mit ihrem gleichaltrigen Vetter 1836 nichts gegen die Wahl des Onkels einzuwenden. Als sie ihn als 20jährige wiedersah, verliebte sie sich sogar in ihn und machte ihm schon am zweiten Tag – ihrem höheren Rang entsprechend – den Heiratsantrag.

Prinz Albert war eine der faszinierendsten Gestalten des 19. Jahrhunderts – sicher auch eine der »modernsten«. Die 21jährige Ehe Victorias und ihres deutschen Prinzgemahls, aus der neun Kinder hervorgingen, war ein Glücksfall für die englische Geschichte. Dem Wirken dieses Paares ist es zu danken, daß die englische Monarchie aus ihrem Popularitätstief zu hohem Ansehen gelangte. Mit Bescheidenheit, Intelligenz, Ernst und Sachverstand und vor allem unermeßlichem Arbeitseifer trat Albert aus dem Schattendasein heraus, das ihm die englische Verfassung als Prinzgemahl eigentlich zugewiesen hatte. Premierminister Benjamin Disraeli würdigte Albert nach dessen Tod mit den Worten: »Dieser deutsche Prinz hat England 21 Jahre mit einer Weisheit und Energie regiert, wie sie keiner unserer Könige jemals gezeigt hat.« Albert hat in Großbritannien Ideen verwirklicht, die aus Deutschland stammten. Er hat aber vor allem einem im Kern von ihm selbst formulierten universalen Kulturbegriff zum Durchbruch verholfen, mit Wirkungen in Großbritannien wie auf dem Kontinent. Er hat Reformvorhaben in Gang gebracht, wie etwa die Neuordnung der Universität Cambridge, deren Kanzler er war, nach dem Humboldtschen Bildungsideal und dessen Grundsätzen für Forschung und Lehre; er hat der landwirtschaftlichen Ökonomie neue Perspektiven eröffnet durch die Einrichtung eines Mustergutes in Windsor; er führte seit 1844 den Vorsitz über die Royal Commission zur Ausschmückung des nach einem Brande neu errichteten Parlaments, das er nach dem Vorbild der 1841 vollendeten Walhalla bei Regensburg zur nationalen Ruhmeshalle gestaltet wissen wollte; er hat sich – obgleich diesen Projekten zuweilen etwas Wohlmeinend-Dilettantisches anhaftet – sozialen Problemen der Arbeiterklasse gewidmet und muß in diesem Rahmen als Erfinder des sozialen Wohnungsbaus gelten; und er hat mit bedeutendem Erfolg – gegen die Bedenken vieler Politiker und Techniker – 1851 die legendäre erste Weltausstellung organisiert, die zum Vorbild aller gleichartigen Unternehmen des 19. und 20. Jahrhunderts wurde. Der gigantische Kristallpalast lockte in sechs Monaten sechs Millionen Besucher an. Mit den erzielten Gewinnen begann Albert sein größtes Projekt, die »Albertopolis«, den weltweit größten Komplex von Institutionen, die der Wissenschaft und Erziehung gewidmet sind. Zu diesem Zweck ließ Albert ein riesiges Geviert von 35 Hektar Land im Londoner Stadtteil South Kensington ankaufen. Infolge seines frühen Todes 1861 erlebte Albert die Erbauung dieser Stadt der Kunst und Wissenschaften nicht mehr. Aber seine Witwe ließ die Arbeiten fortführen und orientierte sich dabei an den zahlreichen von Albert hinterlassenen Memoranden. Es entstanden unter anderem die Albert Hall, das Victoria & Albert Museum, das Science Museum, das Natural History Museum, das Royal College of Art, das Royal College of Music und das Imperial College. Dort steht auch das 80 Meter hohe Denkmal für Prinz Albert, welches von allegorischen Skulpturengruppen umgeben ist, die Ingenieurswesen, Landwirtschaft, Industrie und Handel repräsentieren. In der Hand hält der Prinzgemahl nicht ein Symbol des Herrschertums, sondern den Katalog der Weltausstellung von 1851.

Trotz seines Engagements für die neue Heimat verlor Albert nie das Interesse an Deutschland. Mit Leidenschaft widmete er sich dem deutschen nationalen Einigungsprozeß. Wie viele Liberale des Vormärz wünschte er sich einen deutschen Nationalstaat in der Gestalt eines monarchisch geprägten Bundesstaates unter Führung Preußens. Zwar hielt Albert an einer starken, verfassungsmäßig geregelten Stellung der Bundesfürsten fest, doch schien ihm eine angemessene konstitutionelle Mitwirkung des Bürgertums und eine liberale Wirtschaftsordnung aus wirtschaftlichen und politischen Notwendigkeiten unverzichtbar. Angesichts seiner eigenen positiven Erfahrungen verwundert es nicht, daß er zunehmend von der Überlegenheit des englischen Parlamentarismus und seiner inneren Reformfähigkeit als Garant einer nichtrevolutionären Entwicklung überzeugt war. Das Ausbleiben der kontinentalen Revolution von 1848 in England bestätigte seine Gedankengänge.

»Vicky«

Auf der Flucht vor der Revolution in Berlin fand Prinz Wilhelm, der Bruder und Thronerbe Friedrich Wilhelms IV., 1848 Asyl am englischen Hof. Zur preußischen Königsfamilie bestanden seit dem 18. Jahrhundert enge Familienbeziehungen. Als Wilhelm, seine Gemahlin Augusta und deren Sohn Friedrich Wilhelm 1851 zur Eröffnung der Weltausstellung nach London kamen, lancierte Albert zum ersten Mal vorsichtig seinen Lieblingsplan, eine eheliche Verbindung zwischen ihren Kindern, dem nachmaligen Kaiser Friedrich III. und der Princess Royal Victoria, dem ältesten und mit Abstand begabtesten Kind des englischen Königspaares. Damit gedachte Albert direkten Einfluß auf den Prozeß der deutschen Nationalstaatsbildung zu nehmen. Der schüchterne 19jährige Preußenprinz war ebenso beeindruckt von Alberts weitgesteckten Deutschlandplänen und der Rolle, die er Preußen dabei zubilligte, wie von der erst zehnjährigen, aber munteren, intelligenten und überaus selbstbewußten Prinzessin Victoria. Vier Jahre später, im September 1855, hielt Prinz Friedrich im Einvernehmen mit seinen Eltern und dem preußischen König in Balmoral um die Hand Victorias an, die in der Familie »Vicky« genannt wurde. In den verbleibenden drei Jahren bis zur Hochzeit begann Albert eine politische Korrespondenz mit Friedrich. »Möge Preußen in Deutschland aufgehen und nicht Deutschland in Preußen«, schrieb Albert an Friedrich, der über die reaktionären Verhältnisse in Berlin klagte und versprach, wenn er den Thron bestiege, im Sinne Alberts zu regieren. Seine Tochter unterrichtete Albert nun täglich selbst mehrere Stunden in Ökonomie, Staatsrecht, Geschichte und anderen Fächern, die Vicky nützlich sein sollten, wenn Friedrich und sie zur Regierung gelangten, was nach menschlichem Ermessen nicht mehr allzu lange dauern konnte, da der sechzigjährige König geistig zusehends verfiel und Prinz Wilhelm auch schon 58 Jahre alt war.

Als Prinz Albert 1861 überraschend starb, zog sich Königin Victoria in eine jahrelange Trauer zurück. Dennoch betrieb sie für ihre anderen Kinder eine planmäßige Heiratspolitik. Weitere fünf von insgesamt neun Kindern verheiratete sie an deutsche Höfe. Ihr zweiter Sohn Alfred wurde als Herzog von Sachsen-Coburg sogar regierender deutscher Bundesfürst.

Trotz dieses Netzes deutsch-englischer Familienbeziehungen blieb Queen Victorias Hauptaugenmerk auf Preußen gerichtet. Doch Alberts Vision, Deutschland durch Heiratspolitik auf den »englischen« Weg einer behutsamen, evolutionären Modernisierung und Demokratisierung hinlenken zu können, erfüllte sich nicht: Otto von Bismarck, der neue starke Mann in Preußen, ging andere Wege. Bismarck, seit 1861 preußischer Ministerpräsident und seit 1871 deutscher Reichskanzler, der von den Coburgern wegen ihrer erfolgreichen Heiratspolitik sarkastisch als dem »Gestüt Europas« sprach, nannte Vicky stets nur abfällig »die Engländerin«. Obwohl ihr bei ihrem Einzug durch das Brandenburger Tor ein triumphaler Empfang bereitet wurde und Ernst Moritz Arndt, der Dichter der Freiheitskriege, hoffte, daß »uns nun ein englischer Geist durchwehen« würde, blieb Vicky in Berlin zeitlebens eine Fremde. Dafür sorgten vor allem Bismarcks Intrigen, der als Stratege der Macht die politische Gefahr, die ihm in der hochintelligenten jungen Frau hätte erwachsen können, frühzeitig witterte. Die

Abneigung war gegenseitig und lebenslänglich. Befragt nach einem Hochzeitsgeschenk für ihre Schwester Helene, meinte sie: »Schenken wir ihr Bismarcks Kopf auf einem Tablett.«

Für die schwere Zangengeburt von Vickys ältestem Sohn, dem späteren Kaiser Wilhelm II., die zur lebenslangen Verkrüppelung seines linken Arms führte, machten die antienglischen Kreise in Berlin Vickys englische Ärzte verantwortlich. Vickys offen ausgesprochene Antipathie gegen die reaktionären politischen Verhältnisse in Preußen schuf ihr Feinde bei Hof, in der Aristokratie, der Regierung und der hohen Verwaltung. Die Tatsache, daß ihr viele – wohl nicht zu Unrecht – vorwarfen, sie beherrsche ihren willens- und entscheidungsschwachen Mann, demontierte ihr Ansehen noch mehr. Die Bismarcksche Reichseinigung mit Eisen und Blut verlief anders als sie es sich als treue Schülerin ihres liberalen Vaters gedacht hatte. In zahlreichen Briefen an ihre Mutter wandte sie sich gegen die von Bismarck vom Zaune gebrochenen Einigungskriege. Bismarck gelang es, den Kronprinzen und damit auch seine ehrgeizige Gattin politisch weitgehend kaltzustellen. Während des Krieges durfte sich Vicky, dem Vorbild von Florence Nightingale, die sie persönlich kennengelernt hatte, folgend, der Verbesserung des Lazarettwesens widmen, nach dem Kriege der Berufsausbildung unverheirateter junger Frauen, denn die Gefallenen der Einigungskriege hatte zu einem starken Überschuß junger Frauen in Preußen geführt. Der heute noch bestehende Lette-Verein geht wesentlich auf Vickys Initiative zurück. Aber auch der Verbesserung der Krankenpflege und der ärztlichen Fortbildung widmete sie weiter viel Aufmerksamkeit. Davon zeugt noch heute das Kaiserin-Friedrich-Haus am Robert-Koch-Platz in Berlin-Mitte.

Gemeinsam mit ihrem Mann, der als Trostpflaster für seine politische Untätigkeit von seinem Vater zum Protektor der Berliner Museen ernannt worden war, widmete sich Vicky, eine leidenschaftliche und talentierte Amateurmalerin, der Kunst. Das Memorandum zur Gründung des Berliner Kunstgewerbemuseums – das dritte der Welt nach dem Victoria & Albert Museum ihres Vaters und dem Museum in Wien – hatte sie selbst verfaßt. Doch all diese Tätigkeiten erschienen ihr mehr ein Zeitvertreib bis zur Thronbesteigung ihres Mannes, nach der sie persönlich auf die Politik Einfluß zu nehmen gedachte. Doch der Wartestand sollte dreißig lange Jahre dauern, die anschließende Regierungszeit ihres Mannes nur 99 Tage. Kaiser Wilhelms I. unerwartete Langlebigkeit und der Kehlkopfkrebs Friedrichs III. ließen von

Alberts großangelegten Plänen, Deutschland zu parlamentarisieren und zum Verbündeten Großbritanniens zu machen, nichts mehr übrig. Noch einmal erwiesen sich die englischen Ärzte, die den todkranken Friedrich III. nicht hatten operieren wollen, als willkommene Sündenböcke für die konservativen Hofkreise. In der 99tägigen, vom Todeskampf überschatteten Regierungszeit Friedrichs III. hatte das Paar keine politischen Energien mehr, den verhaßten Reichskanzler loszuwerden. Zwar war der Regierungschef de jure nur vom Vertrauen des Monarchen abhängig – und also durch einfachen Vertrauensentzug aus dem Amt zu entfernen –, faktisch aber erstreckte sich seine Hausmacht von der von ihm gesteuerten Presse bis bis hin zu Prinz Wilhelm, den er für sich eingenommen hatte. Wie sehr Bismarck Prinz Wilhelm gegen seine Mutter aufgebracht hatte, zeigte sich beim Tode seines Vaters: Als dieser starb, ließ Wilhelm das Potsdamer Neue Palais von Militär abriegeln, weil er fürchtete, seine Mutter könne sie kompromittierende Korrespondenz nach England schaffen. Allerdings hatte er die Vorsicht seiner Mutter unterschätzt. Sie hatte schon Monate vor dem sich abzeichnenden Ende ihres Gatten die Korrespondenz mit ihrer Mutter nach Windsor schaffen lassen. Aus stillem Protest blieb Vicky der von Wilhelm eiligst angeordneten Beisetzungsfeier für ihren Mann in Potsdam fern. Politisch desillusioniert und von ihrem eigenen Sohn aus Berlin vertrieben, zog sich Vicky, die sich zum Andenken an ihren verstorbenen Gatten nun »Kaiserin Friedrich« nannte, 1889 in die sonnige Vortaunuslandschaft bei Frankfurt zurück. Dort schuf sie sich einen einer Kaiserin würdigen Witwensitz, das zur Aufnahme ihrer hochkarätigen Kunstsammlung bestimmte Schloß Friedrichshof in Kronberg. Hier lebte sie bis zu ihrem frühen Tod 1901, wenige Monate nach dem ihrer Mutter, der Queen Victoria. Friedrichshof verkörpert vor dem gleichfalls im englischen Landhausstil errichteten Schloß Cecilienhof in Potsdam den vorletzten großen Schloßbau der preußischen Monarchie. Während Cecilienhof aber als Familienwohnsitz konzipiert ist, repräsentiert Friedrichshof den in der zweiten Hälfte des 19. Jahrhunderts nicht seltenen Typus des Sammlungsschlosses. In ihrer Sammlertätigkeit und der Disposition der Räume wurde die Kaiserin vom Direktor der Berliner Gemäldegalerie, Wilhelm von Bode, beraten. Kostenlos katalogisierte er die Kunstschätze, veröffentlichte die besten Stücke in einem repräsentativen Prachtband und beriet beim wirkungsvollen Arrangement der Kunstwerke in der Abfolge der Räume. Hier konnte Bode in den neunziger Jahren sein Konzept der »period rooms«

durchspielen, das wenig später für das Kaiser-Friedrich-Museum, das heutige Bode-Museum, auf der Berliner Museumsinsel prägend werden sollte. Der Architekt des Schlosses, Ernst Eberhard von Ihne, entwarf auch den Museumsbau.

Bode versprach sich von seiner ehrenamtlichen Beratertätigkeit, dereinst Stücke seinen Berliner Museen als Schenkung oder zu günstigen Konditionen einverleiben zu können – eine Spekulation, die auch aufgehen sollte. Während die Kaiserin zu Lebzeiten gelegentlich Schenkungen an die Berliner Museen, insbesondere an das von ihr mitbegründete Kunstgewerbemuseum, machte, konnte Bode nach ihrem Tod aus dem Nachlaß wichtige Werke günstig erwerben: das bekannteste ist wohl das Portrait der Helene Fourment von Peter Paul Rubens in der Berliner Gemäldegalerie.

Schloß Friedrichshof vereinigt in der Gesamtanlage wie im Detail englische und deutsche Bauteile: Die zentrale zweigeschossige »Hall«, an die sich das hölzerne Treppenhaus mit den das Geländer bekrönenden »Royal Beasts« anschließt, die durch »Bay Windows« gegliederte Südfassade zum Garten hin, sowie Holzvertäfelungen und Stuckdecken im Tudorstil weisen nach England, Fachwerkobergeschosse und steiles Dach stehen in deutscher Bautradition. Auf Betreiben der Bauherrin hatte sich der junge Architekt mit der zeitgenössischen englischen Landhausarchitektur auseinanderzusetzen, die einen reichen historischen Zitatenschatz mit modernstem Wohnkomfort zu verbinden wußte. Auch die Bibliothek der Kaiserin weist Vicky als Grenzüberschreiterin aus: Sie ist ausgestattet mit der klassischen Literatur beider Länder, aber auch mit Büchern der verschiedensten Fachgebiete, von der Kunstgeschichte bis zur Krankenpflege, auf deutsch und englisch.

Im Obergeschoß zur Nordseite ließ Vicky ihr Maleratelier einrichten, in dem heute ihr monumentales Witwenportrait hängt. Das Portrait ist von der Hand des Malers Heinrich von Angeli, den Vicky an den englischen Königshof vermittelt hatte und der auch die berühmten Altersportraits ihrer Mutter geschaffen hat. Gleichrangig neben dem preußisch-deutschen Kaiserwappen prangt das englische Wappen, das sie als Princess Royal von Großbritannien auszeichnet. In den Händen hält sie ihr englisches Gebetsbuch, das ihr anläßlich ihrer Konfirmation 1856 von ihrer Patentante Königin Adelheid von England geschenkt worden war: So betonte sie im Alter ahnenstolz ihre englische Herkunft. Preußin wurde sie nie.

Wilhelm II.

Die Beziehung Vickys zu ihrem Sohn, dem späteren Kaiser Wilhelm II., war von Anfang an problematisch. Nicht nur empfand sie seinen verkrüppelten Arm als Makel; sie mußte auch erleben, daß in ihm kein zweiter Prinz Albert heranwuchs. Ungeachtet seiner tapferen Versuche, seine körperliche Behinderung zu überwinden, hatte sie fast nie ein Wort der Ermutigung für ihn, sondern bestand auf einer überaus strengen, fast brutalen Erziehung, die völlig ungeeignet für ihn war. Sogar Königin Victoria befand, daß sie zu hart mit Wilhelm umging.

Wilhelm ersehnte sich die Liebe und Anerkennung seiner Mutter, obwohl er fühlte, daß er sie niemals gewinnen konnte. In gleicher Weise fühlte er sich zu seinen englischen Verwandten und zu England hingezogen, obgleich er zugleich versuchte, sich davon frei zu machen, ein Zwiespalt, der in einer ausgeprägten Haßliebe resultierte. Er war dazu erzogen, englisch zu sprechen, England, das er vor 1914 fast jedes Jahr besuchte, als seine zweite Heimat zu betrachten und den Lebensstil des englischen Landedelmannes als höchstes gesellschaftliches Ideal und dem deutschen Dasein als haushoch überlegen zu akzeptieren. So widersprüchlich wie die Gefühle seiner englischen Mutter gegenüber waren, die er ablehnte und deren Bestätigung er doch suchte, waren auch seine Gefühle für die britische Nation. Im Alter von vier Jahren fiel der zukünftige Kaiser in England zum ersten Mal unangenehm auf. Bei der Trauung seines Onkels in der St. George's Chapel in Windsor löste er, als ihm die Zeremonie zu langweilig wurde, einen großen Rauchtopas vom Griff seines Dolches – ein Teil seiner Schottentracht, die zu tragen ihm seine Großmutter aufgetragen hatte – und schleuderte ihn quer durch die Kirche. Als seine Onkel, die Prinzen Leopold und Arthur, einschreiten wollten, bekam er einen Wutanfall, zog den Dolch und fuchtelte wild damit herum. Den Prinzen Arthur, der dem Kleinen die Waffe entwinden wollte, biß Wilhelm ins Bein.

Als Wilhelm 1888 Kaiser wurde, hatte Queen Victoria bereits ihr fünfzigjähriges Thronjubiläum gefeiert und war unbestritten die ranghöchste Monarchin Europas. Vom »Pomp und Circumstance«, den geschickte Choreographen des Empiregedankens seit den siebziger Jahren (als Victoria zur Kaiserin von Indien erhoben worden war) inszenierten und der in den mit beispiellosem Aufwand gefeierten goldenen und diamantenen Regierungsjubiläen seinen Höhepunkt erreichte, war Wilhelm ungeheuer beeindruckt. Seine Gefühle schwankten beständig zwischen offenem Neid und dem Wunsch, dazuzugehören. Er fühlte, daß die Hohenzollernmonarchie vergleichsweise parvenühaft wirkte, und meinte, daß der Berliner Hof trotz des von ihm betriebenen Aufwandes mit dem Londoner Hof nicht mithalten könne. Anläßlich eines bevorstehenden Staatsbesuches seines Onkels, König Edward VII., im Jahre 1908 meinte er entschuldigend zum britischen Botschafter: »It won't be quite like Windsor, but we shall do our very best in any case.«

Die zahllosen Affronts Wilhelms II. gegen England, von der Krügerdepesche bis zur Daily Telegraph Affäre sind bekannt und wurden von Historikern des Ersten Weltkrieges genüßlich zitiert. Daß der Kaiser in England aber gänzlich unbeliebt gewesen sei, ist eine Annahme, die aus der Perspektive nach 1914 entstanden ist. Bei der alljährlichen Regatta in Cowes auf der Isle of Wight gab es Spannungen zwischen seinem Onkel Edward, dem Prince of Wales und späteren Edward VII., und Wilhelm. Edward trug die persönliche Rivalität in Segelrennen aus, die meist Wilhelms Boot gewann (Später wurde der Kaiser mehr oder weniger ausgeladen, was ihn dazu anspornte, die Kieler Woche als Gegenveranstaltung zu Cowes aufzuziehen). In London wurde er bei seinen zahlreichen Besuchen von der Bevölkerung hingegen meist stürmisch umjubelt, und unabhängige Institutionen ehrten ihn noch kurz vor Kriegsausbruch: So ernannte ihn die City of London zum Ehrenbürger und die Universität Oxford zum Ehrendoktor, wofür er sich mit einem lebensgroßen Ganzportrait bedankte, welches heute wieder die Oxforder Examination Schools ziert. Ritter des Hosenbandordens, Admiral of the Fleet und britischer Feldmarschall war er ohnehin.

Wilhelm II., dem sowohl durch seine maßlose und kriegstreiberische Rhetorik in den letzten Vorkriegsjahren und in der Julikrise 1914 als auch durch sein aktives Vorantreiben der ungehemmten deutschen Flottenhochrüstung eine nicht geringe persönliche Mitschuld am Ausbruch des Ersten Weltkrieges zukommt, hat sich in den Krisentagen im Sommer 1914 bis zuletzt an die Hoffnung geklammert, daß England nicht auf der Seite von Frankreich und Rußland in den Krieg eintreten werde. Um so maßloser und verzweifelter war seine Reaktion, als er sich dieser Hoffnung beraubt sah: »Edward VII. ist nach seinem Tode noch stärker als ich, der ich lebe! Und da hat es Leute gegeben, die geglaubt haben, man könne England gewinnen oder beruhigen durch diese oder jene kleinen Maßregeln!!! ... unsere Consuln in Türkei und Indien etc. müssen die gesamte Welt gegen dieses verhaßte, verlogene, gewissenlose Krämervolk zum blutigen Aufstande entflammen; denn wenn wir uns verbluten sollen, dann soll England wenigstens Indien verlieren.« Man meint aus diesen Haßtiraden auch enttäuschte Liebe herauszuhören. Jedenfalls hat Wilhelm wiederholt versichert, daß es niemals so weit gekommen wäre, »wenn Großmutter noch am Leben wäre« – 1901 war Königin Victoria in Wilhelms Armen gestorben.

MICHAEL HOWARD

Die deutsch-britischen Beziehungen im 20. Jahrhundert: Eine Haßliebe

Noch immer neigen die Briten oftmals dazu, sich an die erste Hälfte des 20. Jahrhunderts als eine Ära der deutschen Kriege zu erinnern, wenn nicht gar eines einzigen deutschen Krieges.

Andererseits ist davon auszugehen, daß die Deutschen in diesem Punkt nicht Gleiches mit Gleichem vergelten und jene Zeit als eine Ära britischer Kriege betrachten. Denn bei all den blutigen militärischen Konflikten, in die Deutschland zu jener Zeit geworfen wurde, gab es nicht einen einzigen großen Gegner. Im Ersten Weltkrieg waren Deutschlands Interessen – die politischen wie die militärischen – gleichermaßen auf die Ost- und die Westfront verteilt. Gegen Ende des Zweiten Weltkrieges war es dann – obwohl doch britische und amerikanische Bomber allnächtlich deutsche Städte zerstörten – die Sowjetunion, die mehr und mehr als die große Bedrohung für das Überleben Deutschlands angesehen wurde. In beiden Kriegen stellten die Briten nur ein Element einer feindlichen Allianz dar, der später fast alle Industriestaaten beitreten sollten. Nur für die deutsche Marine war Großbritannien in beiden Kriegen der Hauptgegner.

Dennoch waren während dieser Ära die angespannten Beziehungen zwischen Großbritannien und Deutschland ein grundlegender Faktor der Politik Europas und sogar der Welt. Schon damals schien für viele – und vielleicht mehr noch für uns Heutige – diese gegenseitige Feindschaft in einem tieferen Sinn unnatürlich und unnötig zu sein; als ein Phänomen, das durch geschicktere Staatsführung auf beiden Seiten hätte vermieden werden können und sollen. Oberflächlich gesehen ist diese Feindseligkeit nur schwer zu erklären. Sie entstand nicht aus irgendeinem territorialen Konflikt jener Art, die sowohl die Briten als auch die Deutschen jahrhundertelang dazu veranlaßt hatte, die Franzosen als den eigentlichen Todfeind zu betrachten. Ferner gab es keinerlei Entfremdung der Rassen wie die, die den Konflikt zwischen Teutonen und Slawen in Osteuropa auf so verheerende Art anheizte. Vielmehr stellte die Gegnerschaft zu Frankreich und Rußland eine der vielen

Bindungen dar, die die britisch-deutschen Beziehungen während des gesamten 19. Jahrhunderts geprägt hatten und die im Laufe des 20. Jahrhunderts wieder zum Tragen kommen sollten. Ebensowenig bestanden – ungeachtet gegenteiliger deutscher Propaganda – ernsthafte Konflikte wegen territorialer Interessen in Übersee; wo diese dennoch aufkamen, wie gelegentlich im Osmanischen Reich, wurden sie ohne Schwierigkeiten beigelegt. Und trotz unvermeidlichen und andauernden Wettbewerbs waren die kommerziellen und finanziellen Interessen eher miteinander vereinbar, als daß sie entzweiend wirkten.

Andererseits gab es zahlreiche Faktoren, die zu einer deutsch-englischen Partnerschaft hätten führen sollen. Selbst wenn wir heute das höchst zweifelhafte Argument der »gemeinsamen rassischen Herkunft« außer Betracht lassen, ist die Tatsache, daß so viele Menschen auf beiden Seiten diese für lange Zeit als wichtig erachteten, als solche bedeutsam. Des weiteren haben im Bereich der Kultur nur wenige große Nationen mit unterschiedlichen Sprachen mehr Gemeinsamkeiten gehabt. Bis zum 20. Jahrhundert basierte die literarische Bildung der großen Mehrzahl der Briten und Deutschen auf einem einzigen Buch, der Bibel, insbesondere dem Neuen Testament. Dieses Manifest der reformierten christlichen Religion war selbst im bescheidensten Haushalt zu finden und wurde von vielen Menschen aller sozialen Schichten nahezu auswendig beherrscht. Im Bereich der »hohen« Kultur indessen, durchdrangen sich Dichtung und Literatur beider Länder. Deutsche Lyrik ließ sich mühelos ins Englische übersetzen und umgekehrt; und leicht und gern übersahen die Deutschen die kleine Tatsache, daß Shakespeare nicht deutschen Landen entstammte. Sicherlich hat kein anderer jemals den Charme seiner Sonette in solcher Vollkommenheit nachempfunden wie Friedrich Schlegel. Und wenn England für viel zu lange Zeit ein Land ohne eigenes Musikschaffen war, kann man dies in erster Linie darauf zurückführen, daß in seinen Konzertsälen mit Vorliebe die Werke der großen deutschen Komponisten, von Händel bis Wagner, aufgeführt wurden. So drängt sich denn die Frage auf: Welcher Wahnsinn veranlaßte diese beiden Nationen – die so viele Gemeinsamkeiten hatten und so wenig, was sie trennte –, sich im Schlamm von Flandern in einer der schrecklichsten Völkerschlachten gegenseitig in blutige Stücke zu reißen und die Städte des jeweils anderen in Schutt und Asche zu legen?

Doch ist damit das Problem nur zur Hälfte beschrieben. Der Konflikt zwischen den beiden Ländern war in gewisser Weise ein Bruderkrieg – was ihre Kriege mit Frankreich nicht waren. Doch wer annimmt, daß Blutsverwandtschaft und gemeinsame Erziehung von Geschwistern unweigerlich Feindseligkeiten zwischen ihnen abschwächen oder ausschalten, geht gleichzeitig von einer Vereinbarkeit von Interessen und Wesensart aus, die nicht unbedingt vorhanden sein muß; wird dies dann plötzlich erkannt, vermag die enttäuschte Erwartung beinahe über Nacht Liebe in Haß zu verwandeln. In einer solchen Gefühlslage scheint sich Deutschland zu Beginn dieses Jahrhunderts befunden zu haben, als englische Besucher mit größter Überraschung den Englandhaß bemerkten, der sich hier allmählich aufbaute, und das gespannte Warten unter jungen Deutschen auf »den Tag« zu spüren bekamen, den Tag der Abrechnung mit England. Diese Stimmung wurde von dem Dichter Ernst Lissauer in seinem überschwenglichen Gedicht aus dem Jahr 1914, dem sogenannten »Haßgesang gegen England« eingefangen – dem größten Geschenk, das britische Kriegspropagandisten sich hätten wünschen können:

Haß zu Wasser und Haß zu Land
Haß des Hauptes und Haß der Hand
Haß der Hammer und Haß der Kronen
Drosselnder Haß von siebzig Millionen
Sie lieben vereint, sie hassen vereint,
Sie haben alle nur einen Feind:
England[1]

Die Gefühle der Briten gegenüber Deutschland hatten vor 1914 noch kein vergleichbares Ausmaß an Haß erreicht; sie äußerten sich eher in einer zunehmenden Besorgnis und Beunruhigung als in der Art von intuitiver Abneigung, die so lange den Franzosen vorbehalten gewesen war. Doch sobald der Krieg ausgebrochen war, erzeugte Haß Gegenhaß vergleichbarer Intensität. Wenige Tage nach Kriegsbeginn beschrieb Rudyard Kipling die Stimmung so:

For all we have and are,
For all our children's fate,
Stand up and take the war.
The Hun is at the gate!

Once more we hear the word
That sickened earth of old:
»No law except the Sword
Unsheated and uncontrolled.«
Once more it knits mankind,
Once more the nations go
To meet and break and bind
A crazed and driven foe ...[2]

»Ein wahnsinniger, gehetzter Feind«, so sahen die Briten die Deutschen vier schreckliche Jahre lang – als ein Volk im Griff militaristischen Wahnsinns, das im Namen einer Philosophie, welche die nackte Gewalt glorifizierte, alle zivilisatorischen Werte mit Füßen trat. Für die Deutschen wiederum waren die Briten eine Nation scheinheiliger Krämer, welche die Welt mit eben jenen Mitteln erobert hatte und nun beherrschte, für die sie jetzt andere verurteilte, eine Nation, die seit einer Generation bemüht gewesen war, Deutschland im Streben nach seinen legitimen politischen Zielen den Weg zu verlegen.

Solcherart Vorstellungen waren natürlich groteske Karikaturen – doch enthielten sie wie alle Karikaturen ein Körnchen Wahrheit. Obwohl die meisten Deutschen der festen Überzeugung waren, daß sie einen Krieg zur Selbstverteidigung gegen eine immer enger werdende Umklammerung durch ihre Feinde führten, herrschte in Regierungskreisen zudem die Meinung vor, daß Deutschland seine Zukunft als Großmacht nur mit ungehindertem Einsatz des blanken deutschen Schwertes gewinne könne und daß jeder, der diese Überzeugung nicht teile, degeneriert und unpatriotisch sei.

Die Briten ihrerseits glaubten zwar, für die Erhaltung einer Rechtsordnung zu kämpfen, doch verkörperte diese nichts anderes als einen Status quo, der die Vormachtstellung eines Reiches legitimierte, das die Briten im Laufe der vorvergangenen zweihundert Jahre unter Anwendung gewaltsamer Mittel errichtet hatten und das sie nun um jeden Preis erhalten wollten. 1914–1918 kämpften die Briten ganz in dem Bewußtsein, ein aus der Vergangenheit auf sie überkommenes Erbe zu verteidigen. Die Deutschen hingegen führten Krieg, um sich aus eben diesen, von der Vergangenheit auferlegten Zwängen zu befreien. Sie waren gewillt, die Chance zu nutzen und endlich jenen Rang unter den Völkern einzunehmen, auf den die Deutschen, wie sie glaubten, aufgrund ihrer industriellen Macht, ihrer militärischen Stärke und ihrer

Führungsrolle in den Natur- und Geisteswissenschaften ein Anrecht hatten.

Die Schwierigkeit bestand darin, daß keine der deutschen Ambitionen in konkrete und praktisch verwertbare politische Ziele umzusetzen war. Hätte man hier einen Weg gefunden, wäre die Rivalität nicht so erbittert gewesen. Deutschlands koloniale Bestrebungen, seine Forderung nach »einem Platz an der Sonne«, waren großenteils symbolischer Natur. Zum einen bedurfte die deutsche Wirtschaft keineswegs der Kolonien – wahrscheinlich wären diese der deutschen Wirtschaft auch gar nicht förderlich gewesen –, und zum anderen hatte man hinsichtlich des Erwerbs von Kolonialbesitz am wenigsten mit dem Einspruch der Briten zu rechnen. Die Notwendigkeit einer Schlachtflotte begründete Reichskanzler Theobald von Bethmann Hollweg damit, daß Deutschland diese zur Behauptung seiner »Großmachtstellung« benötige. Eine Flottenunterlegenheit gegenüber England war unvereinbar mit diesem Anspruch. In Großbritannien indessen glaubte man – und vielleicht mit gutem Grund –, daß man auf seine Flottenüberlegenheit nicht verzichten könne, und dies nicht nur, um eine »Großmachtstellung« zu wahren, sondern auch, um im Ernstfall das nackte Überleben zu sichern. Die Folge solcher in beiden Ländern genährten Ansichten war die Überzeugung, daß Deutschland seine angebliche Bestimmung zur Weltmacht nur durch die Bekämpfung und Unterwerfung Englands erfüllen könne – so, wie es seine Rolle als europäische Macht mit der Bekämpfung und Unterwerfung Frankreichs behauptet hatte.

Nun könnte man sich vielleicht fragen, warum sich die Briten nicht ebenso souverän mit einem Flottenstärke-»Patt« mit Deutschland hätten abfinden können wie einige Jahre später in einer vergleichbaren Situation mit den Vereinigten Staaten. Doch zum einen waren die Vereinigten Staaten zu diesem Zeitpunkt noch eine weit entfernt gelegene Macht ohne ersichtliche Interessen jenseits ihrer eigenen Hemisphäre und des Pazifiks, und zum anderen stand fest, daß die Vereinigten Staaten, wenn sie sich auf ein Flottenwettrüsten einließen, dieses aufgrund ihres riesigen industriellen Potentials beinahe zwangsläufig gewinnen würden. Und schließlich glaubten die Briten – damals wie auch heute – recht optimistisch, sie hätten eine »besondere Beziehung«, beruhend auf einer gemeinsamen Sprache und Kultur, zu den Vereinigten Staaten, welche eine bewaffnete Auseinandersetzung höchst unwahrscheinlich machen würde.

Diese Meinung war übrigens in den Vereinigten Staaten selber durchaus nicht so weit verbreitet; diese hatten ihre einzigen wirklichen Kriege mit England ausgefochten und keine Skrupel, einen dritten Krieg in Erwägung zu ziehen.

Indessen verlor sich das mit der britisch-amerikanischen »speziellen Beziehung« allenfalls vergleichbare Gefühl kultureller Gemeinsamkeit mit Deutschland im ersten Jahrzehnt des 20. Jahrhunderts zunehmend. Die Feindschaft, die den beiden Ländern durch die Logik der Machtpolitik aufgezwungen wurde, verstärkte sich infolge der wachsenden Unvereinbarkeit ihrer Ideologien immer mehr. Zu Beginn dieses Jahrhunderts wandelte sich Großbritannien in schnellen Schritten von einer aristokratischen Oligarchie zu einer liberalen, demokratischen Gesellschaft auf der Grundlage eines nahezu allgemeinen Wahlrechts und der parlamentarischen Regierungsform – eine Entwicklung, der die deutschen herrschenden Klassen in ihrem Land seit 1849 nach Kräften entgegengewirkt hatten. Während die Briten die Beteiligung ihrer Arbeiterschaft an der Regierung akzeptierten und legitimierten und die Vorherrschaft des Landadels – dessen Lebensstil die deutschen herrschenden Kreise so sehr bewunderten – mit Strafsteuern aushöhlten, versuchten die Deutschen noch immer, die erstere von Machtpositionen fernzuhalten und die landbesitzende Aristokratie zu stützen. Des weiteren reagierten sie auf den Vormarsch der Moderne mit der Proklamation eines »deutschen Sonderweges«, der sich auf solch heroische Werte wie Gehorsam und Selbstaufopferung sowie die Hegelsche These von der Vorrangstellung des Staates gründete. Sie sahen in Großbritannien eine Gesellschaft, die gleichzeitig materialistisch und dekadent war und somit eine Bedrohung der wahren deutschen Werte darstellte. Die Briten ihrerseits betrachteten Deutschland als eine instabile, militaristische Gesellschaft, welche die europäische und Weltordnung bedrohte, auf der wiederum britische Macht und britischer Wohlstand beruhten. Schienen jedoch Deutschlands militärische Stärke und seine Großmachtbestrebungen Großbritannien zu gefährden, so bedrohte der angebliche britische Materialismus die deutsche Kultur gleichermaßen – zumindest jenes Bild der deutschen Kultur, welches sich die deutschen herrschenden Kreise zu eigen gemacht hatten. Man kann durchaus sagen, daß 1914 ein Krieg »in der Luft lag«, der, als er dann schließlich ausbrach, auf beiden Seiten mit wilder Begeisterung begrüßt wurde.

Einmal Realität geworden, heizte der Krieg die Stimmung unter der

Bevölkerung in einem Maße an, daß selbst die rationalen Kalküle der Machtpolitik, die auf beiden Seiten zum Ausbruch des Krieges geführt hatten, noch übertroffen wurden. Deutschlands Englandhaß fand nun seine Entsprechung in einem hysterischen Deutschlandhaß, der die gesamte britische Gesellschaft erfaßte und sich gegen alles richtete, was deutsch war oder auch nur deutsch zu sein schien. So mußten die Besitzer von deutschen Schäferhunden diese jetzt als »Alsatians« bezeichnen, und selbst die königliche Familie hielt es für angebracht, ihren Familiennamen von Sachsen-Coburg-Gotha in Windsor abzuändern. Den schaurigsten Geschichten über die Greueltaten deutscher Soldaten in Belgien wurde Glauben geschenkt, und als etwa ein Jahr später Deutschland erste Erfolge im U-Boot-Krieg errang, nahm der Haß angesichts dieser Bedrohung noch an Intensität zu.

Ironischerweise brachte die verzweifelte Lage, in der sich Deutschland schließlich nach zwei Jahren Krieg befand, jene extremen Elemente der radikalen Rechten in die vorderste Linie, deren Ziele ganz und gar dazu angetan waren, die schlimmsten Befürchtungen der Briten zu rechtfertigen. Der Vertrag von Brest-Litowsk zeigte den Alliierten, was sie von einem deutschen Sieg zu erwarten haben würden. Andererseits wäre es sehr überraschend gewesen, wenn die Alliierten ihrerseits, als sie dann einige Monate später den Krieg für sich entschieden hatten, nicht jene Friedensbedingungen formuliert hätten, mit denen Deutschland nicht nur bestraft, sondern auf Dauer »kriegsunfähig« gemacht werden sollte – man wollte es den Deutschen unmöglich machen, jemals wieder den Frieden Europas zu stören.

Über den Vertrag von Versailles ist – mit Recht – viel Negatives geschrieben worden: über die idealistischen Versprechungen der Vierzehn Punkte Wilsons und den Bestimmungen des Vertrages selbst, die Ungerechtigkeit der »Kriegsschuld«-Klausel und die wirtschaftliche Idiotie der Reparationen und nicht zuletzt über die Instabilität des Nachkriegs-Europa, die aus den Pariser Friedensverträgen hervorging. Es war vorhersehbar und auch verständlich, daß die Deutschen, unabhängig von Parteizugehörigkeit, alles in ihrer Macht Stehende tun würden, dieses Abkommen zu revidieren oder, wenn möglich, außer Kraft zu setzen. Viel bemerkenswerter hingegen ist, wie schnell die Briten selbst den Versailler Vertrag bedauerten und darüber Schuldgefühle entwickelten, die weit stärker waren als jene, die die Deutschen jemals hinsichtlich des Ersten Weltkrieges gehabt haben.

Da dieses Gefühl der »Friedensschuld«, wie es vielleicht am treffendsten zu beschreiben ist, fast unmittelbar die sogenannte Appeasement-Politik hervorbrachte, und da eine neue Generation diese wiederum zur Grundlage einer neuen Anklage der »Kriegsschuld« machte, die sich gegen jene Staatsmänner richtete, die für die Appeasement-Politik angetreten waren, ist dieses ganze Kapitel seit nunmehr über einem halben Jahrhundert Gegenstand unzähliger revisionistischer, kontrarevisionistischer und neorevisionistischer Studien sowohl britischer als auch deutscher Historiker. Hier soll jedoch kein weiterer Beitrag zu dieser Kontroverse geleistet werden. Nur sei die Behauptung gewagt, daß, wenn die sich zwischen den beiden Ländern aufbauende Feindschaft eine der Hauptursachen des Ersten Weltkrieges war, der Versuch der Briten, diese Feindschaft beizulegen und freundschaftliche Beziehungen zu Deutschland wiederherzustellen, ironischerweise eine zumindest vergleichbar gewichtige Ursache des Zweiten Weltkrieges dargestellt hat.

Ebenfalls soll hier nicht tiefer auf die Haltung Deutschlands gegenüber Großbritannien in der Zeit zwischen den Weltkriegen eingegangen werden. Doch wird man sicherlich davon ausgehen können, daß die nach dem Waffenstillstand von 1918 aufrechterhaltene Hungerblockade das Ansehen der Briten bei der deutschen Bevölkerung im allgemeinen zunächst kaum verbessert haben dürfte. Erst die offene Feindseligkeit, die sich zwischen Großbritannien und Frankreich wegen der Art der Anwendung der Vertragsbestimmungen entwickelte, über die Frage der Räumung des Rheinlandes und schließlich über die Besetzung des Ruhrgebietes, überzeugte die öffentliche Meinung Deutschlands, daß die Briten dem Land nicht mehr gänzlich feindlich gesonnen waren. Und wahrscheinlich war Adolf Hitler nicht der einzige deutsche Staatsmann, der glaubte, daß die anti-britische Ausrichtung der deutschen Politik vor 1914 ein schwerwiegender Fehler gewesen sei und die deutsche Politik in Zukunft so gestaltet werden müsse, daß eine Wiederholung derselben ausgeschlossen würde. Es ist jedoch schwer zu sagen, inwieweit die Bemühungen der deutschen Regierung und regierungsnaher Kreise um eine Aussöhnung mit Großbritannien – Bemühungen, die bis weit in die Zeit des Zweiten Weltkrieges andauerten und als deren passender Epilog das waghalsige Unternehmen von Rudolf Heß im Jahre 1941 angesehen werden kann – nur auf politischer Berechnung basierten oder aber einen weitverbreiteten Wunsch der deutschen Bevölkerung als solcher nach Freundschaft mit Großbritannien widerspiegelten.

Unter der britischen Bevölkerung dominierte jedenfalls der Wunsch nach Versöhnung – nicht nur mit Deutschland, sondern auch mit den Deutschen. Das während des Krieges vorherrschende Bild des Hunnen mit der Pickelhaube verblaßte erstaunlich schnell und wurde zu einer unangenehmen Erinnerung. Die allgemeine Wahrnehmung in Großbritannien, dessen Bevölkerung sich ihres Grundsatzes des »Fair Play« rühmte, tendierte zu der Einschätzung, daß man den Deutschen sehr hart mitgespielt habe. Dieses Gefühl war verständlicherweise besonders unter den liberalen Intellektuellen verbreitet, die durch John Maynard Keynes scharfe Kritik an den Friedensbedingungen mühelos überzeugt werden konnten. Darüber hinaus wurde die pro-deutsche Einstellung der britischen Öffentlichkeit während der Weimarer Republik durch die Sympathien der Labour Partei für ihre sozialistischen Kollegen in Deutschland gestärkt. Ebenfalls begünstigte das Interesse, das unter Intellektuellen für das Aufkommen der avantgardistischen Kunst geweckt wurde, in dessen Zuge Berlin und München Paris den Rang als Kulturzentrum Europas abliefen, diese Entwicklung.

Weniger einfach mag es erscheinen, die Deutschland-Sympathien eben derjenigen konservativen Kreise zu verstehen, die die deutsche Bedrohung vor 1914 am tiefsten empfunden hatten. Doch weitgehend die gleichen politischen Kalküle, die sie seinerzeit die Stellung Deutschlands hatten fürchten lassen, brachten sie nun dazu, in Deutschland einen potentiellen Verbündeten zu sehen – oder wenn auch nicht einen Verbündeten, so doch einen Kompensationsfaktor, der nicht weiter geschwächt werden sollte. Zunehmende Probleme mit dem Empire, die durch die schwierige wirtschaftliche Lage noch verschärft wurden, führten zu einer gewissen Distanzierung von Kontinentaleuropa, obschon nur wenige Beobachter der Aussicht auf eine Hegemonie Frankreichs auf dem europäischen Kontinent mit großer Begeisterung entgegensahen. Mag man die Franzosen auch nicht gefürchtet haben, so herrschten doch nach wie vor in weiten Kreisen Mißtrauen und Antipathie gegen sie.

Für die britische Rechte war der Feind der Bolschewismus, und um diesen im Zaum zu halten, war es ihres Erachtens erforderlich, zunächst die Weimarer Republik im Kampf gegen ihre linken Gegner zu unterstützen, bzw. später dann, als deren Bemühungen um die Eindämmung des Kommunismus gescheitert waren, der nationalsozialistischen Revolution zumindest mit Toleranz gegenüberzutreten.

In der Geschichte der britisch-deutschen Beziehungen ist das Kapitel des sogenannten »Appeasement« Hitlers durch die britische Politik so bekannt, daß hier nicht viel darüber gesagt werden muß. Abgesehen von Winston Churchill waren fast die einzigen, die dabei eine respektable Rolle gespielt haben, die Angehörigen des vielgeschmähten britischen Außenministeriums, die schon früh erkannt hatten, daß Hitler hegemoniale Absichten hegte, die diejenigen des Kaiserreiches weit übertrafen. Allerdings bestanden die »Beschwichtiger« nicht nur, wie häufig angenommen wurde, aus einer kleinen und unrepräsentativen Gruppe von Politikern unter Führung von Neville Chamberlain. Vielmehr fand die Appeasement-Politik im gesamten Spektrum der britischen Gesellschaft Unterstützung. Das hauptsächliche Motiv dafür war sicherlich die Furcht vor einem neuen Krieg, die in den 30er Jahren immer dominierender wurde. Doch während die Mehrheit des linken Flügels und der Liberalen – im Bewußtsein ihrer »Friedensschuld« – sich nicht in der Lage fühlte zu protestieren, als Hitler die Revision des Versailler Vertrages, auf die sie selbst so lange gedrungen hatten, zunächst forderte und dann einseitig durchsetzte, betrachteten die Konservativen mit Genugtuung, daß Hitler dem Vormarsch des Kommunismus in Mitteleuropa eine effektive Barriere entgegensetzte – und gleichzeitig das Problem der Arbeitslosigkeit löste und die deutsche Bevölkerung mit einem neuen Gefühl von Nationalstolz motivierte, welches im Nachkriegs-Großbritannien vollständig zu fehlen schien. Natürlich wurden seine Methoden einhellig abgelehnt, doch schien es einfacher, diese als rein interne Angelegenheit zu werten. Nur die weitsichtigsten Beobachter erkannten, daß ein direkter Zusammenhang zwischen den Methoden und den Zielen der Nationalsozialisten innerhalb Deutschlands und ihren Absichten bezüglich der restlichen Welt bestand.

Tatsächlich sprach unter dem Gesichtspunkt des »nationalen Interesses« als solchem mehr für eine Allianz zwischen Großbritannien und dem Dritten Reich als seinerzeit für ein Bündnis mit dem Kaiserreich, dessen Entschlossenheit zum Kampf um die Herrschaft auf See die beiden Nationen früher oder später zwangsläufig in Konflikt miteinander bringen mußte. Hitler hat nie verstanden, warum die Briten ein solches Bündnis nicht akzeptierten. Die britischen Historiker der neuen, revisionistischen Generation scheinen es auch nicht zu verstehen. Doch der Gedanke an eine derartige Allianz, die Hitler freie Hand in Kontinentaleuropa gelassen hätte, während Großbritannien sich auf sein Empire konzentrierte, wurde in London selbst von der

Regierung Chamberlain niemals ernsthaft in Betracht gezogen. Es wäre erfreulich, könnte man sagen, daß ein Zusammengehen mit Hitler aus ideologischen Gründen abgelehnt wurde, weil die Briten die Unterdrückung und Rassenverfolgung mißbilligten. Doch spielten solche Gedanken bei den britischen Überlegungen leider nur eine sehr untergeordnete Rolle. Letztendlich bestimmend für die britische Politik war zum einen die Tatsache, daß man sich allmählich über das Ausmaß der hegemonialen Bestrebungen Hitlers klar wurde, die eine dauerhafte Einigung genauso unmöglich machten, wie sie es einst mit Napoleon gewesen war, und zum anderen die Erkenntnis, daß Großbritannien bestenfalls in eine Nebenrolle gedrängt, wahrscheinlich aber untergeordnet und als unabhängige Macht schließlich vernichtet werden würde, falls Hitler seine Ziele in Europa erreichen sollte. Als die Briten dies erkannten – im Frühjahr 1939 –, war es fast schon zu spät; und ohne den Beistand der Vereinigten Staaten wäre es vermutlich wirklich zu spät gewesen.

Als der Zweite Weltkrieg ausbrach, erklärte die britische Regierung zunächst, daß sie nicht mit dem deutschen Volk, sondern lediglich mit dem Regime im Konflikt liege, und die Kommandobehörde für die Bomber der Royal Air Force beschränkte sich darauf, Flugblätter mit einer derartigen Erklärung abwerfen zu lassen. Allerdings war das ein Vorgehen, das die deutschen Siege im Westen, die Luftschlacht um England und die deutschen Luftangriffe auf britische Städte kaum überdauern konnte. Sehr schnell tauchte wieder das Klischee aus dem Ersten Weltkrieg auf, das die Deutschen als fügsames und gleichzeitig aggressives Volk erscheinen ließ, beherrscht von einer Führung, deren einzige Philosophie brutale Gewalt war; eine Philosophie, in deren Rahmen die Tradition des »preußischen Militarismus« durch die Beherrschung der neuen Militärtechnologie und durch einen populistischen Appell gestärkt wurde, der bis auf einen winzigen Bruchteil die gesamte Bevölkerung erfolgreich mobilisiert hatte. Wenn man durch eine Seeblockade isoliert und mörderischen Luftangriffen ausgesetzt um das nackte Überleben ringt, ist es nicht einfach, sich ein ausgewogenes Urteil über den Gegner zu bewahren. Insofern scheint es vielleicht erstaunlich, daß die britische Bevölkerung während des Zweiten Weltkrieges, als sie sich in wesentlich größerer Gefahr befand als zu irgendeiner Zeit im Ersten Weltkrieg, nie – wenn man von wenigen Wochen im Jahr 1940 absieht – in den maßlosen und hysterischen Fremdenhaß zurückfiel, dem sie zwischen 1914 und 1918 auf so entwürdigende

Weise nachgegeben hatte. Jene Erfahrung hielt die Briten bis zu einem gewissen Grad davon ab, ein solches Verhalten zu wiederholen. Indes war diese Zurückhaltung nun in bestimmter Hinsicht sogar verhängnisvoll. Da man gelernt hatte, die im Ersten Weltkrieg verbreitete Propaganda über angebliche deutsche Greueltaten in Belgien, wie die Schaffung von »Leichenfabriken«, die Kreuzigung von Priestern und die vorsätzliche Schlachtung von Frauen und Kindern, nur mit Vorbehalt aufzunehmen, wurde ähnlichen Meldungen, als diese aus dem Dritten Reich verlauteten, im allgemeinen nur wenig Glauben geschenkt. Man empfand ein natürliches Widerstreben dagegen, auch nur zu denken, daß solche Dinge möglich seien. Als man jedoch herausfand, daß sie nicht nur möglich waren, sondern vielmehr in unvorstellbarem Ausmaß geschahen, als die Briten Bergen-Belsen befreiten, die Amerikaner Dachau und die sowjetischen Streitkräfte Auschwitz, da mußten alle Zweifel schwinden und mit ihnen auch jeder Versuch, eine Unterscheidung zwischen der Minderheit, die solche Greueltaten beging, und der Mehrheit, die sie geschehen ließ, vorzunehmen. Vermutlich empfanden 1945 die Briten für die Deutschen einen kalten Haß, der von wesentlich größerer Bitterkeit geprägt war als die wilde Hysterie von 1914–1918. Er war es insofern, als die Briten nun wußten, daß es etwas wirklich Hassenswertes gab.

Diese Bitterkeit hatte in dreifacher Hinsicht unmittelbare Auswirkungen. Erstens befürwortete die Öffentlichkeit, ausgenommen einer kleinen Minderheit, die Massenbombardierung deutscher Städte. Zweitens wurde die Effektivität, ja sogar die tatsächliche Existenz einer deutschen Widerstandsbewegung gänzlich in Zweifel gezogen. Jene, die wie Marion Gräfin Dönhoff verständlicherweise die britische Regierung kritisieren, weil sie den Widerstand nicht unterstützt habe, sind sich wohl kaum bewußt, daß angesichts der damals in Großbritannien vorherrschenden öffentlichen Meinung gar keine Möglichkeit bestand, eine derartige Unterstützung zu gewähren. Zu diesem Zeitpunkt war in der inneren Politik ein politischer Kurs, der nicht auf die »bedingungslose Kapitulation« abzielte, nicht mehrheitsfähig. Selbst erfahrene Experten konnten kaum einen Unterschied ausmachen zwischen den »guten« deutschen Offizieren, die den Sturz Hitlers planten, und jenen, die 1918 die Abdankung des Kaisers herbeigeführt hatten. Und schließlich bewirkte diese Bitterkeit, daß die britische Bevölkerung – wenn auch nicht ihre Regierung – es sehr ruhig hinnahm, daß gut die Hälfte Deutschlands von sowjetischen Streitkräften besetzt wurde, von denen man annahm, daß sie in noch stärkerem Ausmaß als die Briten das Recht hätten, alte Rechnungen mit Deutschland zu begleichen.

Die Gefühle der Deutschen gegenüber Großbritannien waren 1945 vermutlich kaum von besonderer Zuneigung geprägt. Vergleichsweise wenige Deutsche können von Auschwitz gewußt haben, aber sie alle wußten von der Zerstörung praktisch jeder bedeutenden deutschen Stadt durch eine scheinbar wahllose Bombardierung aus der Luft. Wenn die Deutschen ihre Besieger nicht haßten, so lag das wohl nur daran, daß sie zu durchgefroren, zu hungrig und zu verängstigt waren, um außer dem Willen zum Überleben überhaupt noch irgendein Gefühl zu entwickeln – und die Briten als auch die anderen westlichen Alliierten waren zumindest besser als die Russen. Zu ihrer Verlegenheit sahen sich die britischen Besatzungstruppen bald damit konfrontiert, daß sie von ihren besiegten Feinden als Retter betrachtet wurden, mehr noch, als die einzigen Menschen, die ein Überleben überhaupt ermöglichen könnten. In dieser Situation konnte der Haß der Kriegszeit und die ideologische Entfremdung angesichts des direkten Umganges mit hungrigen und heimatlosen Deutschen nicht lange fortbestehen. Diese waren nicht länger der abstrakte Feind, sondern Menschen, die als solche behandelt werden mußten, und vor allem auch Menschen, mit denen die Alliierten ungeheuer viel gemeinsam hatten – nur wenige Jahre später sollten sie dann auch einen gemeinsamen Feind haben.

Mehr als ein halbes Jahrhundert ist inzwischen seit Kriegsende vergangen. Spätere Generationen muß jene Zeit als eine Epoche erscheinen, die zumindest ebensoweit zurückliegt wie die der Römer und Karthager – eine Rivalität, auf die während des Kaiserreiches oft verwiesen wurde. Inzwischen ist das deutsche Streben nach Weltherrschaft genauso überholt wie der britische Versuch, die eigene Weltherrschaft zu erhalten: Beide Nationen zermürbten sich in steten Auseinandersetzungen gegenseitig und überließen die Geschicke der Welt, die sie zu lenken gehofft hatten, stärkeren und wohlhabenderen Mächten.

Heute haben sich die britische und deutsche Gesellschaft gewandelt, was größtenteils die Folge der beiden Weltkriege ist. Im Ersten Weltkrieg dezimierte die blutige Schlächterei an der Westfront die herrschende Klasse in Großbritannien, die es als ihr Schicksal und ihre Pflicht ansah, das britische Weltreich in seinem Glanz zu erhalten, wenn nicht gar, es zu vergrößern. Ihre Nachfolger kämpften eine Generation später um das nackte Überleben und nahmen dazu dankbar die Hilfe der Amerikaner an, selbst für den Preis der Anerkennung der Vereinigten Staaten als neue hegemoniale Weltmacht. In Deutschland starben jene, die von der Kriegsethik der Nazis beseelt waren, zu Hunderttausenden an der Ostfront. Heute sind das Hakenkreuz und leider auch der Union Jack zu Symbolen, wenn auch nicht für breite Bevölkerungsschichten, so doch für kleine Gruppen irregeleiteter Extremisten geworden, die diese früheren Zeichen nationaler Größe bzw. nationalen Wahnsinns übernehmen, um die Ordnungshüter des »Establishments« zu provozieren und zu beschämen. Die britische und die deutsche Gesellschaft sind friedlich, wohlhabend, bürgerlich und materialistisch geworden. Tatsächlich sind die schlimmsten Alpträume der herrschenden Klassen aus der Zeit vor 1914 in beiden Ländern Wirklichkeit geworden: Großbritannien hat sein Weltreich eingebüßt, und die Deutschen, nachdem sie von ihrem selbstmörderischen Sonderweg abgekehrt sind, haben den Willen verloren, sich eines zu schaffen.

Heute sind Briten und Deutsche geeint, nicht durch Liebe oder Haß, sondern durch eine gemeinsame Kultur, gemeinsame Interessen und vor allem durch gemeinsame Probleme. Diese Kultur ist nicht mehr die volkstümliche Kultur der christlichen Welt oder die »hohe« Kultur Goethes und Shakespeares, sondern eine globale, größtenteils englischsprachige Massenkultur, die in erster Linie aus den Vereinigten Staaten kommt und von Europa gleichermaßen akzeptiert und abgelehnt wird, der sich jedoch niemand entziehen kann. Die britischen und deutschen Interessen beruhen nicht mehr auf einer gemeinsamen Bedrohung, sondern auf sehr vergleichbaren Standpunkten, die beide Länder innerhalb der Europäischen Union einnehmen, von deren generellem Erfolg und Wohlstand der ihrige zwangsläufig abhängt. Die Probleme beider Länder sind die gleichen, mit denen jede Industriegesellschaft konfrontiert ist. Bedingt durch die geschichtlichen Umstände neigen in Großbritannien mehr Menschen dazu als in Deutschland, die Union eher als Bedrohung denn als Chance zu sehen, und schätzen ihre unvermeidlichen Grenzen realistischer ein. Aber die Europäische Union ist eine Partnerschaft, der man zum Erfolg verhelfen muß, nicht nur um Stabilität und Wohlstand in Europa zu vergrößern, sondern auch um diese mit den Nachbarn in Ostmitteleuropa zu teilen. Die geschichtlichen Umstände haben in Großbritannien und Deutschland zu unterschiedlichen Betrachtungsweisen im Hinblick auf die Rolle geführt, die Europa in der übrigen Welt spielen sollte – sind die Briten vielleicht zu begierig, in Übersee militärische Verantwortung zu übernehmen oder erneut zu übernehmen, mangelt es den Deutschen in dieser Hinsicht möglicherweise an Bereitschaft dazu. Das im Gefolge des Kalten Krieges nachlassende amerikanische Interesse an Europa wird zwangsläufig zu Auseinandersetzungen über Prioritäten führen und schlummernde – und gar nicht einmal so tief schlummernde – Rivalitäten zwischen Deutschen, Briten und Franzosen wiedererwachen lassen; Rivalitäten, die, wenn auch nicht notwendigerweise heftiger, so doch um einiges vielschichtiger werden können, wenn sich die Zahl der Mitgliedsstaaten der EU weiter erhöht. Aber das ist Politik oder mehr noch, das ist es, was Demokratie ausmacht. Die Differenzen und Rivalitäten zwischen den europäischen Staaten werden weiterbestehen, und man würde sich nur selbst etwas vormachen, behauptete man das Gegenteil. Und doch scheint es nicht unrealistisch zu sagen, daß inzwischen die jeweiligen Interessen so eng miteinander verflochten sind und das gegenseitige Verständnis füreinander so ausgeprägt ist, daß wohl niemand jemals wieder versuchen wird, die politischen Beziehungen nach der Clausewitzschen Formel »unter Einmischung anderer Mittel«, nämlich dem Krieg, fortzusetzen.

PETER ALTER

»Beschwerliche Reisen über den Kanal« – Großbritannien und Deutschland zwischen den Weltkriegen

Selten ist in der ersten Hälfte des 20. Jahrhunderts ein Zusammentreffen deutscher und britischer Politiker in so gelockerter Atmosphäre verlaufen wie die Gespräche, die der Reichskanzler Heinrich Brüning im Sommer 1931 in London mit Vertretern der britischen Regierung führte. In der Zwischenkriegszeit sollte dies der erste und einzige Besuch eines deutschen Regierungschefs in Großbritannien bleiben, wenn man die Teilnahme Brünings an der internationalen Londoner Konferenz sechs Wochen später, bei der es um Reparations- und Wirtschaftsfragen ging, einmal außer acht läßt.

Als Brüning vom britischen Premier Ramsay MacDonald nach London eingeladen wurde, waren seit dem Ende des Ersten Weltkrieges fast dreizehn Jahre vergangen. Doch die Gräben, die der »Great War« zwischen den beiden Völkern aufgerissen hatte, waren noch längst nicht überwunden. Gegenüber der Vorkriegszeit hatte sich die Distanz zwischen ihnen durch den Krieg zwangsläufig vergrößert, und das »Aufeinanderzugehen« stellte sich nach der Unterzeichnung des Versailler Vertrages als überaus schwierig heraus, und das im wörtlichen Sinne: Die Reise des Reichskanzlers von Berlin nach London dauerte länger als zwei Tage. Der Salonwagen der kleinen deutschen Delegation hatte Berlin am Abend des 4. Juni 1931 verlassen. Am nächsten Tag ging es von Hamburg nach Cuxhaven und von dort mit dem Dampfer »Hamburg« in Richtung englische Südküste. Am Vormittag des 6. Juni übernahm auf der Höhe von Southampton ein englischer Zerstörer die deutsche Delegation. Ein Vertreter des Foreign Office, in Cut und Zylinder, machte die Honneurs und begleitete die Deutschen, zu denen in Southampton der deutsche Botschafter Konstantin von Neurath hinzugestoßen war, im Salonwagen der britischen Regierung zur Victoria Station. Endlich, am Abend des 6. Juni, war die deutsche Delegation in London eingetroffen.

Die offiziellen Gespräche zwischen dem Reichskanzler, der vom Außenminister Julius Curtius begleitet wurde, und der britischen Regierung begannen am 7. Juni vormittags in Chequers, dem luxuriösen Landsitz westlich der Hauptstadt, der seit 1917 dem Premierminister während seiner Amtszeit zur Verfügung steht. Zum späten Mittagessen im erweiterten Kreis waren Gäste aus London angesagt, unter ihnen der damals 75jährige Schriftsteller George Bernard Shaw mit seiner Frau. Bei Tisch dominierte er die Unterhaltung. Brünings Dolmetscher Paul Schmidt hat uns die Szene und Shaws sarkastische Deutung des deutsch-britischen Verhältnisses nach dem furchtbaren Krieg überliefert:

»›Wenn sich zwei Völker gut miteinander vertragen wollen, dann müssen sie vorher ein paar Jahre lang gegeneinander Krieg geführt haben wie Deutschland und England‹, sagte er [Shaw] lachend. ›Dann kann der einzelne Engländer dem einzelnen Deutschen lange Zeit niemals persönlich auf die Nerven fallen. Sie sehen sich gegenseitig nur als unpersönliche, kleine graue Figuren, die von irgendwoher aufeinander schießen. Aber zum persönlichen Ärgern ist keine Gelegenheit ... Da sehen Sie sich einmal das Verhältnis zwischen uns und unseren Bundesgenossen, den Franzosen, an ... wir stehen wie Katze und Hund! ... All das ist uns mit den Deutschen erspart geblieben, nur weil wir sie vier Jahre lang überhaupt bloß aus der Ferne sahen und dann nachher eine ganze Zeit lang noch mit ihnen so verkracht waren, daß wir nur auf Distanz miteinander verkehrten. Jetzt können wir, bestens vorbereitet, mit der gegenseitigen Annäherung beginnen.‹ Ein schallendes Gelächter ... Mrs. Shaw lächelte durch ihren Kneifer verständnisvoll und nachsichtig ..., und ich hatte aus berufenem Munde eine wirklich neuartige Annäherungstheorie zu hören bekommen.«[1]

Der Besuch Brünings in London blieb letztlich ohne konkrete Ergebnisse, sehr zur Enttäuschung des Reichskanzlers, der vor allem auf Erleichterungen für Deutschland in der Reparationsfrage gehofft hatte. »Der Abschied war freundlich, aber gedrückt«, schrieb er später in seinen Erinnerungen. Doch seine Schilderung des Besuchs läßt unschwer die Verbesserung im bilateralen Verhältnis erkennen, die 1931 zwischen Deutschland und Großbritannien erreicht worden war: »Äußerlich waren wir von der englischen Regierung aufgenommen wie noch nie eine deutsche Regierung seit dem Kriege. Von der Abholung durch einen Torpedobootszerstörer in Southampton bis zur Einladung, an der Parade ›Trooping the colours‹ auf der Regierungstribüne teilzunehmen, und bis zum Empfang beim König war alles arrangiert, uns zu zeigen, England wolle den Krieg vergessen. Aber der Wille, uns zu helfen, fehlte.«[2] Immerhin: Premierminister Ramsay MacDonald und Außenminister Arthur Henderson hatten die Gegeneinladung nach Berlin angenommen. Schon am 27. Juli 1931 trafen die britischen Besucher ein – auch dies nach dem Kriege eine Premiere, so wie der Besuch Brünings in London im Monat zuvor. Unzweifelhaft bezeichnet das Jahr 1931 den Höhe- und Scheitelpunkt im deutsch-britischen Verhältnis in der Zwischenkriegszeit. Beide Seiten hatten zurückgefunden zu Umgangsformen, wie sie zwischen so bedeutenden Nachbarstaaten üblich sein sollten.

In den vorangegangenen Jahren war das Interesse der Briten an engeren politischen Beziehungen zum ehemaligen Kriegsgegner nur gering gewesen. Rein formal hatten sie mit ihm 1919 in Versailles Frieden geschlossen. Die Rückkehr der Botschafter symbolisierte 1920 öffentlich den Neubeginn im bilateralen Verhältnis. Beide Staaten waren in der anderen Hauptstadt wieder an prominenter Stelle präsent: Großbritannien seit Juli 1920 am Pariser Platz vis-à-vis dem Brandenburger Tor, und Deutschland schon seit Februar 1920 an »The Mall« im Gebäude der ehemals preußischen und später kaiserlichen Botschaft. Heute residiert in ihm die Royal Society of London, die britische Akademie für die Naturwissenschaften. Nach Kriegsausbruch im August 1914 hatten zunächst die USA und dann die Schweiz das Gebäude verwaltet, mit äußerster Korrektheit, wie sich 1920 herausstellen sollte, als Dr. Friedrich Sthamer mit einem kleinen Stab zunächst als Chargé d'affaires sein Amt antrat. »Everything was found in place as the last Ambassador of Imperial Germany, Prince Lichnowsky, had left it on 6 August 1914, including even the cigarettes in the silver case on the Ambassador's desk.«[3]

Der Herstellung eines engeren politischen Vertrauensverhältnisses stand auch nach der Wiederaufnahme der regulären diplomatischen Kontakte auf beiden Seiten nicht nur die allzu frische Erinnerung an den gerade überstandenen militärischen Konflikt im Wege. Die Ressentiments gegenüber dem ehemaligen Kriegsgegner blieben vor allem bei den Briten noch viele Jahre lebendig, in viel stärkerem Maße als beispielsweise nach dem Zweiten Weltkrieg. Das Denken in den Kategorien von Siegern und Verlierern spielte bei ihnen noch längere Zeit eine Rolle. Dennoch bemühten sich die Briten um ein korrektes Verhältnis zur jungen Weimarer Republik, deren vielfältige innere und äußere Probleme sie durchaus sahen, ohne allerdings gleich daraus Konsequenzen zu ziehen, die für die krisengeschüttelte Republik spürbare Erleichterungen bedeutet hätten. Noch Brüning sollte während seiner wenigen Jahre als Reichskanzler in der untergehenden Demokratie von Weimar diese Haltung der Briten kennenlernen, nicht zuletzt bei den Zusammenkünften mit den Repräsentanten der britischen Regierung im Jahre 1931. Weder das Treffen in London/Chequers im Juni noch das in Berlin einen Monat später brachte Fortschritte bei der längst überfälligen Regelung der fatalen Reparationsfrage, die das politische Klima Europas in der Zwischenkriegszeit so außerordentlich vergiftete.

Die Briten verzichteten in den zwanziger Jahren bewußt darauf, dem aus ihrer Sicht Hauptschuldigen am Krieg von 1914–18 im Alleingang substantiell entgegenzukommen und damit die ehemaligen Verbündeten, vor allem Frankreich und Belgien, vor den Kopf zu stoßen. Zu einer Verbesserung im »Atmosphärischen« waren die Briten jedoch alsbald bereit. Das machte sich spätestens seit der Übernahme des Auswärtigen Amtes durch Gustav Stresemann im August 1923 bemerkbar. Doch bei aller Konzilianz zog es Großbritannien vor, die anstehenden politischen und wirtschaftlichen Probleme, von denen namentlich Deutschland betroffen war, auf internationalen Konferenzen, wie 1925 in Locarno, durch multilaterale Abmachungen zu lösen oder, nach dem Beitritt Deutschlands am 10. September 1926, im Rahmen des Völkerbundes zu verhandeln. Auf deutscher Seite wurde diese verständnisvolle, wenngleich reservierte Haltung der Briten natürlich bedauert, denn vor allem dann, wenn es um die angestrebte Lockerung der »Fesseln von Versailles« ging, setzten die Deutschen große Hoffnungen auf die ausgleichende und pragmatische Politik der Briten. Eine deutsche Politik, die glaubte, die Verbündeten Großbritannien und Frankreich gegeneinander ausspielen zu können, gab sich indes Illusionen hin. Hinweise, die auf Divergenzen bzw. Interessengegensätze zwischen der britischen und der französischen Deutschlandpolitik schließen ließen, wurden in den zwanziger Jahren in Deutschland falsch interpretiert.

Denn die zunehmende britische Konzilianz gegenüber Deutschland, die sich aus deutscher Sicht wohltuend von der starren französischen Deutschlandpolitik in diesen Jahren abhob, war Ausdruck eines weitaus umfassender angelegten Konzepts britischer Europapolitik. In ihm war Deutschland ein Faktor unter anderen. Nach dem mit so vielen Opfern errungenen Sieg kehrte Großbritannien seit 1918 im Grunde zu seiner traditionellen Haltung gegenüber dem Kontinent zurück. Mit den klassischen Mitteln der Gleichgewichtspolitik versuchte es, die Stabilität des Kontinents wiederherzustellen und so den Frieden zu sichern. Dazu gehörte, daß Großbritannien sowohl eine zu weitgehende Schwächung Deutschlands als auch eine eindeutige Hegemonialstellung Frankreichs zu verhindern trachtete. Die britische Politik eines »peaceful change« war sich bewußt, daß einer dauerhaften Friedensregelung in Europa die Knebelung des besiegten Gegners, die Besetzung seines Territoriums und harte wirtschaftliche Auflagen kaum dienlich sein konnten. Folglich distanzierte sich Großbritannien von der Besetzung des Ruhrgebiets durch französische und belgische Truppen im Januar 1923 und warnte Frankreich vor Maßnahmen, die eine politische Desintegration Deutschlands befördern könnten. Das Zustandekommen der Locarno-Konferenz (5.–16. Oktober 1925), bei der Deutschland erstmals als gleichberechtigter Partner mit am Verhandlungstisch saß, war ganz wesentlich britischen Bemühungen zuzuschreiben. Im übrigen hatte man in Großbritannien nicht vergessen, daß vor dem Kriege umfangreiche Handelsbeziehungen zwischen beiden Ländern bestanden hatten. Sie konnten nur wiederbelebt werden, wenn der Partner von damals wirtschaftlich gesundete.

Es wäre völlig unangemessen, die britische Deutschlandpolitik in den zwanziger Jahren und darüber hinaus als prodeutsch zu bezeichnen. Sie folgte vielmehr ureigenen britischen Interessen. Wenn der Kontinent befriedet war, konnte ihm Großbritannien sozusagen den Rücken zukehren und sich wieder ungestört seinen weltweiten Verpflichtungen zuwenden. Stimmen, die vor einer solchen Haltung warnten, blieben weitgehend unbeachtet. »Since the war«, mahnte der Historiker G. M. Trevelyan schon 1919 vor der British Academy, »we are, whether we like it or not, a part of the Continent.«[4] Aber gerade das bestritt Winston Churchill noch im Februar 1930 in Reaktion auf den Briand-Plan. Großbritannien war in seiner berühmten Formulierung »with Europe, but not of it. We are linked, but not comprised. We are interested and associated, but not absorbed ... We belong to no single continent, but to all.«[5] Es war nicht zu übersehen, daß nach dem Weltkrieg das Empire die volle Aufmerksamkeit der Politiker in London erforderte. Früher als allgemein erwartet stellte sich die Aufgabe, den Dominions und Kolonien mehr Rechte zu gewähren und somit vorsichtig einen Prozeß zu steuern, der schließlich in die Umwandlung des Empire in das Commonwealth of Nations einmündete und in die Unabhängigkeit Britisch-Indiens (1947).

Großbritanniens außenpolitisches Interesse konzentrierte sich in der Zwischenkriegszeit vornehmlich auf die Probleme des Empires und das Verhältnis zu den Vereinigten Staaten. Das war letztendlich auch der Hintergrund der umstrittenen Appeasement-Politik Großbritanniens gegenüber dem Europa der späten dreißiger Jahre. Die schrittweise Errichtung der Diktatur in Deutschland zog vorerst keinen Kurswechsel der britischen Deutschlandpolitik nach sich. Im Gegenteil, schon im Juni 1933 signalisierte die britische Regierung ihre Bereitschaft, das nationalsozialistische Deutschland als gleichberechtigten Partner wieder in den Kreis der europäischen Großmächte aufzunehmen. Als Hitler am 16. März 1935 die allgemeine Wehrpflicht in Deutschland eigenmächtig wieder einführte und damit den Versailler Vertrag verletzte, unterstützte Großbritannien zwar die Proteste Frankreichs, Italiens und des Völkerbundes. Doch bereits im Juni 1935 erkannte es de facto die deutsche Wiederaufrüstung an, als ein deutsch-britisches Abkommen die gegenseitigen Flottenstärken festlegte und damit ebenfalls die Bestimmungen des Versailler Vertrages aufweichte. Hitler betrachtete das Abkommen vom 18. Juni 1935 als einen ersten Schritt auf dem Wege zu einem engen Bündnis mit Großbritannien, seinem außenpolitischen Wunschpartner bei der von ihm angestrebten Aufteilung der Welt in eine britische und eine deutsche Einflußsphäre. Der Tag, an dem das deutsch-britische Flottenabkommen vom Außenminister Sir Samuel Hoare und dem deutschen Sonderbotschafter Joachim von Ribbentrop unterzeichnet wurde, sei, so wird berichtet, für Hitler »der glücklichste seines Lebens« gewesen.[6] Die britische Strategie, den Diktator durch Konzessionen zum Wohlverhalten zu veranlassen, war aber bekanntlich spätestens mit dem Münchner Abkommen vom September 1938 gescheitert.

Daß Deutschland in den zwanziger und frühen dreißiger Jahren nicht im Zentrum des britischen Interesses stand, läßt sich schon an den seltenen deutsch-britischen Kontakten auf höchster Ebene ablesen. Staatsbesuche des Reichspräsidenten in London oder des Königs in Berlin hat es nicht gegeben. Die beiden Besuche Brünings in England 1931 blieben die einzigen eines deutschen Regierungschefs. Mit dem Aufkommen neuer Spannungen im deutsch-britischen Verhältnis bald nach 1933 wurden die gegenseitigen Besuche der Außenminister zwar häufiger. Ein Treffen mit dem Premierminister Stanley Baldwin, das Hitler Mitte 1936 über Mittelsmänner anregte, kam aber nicht zustande, weil das Foreign Office Einwände erhob. In der Krise um die Tschechoslowakei, die Hitler 1938 nach dem Anschluß Österreichs an das Deutsche Reich provozierte, flog Premierminister Neville Chamberlain allerdings gleich dreimal nach Deutschland – nach der kurzen Visite Ramsay MacDonalds im Juli 1931 war dies der zweite Besuch eines britischen Premiers in Deutschland in diesen Jahren überhaupt. Am 15. September 1938 konferierte Chamberlain mit Hitler auf dem Obersalzberg bei Berchtesgaden, vom 22.–24. September im Rheinhotel Dreesen in Bad Godesberg und am 29./30. September in München. Chamberlain glaubte damals, sein hoher persönlicher Einsatz und sein direkter Kontakt mit dem Diktator habe den Frieden Europas gerettet. »I believe it is peace for our time«, erklärte er nach der Rückkehr von der Münchner Konferenz in London.[7]

Die spärlichen deutsch-britischen Kontakte auf Regierungsebene hatten zur Folge, daß den Botschaftern in den jeweiligen Hauptstädten für die Entwicklung des bilateralen Verhältnisses eine viel größere Bedeutung als etwa heute zukam. Sie hatten einen Handlungsfreiraum, von dem Botschafter in einer Zeit, in der sich die Regierungschefs und Außenminister Großbritanniens und Deutschlands regelmäßig sehen, nur noch träumen können. In den zwanziger und auch noch in den dreißiger Jahren waren deshalb die Botschafter die eigentlichen, Kontinuität verkörpernden Mittler zwischen den beiden Ländern. So war es vor allem Lord D'Abernon zuzuschreiben, daß sich das bilaterale Verhältnis nach Wiederaufnahme der diplomatischen Beziehungen allmählich entspannte. Er vertrat sein Land in Berlin zwischen 1920 und 1926; seine Erfahrungen hat er in seinen Tagebüchern und Memoiren ausführlich dokumentiert.

Aber auch der deutsche Botschafter Friedrich Sthamer, der von 1920 bis 1930 mit großem Geschick in London amtierte, hat zur Verbesserung des deutsch-britischen Verhältnisses in den Weimarer Jahren einen großen Beitrag geleistet. Die Namen nahezu aller seiner und Lord D'Abernons Nachfolger sind in der Erinnerung geblieben, so auf deutscher Seite die von Konstantin Freiherr von Neurath (1930–32), Dr. Leopold von Hoesch (1932–36) und dem bornierten »Englandsachverständigen« Joachim von Ribbentrop (1936–38), dessen anmaßendes Auftreten in London für viel Spott und Antipathie sorgte. Sein unmittelbarer Vorgänger im Amt, Leopold von Hoesch, war noch während der Kanzlerschaft Brünings ernannt worden. Er, ein Kritiker der neuen Machthaber in Deutschland, starb 1936 in London, erst 55 Jahre alt. Die Überführung seines Sarges nach Deutschland gestaltete das offizielle Großbritannien zu einer eindrucksvollen Sympathiegeste für das untergegangene demokratische Deutschland. Der Sarg wurde von hohen Regierungsmitgliedern, an ihrer Spitze Außenminister Sir Anthony Eden, und zwei Kompanien der Garde zur Victoria Station geleitet und von Dover aus auf einem britischen Zerstörer nach Deutschland gebracht. Nachfolger des Botschafters D'Abernon in Berlin waren Sir Horace Rumbold (1928–33), Sir Eric Phipps (1933–37) und Sir Nevile Henderson (1937–39). Der zurückhaltende Henderson, der nach Augenzeugenberichten unter den rüden Umgangsformen Hitlers und anderer Nazi-Größen sichtlich gelitten hat, mußte am 3. September 1939 die britische Kriegserklärung an Deutschland im Berliner Auswärtigen Amt abgeben.

Es ist keine Frage, daß die Errichtung der nationalsozialistischen Diktatur seit Januar 1933 die Beziehungen Großbritanniens zu Deutschland zunehmend belastet hat. Am 12. April 1933 erklärte Premierminister Ramsay MacDonald dem deutschen Botschafter von Hoesch: »Als Freund Deutschlands müsse er objektiv feststellen, daß Deutschland in den letzten Wochen in England außerordentlich an Boden verloren habe ... Zu Beginn dieses Jahres ... hätte die prodeutsche Stimmung in England einen solchen Höhepunkt erreicht gehabt, daß das in allen Bereichen, aber besonders hinsichtlich des Grundsatzes der deutschen Gleichberechtigung spürbar gewesen sei.«[8] Von einer vertrauensvollen deutsch-britischen Zusammenarbeit, wie sie sich 1931 anzubahnen schien, konnte seither keine Rede mehr sein. So wenig das neue politische Regime in Deutschland von den Briten auch geschätzt werden mochte, so ist nicht zu übersehen, daß es auf weite Teile der politischen Klasse Großbritanniens und auch die Öffentlichkeit eine merkwürdige Faszination ausübte. Sicher, auch schon das Berlin der späten Weimarer Republik hatte britische Intellektuelle in seinen Bann gezogen. Es war eine Stadt, in der sie sich gern längere Zeit aufhielten. Die Schriftsteller W. H. Auden, Christopher Isherwood und Stephen Spender waren nur die bekanntesten unter ihnen. Isherwood lebte von 1929 bis 1932 in Berlin und hat darüber in seinen Büchern »Mr Norris changes Trains« (1935) und »Goodbye to Berlin« (1939) berichtet. Spender lebte dort jeweils sechs Monate in den Jahren 1929 bis 1933 und Auden von Mitte 1928 bis Mitte 1929.

Nach 1933 setzte ein regelrechter Besucherstrom aus Großbritannien nach Deutschland ein. Politiker, Journalisten, Wissenschaftler und politisch interessierte Touristen wollten das »neue« Deutschland mit eigenen Augen sehen, einen der führenden nationalsozialistischen Politiker sprechen und, wieder zu Hause, von ihren Erfahrungen und Eindrücken berichten. Das nationalsozialistische Deutschland gewann für Briten eine Anziehungskraft, wie sie die demokratische Weimarer Republik nie besessen hatte. Im Juli 1933 schrieb z.B. der Pressezar Lord Rothermere in der Boulevardzeitung *The Daily Mail*: »I write from a new country on the map of Europe. Its name is Naziland ... I urge all British young men and women to study closely the progress of this Nazi regime in Germany. They must not be misled by the misrepresentations of its opponents ... The minor misdeeds of individual Nazis will be submerged by the immense benefits that the new regime is already bestowing upon Germany.«[9] Selbst der nüchterne Anthony Eden, Lordsiegelbewahrer im dritten Kabinett Ramsay MacDonalds und kurz darauf Außenminister, schrieb nach seiner Begegnung mit Hitler im Februar 1934: »Of one thing I am confident: the new Germany of Hitler and Goebbels is to be preferred to the old of Bülow.«[10] Winston Churchill hatte schon im Sommer 1932 Deutschland besucht. Zwar scheiterte ein Zusammentreffen mit dem »Führer« in München, doch der Besuch regte Churchill an, drei Jahre später in einem hellsichtigen Artikel über »The Truth about Hitler« zu schreiben. Churchill schloß zum damaligen Zeitpunkt die Möglichkeit nicht aus, daß sich Hitler als Retter der Deutschen entpuppen könnte – »as the man who restored honour and peace of mind to the great Germanic nation and brought them back serene, helpful and strong, to the European family circle.« Die Zukunft werde entscheiden, »whether he will rank in Valhalla with Pericles, with Augustus, and with Washington, or welter in the inferno of human scorn with Attila and Tamerlane. It is enough to say that both possibilities are open at the present moment.«[11]

Für Churchill war Hitler ein »mystery«, und um dieses Geheimnis zu entschlüsseln, kamen die britischen Besucher praktisch bis zum Kriegsbeginn im September 1939 in Scharen nach Deutschland. Darunter befanden sich Prominente wie Unity Mitford, die Tochter Lord Redesdales und Schwägerin des englischen Faschistenführers Sir Oswald Mosley, und der ehemalige Premier David Lloyd George, der Hitler am 4./5. September 1936 auf dem Obersalzberg aufsuchte und danach tief beeindruckt erklärte: »I only wish we had a man of his supreme quality at the head of affairs in our country today.«[12] Am 22. Oktober 1937 machte das Herzogspaar von Windsor Hitler seine Aufwartung, ebenfalls auf dem Obersalzberg. Doch nicht nur britische Politiker in Amt und Würden oder mit Vergangenheit besuchten das nationalsozialistische Deutschland, sondern auch junge Politiker mit Zukunft. Unter ihnen war der 21jährige Edward Heath, künftiger Parteiführer der Konservativen und Premierminister, der sich im September 1937 in Deutschland aufhielt und den Parteitag der NSDAP in Nürnberg erlebte, auf Einladung der deutschen Botschaft in London, »puzzled as to how this came about, for I had no connections with either the German embassy in London or the Nazi Party authorities in Germany«.[13] Die Hintergründe der überraschenden Einladung schildert Heath in seinen jüngst erschienenen Memoiren.

Die militärische Konfrontation in den beiden großen Kriegen des 20. Jahrhunderts, die von den Historikern beider Länder zu Recht als Tragödie gesehen wird, hat dazu geführt, daß die politischen Beziehungen zwischen Großbritannien und Deutschland in der ersten Hälfte des 20. Jahrhunderts intensiv erforscht worden sind. Doch das Beziehungsgeflecht zwischen beiden Ländern war in der Zwischenkriegszeit natürlich vielschichtiger und komplexer und ging über die zentrale Ebene des Politischen weit hinaus. Enge Kontakte gab es zwangsläufig auch in der Wirtschaft und im Handel, eher zufällige und wenig institutionalisierte Kontakte im Bereich von Wissenschaft und Kultur.

Was die deutsch-britischen Wirtschaftsbeziehungen angeht, so waren sie nach dem Ersten Weltkrieg zunächst belastet durch die Beschlagnahme deutschen Eigentums in Großbritannien, die Enteignung deutscher Patente, das Reparationsproblem, die Inflation in Deutschland, dann durch die Weltwirtschaftskrise, die 1929 einsetzte, und die Pfundabwertung von 1931, die den deutschen Export nach Großbritannien schwer traf. In den dreißiger Jahren gewannen in Großbritannien zudem protektionistische Strömungen an Bedeutung. Sie führten dazu, daß sich der von Großbritannien beherrschte Sterling-Block immer stärker nach außen abschottete. Das war eine fast vorhersehbare Entwicklung, denn seit dem späten 19. Jahrhundert hatte sich Großbritannien in einem nahezu kontinuierlichen Prozeß außenwirtschaftlich zunehmend auf das Empire hin orientiert und damit weg vom europäischen Kontinent. So entfielen 1938 lediglich noch 7,6 Prozent des im Ausland investierten britischen Kapitals auf Europa.

Analog zu den Vorgängen in Großbritannien erschwerten auch die Autarkiepolitik und die strengen Devisenbeschränkungen des nationalsozialistischen Deutschland den bilateralen Handel.

Ungeachtet dieser wenig günstigen Rahmenbedingungen gelang es jedoch, den deutsch-britischen Handelsaustausch bald nach Kriegsende auf ein Niveau zu heben, das in mancher Hinsicht an die Vorkriegszeit anknüpfte. Vor 1914 war das andere Land sowohl für Großbritannien als auch für Deutschland der jeweils wichtigste Handelspartner gewesen. 1913 gingen nach Großbritannien 14,2 Prozent der deutschen Ausfuhr, 7,6 Prozent der britischen Ausfuhr gingen nach Deutschland. Dies war der Hintergrund für das Interesse beider Seiten, den bilateralen Handel nach Unterzeichnung des Versailler Friedensvertrages möglichst zügig auszuweiten. Als die Stabilisierung der Mark 1923 langfristig gelungen war, schlossen beide Länder am 2. Dezember 1924 einen Handelsvertrag, der ihrem Handel die Meistbegünstigung garantierte. Es war dies der erste Handelsvertrag überhaupt zwischen den beiden Staaten. »Hier haben Sieger und Besiegte«, kommentierte der *Economist*, »auf gleicher Basis verhandelt, und ihr Vertrag bedeutet einen definitiven Schritt vorwärts zur Festigung normaler Bedingungen.«[14] Der Vertrag trat am 1. Oktober 1925 in Kraft; er wurde dann 1934 durch ein neues Handelsabkommen ersetzt, das den veränderten Gegebenheiten der Zeit Rechnung trug.

Dennoch ging das deutsch-britische Handelsvolumen in den folgenden Jahren weiter zurück. Dabei blieb Großbritannien für Deutschland als Partner immer wichtiger als umgekehrt. Für Großbritannien war Deutschland in der Zwischenkriegszeit ein Handelspartner unter anderen, zudem auf einem Kontinent unter anderen. Im Jahre 1925 kamen 7,6 Prozent der deutschen Einfuhr aus Großbritannien, 1938 waren es nur noch 5,2 Prozent. Damit war Großbritannien hinter den USA zweitwichtigster Lieferant Deutschlands. Bei der Ausfuhr gingen 10,1 bzw. 6,7 Prozent des gesamten deutschen Exports nach Großbritannien. Bei Kriegsausbruch wurden die Handelsbeziehungen eingestellt. Es war fast von symbolischer Bedeutung für die deutsch-britischen Wirtschaftsbeziehungen in dieser Zeit, daß die Filiale der Deutschen Bank in London, die dort seit 1873 gearbeitet hatte, nach dem Ersten Weltkrieg nicht wieder geöffnet wurde. Anfang August 1914 hatte sie ihre Geschäfte einstellen müssen. Ende 1928 war ihre schwierige Liquidation abgeschlossen. Erst ab 1973 sollte die Deutsche Bank mit einer Repräsentanz wieder in London vertreten sein.

Ein Ungleichgewicht charakterisierte auch die kulturellen und wissenschaftlichen Beziehungen zwischen Großbritannien und Deutschland seit 1919. Das drückte sich unter anderem darin aus, daß der Deutsche Akademische Austauschdienst seit 1927 ein Büro in London unterhielt. An ein analoges britisches Büro in Berlin ist offenbar nie gedacht worden. Immerhin schuf das DAAD-Büro am Russell Square im Stadtteil Bloomsbury einen institutionellen Rahmen zur Erleichterung und Förderung des akademischen Austausches zwischen Deutschland und Großbritannien, nachdem der von den Alliierten mehrere Jahre durchgehaltene Boykott deutscher Wissenschaftler und Künstler Mitte der zwanziger Jahre allmählich ausgelaufen war. Aber an die Verhältnisse in diesem Bereich, wie sie in den Jahrzehnten vor dem Ersten Weltkrieg bestanden hatten, konnte nicht wieder angeknüpft werden. Damals hatten zahlreiche britische Studenten in Deutschland studiert, und für britische Wissenschaftler war ein längerer Studienaufenthalt in Deutschland vielfach ein wichtiger Bestandteil ihrer Karriere gewesen. Nach dem Krieg kamen nur noch vereinzelt Sprach- und Literaturwissenschaftler, Theologen, Musikwissenschaftler und Physiker, für die vor allem Göttingen weiterhin eine große Anziehungskraft besaß. Die britische Regierung scheint angesichts verbreiteter Germanophobie in den zwanziger Jahren an einem umfangreichen akademischen Austausch mit Deutschland ebensowenig interessiert gewesen zu sein wie am Abschluß eines Kulturabkommens, das insbesondere die kulturellen Kontakte zwischen beiden Ländern erleichtert hätte.

So blieb auf diesem wichtigen Felde bilateraler Kontakte nahezu alles dem Zufall und privater Initiative überlassen. Das macht es so außerordentlich schwer, im nachhinein ein präziseres Bild von dem zu erhalten, was in den Jahren zwischen den Kriegen an Beziehungen und Kontakten bestanden hat. Insgesamt wird man hier wohl von einem sehr bescheidenen Volumen ausgehen müssen angesichts des Umstandes, daß »deutsche Wissenschaft« in Großbritannien nun nicht mehr bewundert wurde wie in den Jahrzehnten vor 1914, sondern vielfach auf heftige Ablehnung stieß. Die Tatsache, daß der berühmte Chemiker Fritz Haber während des Kriegs an der Entscheidung und den Vorbereitungen, Giftgas anzuwenden, maßgeblich beteiligt war, war einer breiteren Öffentlichkeit in Großbritannien bekannt. Zu wissenschaftlichen Kongressen, die Anfang der zwanziger Jahre in Großbritannien stattfanden, wurden deutsche Gelehrte nicht eingeladen. Albert Einsteins Vorlesung über die Relativitätstheorie, gehalten 1921 an der Universität Manchester als Dank für die Verleihung der Ehrendoktorwürde, stellte eine bemerkenswerte frühe Durchbrechung der psychologischen Schranken zwischen den Wissenschaftlern beider Länder dar. Die Tafel, auf die er bei dieser Gelegenheit seinen Namen geschrieben hatte, erhielt im Physiklabor der Universität einen Ehrenplatz.

Einstein referierte 1921 auch am King's College in London. Ein Augenzeuge beschrieb die Umstände, die das Auftreten des gefeierten Physikers begleiteten: »I was almost terrified by the commotion which his lecture excited, but I was still more elated by its success. Feeling against Germany was very much stronger after the War of 1914–18 than it has been since the War of 1939–45; and there were fears that the lecture might be disturbed or even prevented ... There was a great demand for tickets ... We now began to fear that the lecture would be disturbed, or even prevented, by an uncontrollable crowd of would-be listeners – listeners, by the way, who would probably understand nothing, being ignorant alike of German and of relativity, but would none the less be eager to listen ... Lord Haldane took the chair; the German Ambassador, Herr Sthamer ..., sat undisturbed on the platform; Einstein gave his lecture, and the college, if unusually crowded, was also utterly peaceful.«[15] Eine Einladung an den Theologen Ernst Troeltsch kam 1923 wegen dessen plötzlichem Tod nicht zustande. Als der Schriftsteller Rudolf Binding 1925 am King's College sprach, war von antideutschen Ressentiments schon nicht mehr die Rede.

Nach dem Auslaufen des Boykotts deutscher Wissenschaftler und Künstler Mitte der zwanziger Jahre trafen sich deutsche und britische Wissenschaftler wieder auf internationalen Konferenzen und lebten auch die Besuche im jeweils anderen Land wieder auf. Max Planck war schon im April 1926 zusammen mit dem Münchner Physiker Arnold Sommerfeld zum ausländischen Mitglied der Royal Society of London gewählt worden, der angesehensten wissenschaftlichen Akademie des Landes. 1931 nahm Planck an der Maxwell-Feier in Cambridge teil. Im selben Jahr war Einstein Gastprofessor von Christ Church in Oxford. 1933 war er erneut in Oxford und London, wo er am 3. Oktober in der Royal Albert Hall zugunsten eines Hilfsfonds für Flüchtlinge aus Deutschland sprach.

Einsteins Londoner Rede bezeichnete eine neue, dramatische Wende in den geistigen Beziehungen zwischen Großbritannien und Deutschland. Manches lief nach dem Januar 1933 in den gewohnten Bahnen weiter. So wurde etwa der Biochemiker Otto Warburg 1934 in die Royal Society aufgenommen, und in den folgenden Jahren konnte er auch noch regelmäßig an ihren Sitzungen teilnehmen – ungeachtet der Maßnahmen des neuen Regimes in Deutschland, das die Auslandsreisen deutscher Wissenschaftler mit fadenscheinigen Argumenten drastisch einschränkte. Aufgrund der politischen Repression in Deutschland lehnten es die britischen Universitäten daher im Juni 1936 ab, an der 550-Jahr-Feier der Universität Heidelberg teilzunehmen. Der letzte bekannte deutsche Wissenschaftler, der Großbritannien vor Beginn des Zweiten Weltkrieges besuchte, war im Juni 1939 Otto Hahn. Er sprach in der Londoner Royal Institution über die von ihm, Lise Meitner und Fritz Straßmann gerade entdeckte Uranspaltung. Der für den Herbst 1939 vorgesehene Gegenbesuch des Physikers George P. Thomson in Deutschland konnte wegen des Kriegsausbruchs nicht mehr stattfinden.

Zu diesem Zeitpunkt hielten sich schon Tausende von Flüchtlingen aus ganz Mitteleuropa in Großbritannien auf, unter ihnen Politiker, Wissenschaftler, Künstler und Schriftsteller. Großbritannien war zu einem der großen Aufnahmeländer für den spektakulären Exodus bedrängter Menschen aus dem »Dritten Reich« der Nationalsozialisten geworden. Im Angesicht von Verfolgung, Unrecht und Brutalität im Deutschland der Nazi-Diktatur bot Großbritannien den Flüchtlingen vorübergehend oder auf Dauer Asyl und sehr häufig auch eine neue berufliche Existenz. Einer der bekanntesten Wissenschaftler unter den Emigranten in Großbritannien war ironischerweise Fritz Haber. Er folgte 1933 einer Einladung der Universität Cambridge, starb aber schon im Januar 1934 während einer Reise in die Schweiz.

Als im September 1939 der deutsche Diktator einen neuen europäischen Krieg anzettelte, hatten ungefähr 74 000 Menschen aus Mitteleuropa in Großbritannien Zuflucht gefunden. Mit mehr oder weniger großen Schwierigkeiten haben sie sich in den folgenden Jahren in die britische Gesellschaft integriert. Viele von ihnen haben nach dem Krieg ganz bewußt wieder Verbindungen zu Deutschland gesucht und sich mit bewundernswertem persönlichen Engagement für eine Versöhnung zwischen den beiden Völkern eingesetzt. Ihnen ist es im hohen Grade mitzuverdanken, daß sich das Verhältnis zwischen Briten und Deutschen nach 1945 so viel schneller entspannte als nach 1918 und die Beziehungen zwischen ihnen heute umfassender und enger sind als jemals zuvor in der Geschichte. Von Antagonismus und Rivalität ist längst nicht mehr die Rede, statt dessen von Partnerschaft, Kooperation und der »stillen Allianz« zweier Völker, deren Verhältnis zueinander die Zukunft Europas in entscheidender Weise mitbestimmt.

BERND JÜRGEN WENDT

»Appeasement« – Eine Friedenspolitik ohne Echo

Bis zur Sudetenkrise und zur Münchner Konferenz 1938 bezeichnete »Appeasement« als die »methodische Beseitigung der hauptsächlichen Reibungsursachen in der Welt« (Samuel Hoare) am Verhandlungstisch mit dem Ziel eines »friedlichen Wandels« (»peaceful change«) eine Politik, die von allen, die den Begriff verwandten, einhellig positiv beurteilt wurde. Wer nicht »Appeasement« (»peace«) betrieb, konnte nur Krieg wollen.[1] Das Ziel war, durch die Ausräumung bestehender Differenzen auf der Grundlage gegenseitiger Achtung und Gerechtigkeit eine dauerhafte allgemeine Friedensordnung zu schaffen. An die Unterwerfung kleinerer Staaten unter den Willen einer Großmacht war dabei ursprünglich nicht gedacht. Erst mit dem Einmarsch deutscher Truppen in das Sudetenland im Oktober 1938 und der – von den Westmächten ohne Widerstand hingenommenen – Zerschlagung der sogenannten »Resttschechei« am 15./16. März 1939 erfuhr das »Appeasement« durch die Gegner der britischen Außenpolitik die geläufige negative Einfärbung bis heute als eine Politik der Friedenserhaltung um jeden Preis, auch um den eines Verrates an einem Bündnispartner. Es wurde zum Synonym für eine kraftlose Beschwichtigung der Diktatoren zu Lasten kleinerer Staaten und unter Aufgabe der Prinzipien politischer Moral, zum Inbegriff einer Politik blinder Borniertheit und Naivität, der Schwäche, der Illusionen und der Konzeptionslosigkeit.

Ein Zweites: Das »Appeasement« auf die einsamen Entschlüsse und Marotten eines knapp siebzigjährigen außenpolitischen Dilettanten und Illusionisten, des Premiers N. Chamberlain (1937–1940), und auf seine Vorliebe für eine persönliche Konferenzdiplomatie gegenüber Hitler mit seinen Besuchen in Berchtesgaden (16.9.), Bad Godesberg (22.–24.9.) und München (29.–30.9.1938) zu reduzieren, bedeutet methodisch eine unzulässige Personalisierung historisch-politischer Prozesse und verfehlt inhaltlich die ganze Komplexität außenpolitischen Handelns und seiner Hintergründe. Gewiß hat Chamberlain diesem Eindruck selbst Vorschub geleistet. Seine Neigung zu persönlichen außenpolitischen Entscheidungen am – wie er meinte – schwerfälligen Apparat des Foreign Office vorbei und eine gewisse halsstarrige Selbstüberschätzung verbanden sich mit einer – von vielen seiner Zeitgenossen geteilten – tiefen Skepsis gegenüber der Wirksamkeit der kollektiven Sanktionsmechanismen des Völkerbundes nach dessen Versagen beim japanischen Überfall auf die Mandschurei 1931, bei der Annektion Abessiniens durch Italien 1935 und im Spanischen Bürgerkrieg 1936–1939. Nach dieser Aushöhlung des Prinzips der kollektiven Sicherheit hat er sich von Hitler sicher nicht ungern das Gesetz bilateraler Verhandlungen aufdrängen lassen. In ihnen sah Chamberlain eher eine Chance zur Erhaltung des Friedens als in der Blockbildung vor dem Ersten Weltkrieg, die er ganz wesentlich für dessen Ausbruch verantwortlich machte. Weiterhin wird dem Premier vorgeworfen, er sei auch in No. 10 Downing Street allzu lange noch auf die orthodoxen Grundsätze seiner Amtszeit als Schatzkanzler (1931–1937) – »sound finance and balanced budget« – fixiert gewesen und habe darüber aus reiner Inflationsfurcht eine massive und rasche anleihefinanzierte Aufrüstung Großbritanniens als einzig wirksames Mittel der Abschreckung (»deterrence«) blockiert.

Wenn der Premier aber nach seiner Rückkehr aus der bayerischen Hauptstadt die berühmten Worte sprach: »I believe it is peace for our time«, so drückte er damit nur die ungeheure Erleichterung und die Friedenssehnsucht seiner Landsleute aus. Ihre Erinnerung an das gerade erst zwei Jahrzehnte zurückliegende Völkermorden des Ersten Weltkrieges war noch überall gegenwärtig. Die Angst vor einem »aerial knock-out blow« auf London durch die deutsche Luftwaffe gleich in den ersten Tagen eines Krieges saß tief. »The bomber would always get through«, hatte Baldwin schon Ende 1932 im Unterhaus die britische Verwundbarkeit aus der Luft beschworen, und das Schicksal Guernicas am 26. April 1937 rüttelte die europäische Öffentlichkeit zum erstenmal auf.

Chamberlain mit unserem heutigen Wissen vorzuwerfen, er habe den Frieden in München doch nur für ein Jahr gerettet, wäre unhistorisch und hieße, Geschichte rückwärts zu schreiben. Denn zum einen war dieses Jahr für Großbritannien äußerst wichtig, um die längst begonnene Aufrüstung weiter entschlossen voranzutreiben und die Kriegsbereitschaft der Inselbevölkerung und des gesamten britischen Weltreiches angesichts neuer deutscher Aggressionen aufzubauen. Den Frieden schon 1938 aufs Spiel zu setzen in einem Streit »in a far away country between people of whom we know nothing« – so Chamberlain in seiner berühmten Radioadresse am 27. September 1938 –, war den eigenen Landsleuten und den Völkern des Empires nicht zu vermitteln.

Ein Jahr später lagen die Dinge ganz anders: Die Londoner Regierung hatte am 31. März 1939 die »Unabhängigkeit« (»independence«) Polens garantiert, mit Warschau am 25. August einen Beistandspakt abgeschlossen, und die deutsche Aggression bedrohte das europäische Gleichgewicht allzu offenkundig, als daß nicht diesmal »the great issues« für die Briten auf dem Spiel standen. »Peace and rearmament« waren seit 1935 die beiden untrennbaren Seiten des »Appeasement«. Chamberlains hartnäckige Friedensbemühungen bis zuletzt sollten zum wirkungsvollen Kraftquell im Kampf gegen Hitler werden. Insofern ist sich die Forschung heute darin einig, daß er letztendlich der »Sieger von München« war im Gegensatz zu seinem Gegenspieler in Berlin. Dieser empfand sich eindeutig als »Verlierer«, war ihm doch der an sich geplante »Durchmarsch nach Prag« zunächst durch die »Weltgouvernante« Großbritannien versperrt. Zum anderen hatten auch die »Antiappeasers« um W. Churchill und D. Cooper bei all ihrer scharfen Kritik am außenpolitischen Kurs der Regierung 1938 keine wirkliche Alternative anzubieten. Sie beharrten auf einer Beschleunigung des Rüstungstempos und auf einem engen Schulterschluß mit der Sowjetunion als Abschreckung, plädierten aber keineswegs für eine militärische Unterstützung Prags, um die Abtretung des Sudetenlandes – nur darum schien es aus Londoner Sicht im September 1938 zu gehen – zu verhindern.

Ein Drittes: Der Begriff »Appeasement« erscheint nicht nur zeitlich allzu punktuell auf das Jahr 1938 und auf die Münchner Konferenz und personell zu sehr auf die Persönlichkeit N. Chamberlains zugespitzt und dadurch verengt. Auch inhaltlich ist ihm inzwischen durch die Reduktion auf den Bereich des Politischen und auf die britische Deutschlandpolitik seine ursprüngliche Bedeutungsfülle und Aspektvielfalt abhanden gekommen. »Appeasement« war in einer sehr schwierigen politischen und wirtschaftlichen Situation Großbritanniens so etwas wie eine nationale und internationale »Krisenstrategie«.[2] In ihr fügten sich Innen- und Außenpolitik, Wirtschaft und Finanzen, gesellschaftliches Kräftefeld und politisches System, Abrüstung und Rüstungsbegrenzung zu einem untrennbaren Ganzen zusammen. Vor dem Hintergrund der globalen Doppelkrise von 1929/32 – Zusammenbruch des Weltwirtschafts- und Finanzsystems und des Systems internationaler kollektiver Sicherheit – wurden wirtschaftliches Überleben und konjunkturelle Erholung, die Erhaltung des Friedens und die Vermeidung eines neuen Wettrüstens wie vor 1914 zu Schicksalsfragen nicht nur in Großbritannien, sondern auch in vielen anderen Staaten, die von der Weltwirtschaftskrise betroffen waren. In einer Konzeption der umfassenden internationalen Lösung politischer und ökonomischer Konflikte und Spannungen am Verhandlungstisch war das »Political Appeasement« jederzeit ergänzungsbedürftig durch eine Entspannung in den internationalen Handels- und Finanzbeziehungen (»Economic Appeasement«).[3] Umgekehrt wurden von einem »Economic Appeasement« durch den Abbau von Handelshemmnissen, eine Liberalisierung des Welthandels, eine Wiederherstellung des internationalen Anleihe- und Kreditsystems sowie eine Intensivierung zwischenstaatlicher Wirtschaftskontakte in einem »spill over«-Effekt auch friedensfördernde Einflüsse auf die politischen Beziehungen erhofft. In zahllosen Äußerungen britischer Führungskreise und auch in zeitgenössischen Zeugnissen ist überall greifbar, daß »Political« und »Economic Appeasement« zwei voneinander untrennbare Bereiche einer einzigen politisch-wirtschaftlichen Entspannungskonzeption gewesen sind. Gerade Chamberlain, von Haus aus Geschäftsmann aus Birmingham und langjähriger Schatzkanzler in der britischen Regierung, die ihm eine Konsolidierung der Staatsfinanzen nach 1931 verdankte, besaß ein klares Bewußtsein vom Zusammenhang von politischer Détente und wirtschaftlicher Erholung und dafür, daß politische Konflikte oft wirtschaftlichen Ursprunges und umgekehrt Krisen im internationalen Handelsverkehr vielfach Folgen politischen Mißtrauens sind. Dieses traditionelle liberalkapitalistische und noch im Freihandelsdenken wurzelnde optimistische Dogma internationaler Friedenspolitik aus dem 19. Jahrhundert mag schon damals vielfach von der Realität überholt gewesen sein, für die britischen Führungsschichten besaß es jedoch nach wie vor Geltung.

Der allenthalben sich ausbreitende wirtschaftliche Nationalismus im Zuge der weltweiten Autarkiebestrebungen mußte einer Wirtschaftsnation wie Großbritannien, die allen eigenen Schutzzolltendenzen seit 1931/32 zum Trotz nach wie vor so existentiell vom Außenhandel abhängig war, besonders zu schaffen machen. Speziell auf Deutschland bezogen, hieß »Economic Appeasement« als eine Teilstrategie der allgemeinen »Appeasementpolitik« zum einen, die traditionell seit dem

19. Jahrhundert enge, wenn auch durch den Ersten Weltkrieg und die Weltwirtschaftskrise sehr viel lockerer gewordene Verflechtung zwischen britischem und deutschem Außenhandel wiederherzustellen und dadurch friedensfördernde Impulse zu befördern. Zum anderen sollten durch eine entgegenkommende Kredit- und Handelspolitik der Londoner City und der interessierten Außenhandelskreise sowie durch die Aussicht auf ein »koloniales Kondominium« in Afrika (»Colonial Appeasement«) und auf ein von den Westmächten anerkanntes deutsches »Informal Empire« in Südosteuropa jene »gemäßigten Kräfte« (»moderates«) im »Dritten Reich« gestärkt werden, die, wie man meinte, auf wirtschaftliche Vernunft und internationale Verständigung setzten und nicht, wie die »Parteiextremisten« (»party extremists«), auf Lebensraumkrieg und ideologische Rasseutopien. Eine damals in Großbritannien weit verbreitete Deutung, nach der der Aufstieg des Nationalsozialismus wesentlich eine Konsequenz der inneren Verelendung gewesen sei, leistete der Erwartung Vorschub, daß ein ökonomisch prosperierendes und als gleichberechtigte Großmacht international anerkanntes nationalsozialistisches Deutschland seine radikalen und aggressiven Züge ablegen und vielleicht sogar als ein kooperatives und friedliebendes Glied der internationalen Staatenwelt in den Völkerbund zurückkehren werde.

Die Wahrnehmung und Einschätzung des internen Kräftespiels in Berlin von außen waren von einer erheblichen Unsicherheit gekennzeichnet.[4] Die Informationen aus Deutschland waren höchst irritierend, widersprüchlich und nur schwer kalkulierbar. Sie wollten sich nicht zu einem in sich kohärenten Deutschlandbild fügen. Analog zur späteren »Kremlastrologie« des Westens im »Kalten Krieg« könnte man hier auch von einer hilflosen »Wilhelmstraßenastrologie« in London sprechen. Eine der großen Schwächen des »Appeasement« lag darin, daß seine Protagonisten das »Dritte Reich« im Raster überkommener Großmacht- und Revisionspolitik wilhelminischen und Weimarer Zuschnittes wahrnahmen und deuteten und danach ihre Politik konzipierten.

Sie mußten damit notwendigerweise die neuartige sozialdarwinistische und rassenbiologische Dynamik nationalsozialistischer Außenpolitik, die tendenzielle Grenzen- und Maßlosigkeit ihrer Aggressivität verfehlen oder verdrängten sie, wenn sich »kognitive Dissonanzen« einstellten, einfach aus ihrem Kalkül. Die Hoffnung, durch revisionspolitisches und ökonomisches Entgegenkommen und eine gewisse Anerkennung der deutschen Vormachtstellung in Mittel- und Südosteuropa die »moderates« in Berlin um Schacht, Göring, Weizsäcker, zu denen zeitweise auch Hitler gerechnet wurde, gegen die »extremists« um Ribbentrop, Himmler und Goebbels stützen und mit ihrer Hilfe in Deutschland langfristig einen Friedenskurs durchsetzen zu können, mag uns im Rückblick als eine illusionistische Verkennung des nationalsozialistischen Regimes und seiner expansiven Gewaltbereitschaft erscheinen. Aber zum einen ließen es Schacht und andere nicht an zahlreichen diskreten Hinweisen nach London fehlen, ökonomische und politische Konzessionen könnten die Kräfte des Ausgleiches in Deutschland stärken, und Hitler selbst verstand es immer wieder geschickt, seine »Wochenendcoups« (16. März 1935 Wiedereinführung der allgemeinen Wehrpflicht, 7. März 1936 Remilitarisierung des Rheinlandes) mit dem Angebot von Sicherheitsgarantien oder eines Luftpaktes, an dem die Briten besonders interessiert waren, zu verknüpfen und dadurch Illusionen für eine dauerhafte Verständigung zu wecken. Zum anderen machte das »Appeasement« nur Sinn, wenn die britische Regierung bis zuletzt auch bei ihren Kontrahenten eine wirkliche Bereitschaft zur Erhaltung des Friedens und zu einer internationalen Verständigung unterstellte. Die Alternative wäre ein Präventivkrieg zur rechtzeitigen Ausschaltung der deutschen Gefahr gewesen. Hierfür erhob sich damals keine einzige Stimme.

Immer wieder ist der Vorwurf laut geworden, die Aufrüstung im Rahmen einer »Doppelstrategie« (»dual policy«) von »peace and rearmament« sei zu spät und auch dann nur allzu zögernd und halbherzig in Angriff genommen worden, um als Abschreckung glaubhaft zu sein. Deshalb habe das »Appeasement« eben doch nur eine Politik der Schwäche und der schrittweisen Kapitulation sein müssen. Aber ein vorzeitiges Wiederingangsetzen der internationalen Rüstungsspirale wie vor 1914 bedeutete aus britischer Sicht eine erneute »Verzerrung« (»dislocation«) der industriellen Produktionsstruktur durch eine folgenreiche Verlagerung auf eine letztlich unproduktive Rüstungswirtschaft, den wahrscheinlich unwiederbringlichen Verlust von Exportmärkten, einen verstärkten Importsog für rüstungswichtige Rohstoffe, eine zunehmend defizitäre Leistungsbilanz der Außenwirtschaft, eine Schwächung des Pfundes und einen Abfluß von Gold- und Devisenreserven noch vor dem Eintreten des Ernstfalles, eine erneute Aufblähung der inneren und äußeren Staatsverschuldung besonders gegenüber den USA wie infolge des Ersten Weltkrieges und am Ende möglicherweise die Gefahr einer Zerrüttung der Staatsfinanzen und eines Inflationsschubs. Großbritannien war in den Ersten Weltkrieg mit einer inneren Staatsverschuldung von 625 Millionen Pfund gegangen. Am Ende hatte sie sich mehr als verzwölffacht, insgesamt auf 7,809 Milliarden Pfund. Die Briten zahlten zu diesem Zeitpunkt immer noch die Kosten des Ersten Weltkrieges ab.

Derartige Ängste wurden damals eingehend im Parlament und in der Öffentlichkeit im Zusammenhang mit der Aufrüstung diskutiert. Im Blick auf den erwarteten langen Abnutzungskrieg erläuterte der Minister für die Koordination der Verteidigung, Sir T. Inskip, in einem Bericht für das Kabinett Ende 1937 die Grundprinzipien der Aufrüstung: »If we are to emerge victoriously from such a war, it is essential that we should enter it with sufficient economic strength to enable us to make the fullest uses of resources overseas, and to withstand the strain ... Seen in its true perspective, the maintenance of our economic stability would more accurately be described as an essential element in our defensive strength; one which can properly be regarded as a fourth arm in defence ... without which purely military efforts would be of no avail.«[5]

Chamberlains orthodoxes Programm der »gesunden Finanzen« und des ausgeglichenen Haushaltes, mit dem er sein Land als Schatzkanzler (1931–1937) wesentlich aus der Weltwirtschaftskrise herausgeführt hatte, drohte mit dem Scheitern des »Appeasement« und einem neuen internationalen Rüstungswettlauf illusorisch zu werden. Das Ziel, in einer »Doppelstrategie« von Entspannung und maßvoller Aufrüstung die Rüstungsfinanzierung stets unterhalb der Inflationsschwelle zu halten und einen Mittelweg aus Steuer- und Anleihefinanzierung (freilich mit rasch zunehmendem Übergewicht der letzteren) einzuhalten, zwang die Londoner Regierung zur Setzung rüstungswirtschaftlicher und militärstrategischer Prioritäten im Defensivbereich. In den Planungen von 1937 galt die Priorität für die Mittelzuweisungen denn auch der Royal Air Force als Abschreckungsstreitmacht und hier der relativ billigen Jagdwaffe mit den neuen Typen »Spitfire« und »Hurrican« als den »Wunderwaffen« der Zukunft sowie dem Aufbau einer Kette von Radarstationen an der südenglischen Küste und der – der Armee unterstellten – Luftabwehr. An zweiter Stelle rangierte die Modernisierung der Flotte und erst an dritter die Landstreitkräfte. Im März 1938 informierte das Kabinett die Franzosen, daß für ein »Expeditionskorps« nur zwei Divisionen zur Verfügung stünden. »Limited liability« hieß das alles beherrschende Losungswort. Es fügte sich militärstrategisch, rüstungswirtschaftlich, haushalts- und sicherheitspolitisch nahtlos in die von der Regierung verfolgte Gesamtstrategie des »Political and Economic Appeasement«, ohne freilich – und das sollte sich schließlich 1939 als entscheidend erweisen – auf Berlin eine nachhaltige Abschreckungswirkung zu entfalten. Im Gegenteil, Hitler sah in dieser Politik nur ein Zeichen der Schwäche und dementsprechend eine zusätzliche Ermunterung für seinen ab Frühjahr 1938 eingeschlagenen Risikokurs am Rande des Krieges.

Auch war dem konservativ-bürgerlichen Establishment, das mit Ausnahme weniger Jahre Großbritannien in der Zwischenkriegszeit regierte und ihm gesellschaftlich noch einmal seinen Stempel aufdrückte, sehr bewußt, daß ein neuer Krieg das soziale Profil Großbritanniens grundlegend verändern würde. Durch ihn würde die Führung der Arbeiterbewegung, die die Konservativen nach dem Ersten Weltkrieg noch einmal für viele Jahre wieder in den Vorhof der Macht hatten verbannen können, nunmehr für lange Zeit in die staatlichen Schaltstellen einrücken – eine Prognose, die sich 1945 mit der Regierung Attlee, der Einführung des Wohlfahrtsstaates und den Sozialisierungen bewahrheiten sollte. Insofern war »Appeasement« ideologisch nach innen stets auch eine konservative Strategie der Immunisierung des überkommenen Gesellschaftssystems gegen einen tiefgreifenden Wandel. Dementsprechend nahm auch das nationalsozialistische Deutschland im politischen Weltbild der konservativen Eliten Großbritanniens bei allem Abscheu, den es mit seiner brutalen Verfolgungspraxis gegen Juden und Andersdenkende erregte, doch insofern einen bevorzugten Platz ein, als sie in ihm ein zuverlässiges Bollwerk gegen den Bolschewismus und gegen die subversiven Volksfrontbestrebungen der Komintern in Kontinentaleuropa (Spanien, Frankreich) sahen.

»Appeasement« war unter globaler Perspektive der Versuch einer saturierten und bereits im Niedergang befindlichen Weltmacht, ihren überkommenen Status gegen die sich abzeichnende Konkurrenz der USA, Japans und später auch der Sowjetunion im internationalen Mächtekonzert zu bewahren, nicht bei einem neuen Weltkrieg endgültig in die Rolle des Juniorpartners Washingtons abzusinken und das Empire, inzwischen ein »gouty giant« (P. Kennedy), allen inneren Auflösungserscheinungen zum Trotz zusammenzuhalten. Das »British Commonwealth of Nations« war nach dem Statut von Westminster 1931 gerade in einer entscheidenden Phase seiner Umformung zu einem Bund unabhängiger und unter der britischen Krone solidarisch zusammengeschlossener Staaten. London konnte nur dann auf die im Kriegsfall dringend benötigte Unterstützung des Commonwealth zählen, wenn es gelang, seine Mitglieder zu überzeugen, daß die britische Regierung bis zuletzt um den Frieden gerungen hatte und daß der Anlaß zum Kriegseintritt wirklich eine Existenzfrage für das Inselreich war wie etwa die nachhaltige Erschütterung des kontinentalen Gleichgewichts durch die gewaltsame Durchsetzung des deutschen Hegemonialanspruches.

Zwischen dem weltweiten politischen und militärischen Engagement Großbritanniens und seinen nur begrenzten Ressourcen hatte sich längst eine klaffende Lücke aufgetan. Der Inselstaat lebte schon damals mit seinem Weltmachtanspruch materiell über seine Verhältnisse, in einem Zustand ständiger »strategischer Überbeanspruchung« (»strategic over-extension«) seines beschränkten Kräftehaushaltes, wie es der britische Militärschriftsteller Liddel-Hart 1937 im Blick auf die Außenpolitik seines Landes so prägnant formulierte. Die Grundprinzipien britischer Sicherheitspolitik lauteten: die Herrschaft über Kanal und Nordsee; die Sicherung der »Gegenküste« mit den Kanal- und Atlantikhäfen in den Niederlanden, Belgien und Frankreich; das Gleichgewicht auf dem Kontinent; das Offenhalten der überseeischen Handelsrouten; die Sicherung der gegenseitigen Unterstützungsmöglichkeiten für alle Mitglieder des Commonwealth.[6] Die Abwehr einer weltweiten sicherheitspolitischen Herausforderung des Mutterlandes, seines Empires und seiner Lebensadern an gleich drei neuralgischen Punkten – durch Deutschland in Europa, durch Italien im Mittelmeer und durch Japan in Fernost – zwang die Londoner Regierung, Prioritäten zu setzen und zumindest an einer oder zwei Fronten Konflikte abzubauen: Dazu sollte der angestrebte Ausgleich mit Deutschland und Italien dienen. Der Bericht der Stabschefs im November 1937 war ernüchternd: »We cannot foresee when our defence forces will be strong enough to safeguard our territory, trade and vital interests against Germany, Italy and Japan simultaneously. We cannot therefore exaggerate the importance, from the point of view of Imperial Defence, of any political or international action that can be taken to reduce the numbers of our potential enemies and to gain the support of great allies.«[7] Zuverlässige Alliierte zeichneten sich jedoch 1938/39 für London nicht ab: Die USA verharrten allen gegenteiligen Bemühungen ihres Präsidenten F.D. Roosevelt zum Trotz in ihrer Isolation; Frankreich hatte sich seit 1929 defensiv hinter seine Maginot-Linie zurückgezogen und war innenpolitisch tief zerrissen; die Sowjetunion, für Chamberlain »half-asiatic«, hatte in den Stalinschen »Säuberungen« gerade nahezu ihre gesamte militärische Führungsschicht verloren und galt dementsprechend militärisch allgemein als schwach und unberechenbar. Sie gab überdies in den monatelangen Verhandlungen mit den Westmächten im Sommer 1939 unmißverständlich und hartnäckig zu verstehen, daß jede aktive Hilfeleistung im Kriegsfall von dem Durchmarschrecht für die Rote Armee durch Polen und Rumänien abhängig sein würde – ein Ansinnen, dem sich Warschau und Bukarest wie auch die Baltischen Staaten erfolgreich widersetzten, bis es zu spät war. So war die Münchner Konferenz aus Londoner Sicht der letzte Versuch des überkommenen europäischen Mächtekonzertes, die Konflikte in Europa am Verhandlungstisch ohne eine Einbeziehung der Flügelmächte, der USA und der Sowjetunion, allein zu lösen.

Aus diesem zugleich europäischen und globalen Blickwinkel, der die Außenpolitik Whitehalls stets bestimmt hat, schienen die revisionistischen Forderungen und Schritte der Deutschen wie die Wiederaufrüstung 1935, die Remilitarisierung des Rheinlandes 1936 und der »Anschluß« Österreichs auf ein kalkulierbares Risiko zu schrumpfen, das Whitehall ohne größeren Widerstand glaubte hinnehmen zu können. Der Versailler Vertrag hatte sich im Bewußtsein der meisten Briten längst überlebt und war zunehmend Gegenstand eines schlechten Gewissens geworden. Es schien nun endlich an der Zeit, den »deutschen Beschwerden« (»German grievances«) ernsthaft Rechnung zu tragen, alle restlichen Konfliktpunkte seit dem Ersten Weltkrieg am Verhandlungstisch abzutragen und Deutschland als voll gleichberechtigte Großmacht wieder in das europäische Mächtekonzert aufzunehmen. Würde es sich dann nicht auch unter nationalsozialistischer Führung – so das britische Kalkül – als eine saturierte Macht vernünftig und maßvoll gebärden?

Aber diese Rechnung ging nicht auf. Sie konnte wohl auch nicht aufgehen, wie wir heute wissen. Denn das »Appeasement« beruhte letztlich auf einer illusionären Fehleinschätzung des NS-Regimes, seiner Ideologie und seiner Ziele. Lord Halifax, damals noch Präsident des Geheimen Staatsrates, dann wenig später als Außenminister Vertreter einer weniger kompromißbereiten Linie gegenüber Berlin als Chamberlain, ohne damit freilich ein schärferes außenpolitisches Profil gewonnen zu haben, scheint dies geahnt zu haben, als er seine Begegnung mit Hitler auf dem Obersalzberg im November 1937 später rückblickend resümierte: »Während der ganzen Zeit hatte man das Gefühl, daß wir eine total verschiedene Wertvorstellung besaßen und in verschiedenen Sprachen zueinander redeten.«[8]

Hitlers Englandbild war wie das vieler Deutscher zwiespältig und dauernden Schwankungen unterworfen. Machtpolitische, ideologische und gefühlsmäßig-irrationale Komponenten waren in ihm eine unauflösliche Mischung eingegangen. Stand auf der einen Seite die hohe Bewunderung für das »germanische Brudervolk« und für seine imperialistischen Leistungen in der Gewinnung eines mächtigen Weltreiches, so konnte diese auf der anderen Seite unversehens in abgrundtiefen Haß gegen die »Weltgouvernante« umschlagen, wenn London sich den deutschen Vorstellungen über eine globale machtpolitische Aufteilung der Interessensphären nicht gefügig zeigte. Dem dogmatisch auf sein ideologisches Weltbild fixierten Diktator tat es damit, wie er meinte, kund, daß in der britischen Hauptstadt nun offenkundig der gemeinsame »jüdisch-bolschewistische Weltfeind« das Ruder übernommen hatte und gegen Deutschland intrigierte, um ihm am Ende wider Willen den Krieg »aufzuzwingen«. Entsprechend ambivalent, sprunghaft und für die Briten kaum kalkulierbar gestaltete sich auch die Englandpolitik Berlins in den 1930er Jahren.[9]

Über eines herrschte bei allen Beteiligten freilich Einmütigkeit: Wie schon beim ersten Anlauf Deutschlands zur Weltmacht vor 1914 blieb das Inselreich auch beim zweiten im Vorfeld des Krieges der zentrale »Schlüssel im Schloß der deutschen Außenpolitik und ihrer expansiven Herausforderungen« (Hildebrand). Englands Schatten als eines für die deutsche Führung nur schwer kalkulierbaren Unsicherheitsfaktors lag in den 1930er Jahren über allen rüstungs- und militärstrategischen sowie bündnispolitischen Planungen. Zu den bereits in den zwanziger Jahren formulierten und dann auch zunächst zielstrebig nach 1933 verfolgten Grundintentionen Hitlers gehörte die einer »imperialistischen Komplizenschaft« (Broszat) mit England: Gegen eine deutsche Garantie ihres Weltreiches sollten die Briten die uneingeschränkte deutsche Hegemonialstellung auf dem Kontinent anerkennen und den Deutschen »freie Hand« für die Eroberung von »Lebensraum im Osten« geben. Krasser hätte die Fehleinschätzung der elementaren britischen Sicherheitsinteressen und insbesondere zweier ihrer Kernelemente – Sicherung der »Gegenküste« am Kanal und am Atlantik sowie Wahrung des europäischen Gleichgewichtes – nicht ausfallen können.

Die Kernfrage für die Prioritäten in der deutschen Aufrüstung – Heer, Luftwaffe oder Marine – und für die deutsche Bündnispolitik lautete: Würde die britische Regierung dem Aufbau einer deutschen Hegemonie auf dem Kontinent und dem gewaltsamen Ausgreifen nach Osten tatenlos zusehen oder würde der Widerstand Londons und der Franzosen vor dem angestrebten »Lebensraumkrieg« im Osten als Rückendeckung in einer vorübergehenden »verkehrten Frontstellung« noch einen »vorgeschalteten Zwischenkrieg« nach Westen notwendig machen? Eine klare und unzweideutige Antwort aus London stand lange, nach Ansicht vieler allzu lange aus und war wohl auch von einem parlamentarisch-demokratischen System kaum so leicht zu erwarten. Erst durch die Garantie der polnischen Unabhängigkeit am 31. März 1939 gab die britische Regierung zu erkennen, wo sie dem deutschen Expansionismus Grenzen zu setzen entschlossen war.

Hitler deutete alle Signale und Initiativen aus der britischen Hauptstadt und auch ihr Ausbleiben im Rahmen seines Wunschdenkens. Die Unvereinbarkeit der beiderseitigen Positionen weigerte er sich bis zuletzt anzuerkennen. Bis 1935 wertete er die Verständigungsbereitschaft der britischen Regierung und ihr Nachgeben gegenüber den deutschen Revisionsforderungen als ein untrügliches Zeichen dafür, daß er sein Lebensraumprogramm im Osten im Einverständnis mit den Briten werde verwirklichen können. Höhepunkt dieser Illusion war der Abschluß des Flottenabkommens am 18. Juni 1935, angeblich Hitlers »glücklichster Tag«, mit dem die deutsche Flottenstärke tonnagemäßig auf 35 Prozent der britischen festgelegt wurde. Aber während der deutsche Diktator in diesem Abkommen und in dem als Vorleistung festgeschriebenen (vorläufigen) Verzicht auf eine neue Flottenrivalität wie vor 1914 einen ersten Schritt zur bilateralen politischen Partnerschaft sah, verbanden seine Vertragspartner mit ihm ganz andere, sehr viel niedriger gehängte Erwartungen: Nachdem Tokio das Washingtoner Flottenabkommen von 1922 wegen der Verweigerung der Gleichberechtigung zur See fristgerecht am 29. Dezember 1934 auf den 31. Dezember 1939 gekündigt hatte, drängte besonders die britische Admiralität darauf, Nachrichten aus Berlin über eine beginnende deutsche Flottenrüstung ernst zu nehmen und diese vertraglich einzubinden, bevor die internationale Seerüstung wieder wie vor dem Ersten Weltkrieg außer Kontrolle geraten würde.

Als nach 1935 weitere Schritte des Entgegenkommens in London zur maßlosen Enttäuschung Hitlers ausblieben, andererseits die Briten aber sowohl im Abessinienkrieg 1935/36 als auch im Spanischen Bürgerkrieg 1936/39 jedes eindeutige politische, militärische oder ökonomische Eintreten zugunsten der Unterlegenen vorsichtig vermieden, wertete der »Führer« das »Appeasement« als eindeutigen Ausdruck der Schwäche. Als Konsequenz glaubte er in den Jahren 1936 und 1937 auf jeden Beistand der – durch die zersetzenden Einflüsse des »Weltjudentums« geschwächten – Londoner Regierung verzichten und auch ohne sie ungestraft zunächst an den Aufbau der Vormachtstellung in Europa und dann an die Lebensraumgewinnung im Osten gehen zu können. Flankiert wurde diese Strategie des »ohne England« mit der Sanktionsdrohung, gegebenenfalls auch Kolonien zu fordern und die Luftrüstung zu forcieren, wenn die Briten nicht zum Wohlverhalten nach deutschen Bedingungen bereit wären.

Als die britische Regierung ab Frühjahr 1938 zu verstehen gab, daß sie zwar nicht bereit war, in der Sudetenkrise für die territoriale Integrität der Tschechoslowakei in den Krieg zu ziehen, daß sie aber in den kontinentalen Angelegenheiten durchaus gefragt zu werden und mitzuentscheiden verlangte, und ihr Mitspracherecht zusammen mit den Franzosen auch unzweideutig auf der Münchner Konferenz dokumentierte, wandte sich der Diktator scharf gegen die »schulmeisterliche und gouvernantenhafte Beaufsichtigung« durch die Briten. Er schickte sich im Herbst 1938 an, das – ihm »aufgezwungene« – Risiko eines bewaffneten Konfliktes gegen die »beiden Haßgegner England und Frankreich« (so Hitler bereits in der sogenannten »Hoßbach-Niederschrift« vom 5. November 1937) in sein Kalkül mit einzubeziehen. Die einseitige Aufkündigung des Flottenabkommens am 28. April 1939 war eher Ausdruck des Trotzes und der Ratlosigkeit als ein folgenschwerer Schritt, da die langfristigen Planungen längst über die 35 Prozent-Grenze hinausgingen. In der Übernahme des Risikos bestärkte ihn sein Vertrauen auf den momentanen Rüstungs- und Modernisierungsvorsprung der deutschen Wehrmacht. Er würde, so seine Erwartung, die Westmächte nur zu einer formalen Kriegserklärung, nicht aber zu einem massiven Eingreifen an der Seite Polens veranlassen. Jedes weitere Zuwarten, so Hitlers Furcht im Sommer 1939, würde jedoch die Gesamtlage zugunsten der Briten und einer Mobilisierung ihrer weltweit überlegenen Ressourcen verändern.

Auch die britische Strategie des »Economic Appeasement« griff im Winter 1938/39 und im folgenden Frühjahr nicht mehr. Denn alle Versuche der Regierung Chamberlain, im Anschluß an die Münchner

Konferenz und an die britisch-deutsche Erklärung vom 30. September 1938 verschiedene Wirtschaftskontakte zwischen Vertretern beider Länder auf allen Ebenen als Anknüpfungspunkt zu nehmen, um auch das politische Gespräch zwischen London und Berlin wieder in Gang zu bringen, wurden bereits am 24. Oktober 1938 durch die Anweisung des Auswärtigen Amtes an das Reichswirtschafts- und -finanzministerium sowie das Reichsbankdirektorium blockiert, daß für eine solche, von der englischen Seite vorgeschlagene politische Aufwertung der Kontakte »der jetzige Zeitpunkt ... nicht opportun« erscheine.[10]

Es hat in der Forschung nicht an Versuchen gefehlt, den einzelnen Phasen der deutschen Englandpolitik zwischen 1933 und 1939 wie der deutschen Außenpolitik allgemein ex post in einem sogenannten »Stufenplan« (Hillgruber) – mit England, ohne England, gegen England – ein durch und durch rationales und in sich kohärentes Kalkül zu unterlegen. Eine derartige Rationalisierung wird der Sprunghaftigkeit und Emotionalität des Hitlerschen Denkens, dem Ad-hoc-Charakter vieler seiner Entscheidungen und dem oft hemmungslosen Opportunismus seines Handelns ebensowenig gerecht wie der Tatsache, daß Hitler gerade in seinem Verhältnis zu England bis zuletzt von ganz widerstreitenden Empfindungen zwischen Bewunderung und Haßliebe hin- und hergerissen wurde und bis zum 3. September 1939, ja auch noch im Sommer 1940 nach der Niederlage Frankreichs ernsthaft daran gedacht hat, mit seinem »Wunschpartner« zu einem globalen Interessenausgleich kommen zu können.

Zwar ist sich die Forschung darin einig, daß wohl kaum ein Bereich so sehr die persönliche Handschrift Hitlers getragen hat wie die Außen- und später dann die Kriegspolitik. In einer »Teilidentität der Ziele« (M. Messerschmidt) konnte er aber auf die aktive Unterstützung Weizsäckers, der Bürokratie des Auswärtigen Amtes und der Diplomaten, an der Spitze der deutsche Botschafter in London 1938/39, H. v. Dirksen, der traditionellen Führungseliten in Wirtschaft und Finanz um H. Schacht und auch auf die Hilfe Görings wie bei der von ihm initiierten Dahlerus-Mission in den letzten Tagen vor Beginn des Krieges setzen, wenn es um einen langfristigen Ausgleich mit Großbritannien ging. Einschränkend ist jedoch hinzuzufügen, daß für Hitler dieser Ausgleich stets funktional als Flankierung seines eigentlichen Zieles der Ostexpansion gesehen werden muß, während er für die anderen ein Ziel an sich darstellte. Demgegenüber agierte Ribbentrop als Hitlers eigentlicher Motor, wenn sein »Führer« auf die antibritische Linie einschwenkte. Aber auch hier bestand insofern eine konzeptionelle Diskrepanz zwischen beiden, als bei Ribbentrop die Gegnerschaft zu Großbritannien eingebaut war in ein Konzept, das in der Tirpitz-Tradition des wilhelminischen Deutschlands wurzelte und dem Hitler nur wenig und nur zeitweilig 1939–1941 etwas abgewinnen konnte: Gemeint war der Aufbau einer gewaltigen Kontinentalallianz »von Madrid bis Yokohama«, gruppiert um das »weltpolitische Dreieck Berlin-Rom-Tokio« und ausdrücklich unter Einschluß der Sowjetunion. Doch auch diese Konzeption hätte ebenso wie die der konservativen Eliten Hitler einen endgültigen Verzicht auf seinen Rasse- und Lebensraumkrieg abverlangt.

Das britische »Appeasement« vorschnell als Illusion und Dilettantismus zu denunzieren, wie dies bis in die sechziger Jahre hinein geschehen ist, bis sich eine »revisionistische Schule«, nunmehr nach der vorzeitigen Öffnung der britischen Archive 1968, in Kenntnis der Akten um eine gerechtere Würdigung bemühte, verbietet sich aus mehreren Gründen: Wir dürfen nicht unser heutiges Wissen um den aggressiven Charakter des Nationalsozialismus als eine eigentlich damals angezeigte Maxime für britisches Handeln in die dreißiger Jahre zurückprojizieren. Geschichte im Optativ ist immer fragwürdig. Auch die »Antiappeasers« im konservativen und im Labour-Lager hatten im Grunde keine wirkliche Alternative zur offiziellen Außenpolitik, zumal Labour und die Gewerkschaften noch lange, nachdem das von ihnen immer wieder beschworene Konzept der kollektiven Sicherheit zerstört war, einem Programm der Abrüstung und des Pazifismus verpflichtet waren. Schließlich war die Politik des »Appeasement« auch eine Antwort auf ein ganzes Bündel von politischen und wirtschaftlichen Schwierigkeiten in England selbst und in seinen globalen Außenbeziehungen. Die »History of the Times« hat die bestimmenden Einflüsse auf die britische Außenpolitik der Zwischenkriegszeit treffend auf einen Nenner gebracht: »Imperial isolationism, British pacifism, industrial depression.«

PETER HOFFMANN

Die britische Regierung, die deutsche Opposition gegen Hitler und die britische Kriegszielpolitik im Zweiten Weltkrieg

I

Am 19. November 1937 sprach Lord Halifax, der bald darauf Anthony Eden als Außenminister ablöste und inzwischen dessen Instruktionen befolgte, mit dem deutschen Reichskanzler Adolf Hitler und erklärte ihm, die britische Regierung werde Revisionen des Versailler Vertrages betreffend Danzig, Österreich, die Tschechoslowakei, die Kolonien und die Rüstungsfrage nicht im Wege stehen, wenn sie auf freundschaftlichem Weg vereinbart werden könnten.[1] So konnte der Chef des Generalstabes des Heeres, General Ludwig Beck, im Dezember 1937 auf Hitlers Ankündigung von Überfällen auf Österreich und die Tschechoslowakei vom 5. November 1937 entgegnen, daß Frankreichs und Englands Gegnerschaft gegen Revisionen nicht als unumstößlich angesehen werden dürfe, da die Möglichkeiten für Verhandlungen bisher unzureichend genützt worden seien.[2]

Als im Sommer 1938, nach der Annexion Österreichs und auf dem Höhepunkt der von Hitler befohlenen Kriegsvorbereitungen gegen die Tschechoslowakei, Hitler-Gegner aus Deutschland wie Carl Goerdeler (früher Oberbürgermeister von Leipzig, Kandidat für die Nachfolge Brünings als Reichskanzler und früherer Reichskommissar für die Preisbildung), der konservative Politiker Ewald von Kleist-Schmenzin und der Diplomat Theo Kordt die britische Regierung drängten, mit Intervention zu drohen und so dem Diktator eine vernichtende diplomatische Niederlage beizubringen oder aber, wenn Hitler auf Krieg bestünde, führende Generale des Heeres zum Sturz Hitlers zu veranlassen, da verglich Premierminister Neville Chamberlain die deutschen Untergrundboten mit den Parteigängern des nach 1688 von der Regierung ausgeschlossenen Königs, Jakob II. – widersinnigerweise, denn die Parteigänger Jakobs II. waren Anhänger einer zuvor gestürzten Tyrannei.[3] In einem Brief an seine Schwestern vom 11. September 1938 gab Chamberlain einen anderen, kaum logischeren

Grund für seine Ablehnung des Ansinnens der deutschen Hitler-Gegner an: Eine öffentliche britische Erklärung, England werde die Invasion der Tschechoslowakei mit Krieg beantworten, würde die Entscheidung über Krieg und Frieden in die Hände eines fremden Herrschers legen, noch dazu in die eines Irren.[4] 1939 tat Chamberlain mit den britischen Garantieerklärungen für Polen, Griechenland und Rumänien gerade das, was er 1938 abgelehnt hatte.[5]

Andererseits instruierte Chamberlains Regierung im September 1938, auf geheimes Drängen des Staatssekretärs Ernst Freiherr von Weizsäcker, den britischen Botschafter in Berlin, Sir Nevile Henderson, eine »Warnung« an Hitler auszusprechen. Da Henderson dies jedoch sowohl gegenüber dem Staatssekretär als auch dem Außenminister, Joachim von Ribbentrop, schon am 31. August und am 1. und 9. September getan hatte, widersprach Henderson dem Auftrag mit der Begründung, eine weitere »Warnung« könnte die Kriegsgefahr erhöhen; er brauchte sie daraufhin nicht zu übermitteln.[6]

Der Vorgang kam einer Zusammenarbeit zwischen der britischen Regierung und der deutschen Untergrundopposition nahe. Chamberlain hatte jedoch den Annäherungsversuchen radikaler Emissäre des Widerstandes gegen Hitler ohne amtlichen Status diejenigen eines hohen Beamten der etablierten Regierungsstruktur vorgezogen. Dies wiederholte sich mehrfach bis 1940.

Am 8. November 1938 mußte der Leiter des britischen Auswärtigen Amts, Staatssekretär Sir Alexander Cadogan, ein Richtlinienmemorandum für Außenminister Lord Halifax schreiben, das nach Chamberlains (nicht näher definierten) Vorstellungen an »München« anschließen sollte. Cadogan riet, Deutschland wissen zu lassen, England sei bereit, im Einvernehmen mit anderen Mächten, über die weiteren deutschen Revisionsforderungen zu reden, werde jedoch zugleich seine Rüstungen vorantreiben, falls Deutschland die seinen fortsetze.[7] Als dann im Dezember 1938 Goerdeler im Namen der Opposition gegen Hitler der britischen Regierung ähnliche Vorstellungen für friedliche Revisionen nach einem innerdeutschen Umsturz zur Kenntnis brachte, da fand Cadogan, Goerdelers »Programm« sei »zu sehr wie ›Mein Kampf‹«.[8]

Gleichwohl hofften Chamberlain und Halifax noch auf Zusammenarbeit mit der deutschen Untergrundopposition zum Sturz Hitlers.[9] Im Januar 1939 erhielt der Special Intelligence Service den Auftrag zu vorbereitenden Gesprächen mit deutschen Abgesandten über »die Bedingungen, unter denen die britische Regierung die deutsche Opposition [›the German resistance‹] anerkennen und unterstützen könnte, falls diese versuchte, eine alternative deutsche Regierung zu bilden«.[10] Der Auftrag galt auch noch nach der britischen Kriegserklärung an Deutschland vom 3. September 1939. Chamberlain und Halifax hofften auf einen innerdeutschen Umsturz, wenn die militärische Führung erkannt hätte, daß Deutschland den Krieg verlieren und niemand mit Hitler verhandeln würde.[11]

Am 5. Oktober 1939 definierte Halifax den Standpunkt der britischen Regierung hinsichtlich bisheriger und künftiger Friedensfühler: Die Regierung solle eine feste Haltung einnehmen (»to hold a stiff attitude«), aber die Tür nicht absolut zuschlagen und die Initiative ganz der anderen Seite überlassen. Winston Churchill, damals Erster Lord der Admiralität in der Regierung Chamberlain, fand diese Haltung zu konziliant. Er meinte, die deutschen Fühler zielten vielleicht darauf, in der englischen Regierung Uneinigkeit und Zweifel zu säen; seien sie hingegen aufrichtig, so erwüchsen sie nicht aus Großmut, sondern aus Schwäche, also aus der Einsicht der deutschen Regierung, daß sie ihr Volk nicht in den Krieg zur Vernichtung der westlichen Demokratien ziehen könne. Churchill wollte also das Bestehen einer innerdeutschen Opposition nicht anerkennen, drang jedoch mit seiner Auffassung im Kabinett nicht durch.[12]

Die britische Verhandlungsbereitschaft entsprach zwar den Wünschen der deutschen Untergrundopposition. Doch obwohl auch 1939 bis zum Ausbruch des Krieges ein wahrer Strom von Abgesandten der deutschen Untergrundopposition nach London kam – der Kleist-Schmenzin nahestehende Anwalt Fabian von Schlabrendorff, der Chef der Abteilung »Fremde Heere West« im Generalstab des Heeres, Oberstleutnant i. G. Gerhard Graf Schwerin, Goerdeler, der Diplomat Erich Kordt und der angehende Diplomat Adam von Trott zu Solz –, obwohl Schwerins Mitteilungen zur britischen Regierung durchdrangen und obwohl Trott mit Halifax und Chamberlain selbst sprechen konnte, obwohl der als »Erster diplomatischer Berater« der Regierung kaltgestellte Vorgänger Cadogans, Sir Robert Vansittart, über ausgezeichnete einschlägige Verbindungen verfügte, machte Chamberlain von den damit gebotenen Möglichkeiten keinen Gebrauch, sondern verließ sich zunächst weiter auf den Geheimdienst und die Suche nach Kontakten zu den »Generalen«.[13] Im Kabinett maßen Chamberlain und Halifax Geheimdienstberichten viel Gewicht bei, wonach die »Generale« Hitlers Verlangen, noch im Herbst im Westen anzugreifen, opponierten.[14]

Halifax ließ eine Antwort an die vorgeblichen Abgesandten der deutschen Hitlergegner – »Generale« – entwerfen, in der Hitlers Beseitigung als Bedingung für Friedensverhandlungen genannt war, und suchte am 6. November Churchill auf, der trotz grundsätzlichen Vorbehalten dem Wortlaut zustimmte. Churchill hoffte jedoch, die Deutschen würden sich allenfalls dann auflösen (»disintegrate«), wenn England im Einklang mit seinen öffentlichen Erklärungen fest bleibe.[15] In übereinstimmenden Geheimdienstberichten aus Deutschland, die das Kabinett zur selben Zeit erreichten, hieß es, es wäre »unklug, mit einem Zusammenbruch des deutschen Kampfgeistes [morale] zu rechnen, ehe Deutschland militärische Rückschläge erlitten hätte«.[16]

Die Geheimdienstabteilung dagegen, die Verbindung zur deutschen Opposition aufnehmen sollte, ohne zu wissen, wer diese Opposition repräsentieren könnte, suchte in Holland Fäden zum deutschen Untergrund zu knüpfen. Die englische Geheimdienstorganisation in Holland war seit 1935 von der deutschen Spionageabwehr unterwandert, merkte es aber noch nicht einmal am 9. November 1939, als bei einem vereinbarten Treffen die Leiter der Organisation an der deutsch-holländischen Grenze bei Venlo von Agenten des Sicherheitsdienstes der SS, die als Abgesandte der »Generale« aufgetreten waren, gefangengenommen wurden. Noch am 15. November notierte Cadogan, die »Generale« seien noch »am Leben« und wüßten anscheinend nichts von dem Zwischenfall an der Grenze. Als der Leiter des SD-Nachrichtendienstes, Walter Schellenberg, am 22. November den englischen Geheimdienst SIS selbst informierte, daß alles Täuschung gewesen sei, meinte Cadogan immer noch, die Verschwörer seien echt gewesen, aber die Gestapo habe die Verbindung vereinnahmt und weitergesponnen.[17]

II

Chamberlain ließ sich durch das Desaster von Venlo nicht davon abbringen, zur selben Zeit einen weiteren Kontakt zu autorisieren, den Josef Müller, ein Anwalt mit Verbindungen im Vatikan, im Auftrag des Chefs des deutschen militärischen Geheimdienstes, des OKW / Amt Ausland / Abwehr, Admiral Wilhelm Canaris in die Wege leitete. Canaris' Mitarbeiter Oberst Hans Oster und Hans von Dohnanyi waren mit Billigung Generaloberst Becks die Kontaktleute in der Abwehr. Papst Pius XII. setzte sich durch persönliche Vermittlung für die Verhandlungen ein.[18] Chamberlain hoffte auch jetzt wieder auf einen Kontakt mit Dissidenten auf der höchsten Ebene innerhalb der deutschen Machtstruktur, den »Generalen«. Er unterrichtete diesmal das Kabinett nicht; die französische Regierung wurde nur in allgemeinen Wendungen benachrichtigt.[19]

Der Privatsekretär des Papstes, Pater Robert Leiber SJ, vermittelte Botschaften zwischen Müller und dem Papst, und der Papst bzw. der frühere Zentrumspolitiker Monsignore Ludwig Kaas gaben Botschaften für die englische Regierung an deren Gesandten am Vatikan, Sir Francis d'Arcy Osborne, weiter bzw. für Müller an Pater Leiber. Den Mitteilungen des Papstes an Osborne zufolge bezeichneten die Verschwörer die von ihnen einzusetzende Regierung als demokratisch, konservativ, gemäßigt, dezentralisiert und föderativ. Sie wollten aus Preußen mit dem Rheinland und Westfalen einen westdeutschen Staat bilden, Österreich und das Sudetenland in der Föderation belassen, Polen und die nicht-deutsche Tschechoslowakei sollten wieder unabhängig werden.[20]

Dieser Kontaktversuch führte als einziger zu einem Austausch von Standpunkten. Den vielen anderen Kontakten des Sommers und Herbstes 1939 sowie des Frühjahrs 1940 maß die britische Regierung kein Gewicht bei. Sie gingen alle von Privatleuten ohne Amt aus oder waren schon durch den Vermittler diskreditiert.

Die Mitteilungen, die Philip Conwell-Evans im Auftrag Vansittarts Ende Oktober an Kordt überbrachte, waren von der Regierung nicht als solche sanktioniert und hatten nicht entfernt die Bedeutung, die man in ihnen in deutschen Verschwörerkreisen zuschrieb.[21]

Ulrich von Hassells »Statement« vom Februar 1940 über Ziele einer Umsturzregierung erreichte den englischen Außenminister Halifax, aber der Überbringer, James Lonsdale Bryans, genoß bei der englischen Regierung keinerlei Ansehen, es standen keine zum Umsturz fähigen und entschlossenen »Generale« hinter dem Vorstoß, und der Inhalt (u.a. Grenzen von 1914 gegenüber Polen, Sudetenland und Österreich beim Reich verbleibend) lief englischen Vorstellungen zuwider. Halifax ließ das »Statement« in einer Akte mit dem Titel »Private Office papers from various sources 1940« ablegen.[22]

Die deutschen Operationen gegen Dänemark und Norwegen bewiesen, falls es noch des Beweises bedurfte, daß die »Generale« Hitler nicht stürzen würden. Weiteren Kontakten war damit der Boden entzogen. Churchill, der Chamberlain am 10. Mai 1940, dem Tag des deutschen Angriffs gegen Frankreich, Holland, Belgien und Luxemburg, als Premierminister folgte, verbot weitere Gespräche ausdrücklich.[23] Dabei blieb es bis zur deutschen Kapitulation im Mai 1945.

III

Parallel mit Chamberlains Bemühungen um die »Generale« entwickelten sich die Überlegungen der britischen Regierung über die Ziele des am 3. September 1939 an Deutschland erklärten Krieges. Die Grundzüge der Bedingungen, unter denen der Krieg beendet werden könnte, die dann bis zum Ende des Krieges galten, erscheinen schon in den ersten Kriegswochen in den Protokollen der Kabinettsitzungen und in den Akten des britischen Auswärtigen Amtes.

Zunächst blieben die Kriegsziele widersprüchlich, weil einige Mitglieder der Regierung noch Verhandlungen mit Hitler für möglich hielten, vor allem aber, weil man zunächst in der Regierung darüber diskutierte, ob nur die Hitler-Regierung der Feind sei oder auch das deutsche Volk. Außerdem hatten die Erfahrungen des Ersten Weltkrieges gezeigt, in welche Verlegenheiten man sich mit detaillierten und widersprüchlichen Festlegungen bringen konnte und wie wichtig deshalb eine Politik war, die sich durchhalten ließ und Konflikte mit verbündeten Mächten vermied, seien es Polen und Frankreich oder die inoffiziell verbündeten Vereinigten Staaten.

Schon am 25. September 1939 verwies Chamberlain darauf, in wie kurzer Zeit sich herausgestellt habe, daß man mit einer Festlegung auf die Wiederherstellung Polens in die Lage gekommen wäre, nicht nur Deutschland, sondern auch die Sowjetunion dazu zwingen zu müssen, besetztes polnisches Land zu räumen.[24] Chamberlain entschied deshalb am 9. Oktober auch im Kabinett, daß genaue Angaben über Kriegsziele in der Öffentlichkeit zu vermeiden seien.[25]

Trotz Zurückhaltung in öffentlichen Erklärungen entwickelte sich in der englischen Regierung eine Grundsatzdiskussion mit ideologischen und propagandistischen Komponenten. Chamberlain und Halifax meinten, das Wesentliche sei die Beseitigung Hitlers.[26] In der Diskussion herrschten aber bald die Vertreter der Auffassung vor, das deutsche Volk als Ganzes müsse von dem Übel der Politik seiner Regierung und von deren völligem Scheitern überzeugt und umerzogen werden.

Zwar hörte kaum jemand auf Vansittart, doch teilten die führenden Beamten insbesondere im britischen Auswärtigen Amt seine Auffassung, daß ein »durch den Nationalsozialismus überpotenziertes Preußentum« die ganze deutsche Jugend ergriffen habe, während deren Aufwachsen und Aussterben »drastische und wirksame« Vorsichtsmaßnahmen erforderlich seien.[27] Ähnlich dachten Cadogan, Sir Orme Sargent (Stellvertretender Staatssekretär im Auswärtigen Amt), Gladwyn Jebb (Privatsekretär Cadogans) und der im britischen Auswärtigen Amt für Deutschland zuständige Unterstaatssekretär Sir William Strang.[28]

Praktisch gingen diese Beamten jedoch nicht so sehr auf Umerziehung des deutschen Volkes aus als auf die Herstellung von Bedingungen, die »Sicherheit« für die Zukunft garantieren sollten. Dabei waren sie sich schon im Herbst 1939 klar, daß die Westmächte voraussichtlich wenig Einfluß auf die künftigen Grenzen in Osteuropa ausüben könnten.[29] Auch klang schon an, daß Deutschland nach dem Krieg Gebietsverluste hinnehmen müsse.[30]

Die französische Regierung bestand im Oktober 1939 in der Kriegszieldiskussion mit ihrem englischen Verbündeten darauf, daß es Deutschland unmöglich gemacht werden müsse, in Zukunft »den europäischen Frieden in Gefahr zu bringen durch die Androhung oder Anwendung von Gewalt«; die Mittel zur Anwendung von Gewalt müßten Deutschland also genommen werden.[31] Nach der vierten Sitzung des Obersten Kriegsrats der verbündeten Mächte am 19. Dezember 1939 in Paris berichtete Chamberlain seinem Kabinett, Ministerpräsident Edouard Daladier wolle französische Stützpunkte auf dem linken Rheinufer; er habe Daladier versichert, »wir hätten nie geglaubt, es würde genügen, Hitler aus dem Wege zu schaffen – das sei nur ein wesentlicher erster Schritt«; England bestehe nicht weniger als Frankreich auf »Garantien für einen dauernden Frieden«.[32] Die amtliche Stellungnahme des britischen Kabinetts vom 20. Dezember wurde dem französischen Botschafter Charles Corbin am 22. Dezember überreicht. Es hieß darin, derselbe »aggressive und auf Beherrschung gerichtete Geist« der Deutschen habe England und Frankreich in einer Generation zwei Kriege aufgezwungen, wenn die Deutschen selbst diesen Geist nicht auslöschten, so müßten die ihn unschädlich machen, die davon bedroht seien; es gelte deshalb, »die sichersten und dauerhaftesten Garantien gegen jede Wiederholung der deutschen Aggression« zu finden; wenn sich eine deutsche Regierung, die die englischen und französischen Bedingungen akzeptiere, nicht finde, so müsse Deutschland geschlagen werden; territoriale Regelungen seien im Lichte der dann herrschenden Lage zu erwägen; die Beseitigung Hitlers und seines Anhangs sei keine genügende Maßnahme gegen das Wiederaufleben »deutscher militaristischer und expansionistischer Ideen«; »Hinweise auf Absichten der Regierung Seiner Majestät oder der französischen Regierung, die politische Aufteilung Deutschlands anzustreben«, würden lediglich das deutsche Volk unter seiner gegenwärtigen Führung einen; »deshalb« halte es die englische Regierung für klüger, erst dann in nähere Erörterungen einzutreten, »sobald es möglich sei, die innere politische Entwicklung Deutschlands des Näheren vorherzusehen«; was »materielle Garantien« anlange, so müsse Deutschland vor allem anderen »niemals mehr gestattet werden, ein militärisches Übergewicht aufzubauen, um damit den Frieden der europäischen Völker und der Welt zu bedrohen«.[33]

Osborne berichtete am 19. Februar 1940 in diesem Sinne von den Kontakten, die Papst Pius XII. vermittelte: Der Papst habe ihm am 16. Februar gesagt, die bewußten deutschen Militärkreise hätten nach wie vor die Absicht, eine neue deutsche Regierung zu bilden. Er habe darauf geantwortet, so sollten sie es endlich tun, und er habe hinzugefügt, er könne sich allerdings nicht vorstellen, wie England mit Deutschland, selbst nach einem inneren Umschwung dort, Frieden schließen könnte, »solange die deutsche Militärmaschine intakt bliebe«.[34]

Am 28. März nannte Chamberlain in der sechsten Sitzung des alliierten Obersten Kriegsrats als Kriegsziel den vollständigen Sieg (»complete victory«).[35] Churchill nannte am 13. Mai 1940, drei Tage, nachdem er Premierminister geworden war, als Kriegsziel seiner Regierung Sieg um jeden Preis (»victory at all costs«).[36]

Die Doktrin, daß derselbe »aggressive und auf Beherrschung gerichtete Geist« der Deutschen England und Frankreich in einer Generation zwei Kriege aufgezwungen habe, liegt auch der amtlichen britischen Erklärung vom 18. April 1941 für die Bombardierungen deutscher und italienischer Städte zugrunde: Die Bombardierung Berlins in der vergangenen Nacht sei keine Vergeltung für die Bombardierung Londons in der Nacht davor gewesen, »sondern Teil der normalen Politik der Königlichen Luftwaffe, die von der Regierung Seiner Majestät instruiert ist, alle Objekte in den beiden schuldigen Ländern zu bombardieren, die sie am ehesten militärisch oder industriell schwächen könnten«; diese »Politik wird fortgesetzt bis zum Ende des Krieges, hoffentlich in immer größerem Maßstab, gleichgültig, ob weitere Angriffe auf die britischen Inseln ausgeführt werden oder nicht«.[37]

Die Entwaffnung Deutschlands und wirksame Maßnahmen gegen eine neue Bedrohung des Friedens durch Deutschland blieben feste Bestandteile der Kriegszielpolitik der Westmächte. Am 14. August 1941 beschlossen Churchill und Roosevelt (dessen Land sich völkerrechtlich noch nicht mit Deutschland im Krieg befand) die Atlantik-Charta, deren Punkt 8 die Entwaffnung der Aggressorstaaten vorsah (die Sowjetunion, Churchills »new ally«[38], war nicht gemeint).[39]

Nach dem japanischen Angriff auf Pearl Harbor und der deutschen Kriegserklärung an die Vereinigten Staaten am 7. bzw. 11. Dezember 1941 legte der Washington Pact vom 1. Januar 1942, der die Kriegskoalition gegen Deutschland kodifizierte, erneut die Kriegsziele des vollständigen Sieges und der bedingungslosen Kapitulation fest.[40] Die Besetzung Deutschlands ergab sich daraus zwingend und galt während des ganzen Krieges als selbstverständlich.[41]

IV

Die Aufteilung Deutschlands, von der nicht öffentlich die Rede sein sollte, damit man nicht unnötig den Kampfgeist des deutschen Volkes stärke, war in der internen Kriegszieldiskussion früh zur Sprache gekommen. Frankreich drang im Oktober 1939 auf die Teilung Deutschlands, in England hatte man im Prinzip nichts dagegen.[42]

Der Referent in der Zentralabteilung des britischen Auswärtigen Amts Frank Roberts befürwortete in einem Memorandum vom 16. Oktober 1939 die Aufteilung Deutschlands in eine süddeutsche oder Donaukonföderation und einen nördlichen Teilstaat.[43]

Halifax ließ im Februar 1940 durch den Vatikan »Bedingungen« an Josef Müller gelangen. Darin forderte er »vor allem anderen, außer der Wiedergutmachung des Unrechts, das Deutschland seinen kleineren Nachbarn zugefügt hat, Sicherheit für die Zukunft«; in diesem Zusammenhang sei »der Gedanke eines dezentralisierten und föderativen Deutschland von Interesse«; in jedem Falle sollte Österreich frei entscheiden, ob es einer solchen Föderation angehören wolle.[44]

Am 13. Februar 1940 schrieb Halifax an Chamberlain, wenn ein Umsturz in Deutschland stattfände, was die englische Regierung ja sicher wolle, so neige er zu der Auffassung, »daß wir die deutschen

Gründer eines süddeutschen Staates dazu bringen könnten, einem österreichischen Plebiszit zuzustimmen, und daß wir unsererseits zustimmen könnten, daß das Sudetenland Gegenstand von Verhandlungen sein sollte und vielleicht durch Umsiedlung der Bevölkerung geregelt werde«.[45]

Der sowjetische Botschafter in London, Ivan Maisky, regte im Gespräch mit Außenminister Eden am 1. Dezember 1941 ebenfalls die Aufteilung (»break-up«) Deutschlands an.[46] Eden kommentierte dies: »Wir alle würden gerne Deutschland geteilt sehen, aber dieser Prozeß muß, um dauerhaft und echt [genuine] zu sein, von innen kommen.«[47] Noch auf der Konferenz von Jalta im Februar 1945 war viel von der Teilung Deutschlands die Rede. Schließlich ergab sich die Teilung praktisch aus der zonenweisen Besetzung Deutschlands durch die vier Mächte.[48]

V

Die Sowjetunion war die erste Großmacht, die die Kompensation Polens mit deutschen Gebieten offen zur Sprache brachte. Am 3. Dezember 1941, als das deutsche Heer Moskau berannte, sagte Stalin dem Ministerpräsidenten der polnischen Exilregierung, General Vladyslaw Sikorski, Polen müsse Ostpreußen erhalten, und erwähnte auch die Oder als Polens Westgrenze.[49]

Außenminister Eden suchte dem Kabinett nach seiner Rückkehr aus Moskau klarzumachen, daß wenn die Alliierten den Krieg gewännen, »russische Streitkräfte wahrscheinlich nach Deutschland eindringen würden und Rußland später wohl mehr werde haben wollen als die Grenzen von 1941« (also Ostpolen und die baltischen Staaten).[50]

Churchill bat Roosevelt am 7. März 1942, die Atlantik-Charta nicht dahin auszulegen, daß Rußlands Grenzen von 1941 nicht anerkannt werden sollten; denn auf der Grundlage dieser Anerkennung sei Rußland der Atlantik-Charta beigetreten.[51] Im Juli 1942 stimmte die englische Regierung der Annexion größerer deutscher Gebiete durch Polen, die Sowjetunion und die Tschechoslowakei zu, sowie der Vertreibung der dort lebenden deutschen Bevölkerungen. Im Oktober 1943 bekräftigte das Kabinett diesen Standpunkt im Hinblick auf die bevorstehenden interalliierten Konferenzen und erklärte sich zu entsprechenden Vereinbarungen mit der Sowjetunion bereit.[52] Auf der Konferenz von Teheran (28. November – 1. Dezember 1943) unterstützten Churchill und Roosevelt die territorialen Forderungen Stalins, zumal die Herstellung der Curzon Line als Ostgrenze Polens und die Kompensation Polens mit deutschen Gebieten östlich der Oder. Roosevelt sicherte dies Stalin vertraulich zu, da er es im Hinblick auf die bevorstehenden Wahlen und die sechs bis sieben Millionen Amerikaner polnischer Herkunft nicht öffentlich sagen könne.[53]

Churchill erklärte im Februar und Mai 1944 erneut die englische Unterstützung für die Curzon Line und die »Kompensation« Polens mit deutschem Gebiet.[54] Der offiziell und öffentlich vertretene Standpunkt Londons war also eine Fiktion.[55]

Mit moralischen Einwänden gegen die vorgesehenen Vertreibungen wurde die englische Regierung verhältnismäßig leicht fertig. Die zu vertreibenden Deutschen mochten zur Zwangsarbeit nach Rußland gebracht oder »nach Sibirien entfernt werden, wo sie vergessen werden«, vermerkte Sir Orme Sargent am 30. Mai 1944; jedenfalls würden sehr wahrscheinlich die Russen die nötigen Maßnahmen ergreifen, und die seien dann auch durchführbar (»feasible«), weil die Russen »bereit seien, brutal vorzugehen und nicht an irgendwelche vereinbarten Regeln oder Vorschriften gebunden seien«.[56]

VI

Vor dem 1. September 1939 wären deutsche Vorstellungen über Revisionen des Versailler Vertrages grundsätzlich kein Hindernis gewesen für britische Zusammenarbeit mit der deutschen Untergrundopposition. Ein wesentliches Hindernis war dagegen, daß die britische Regierung weder zwischen Hitlers unangemessenen Zielen und denen der Revisionisten unter den deutschen Hitler-Gegnern differenzierte noch zwischen den friedlichen Methoden der Hitler-Gegner und den kriegerischen Methoden Hitlers. Ein ebenso wichtiges Hindernis war das Verfahren der Chamberlain-Regierung, geheime Verhandlungen selbst zu suchen und sich an vermeintliche oder echte »Generale« im deutschen Herrschaftsapparat zu wenden, anstatt – außer im Fall der Kontakte über den Vatikan – die Fäden zu den wirklichen Verschwörern aufzunehmen.[57]

Nach Ausbruch des Krieges wurde der Gegensatz zwischen den beiderseitigen Vorstellungen unüberbrückbar. Dies war führenden deutschen Frondeuren, so dem früheren Botschafter in Rom, Ulrich von Hassell, ebenso bewußt wie den Beteiligten auf der Seite der

Alliierten.[58] Jebb schrieb in seinen Erinnerungen, eine Regierung des Widerstandes hätte schwerlich freiwillig die Bedingungen annehmen können, die die Alliierten zweifellos auferlegt hätten, »nämlich Abzug aus der Tschechei, freier Volksentscheid in Österreich, und so weiter«.[59] Seit spätestens 10. Mai 1940 herrschte in der britischen Regierung der Wille, alle Mittel für die Bildung und den Zusammenhalt einer übermächtigen Koalition für den Sieg über Deutschland einzusetzen.[60]

Im Laufe der Kriegsjahre bis zum 20. Juli 1944 sind zwar Vorstellungen der führenden deutschen Frondeure für eine Nachkriegsregelung dokumentiert, die mit dem Verlust des Krieges, der Besetzung Deutschlands und Gebietsverlusten rechneten, so von Helmuth James Graf von Moltke[61], Dietrich Bonhoeffer[62] und hinsichtlich der Gebietsverluste auch Adam von Trott.[63] Sie wurden der britischen und teils auch der amerikanischen Regierung zur Kenntnis gebracht. Doch gab es auch andere Stimmen, die die alliierten Regierungen erreichten. Hassell vertrat den fachdiplomatischen Standpunkt, eine möglichst günstige Verhandlungsposition einzunehmen[64]; der als Abwehrbeauftragter im deutschen Konsulat in Zürich tätige Verschwörer Hans Bernd Gisevius drängte die amerikanische Regierung über den amerikanischen Geheimdienstresidenten in Bern, Allen Dulles, mit Deutschland und anderen europäischen Staaten zusammen die Sowjetunion aus Europa fernzuhalten[65]; Goerdeler hoffte, Deutschland könnte die Ostgrenzen von 1938 oder gar von 1914 behalten.[66]

Auch eine Regierung der Opposition, die dem Sturz Hitlers folgte, wäre jedoch der Kapitulation und »materiellen Garantien«, also der Entwaffnung, Rüstungskontrollen und einer Form der Teilung unterworfen gewesen. Da die Garantien im Gegensatz zu den in Versailles auferlegten »wirksam« sein sollten, mußten sie strenger und durchsetzbarer sein. Diese Bedingungen wurden im Januar und Februar 1940, in deutlichen Formulierungen, den wirklichen Vertretern der deutschen Untergrundopposition mitgeteilt.[67]

Manche in der deutschen Opposition glaubten (Trott) oder hofften (Moltke), sie würden auf der Basis ihrer vermeintlich mit denen der Westmächte prinzipiell übereinstimmenden Ziele mit den Westmächten zusammenarbeiten können. Aber das seit etwa 1870/90/1907 in englischen Regierungskreisen virulente antideutsche Ressentiment steigerte sich im Lauf des Krieges zur kollektiven Satanisierung der ganzen deutschen Nation.[68]

Andere Gründe, die immer wieder vorgebracht und von Geschichtsschreibern meist kritiklos übernommen wurden, erweisen sich bei näherem Zusehen zumindest als fragwürdig. Es handelt sich im wesentlichen um zwei Argumente. Erstens: Die deutsche Opposition bzw. die »Generale« hätten im Grunde Hitlers Eroberungen nicht mehr herausgeben wollen.[69] Zweitens: Die Abgesandten seien nicht vertrauenswürdig gewesen.[70]

Zum ersten Punkt ist festzustellen, daß die Welt 1938 den Anschluß Österreichs akzeptiert und das Sudetenland dem Deutschen Reich überschrieben hatte. Es konnte also 1939 nur um die territoriale Eroberung Westpreußen gehen. Frankreich hatte Deutschland den Krieg erklärt und verloren, beim Waffenstillstand gab es wohl oder übel das Elsaß und Lothringen heraus. Nach 1945 mochte den Geschichtsschreibern wahnwitzig scheinen, daß führende Gegner Hitlers diese Gebiete nicht einfach zur Herausgabe anboten. Aber sie sollten nicht mit zweierlei Maß messen. Die Politik des Nichtfestlegens sollte für eine Regierung des Widerstandes billig sein, wenn sie für die britische recht war. Ferner hatte eine Regierung des Widerstandes mit nicht geringen innenpolitischen Schwierigkeiten zu rechnen. Nach allem, was sich darüber feststellen läßt, blieb die Mehrheit der deutschen Bevölkerung der Hitler-Regierung gegenüber selbst dann noch loyal, als die Städte zerstört, eroberte Positionen und Armeen verloren, der Verlust des Krieges sicher und die feindliche Besetzung Deutschlands vorauszusehen waren.[71]

Zum zweiten: Die Behauptung, die Abgesandten seien nicht vertrauenswürdig gewesen, ist insofern müßig, als Churchill die Probe aufs Exempel ausdrücklich verboten hatte. Äußerungen der zuständigen Beamten, wie die Geoffrey W. Harrisons und John Wheeler-Bennetts in der Deutschland-Abteilung des Auswärtigen Amts, lassen erkennen, daß die englische Regierung die bona fides der deutschen Hitler-Gegner richtig einschätzte und daß die Exponenten des anderen Deutschland eben deshalb unbequem waren. Als Sir Stafford Cripps wünschte, daß Trott bei seinen Kontakten in der Schweiz vor der Geheimen Staatspolizei gewarnt werde, vermerkte Harrison für die Akten am 12. Juni 1942, das sei nicht im Interesse Englands, Trotts Wert als »Märtyrer« werde gewiß seinen Wert als Überlebender übersteigen.[72] Wheeler-Bennett schrieb in einer Denkschrift vom 25. Juli 1944, repräsentativ für die in der englischen Regierung geltende Sprachregelung, die Geheime Staatspolizei und die SS erwiesen der englischen Regierung einen wertvollen Dienst durch die Beseitigung einer Anzahl der Leute, die zweifellos nach dem Krieg als »gute« Deutsche aufgetreten wären und »uns hätten Schwierigkeiten machen können«, während sie einen dritten Weltkrieg vorbereiteten; es sei »deshalb zu unserem Vorteil, wenn die Säuberung weitergeht, weil es uns vor vielen Arten künftiger Verlegenheiten bewahren wird, wenn Deutsche Deutsche umbringen«.[73]

Gewichtiger als solche Ressentiments waren die sachlichen Aspekte der alliierten Politik. Schließlich hatte England nicht zur Erhaltung des Territoriums des polnischen Staates Deutschland den Krieg erklärt, sondern zur Erhaltung des europäischen Gleichgewichts.

Der Privatsekretär Cadogans, Gladwyn Jebb, schrieb in einem Memorandum vom 29. November 1939, ein Friede auf der Grundlage des bestehenden Besitzstandes, wie die »Generale« ihn sich wünschten, würde die deutsche Herrschaft über Europa für die nächsten fünf bis zehn Jahre festschreiben, was für England unannehmbar wäre; man solle also die »Generale« ruhig zum Umsturz ermuntern und glauben lassen, man werde mit ihnen Frieden schließen, sich aber nicht tatsächlich darauf festlegen.[74]

Ebenso wie Jebb 1939 stellte 1944 Sir Ivone Kirkpatrick, ein einflußreicher Regierungsbeamter, der vor dem Krieg in der englischen Botschaft in Berlin tätig war und nach dem Krieg Hoher Kommissar für Deutschland wurde, den unlösbaren Zusammenhang fest zwischen alliierten Kriegszielen und der Weigerung, den deutschen Widerstand gegen Hitler zu unterstützen. Er schrieb am 6. Juli 1944, wegen des Polizeiterrors und wegen des Fehlens alliierter Zusicherungen sei die innerdeutsche Opposition nicht handlungsfähig; Zusicherungen könnten die englische Regierung später »in schwere Verlegenheit bringen«; gebe man aber der Opposition Einblick in unsere wirklichen Absichten, so möchte man sie geradezu in das Lager der Nationalsozialisten treiben.[75]

Es gab also von Anfang an kaum und je länger desto weniger eine Grundlage, auf der es zu einer Verständigung und Zusammenarbeit zwischen der innerdeutschen Opposition und den Westmächten hätte kommen können.

Die ohne jede Zusicherung der alliierten Seite unternommenen Umsturzversuche, am meisten der vom 20. Juli 1944, als Deutschland den Krieg mit Sicherheit verloren hatte, bedeuten aber, daß die entschiedenen Hitler-Gegner ihr Handeln oder Nichthandeln nicht von Zusicherungen abhängig machten.

WOLFGANG J. MOMMSEN

Vom Kriegsgegner zum Partner

Die divergierenden Entwicklungspfade Deutschlands und Englands vom Beginn des 19. Jahrhunderts bis zum Ersten Weltkrieg

Die deutsch-britischen Beziehungen sind heute aus dem langen Schatten herausgetreten, in dem sie angesichts eines Jahrhunderts scharfer deutsch-britischer Antagonismen gestanden haben, die in den beiden Weltkriegen kulminierten.[1] Eigentlich bestand für einen besonderen deutsch-britischen Gegensatz schon im 19. Jahrhundert kein wirklicher Grund. Die deutsche und die englische Gesellschaft wiesen im Vergleich mit den anderen europäischen Gesellschaften schon immer ein hohes Maß von Gemeinsamkeiten auf, wenn man einmal von den nordischen Ländern absieht, in denen sich freilich nicht zufällig in besonderer Weise deutsche und englische Einflüsse gekreuzt haben. Ungeachtet der in Großbritannien weit früher einsetzenden Industrialisierung sind die Entwicklungspfade Großbritanniens und Preußen-Deutschlands, in einem gesamteuropäischen Maßstab gesehen, bis in die sechziger Jahre des 19. Jahrhunderts hinein in vieler Hinsicht parallel verlaufen. Damals bestanden durchaus gewisse Chancen dafür, daß sich die deutsche Staatenwelt unter fortschrittlichen Regierungen, die sich am Modell der englischen Whigs orientierten, ähnlich der englischen entwickeln würde. Namentlich der deutsche Liberalismus war ganz überwiegend anglophil eingestellt; für jene Kräfte, die in der deutschen Staatenwelt Vorkämpfer einer fortschrittlichen liberalen und schließlich einer demokratischen Politik gewesen sind, ist Großbritannien immer ein großes politisches Vorbild gewesen. Auf wirtschaftlichem und auf kulturellem Gebiet bestanden in vielen Bereichen enge Kontakte; insbesondere verdankte sich die industrielle Entwicklung in der deutschen Staatenwelt in vieler Hinsicht englischen Vorbildern und tatkräftiger englischer Hilfe.

Umgekehrt hat die britische Politik im Vormärz die Bemühungen um die Durchsetzung konstitutioneller Regierungsformen in der deutschen

Staatenwelt ganz überwiegend mit Sympathie betrachtet und in vieler Hinsicht gefördert. Gleiches gilt, wenn auch in vermindertem Maße, für die Bemühungen der Frankfurter Nationalversammlung während der Revolution von 1848/49, einen freiheitlichen deutschen Bundesstaat zu schaffen, obschon es in der Folge zu folgenreichen Differenzen über der Frage der politischen Zukunft der Herzogtümer Schleswig und Holstein kam, welche die deutsche Nationalbewegung im Innersten bewegte. Auch die Gründung des Deutschen Reiches konnte nur deshalb ohne schwere internationale Verwicklungen erreicht werden, weil sich Bismarck der wohlwollenden Unterstützung Großbritanniens sicher sein konnte. Jedoch sind Großbritannien und das Deutsche Reich nach 1871 unterschiedliche Wege gegangen, die beide Mächte immer weiter voneinander weggeführt haben. Die Außenpolitik Bismarcks war von Anfang an darauf ausgerichtet, die konservativen Monarchien Europas zusammenzuschließen, hingegen Großbritannien, dessen parlamentarische Regierungsform von Bismarck als in außenpolitischen Fragen angeblich unberechenbar und unzuverlässig angesehen wurde, nach Möglichkeit außen vor zu halten. Bismarcks Nachfolger schlugen nach vergeblichen Bemühungen vornehmlich der Ära Caprivi, ein besseres Verhältnis zu Großbritannien zu begründen, einen weltpolitischen Kurs ein, der von einer Mischung von Mißtrauen und Neid gegenüber Großbritannien geprägt war. Diese Politik erreichte in der Schlachtflottenpolitik des Großadmirals Alfred von Tirpitz, die zumindest indirekt gegen die Weltstellung Großbritanniens gerichtet war, einen Höhepunkt, mit nachhaltigen Auswirkungen auf die Einstellung beider Völker zueinander. Differenzen in kolonialen Fragen kamen hinzu; in der deutschen Öffentlichkeit setzte sich langsam der Eindruck fest, daß Großbritannien der deutschen Weltpolitik allemal in den Weg zu treten entschlossen sei. Umgekehrt verstärkte die halbherzige deutsche Politik vor allem in der Burenfrage das Mißtrauen in Großbritannien hinsichtlich der Absichten der deutschen Politik. Schrittweise bildete sich ein scharfer britisch-deutscher Antagonismus heraus, der zwar streckenweise von Sympathien für das Nachbarvolk jenseits des Kanals überlagert war, aber nach und nach eine immer stärkere Ausprägung erhielt.

Die traditionell liberal und anglophil eingestellten Gruppen der deutschen Gesellschaft vermochten in jenen Jahren gegen die steigende Flut der Anglophobie in der deutschen Öffentlichkeit um so weniger auszurichten, als ihre soziale Position in der sich entwickelnden fortgeschrittenen Industriegesellschaft des Kaiserreiches tendenziell immer schwächer wurde, während die aufsteigenden Mittelschichten, die sich der Neuen Rechten verschrieben, in der Öffentlichkeit immer stärker den Ton angaben. Die deutsche Gesellschaft und insbesondere ihre führenden Schichten, nicht zuletzt Wilhelm II. selbst, wurden von einer Art von Haß-Liebe gegenüber Großbritannien erfaßt. Sie erwarteten von Großbritannien, daß es ungeachtet aller politischen Differenzen und der sich entwickelnden Rivalität auf wirtschaftlichem Gebiete gleichsam die Pflicht habe, das Deutsche Reich als gleichberechtigten Partner nicht nur in der europäischen Politik, sondern auch in der Weltpolitik zu akzeptieren. Hingegen gelangten die britischen Staatsmänner seit der Jahrhundertwende immer mehr zu der Ansicht, daß mit den im Deutschen Reich herrschenden Schichten eine pragmatische Politik des Ausgleichs nicht zu betreiben sei und man sich vielmehr darum bemühen müsse, Dämme gegen die aggressiven Tendenzen der deutschen Außenpolitik zu errichten. Allerdings suchte man der deutschen »Weltpolitik« nicht direkt entgegenzutreten, sondern wo immer möglich, behutsam Auswege für die expansiven Energien, die sich im Deutschen Reiche aufgestaut hatten, zu eröffnen. Am Ende gelang es gleichwohl nicht, den befürchteten europäischen Krieg zu verhindern, von dem man in Deutschland vielerorts hoffte, daß er den Durchbruch zur Weltmachtstellung bringen werde.

Die Führungsschichten im Deutschen Reich der Ära des Wilhelminismus sahen in Großbritannien gleichermaßen ihren ärgsten Rivalen und ihr großes Vorbild. Insgeheim setzten sie alle ihre Hoffnungen darauf, daß es am Ende doch gelingen werde, Großbritannien in das Lager der Mittelmächte zu ziehen, um dann als Juniorpartner des Britischen Empire das ersehnte Kolonialreich begründen zu können. Nur dieser sozialpsychologische Tatbestand vermag zu erklären, weshalb es im Deutschen Reich nach dem Beginn des Ersten Weltkriegs zu einem Ausbruch förmlichen Englandhasses kam, dessen Nachwirkungen bis in die Zeit des Nationalsozialismus hinein wirksam geblieben sind. Nicht das zaristische Rußland, nicht der französische »Erbfeind« und natürlich nicht die eigene kaiserliche Regierung, sondern Großbritannien wurde von der deutschen Öffentlichkeit für den Ausbruch und späterhin für die Niederlage im Ersten Weltkrieg verantwortlich gemacht. England habe, so meinte man, systematisch eine Politik der »Einkreisung« betrieben, um dem wirtschaftlichen Rivalen Deutschland ein für allemal das Wasser abzugraben. Unter dem Einfluß der

Kriegsatmosphäre fand nunmehr das Stereotyp vom englischen Krämergeist, der der heldischen Gesinnung der Deutschen unversöhnlich gegenüberstehe, Eingang in die deutsche öffentliche Meinung, während sich umgekehrt in Großbritannien der Eindruck verfestigte, daß die Deutschen hoffnungslos dem Einfluß einer kleinen, autoritär eingestellten militaristischen Elite verfallen seien, deren Brutalität und Menschenverachtung unvergleichlich seien und die es unter allen Umständen zu entmachten gelte.

Die Zwischenkriegszeit und der Höhepunkt des deutsch-britischen Antagonismus im Zweiten Weltkrieg

Die Art des Ausgangs des Ersten Weltkrieges und die Entwicklung der Dinge in beiden Ländern in den frühen zwanziger Jahren waren nicht geeignet, die beiderseits bestehenden und während der Kriegsjahre noch enorm verstärkten Vorurteile wirklich abzubauen. Gleichwohl war Großbritannien unter den europäischen Mächten der zwanziger Jahren immer noch am ehesten dazu bereit, der jungen Demokratischen Republik von Weimar eine faire Chance zu geben, im Gegensatz zu Frankreich, das hartnäckig auf der Fortsetzung der in den Pariser Vorortverträgen festgelegten Politik einer langfristigen Niederhaltung des Deutschen Reiches bestand. Die Bereitschaft Großbritanniens, auf internationaler Ebene für eine Revision des Versailler Vertrages einzutreten, ist jedoch nicht mehr den demokratischen Staatsmännern von Weimar zugute gekommen, sondern erst dem Nationalsozialismus.

Die Ära des Nationalsozialismus, die mit innerer Folgerichtigkeit in die Weltkatastrophe des Zweiten Weltkrieges hineinführte, markiert den Tiefpunkt der deutsch-britischen Beziehungen während der letzten zwei Jahrhunderte. Die während des Ersten Weltkriegs entstandenen Klischees über die Krämernatur der Engländer, die zu kraftvollem Handeln gar nicht mehr fähig seien, fanden nun in Goebbels Propaganda eine Neuauflage. Gerade der englische Premierminister Neville Chamberlain, der 1938 in München noch einmal den Versuch gemacht hatte, einen europäischen Krieg zu verhindern oder doch wenigstens um einiges hinauszuschieben, wurde zur Zielscheibe niedrigster anti-englischer Propagandaanstrengungen gemacht. Es entbehrt freilich nicht einer gewissen Ironie, daß die Nationalsozialisten und insbesondere Hitler selbst fest davon ausgegangen waren, daß sich nach dem Westfeldzug 1940 ein Arrangement mit Großbritannien werde aushandeln lassen, das gleichsam auf eine Teilung der Welt unter beide Mächte hinauslaufen sollte. Hitler selbst wünschte die Beibehaltung der Herrschaft der Weißen über die farbigen Völker des Erdballs und demgemäß auch die Erhaltung des britischen Empire im traditionellen Sinne. In gewisser Weise wurden die Nationalsozialisten in diesen Fragen die Beute ihrer eigenen Propaganda. Selbst in dieser aufs äußerste pervertierten Form spielte Enttäuschung über Großbritannien, dessen Führungsschichten man sich als eine kaltblütige imperiale Herrenrasse vorgestellt hatte, in der Entwicklung des deutschen Englandbildes während der Ära des Nationalsozialismus eine entscheidende Rolle.

Über die Einstellung der englischen Öffentlichkeit gegenüber Deutschland ist in diesem Zusammenhang nur wenig zu sagen. Es versteht sich von selbst, daß die Engländer in ihrer großen Mehrheit geneigt waren, die Deutschen und den Nationalsozialismus in eins zu setzen, obschon sie nicht wenigen deutschen Emigranten in ihrem Lande eine neue Heimstatt gaben und obschon sie den Repräsentanten des deutschen »Widerstands« mit Achtung und Respekt entgegengetreten sind. In der Tat wird man heute nicht länger bestreiten können, daß das nationalsozialistische Regime bis weit in den Zweiten Weltkrieg hinein auf die Unterstützung großer Teile der deutschen Bevölkerung hat zählen können, wenn auch vielfach unter politischen Umständen, die es der übergroßen Mehrheit der Bevölkerung unmöglich gemacht haben, sich eine unabhängige Meinung über die tatsächlichen Verhältnisse zu bilden, geschweige denn aktiv gegen das Regime vorzugehen. Die Verantwortung der Deutschen für die unvorstellbaren Verbrechen während der Ära des Nationalsozialismus kann durch nichts ausgelöscht werden; sie wird allenfalls durch den Umstand gemildert, daß es immerhin Gruppen des Widerstandes gegen das Regime gegeben hat, die teilweise unter Aufopferung ihres Lebens darum bemüht gewesen sind, diesem Unrechtsregime ein Ende zu setzen. Nur beiläufig sei bemerkt, daß der deutsche Widerstand nicht zufällig in erster Linie auf die Unterstützung Großbritanniens gehofft hat, von dem noch am ehesten eine nüchterne Einschätzung ihrer Ziele und ihrer Möglichkeiten in Deutschland zu erwarten war, ging man doch davon aus, daß sich ein antifaschistisches Regime nur im Falle eines maßvollen Friedens politisch werde behaupten können. Es gehört zu den tragischen Ereignissen in der Geschichte der deutschen Englandverehrung, daß sich die amtliche britische Politik während des Zweiten

Weltkriegs mit guten Gründen nicht auf engere Kontakte mit, geschweige denn auf die Unterstützung der deutschen Widerstandsbewegung gegen Hitler eingelassen hat. Nur im Falle einer vollständigen Niederlage könne man hoffen, daß die Deutschen ihre politischen Einstellungen grundlegend ändern und sich den westlichen demokratischen Ideen öffnen würden.[2]

Der Zweite Weltkrieg, dessen Ausbruch die britische Politik anfänglich, koste es was es wolle, zu verhindern gesucht hatte, traf Großbritannien in einem äußerst kritischen Augenblick. Der schrittweise Umbau des britischen Empires in ein föderatives Staatensystem wurde durch den Krieg ebenso empfindlich gestört wie der Ausbau des Systems des Wohlfahrtsstaates und die Integration der Arbeiterschaft in die bestehende politische Ordnung. Gleichwohl hat das britische Volk nicht gezögert, zur Verteidigung der Grundsätze einer freiheitlichen Ordnung in Europa schließlich zu den Waffen zu greifen. Der Zweite Weltkrieg hat, wie hier nicht näher ausgeführt werden muß, Großbritannien nicht nur schwere Opfer an Gut und Blut abgefordert, sondern auch wirtschaftliche Einbußen größten Ausmaßes gebracht, auch wenn der letztere Umstand nach 1945 nicht sogleich, sondern erst mit einiger Verzögerung hervortreten sollte. Der Zweite Weltkrieg hat überdies dazu beigetragen, daß die Selbständigkeitsbestrebungen in den Ländern des abhängigen Empires eine ungeahnte Beschleunigung erhielten und damit indirekt die großen politischen und wirtschaftlichen Probleme erheblich verschärften, vor die sich die britische Politik nach 1945 gestellt sah. Die Engländer hatten also keinerlei Anlaß, angesichts dessen, was geschehen war, die Deutschen sonderlich zu schätzen oder der Deutschlandfrage in ihren eigenen politischen und wirtschaftlichen Planungen Priorität einzuräumen. Ebensowenig kann es überraschen, daß in Großbritannien auch weiterhin starke Antipathien gegenüber Deutschland und den Deutschen bestehen blieben, mit denen die führenden Politiker auch dann zu rechnen hatten, wenn sie selbst über ein differenzierteres Deutschlandbild verfügten. Angesichts dieser Ausgangslage wird man sagen müssen, daß die Sachlichkeit, Unvoreingenommenheit und selbst Herzlichkeit, mit denen die verantwortlichen Persönlichkeiten der Militärregierung, der Politik und der Presse den Deutschen in den ersten Jahren nach 1945 entgegengetreten sind, bemerkenswert waren.

Die internationalen Verpflichtungen Großbritanniens und die Zukunft der Deutschen in der Ära des »Kalten Krieges«

Die Deutschen sind auch heute noch vielfach geneigt, das deutsch-englische Verhältnis in erster Linie aus dem Blickwinkel der Probleme vor ihrer eigenen Haustür zu betrachten und dabei die internationalen Verpflichtungen zu übersehen, in welche die britische Außenpolitik immer schon eingebunden war. Im Jahre 1945 war die Liquidierung des nationalsozialistischen Systems und die Frage, welche politische Ordnung an die Stelle des von der Gewaltherrschaft Hitlers hinterlassenen politischen Vakuums in Mitteleuropa zu setzen sei, für die britischen Staatsmänner nur eines von vielen, gleichermaßen dringlichen Problemen. Die Zukunft des britischen Empire, die Frage der Neugestaltung der staatlichen Verhältnisse im Nahen Osten und der Konsolidierung der britischen Machtstellung im Mittelmeerraum, das künftige Verhältnis zu den Vereinigten Staaten als der Vormacht des Westens, dazu die Wiederherstellung der weltwirtschaftlichen Position Großbritanniens, die durch die Kriegsfolgen, namentlich die hohe Verschuldung gegenüber den USA und die akuten Devisenprobleme sowie die nachhaltige Störung des internationalen Handels aufs Schwerste beeinträchtigt worden war, all dies stand im Vordergrund der Überlegungen der britischen Staatsmänner, vornehmlich des eben zur Macht gekommenen sozialistischen Kabinetts Clement Attlee und seines Außenministers Ernest Bevin, nicht allein die Zukunft Mitteleuropas. Insbesondere die deutsche Frage war von vornherein überschattet von dem tiefgreifenden Problem, wie sich das während des Zweiten Weltkriegs mühsam geschaffene erträgliche Einvernehmen mit der UdSSR auch in die Nachkriegszeit werde hinüberretten lassen. Nur dann, so schien es, könne die Großmachtstellung Großbritanniens angesichts der übermäßigen Anspannung seiner militärischen und wirtschaftlichen Ressourcen nach 1945 auch in Zukunft aufrechterhalten werden.

Unter diesen Umständen mußte jeder britischen Regierung, gleichviel welcher politischen Couleur, daran gelegen sein, das vergleichsweise gute Verhältnis zur Sowjetunion, das man während des Krieges, freilich nicht zuletzt um den Preis einer Vereinbarung über die Abgrenzung der künftigen Besatzungszonen (und damit der faktischen Teilung Deutschlands) hatte begründen können, auch weiterhin zu erhalten, wollte sich Großbritannien nicht von vornherein mit einer

Überforderung seiner Ressourcen konfrontiert sehen, die es wiederum auf die Unterstützung seitens der USA zurückgeworfen hätte; auch die Regierung Attlee wünschte jedoch ein größeres Maß an Unabhängigkeit gegenüber den Vereinigten Staaten zurückzugewinnen. Dem entspricht Attlees Einschätzung der politischen Gesamtsituation, wie er sie Ende August 1945 gegenüber Smuts, der ihn vor den russischen Machtgelüsten in Ostmitteleuropa zu warnen bestrebt war, zum Ausdruck gebracht hat:

> »The growth of Anglo-Russian antagonism on the Continent, and the creation of spheres of influence, would be disastrous to Europe and would stultify all the ideals for which we have fought. But I think we must at all costs avoid trying to seek a cure by building up Germany or by forming blocs aimed at Russia. It is of course true that to depress the level of Germany's industry and standard of living below a certain point would do harm to Europe and to ourselves. We shall do everything in our power to prevent this, but any suspicion (...) that we were trying to deal softly with Germany, or to build her up, would be such an obvious threat to Russia that we should thereby harden the Soviet Government's present attitude in Eastern Europe and help to give actual shape to our fears.«[3]

Dies also war die Ausgangslage für die britische Politik der Jahre 1945 und 1946: Eine Politik des ungebremsten Wiederaufbaus Deutschlands verbot sich allein schon deshalb, weil sie mit den Bemühungen nicht vereinbar war, die UdSSR durch eine Politik des Entgegenkommens an einer völligen Einbeziehung der de facto bereits in ihrem Machtbereich liegenden ostmitteleuropäischen Länder zu hindern.

Es ist demgemäß hervorzuheben, daß sich der damalige britische Außenminister Ernest Bevin gleichwohl mit seiner politischen Linie durchgesetzt hat, die unabhängig von den möglichen nachteiligen Folgen auf das englisch-russsische Verhältnis und ungeachtet der bestehenden Unsicherheit über die seitens der USA zu erwartende Haltung konsequent für den wirtschaftlichen Wiederaufstieg Deutschlands eintrat, statt dieses, wie dies in der Linie der russischen Politik gelegen haben dürfte, auf Dauer in einem Zustand völliger Verarmung zu belassen. Ungeachtet der auch bei ihm selbst noch vorhandenen Reserviertheit gegenüber dem deutschen Volk setzte sich Bevin entschieden für eine Politik des Wiederaufbaus Deutschlands ein, und dies bereits zu einem Zeitpunkt, an dem die amerikanische Politik noch mit Ideen wie dem »Morgenthau-Plan« spielte, welcher Deutschland auf dem Niveau eines reinen Agrarstaates bestehen lassen wollte. Nicht besondere Zuneigung zu den Deutschen, sondern die nüchterne Erkenntnis, daß die Deutschen nicht auf Dauer in einem Zustand extremer Not belassen werden dürften, sollten sie nicht am Ende ein Opfer des Kommunismus werden, hat dabei den Ausschlag gegeben. Dazu kam aber sogleich der Gesichtspunkt, daß den Deutschen ungeachtet der Geschehnisse der jüngsten Vergangenheit eine faire Chance für einen echten Neubeginn gegeben werden müsse. Darum haben sich die britischen Besatzungsbehörden, in voller Übereinstimmung mit der Regierung in London, in der Folge erfolgreich bemüht. Bevin zeigte sich persönlich daran interessiert, daß in der britischen Besatzungszone und dann in Deutschland als Ganzem demokratische Institutionen, eine freie Presse und ein von nationalsozialistischen Einflüssen befreites Erziehungssystem erstünden, welche die innere Zustimmung seitens der Bevölkerung besaßen. Nicht zuletzt, um für diese Politik die Kooperationsbereitschaft der in der Situation der Nachkriegsjahre entscheidenden Arbeiterschaft für den wirtschaftlichen Wiederaufbau zu gewinnen, hat sich die britische Politik dabei insbesondere auf Persönlichkeiten zu stützen gesucht, die der Gewerkschaftsbewegung angehört hatten, wie Karl Arnold, der erste Ministerpräsident des neugeschaffenen Landes Nordrhein-Westfalen. Der Ruhrindustrie von sich aus ein weitreichendes Sozialisierungsprogramm aufzunötigen, lag, entgegen einer weitverbreiteten Legende, jedoch durchaus außerhalb des Horizontes der britischen Besatzungsmacht.

Bevin fand für die Politik eines behutsamen Wiederaufbaus, die freilich anfänglich noch durch die Bestimmungen der Teheraner und Potsdamer Beschlüsse und insbesondere die dort festgelegten Reparationsverpflichtungen behindert war und demgemäß um Glaubwürdigkeit bemüht sein mußte, in Männern wie dem Militärgouverneur Brian H. Robertson und Robert Birley, der damals Educational Adviser bei der britischen Militärregierung war, tatkräftige Mitstreiter, die in der Folge entscheidend dazu beigetragen haben, den Deutschen wieder Vertrauen einzuflößen und ihnen die Wege für einen demokratischen Neubeginn zu ebnen, auch auf geistigem und moralischem Gebiet. In diesem Zusammenhang verdient es besonders erwähnt zu werden, daß Robert Birley den Bemühungen von Lilo und Hans Milchsack in Wittlaer bei Düsseldorf, eine Vereinigung zu begründen, die das Gespräch zwischen Deutschen und Engländern auf breiterer Basis in Gang bringen und auf eine dauerhafte Grundlage stellen sollte, von Anfang an seine entschiedene Unterstützung gewährt und damit die Gründung der Deutsch-Englischen Gesellschaft allererst möglich gemacht hat.[4]

Insgesamt trat die britische Politik von Anfang an einer allzu harschen Behandlung der Deutschen entgegen, wie sie ihr insbesondere von der UdSSR, aber auch von dem französischen Verbündeten angesonnen wurde. Mehr noch, die Briten haben sich der ursprünglich von den Siegermächten vorgesehenen drastischen Begrenzung des Niveaus des industriellen Wiederaufbaus, die Deutschland auferlegt werden sollte, nach Maßgabe ihrer Möglichkeiten widersetzt, wenn auch in den durch außenpolitische Rücksichten gebotenen Grenzen. Ebenso lehnten sie die französischen Pläne ab, durch eine Internationalisierung des Ruhrgebiets die wirtschaftliche Einheit Deutschlands zu zerstören, und unterstützten statt dessen nur eine Internationalisierung der Verfügungsgewalt über die Ruhrindustrie. Dabei spielten freilich zunehmend auch wirtschaftliche Erwägungen eine Rolle, namentlich der Wunsch, die bevölkerungsreiche britische Besatzungszone nicht länger auf Kosten des britischen Steuerzahlers mit den nötigsten Lebensmitteln versorgen zu müssen; zwischen Oktober 1945 und März 1947 betrugen die Subventionen 119 Millionen Pfund Sterling, mit steigender Tendenz, und diese mußten ganz überwiegend in Devisen aufgebracht werden. Aber daneben standen humanitäre Erwägungen und nicht zuletzt der Gesichtspunkt, daß eine dauerhafte demokratische Ordnung in Deutschland nur dann werde entstehen können, wenn den Deutschen nicht die Hoffnung auf einen, wenn auch bescheidenen, wirtschaftlichen Wiederaufstieg genommen würde.

Die britische Deutschlandpolitik wurde freilich zunehmend überschattet von dem sich immer stärker abzeichnenden Ost-Westkonflikt. Für Ernest Bevin persönlich war klar, daß die von Rußland drohende Gefahr weit größer sei als jene, die von einem wiedererrichteten Deutschland ausgehen könne, abweichend von der Ansicht der großen Mehrheit der britischen Bevölkerung, die weiterhin von bedrückenden Erinnerungen an den Krieg und tiefverwurzelten Ängsten hinsichtlich der deutschen Gefahr erfüllt war. Es gehe jetzt darum, so urteilte Bevin, die Deutschen vor dem Versinken in den Kommunismus zu bewahren. Dies hieß praktisch, daß man, ungeachtet zu erwartender russischer Proteste, nunmehr die Reparationspolitik und die Demontagen definitiv aufgeben und in Zusammenarbeit mit der amerikanischen Regierung konsequent den wirtschaftlichen Wiederaufbau der westlichen Zonen Deutschlands betreiben müsse.

Andererseits suchte die britische Regierung es auch weiterhin zu vermeiden, die UdSSR durch ein allzu forsches Vorgehen in dieser Richtung noch stärker zu antagonisieren. Noch hatte man in London die Hoffnungen auf eine Verständigung der vier Kontrollmächte, durch die die wirtschaftliche Einheit Deutschlands doch noch hätte aufrechterhalten werden können, nicht völlig aufgegeben. Aber dann schälte sich immer deutlicher als Nahziel der britischen Politik heraus, in der eigenen Besatzungszone wirtschaftlich freie Hand zu erlangen und diese gegenüber Eingriffen von außen, namentlich der befürchteten Entnahme von Reparationen aus der laufenden Produktion zugunsten der UdSSR, abzuschirmen. Die in der Sache erbitterten Auseinandersetzungen zwischen der Sowjetunion und den Westmächten über eine realistische Lösung der deutschen Frage, bei der die Russen ostentativ die Karte der Einheit Deutschlands gemäß den Potsdamer Beschlüssen ausspielten, weil sie nur so hoffen konnten, ihren Einfluß auf die westlichen Besatzungszonen auch weiterhin zu behaupten, endeten bekanntlich mit der Entscheidung, durch die Schaffung der Bizone und die Einführung einer neuen Währung die Voraussetzungen für den wirtschaftlichen Wiederaufstieg zumindest in den westlichen Zonen zu schaffen und in einem zweiten Schritt die Errichtung eines westdeutschen Staates ins Auge zu fassen. In allen diesen Fragen hat die Regierung Attlee sehr entschieden die Rolle der Vorhand gespielt, hielt sie doch eine Verbesserung der katastrophalen wirtschaftlichen Verhältnisse in Westdeutschland aus inneren wie aus äußeren Gründen für nicht mehr länger aufschiebbar. Andererseits läßt sich nicht übersehen, daß die Engländer, so sehr sie entschlossen waren, den Deutschen eine faire Chance zu geben, in den ersten Jahren nach Kriegsende noch keineswegs frei von Befürchtungen waren, daß ein politisch wieder erstarktes, wirtschaftlich leistungsfähiges Westdeutschland sich doch einmal wieder gegen den Westen wenden würde.

Besorgnisse dieser Art haben die Grundhaltung der britischen Deutschlandpolitik in der Ära Clement Attlees und dann auch noch Winston Churchills in nicht unerheblichem Maße beeinflußt. Wesentlich um der Gefahr eines Rückfalls der Deutschen in ihre alten Verfehlungen vorzubeugen, schien es unabdingbar, die Deutschen in die westliche Völkerfamilie zurückzuholen und auch innerlich für eine demokratische Neuordnung zu gewinnen. Dies war kein leichter Entschluß, so unabweisbar dies auch in der Rückschau nach vier Jahrzehnten erscheinen mag. In den Papieren im Nachlaß Attlee findet sich ein Memorandum folgenden Wortlauts:

> »The warlike spirit is inherent in the (German, d. Vf.) nation, but our policy is to bring them into a united Europe on equal terms, and to create conditions in Europe, in cooperation with our friends and allies which will make it unnessecary for them to turn to a warlike attitude. We feel the Germans have a contribution to make to the world's industrial recovery and social development and the only question is how and in what form can it be done? Our aim is to protect ourselves against any further aggression by Germany and at the same time to bring her back into the Community of nations as a united entity on a democratic basis, with democracy as Western civilization understands it.«[5]

Demgemäß hat die britische Politik schon früh einer engen deutsch-französischen Bindung, als Kern einer künftigen westeuropäischen Ordnung, das Wort geredet, freilich mit der Maßgabe, daß Großbritannien, als eine unabhängige Großmacht mit weltweiten Verpflichtungen, selbst außerhalb dieses Systems verbleiben werde. In diesem Sinne ist auch die berühmte, viel zitierte Rede Sir Winston Churchills in Zürich am 19. September 1946 zu verstehen, die für ein vereintes Europa unter Beibehaltung der Eigenständigkeit Großbritanniens plädierte.[6] Ziel der britischen Politik war es in diesen Jahren, eine Neuordnung in Europa zu schaffen, die Großbritannien von einem unmittelbaren langfristigen militärischen und finanziellen Engagement auf dem Kontinent weitgehend entlasten würde, und dies, wenn irgend möglich, im Einvernehmen mit der UdSSR, ansonsten aber – und dies stellte sich seit dem ergebnislosen Ausgang der Außenministerkonferenzen vom März/April 1947 und vom Dezember des gleichen Jahres endgültig als unabweisbar heraus – auch ohne ein solches. Im Foreign Office neigte man nun dazu, möglichen weiteren Offerten von sowjetischer Seite, die auf die Erhaltung der wirtschaftlichen oder gar der politischen Einheit abzielten, die kalte Schulter zu zeigen. Die Grundlinie der britischen Deutschlandpolitik war hinfort klar, nämlich die schrittweise Errichtung eines westdeutschen demokratischen Staates in enger Zusammenarbeit mit den USA. Allerdings sollte diese Neugründung eine weitgehend föderalistische Struktur erhalten, erhoffte man sich doch von einer Dezentralisierung der politischen Macht und ihrer stärkeren lokalen Bindungen eine Verminderung der Gefahr eines möglichen Wiedererstehens militaristischer Tendenzen.

Die erste große Bewährungsprobe für diese Politik kam dann mit der Blockade Berlins im Jahre 1948, mit der die UdSSR die westlichen Schritte zur Begründung eines westdeutschen Staates und die Durchführung der Währungsreform beantwortete. Für den britischen Außenminister Bevin stand von vornherein fest, daß man in der Berlinfrage nicht nachgeben dürfte. Die Aufgabe Berlins würde, so meinte er, dem Verlust Westeuropas gleichkommen. Vor allem aber könne man »jene zu allem entschlossenen Berliner Demokraten, die sich weigerten, sich dem russischen Druck zu beugen, nicht im Stich lassen«, ohne die Glaubwürdigkeit der Politik einer demokratischen Neuordnung ein für allemal zu verspielen.[7] Entgegen manchen Tendenzen, in dieser Situation Berlin aufzugeben, setzte sich dann die gemeinsame westliche Politik durch, die Blockade mit der sogenannten Luftbrücke zu beantworten. An der erfolgreichen Durchführung der Luftbrücke, deren Erfolg anfänglich völlig ungewiß war, hat die Royal Air Force ein nicht unerhebliches Verdienst gehabt und damit ganz wesentlich dazu beigetragen, der Freiheit nicht nur in Berlin, sondern auch für die künftige Bundesrepublik den Weg zu bahnen. Die weitere Entwicklung der Dinge bedarf hier keiner näheren Darstellung; sie kulminierte in der Gründung der Bundesrepublik im Mai 1949. Insbesondere die außenpolitische Handlungsfreiheit der Bundesrepublik blieb jedoch einstweilen noch rigoros eingeschränkt und der Kontrolle der Hohen Kommissare der Westmächte unterworfen. Aber der Schritt über den Rubikon war getan und den Deutschen die Chance zur Entwicklung eines eigenständigen demokratischen Systems in Anlehnung an den Westen eröffnet worden.

Großbritannien, Europa und der Wiederaufstieg Deutschlands zu einem gleichberechtigten Partner

In der Frage der deutschen Einheit gingen die Westmächte und mit ihnen die Briten davon aus, daß es hinfort in erster Linie die Sache der Deutschen selbst sein müsse, auf eine Wiedervereinigung hinzuwirken, obschon schon damals absehbar war, daß diese unter den obwaltenden Umständen nicht erreichbar sein würde. In dieser ersten Phase der deutsch-britischen Beziehungen nach dem Ende des Zweiten Weltkriegs waren die Deutschen, vornehmlich auf den Kommandohöhen der Politik, in erster Linie Objekt der britischen Politik; ihre Möglichkeiten, diese aktiv zu beeinflussen, waren begrenzt. Jedoch entwickelte sich in eben jenen Jahren auf vielerlei Ebenen langsam das Gespräch zwischen Deutschen und Engländern, vornehmlich in vorstaatlichem Raum, getragen von zahlreichen privaten Institutionen; sie haben wesentlich dazu beigetragen, die Grundlagen für ein neues beiderseitiges Verständnis zu legen, das gerade auch in der breiten Öffentlichkeit einen demokratischen Neubeginn ermöglicht hat. Genannt seien hier etwa die Bemühungen um eine demokratische Umerziehung der deutschen Kriegsgefangenen, die Aktivitäten von Wilton Park, die Königswinter Konferenzen der Deutsch-Englischen Gesellschaft oder der mit Hilfe des British Council und des DAAD durchgeführte internationale Studentenaustausch, der zahlreiche deutsche Studenten, die späterhin einflußreiche Stellungen einnehmen sollten, nach Großbritannien führte.

Für die neue demokratische Ordnung in der Bundesrepublik wurde das Vorbild der englischen parlamentarischen Demokratie, neben jenem der Vereinigten Staaten, in vieler Hinsicht richtungweisend. Die Anglophobie vergangener Jahrzehnte war überwunden und an ihre Stelle weithin Bewunderung und Respekt gegenüber Großbritannien getreten. Jedoch gestalteten sich die Beziehungen zwischen der Bundesrepublik und Großbritannien unter der Kanzlerschaft Konrad Adenauers in eher stürmischer Weise. Den ersten und in vieler Hinsicht entscheidenden Einschnitt der britischen Haltung gegenüber Deutschland stellt die Entscheidung dar, die Bundesrepublik aufzurüsten und ihr, wie sich Winston Churchill ausdrückte, wieder einen »ehrenvollen Platz« im Rahmen einer neu zu schaffenden europäischen Armee zu geben. Nach dem Scheitern der EVG wegen des Einspruchs des französischen Parlaments waren es die Briten, die als erste für die Schaffung einer eigenständigen westdeutschen Armee eintraten und sich zudem bereit erklärten, nicht zuletzt zur Besänftigung französischer Befürchtungen, bis zum Jahre 1990 eine 55 000 Mann starke Rheinarmee in der Bundesrepublik zu stationieren. Dieser Entschluß ist den Briten angesichts der Belastungen der Vergangenheit bitter schwergefallen. Aber entgegen starken Tendenzen namentlich auf der Linken, die für eine Neutralisierung Westdeutschlands etwa auf der Linie der für Österreich ausgehandelten Lösung plädierte, um einer deutschen Wiederbewaffnung mit ihren im Blick auf die jüngste Vergangenheit möglicherweise schwerwiegenden Folgen doch noch aus dem Wege zu gehen, setzte sich schließlich die Linie der politischen Vernunft durch, nämlich eines deutschen militärischen Beitrages zur westlichen Verteidigung in enger Verbundenheit mit dem Westen, auf der Basis der Gleichberechtigung (allerdings bei einem deutschen Verzicht auf den Besitz eigener Nuklearwaffen). Dieser Schritt war aus britischer Sicht fast noch schwerwiegender als die Wiedererrichtung eines eigenständigen westdeutschen Staates. Er hat in der Tat folgerichtig die Emanzipation der Bundesrepublik von westlicher Kontrolle und insbesondere deren gleichberechtigte Aufnahme in das westliche Verteidigungsbündnis, die Nato, nach sich gezogen. Die britische Politik fand sich am Ende sogar dazu bereit, sich, wie dies im sogenannten Deutschlandvertrag festgelegt wurde, ihrerseits das Ziel der Wiedervereinigung des gespaltenen Deutschland zu eigen zu machen. Dies stellte zwar für den Augenblick eine weitgehend folgenlose, aber doch weitreichende Verpflichtung dar, die freilich dazu beigetragen hat, daß die westdeutsche Bevölkerung die neue politische Ordnung am Ende bereitwillig akzeptierte.

Dennoch waren die Jahre von 1951 bis 1963 eine Zeit »lange anhaltender Spannung in den deutsch-britischen Beziehungen« (Donald C. Watt). Dies beruht, wie man im historischen Rückblick gut erkennen kann, vor allem darauf, daß sich die Prioritäten und Horizonte der britischen Außenpolitik unter den Premierministern Wilson, Macmillan und Eden und der deutschen Außenpolitik unter Adenauer in außerordentlichem Maße unterschieden. Obwohl Großbritannien einem wirtschaftlichen und politischen Zusammenschluß Kontinentaleuropas grundsätzlich durchaus positiv gegenüberstand, weil eine feste Einbindung der Bundesrepublik in das westliche System in seinem Interesse lag, blieb die britische Politik weiterhin primär atlantisch orientiert. Zum einen setzte Großbritannien nach wie vor auf seine »speziellen Beziehungen« zu den Vereinigten Staaten, wie sie sich in der Zeit des Zweiten Weltkriegs herausgebildet hatten, und wünschte demgemäß in europäischen Fragen eher als Juniorpartner der USA bzw. als eigenständige Großmacht aufzutreten und nicht als eine europäische Mittelmacht unter anderen. Zum anderen mußte Großbritannien um die Konsolidierung des britischen Commonwealth of Nations und um die Behauptung der eigenen strategischen Vorrangstellung im Nahen Osten und im Mittelmeerraum, die den Rest der früheren imperialen Hegemonialposition im Nahen Osten darstellte, bemüht sein. Gerade hier bestand eine Zone beständiger Konfrontation mit der UdSSR, die ihrerseits bestrebt war, in der arabischen Welt Einfluß zu gewinnen. Zusätzlich wurde den Briten diese Rolle durch eine stille Rivalität mit den USA erschwert, die von ihren westlichen Partnern den Abbau der überkommenen imperialen Machtpositionen zugunsten elastischerer Formen der Ausübung politischen Einflusses erwarteten. Dies alles waren angesichts der beschränkten militärischen und ökonomischen Ressourcen Großbritanniens, das ja nicht mehr auf die Unterstützung seiner Dominions und Kolonien zurückgreifen konnte, äußerst schwierige Aufgaben.

Unter diesen Umständen war in den fünfziger Jahren an eine engere Bindung Großbritanniens an Europa aus britischer Sicht noch nicht zu denken. Vielmehr bestand ein reales Interesse der britischen Politik darin, nach den entscheidenden Weichenstellungen Ende der vierziger und Anfang der fünfziger Jahre wieder eine Detente mit der UdSSR zustande zu bringen, statt im Zeichen des »kalten Kriegs« weiterhin am Rande eines weltweiten Konflikts mit möglicherweise katastrophalen Auswirkungen leben zu müssen. Demgemäß suchte die britische Regierung in den fünfziger Jahren die beiden Supermächte zur Schaffung eines europäischen Garantiesystems zu gewinnen, das die Spannungen in Europa verringert und damit zugleich auch die Überdehnung der britischen Ressourcen gemildert haben würde. Angesichts der noch immer weltweiten Verpflichtungen Großbritanniens und der sogenannten »Dritten Welt«, aber auch im Nahen Osten stellte dies ein schwerwiegendes Problem dar; insbesondere im östlichen Mittelmeer nahm Großbritannien immer noch die Aufgaben einer Vormacht des Westens gegenüber der sowjetischen Bedrohung wahr, auch wenn hier schrittweise die USA in seine Fußstapfen traten. Davon ganz abgesehen, waren der britische Außenhandel und die britischen Kapitalinvestitionen in hohem Maße auf die außereuropäische Welt ausgerichtet. Es lag nahe, in deren Entwicklung und Pflege einen Ausweg aus den sich abzeichnenden wirtschaftlichen Schwierigkeiten zu suchen, nicht in einem kühnen Sprung nach, wie man sich damals in England auszudrücken pflegte, »Europa« hinüber.

In der Bundesrepublik wurden alle diese Probleme, nicht zuletzt auch die im Zuge der Dekolonisation aufbrechenden Konflikte in der außereuropäischen Welt, nur unscharf und zeitweilig überhaupt nicht wahrgenommen. Konrad Adenauer sprach gelegentlich gar einigermaßen verächtlich davon, daß Großbritannien einem »verarmten Rittergutsbesitzer« gleiche, der sich aber nicht dazu bereitfinden wolle, auf seine Weltmachtstellung zu verzichten.[8] Derartige Einstellungen wirkten sich naturgemäß sehr negativ auf die amtlichen Beziehungen zwischen der Bundesrepublik und Großbritannien aus. Für die Regierung Adenauer stand die Frage der Konsolidierung der eigenen, eben errungenen Souveränität und die Integration der Bundesrepublik in das westliche Mächtesystem, die nach Adenauers Auffassung untrennbar miteinander verbunden waren, ganz im Vordergrund aller politischen Erwägungen. Auch das Ost-West-Verhältnis wurde in der Bundesrepublik ganz überwiegend, wenn nicht ausschließlich, aus einem Sicherungsbedürfnis gegenüber der übermächtigen UdSSR betrachtet, nicht aber in einem weltpolitischen Zusammenhang, der die außereuropäischen Interessen ihrer Partner gebührend berücksichtigte.

Diese Unterschiede der Sichtweise erklären die zeitweilig großen Differenzen zwischen der Politik Adenauers und jener der konservativen Regierungen Macmillan und Eden hinsichtlich der sogenannten »deutschen Frage«. Großbritannien war grundsätzlich daran interessiert, im Zuge der Ost-West-Verhandlungen der fünfziger Jahre, die auf russische Initiative hin in Gang kamen, einen Ausgleich zu finden, der, ohne die nunmehr im westlichen Deutschland begründete demokratische Ordnung in der Substanz zu gefährden, der UdSSR Sicherheitsgarantien einräumte, welche es dieser ermöglicht haben würden, mit den neuen Realitäten zu leben und unter Umständen sogar eine Wiedervereinigung eines dann freilich auf militärischem wie außenpolitischem Felde in seiner Souveränität eingeschränkten Deutschlands hinzunehmen. Konrad Adenauer hingegen mißtraute allen Bemühungen dieser Art vom ersten Tage an grundsätzlich und witterte dahinter nur Bestrebungen, die Bundesrepublik den Bach hinunter zu verkaufen. Im Endziel war man sich einig; auch die Deutschen konnten der Erklärung Sir Anthony Edens auf der Genfer Konferenz im Juli 1955 uneingeschränkt zustimmen, daß es »auf dem europäischen Kontinent solange weder Vertrauen noch Sicherheit« geben könne, »wie Deutschland nicht wieder vereinigt« sei.[9] Aber über die Wege, die dahin führen könnten, war man, zumindest auf Regierungsebene, weiterhin höchst unterschiedlicher Meinung. Jedoch nahmen die Briten in bemerkenswert loyaler Weise davon Abstand, in diesen Dingen gegen den Willen des deutschen Bündnispartners vorzugehen. So blieb es bei Sympathieerklärungen und Auslotungen der Lage, so etwa anläßlich des Rapacki-Plans, nicht aber zu irgendwelchen konkreten Schritten.

Die Briten beurteilten die Aussichten, einen *modus vivendi* in der Deutschlandfrage mit der Sowjetunion auszuhandeln, im Jahre 1955 wesentlich günstiger als ihre deutschen Partner, insbesondere Adenauer selbst, der hinter allen sowjetischen Vorschlägen nur Fallen sah, welche die Westintegration der Bundesrepublik verhindern und einer allmählichen Aufweichung des Widerstands der Deutschen gegen eine bolschewistische Durchdringung die Wege bahnen sollten. In diesem Zusammenhang ging Adenauer, wie wir heute wissen, damals sogar so weit, seine englischen Partner auf diplomatischem Wege in aller Form zu bitten, von dem Plan des Abschlusses eines europäischen Sicherheitspakts mit der UdSSR, der zugleich die Voraussetzung für die Wiederherstellung eines geeinten Deutschland gewesen wäre, selbst für den Fall, daß die Russen den westlichen Forderungen voll entsprächen, ein für allemal Abstand zu nehmen, mit der Begründung, daß die Deutschen für die Wiedervereinigung noch nicht reif seien. Die Integration der Bundesrepublik in den Westen sei wichtiger als die Wiedervereinigung.[10] Adenauer warf Macmillan in seinen Unterhandlungen mit der Sowjetunion in der Berlinfrage bekanntlich »einen entsetzlichen Mangel an Stärke« vor;[11] und noch 1958 war er tief besorgt, daß dieser anläßlich seiner Reise nach Moskau essentielle Positionen des Westens in der Deutschlandfrage aufgeben könnte.[12] Tatsächlich hat die britische Diplomatie sich entgegen Adenauers beständigen Befürchtungen in den langwierigen Verhandlungen jener Jahre mit der UdSSR durchweg an die deutschen Vorgaben gehalten, freilich mit dem Ergebnis, daß diese zu keinerlei befriedigendem Ergebnis geführt haben. Aus der Perspektive der Ostpolitik des folgenden Jahrzehnts und im Lichte der gegenwärtigen Entwicklungen in der ehemaligen Sowjetunion könnte man sagen, daß die britische Politik in der Deutschlandfrage langfristig gesehen mehr Konsistenz und mehr Pragmatismus an den Tag gelegt hat als die deutsche.

Die deutsch-britischen Differenzen in der Behandlung der Deutschlandfrage, die eigentlich nur in der Tendenz, nicht in der Substanz auseinanderliefen, wurden freilich überschattet von den gleichzeitigen Entwicklungen in der Frage der Europapolitik. In der Bundesrepublik wurde es von Anfang an bedauert, daß sich Großbritannien an der Gründung der EWG nicht beteiligte, sondern außerhalb blieb, ja mehr noch, mit der Schaffung einer Europäischen Freihandelszone der blockfreien Länder eine Art von Konkurrenzorganisation zu begründen suchte, welche die Verwirklichung des erstrebten Ziels, nämlich einen engen wirtschaftlichen und späterhin auch politischen Zusammenschluß ganz Westeuropas, ernstlich in Frage stellte. Dies führte in der Bundesrepublik zu erheblichen Irritationen. Denn in breiten Kreisen der deutschen Gesellschaft galt es als ausgemachte Sache, daß Europa ohne die Briten auf Dauer funktionsunfähig sein werde oder doch nicht jene Qualität werde gewinnen können, die ein stetiges großes Wirtschaftswachstum ermöglichen werde. Dies war nicht zuletzt auch die Überzeugung Ludwig Erhards, des »Vaters« der »sozialen Marktwirtschaft«, die in jenen Jahren ihren großen Spurt nach vorn begann. Konrad Adenauer selbst setzte hingegen entschieden auf die Karte einer engen Zusammenarbeit mit Frankreich und zeigte sich auch dann nicht abgeschreckt, als mit de Gaulle in Frankreich ein Mann zur Macht kam, der nicht bereit war, die Souveränität Frankreichs auf dem Altar der europäischen Politik zu opfern. Es kam bekanntlich zum Aufbau eines ganzen Bündels von institutionellen Beziehungen zwischen Frankreich und der Bundesrepublik auf den unterschiedlichsten Gebieten, mit dem Ziel, ein enges Zusammengehen beider Länder für alle Zukunft sicherzustellen. Nicht der Tendenz, aber der Sache nach ging dieses enge Verhältnis, das seinen äußeren Höhepunkt in dem Abschluß des deutsch-französischen Freundschaftsvertrags vom Januar 1963 finden sollte, auf Kosten enger deutsch-britischer Beziehungen.

Dabei spielte die Koinzidenz des Abschlusses des deutsch-französischen Freundschaftsvertrags mit der Entscheidung General de Gaulles, dem Ersuchen der britischen Regierung Macmillan auf Beitritt zur EWG die kalte Schulter zu zeigen, eine ausschlaggebende Rolle. In den Brüsseler Verhandlungen über das englische Beitrittsgesuch Ende 1962 hatte die deutsche Delegation die britische Position durchweg unterstützt. Aber Adenauer befand es im entscheidenden Augenblick für unmöglich, sich ungeachtet der ablehnenden Haltung de Gaulles in den Pariser Verhandlungen rückhaltlos für das britische Beitrittsgesuch zu verwenden und gegebenenfalls die Unterzeichnung des Elysée-Vertrags zu sistieren. Die Ablehnung des britischen Beitrittsgesuchs, das freilich, wie man einräumen muß, durch das Experiment der Gründung der EFTA von vornherein belastet, noch dazu schlecht vorbereitet und zu einem wenig günstigen Zeitpunkt vorgelegt worden war, kam einem *Echec* für die britische Politik gleich, der in der Folge mehr das deutsch-englische als das deutsch-französische Verhältnis belastet hat. Denn alle nachträglichen Erläuterungen der deutschen Position, so beispielsweise durch den ehemaligen deutschen Außenminister von Brentano in einer formellen Erklärung im Deutschen Bundestag über »Kontinuität und Dissonanzen der deutschen Politik«, konnten den Eindruck nicht aus der Welt schaffen, daß auch die Bundesregierung unter dem maßgeblichen Einfluß Adenauers einem Beitritt Großbritanniens zur EWG zum fraglichen Zeitpunkt mit einer gewissen Skepsis gegenübergestanden und jedenfalls die eigenen Möglichkeiten nicht voll ausgeschöpft hatte, de Gaulle zu einer Zurücknahme seines Vetos zu veranlassen.

Es muß jedoch sogleich hinzugefügt werden, daß diese politische Linie in der deutschen Öffentlichkeit und bei der Mehrheit der deutschen Parteien, ja im Regierungslager selbst äußerst umstritten war. Mehr noch, die Überzeugung war allgemein, daß eine engere Bindung der Bundesrepublik an Frankreich, wie sie das deutsch-französische Vertragswerk vorsah, keinesfalls auf Kosten der Beziehungen zu Großbritannien gehen dürfe. In der Tat fühlten sich die Deutschen den Engländern innerlich durchaus enger verbunden als den Franzosen, zumal die britische Mitwirkung im Rahmen einer europäischen Wirtschaftsordnung für unverzichtbar gehalten wurde. Der außenpolitische Sprecher der sozialdemokratischen Partei, Fritz Erler, brachte das allgemeine Unbehagen im Februar 1963 im Bundestag in aller Form zum Ausdruck, als er mit Blick auf den deutsch-französischen Freundschaftsvertrag in Frage stellte, ob die unbedingt notwendige Freundschaft zwischen zwei Völkern, die jahrhundertelang miteinander verfeindet waren, zwischen den Deutschen und den Franzosen, so gestaltet werden müsse, daß dafür Großbritannien ferngehalten würde.[13]

Insbesondere der Bundestagsabgeordnete Kurt Birrenbach machte sich in der Folge zum Vorkämpfer einer demonstrativen Option zugunsten des künftigen Beitritts Großbritanniens zur EWG und überhaupt einer Intensivierung der deutsch-britischen Beziehungen. Demgemäß wurde dem deutsch-französischen Freundschaftsvertrag eine Präambel vorangesetzt, die diesem die Exklusivität einer rein deutsch-französischen Angelegenheit nehmen und indirekt auf die Gleichrangigkeit der deutsch-englischen Beziehungen hinweisen sollte. Gewiß hatte diese Präambel nur symbolische Bedeutung, aber der Sache nach lief sie auf eine wesentliche Korrektur der frankophilen Grundlinie der Außenpolitik Adenauers hinaus. Es ist nicht zuviel gesagt, daß damit zugleich das Ende der langen, eindrucksvollen Regierungszeit Konrad Adenauers eingeläutet wurde, jenes knorrigen Rheinländers, dem es vor allem anderen um die deutsch-französische Aussöhnung gegangen war und der zu seinen englischen Partnern nie ein persönliches Verhältnis hatte gewinnen können.

Nur wenig später wurde bekanntlich Ludwig Erhard zum Nachfolger Adenauers berufen. Dies kam bei Lage der Dinge auch einer entscheidenden Änderung im klimatischen Verhältnis zu Großbritannien gleich. Erhard machte aus seiner anglophilen Grundeinstellung, die, wie man wohl sagen darf, in weiten Teilen der deutschen Führungsschichten geteilt wurde, von Anfang an kein Hehl und ließ auch öffentlich erkennen, daß die Bundesregierung einen Beitritt Großbritanniens zur EWG zu einem baldigen Zeitpunkt begrüßen würde, eine Position, die angelegentlich eines Staatsbesuches in London im Mai 1966 noch einmal ausdrücklich bekräftigt wurde. Erklärungen guten Willens machen freilich noch keine Politik, und dies um so mehr, als sich Erhard wider Erwarten innenpolitisch nicht lange zu behaupten vermochte. Jedoch waren neue Akzente gesetzt, die dann durch die Große Koalition unter Kurt-Georg Kiesinger und seinem Außenminister Willy Brandt aufgegriffen und in konkrete politische Schritte umgesetzt worden sind.

Der beschwerliche Weg zu vertrauensvoller politischer Kooperation

Freilich kamen die Dinge eigentlich erst wirklich in Bewegung mit der Bildung der Sozialliberalen Koalition unter Führung von Willy Brandt im Jahre 1969. Als ausgesprochen anglophil ausgerichtete, dazu weltläufige Persönlichkeit mit einer eindeutig antifaschistischen Vergangenheit erwies sich Brandt mehr als jeder andere deutsche Staatsmann dazu in der Lage, die atmosphärischen Verstimmungen zu überwinden, die das deutsch-englische Verhältnis bislang überschattet hatten, und Vertrauen zu begründen. Brandts gute persönliche Beziehungen zu führenden Labour-Politikern erwiesen sich dabei als zusätzlicher Vorteil; schon zwei Jahre zuvor hatte der damalige britische Außenminister George Brown, der für seine Direktheit bekannt war, anläßlich eines Besuchs Willy Brandts in London unverblümt die Frage des britischen Beitritts zur Europäischen Gemeinschaft angesprochen und erklärt: »Willy, you must get us in, so we can take the lead.«[14] Auch zu Edward Heath, dem wohl entschiedensten Europäer unter den englischen Staatsmännern jener Jahre, der 1970 die Nachfolge Wilsons angetreten hatte, begründete Willy Brandt in den Jahren seiner Kanzlerschaft ein herzliches Verhältnis. Über die sachliche Notwendigkeit, Großbritannien als Dritten im Bunde für die Begründung einer wirklich lebenskräftigen Europäischen Gemeinschaft zu gewinnen, solle diese gegenüber den anderen großen Wirtschaftsblöcken auf die Dauer eine Chance haben, bestand keinerlei Dissens mehr. In seiner Regierungserklärung vom 28. Oktober 1969 erklärte Willy Brandt unter anderem: »(...) die Gemeinschaft (...) braucht Großbritannien ebenso wie die anderen beitrittswilligen Länder. Im Zusammenklang der europäischen Stimmen darf die britische keineswegs fehlen, wenn Europa sich nicht selbst schaden will!«[15] Damit waren freilich die großen Sachprobleme, die einer Annäherung Großbritanniens an das kontinentale Europa und einen Beitritt zur EWG im Wege standen, noch keineswegs gelöst, und so blieb Großbritannien trotz des erklärten guten Willens der neuen Bundesregierung einstweilen weiterhin vor der europäischen Tür stehen.

Hingegen führte der Übergang zur neuen Ostpolitik, die mit den starren Positionen der Vergangenheit brach, indirekt zu einer erheblichen Annäherung der Standpunkte beider Länder in den ostpolitischen Fragen und zugleich einem größeren Maß an gegenseitigem Verständnis. Hatte die britische Regierung bisher einen eher flexiblen und die deutsche Regierung einen eher unnachgiebigen Kurs gegenüber der UdSSR und den ostmitteleuropäischen Staaten gesteuert, so kehrte sich dies jetzt bis zu einem gewissen Grade um. Die Bundesrepublik war nunmehr bereit, durch die Aufgabe der Hallstein-Doktrin, durch einen förmlichen Verzicht auf Gewalt als Mittel der Politik und durch die faktische, wenn auch nicht völkerrechtliche Anerkennung der bestehenden Grenzen in Ostmitteleuropa Bewegung in das Verhältnis zu ihren osteuropäischen Nachbarn zu bringen. Dies lag insofern auf der Linie der britischen Politik, als diese immer für ein möglichst hohes Maß von Disengagement und Detente im Ost-West-Verhältnis eingetreten war. Auf der anderen Seite entsprach die Strategie des Abschlusses bilateraler Verträge mit der UdSSR und Polen, der CSSR und schließlich der DDR nicht unbedingt den Vorstellungen der Westmächte und namentlich Großbritanniens, die ein gemeinschaftliches Vorgehen für eher angezeigt hielten. Auch hier bedurfte es mancher Anstrengungen, um auf britischer Seite noch bestehende Ängste vor einem neuen »Rapallo« auszuräumen und die unabdingbare flankierende Unterstützung Großbritanniens für die Ostpolitik zu gewinnen. Man wird allerdings davon ausgehen müssen, daß die letzten Ziele der

Ostpolitik, nämlich nicht nur eine weitreichende Entspannung zwischen den Blöcken zu bewirken, sondern darüber hinaus »Wandel durch Annäherung« zu erzielen, auf britischer Seite nicht uneingeschränkt geteilt wurden. Aber ein weitgehender Gleichklang der Zielvorstellungen war erreicht und eine Vertrauensbasis geschaffen, die dann auch die Ära der Erkaltung der Ost-West-Beziehungen im Zuge der russischen Intervention in Afghanistan überdauern sollte.

Wenn Helmut Schmidt, der am 16. Mai 1974 die Nachfolge Willy Brandts antrat, es als die vornehmste Aufgabe der deutschen Ostpolitik angesehen hat, »Brücken« zwischen Ost und Westeuropa zu bauen, so ist er dabei nicht ganz der Gefahr entgangen, die Möglichkeiten einer Mittlerrolle der Bundesrepublik zu überschätzen. Mit einigem Recht wies Schmidt darauf hin, daß »kaum jemand (...) stärker (...) an der Wiederherstellung ganz Europas als geschichtlich entstandener, geistiger und politischer Einheit interessiert« sein könne als die Deutschen und ihnen demnach vornehmlich die Aufgabe zufalle, für »Entspannung innerhalb dieser geschichtlichen, dieser geistigen, dieser geopolitischen Einheit« zu arbeiten.[16] Ohne die zuverlässige Rückendekkung der anderen europäischen Mächte, insbesondere Großbritanniens und der USA, war jedoch nicht zu erwarten, daß hier irgendwelche Erfolge erreichbar sein würden. Insoweit war die auf Entspannung gerichtete Ostpolitik auf ein gutes Verhältnis zu den westeuropäischen Nachbarn der Bundesrepublik angewiesen. Paradoxerweise geriet nun die Regierung Schmidt/Genscher im Verhältnis zu Großbritannien zuweilen in das entgegengesetzte Dilemma; sie sah sich mit britischer Zurückhaltung, ja Kritik an einem allzu unbekümmerten Vorantreiben der Entspannungspolitik konfrontiert.

Sehr viel schwieriger gestaltete sich die Frage des Beitritts Großbritanniens zur Europäischen Gemeinschaft, die im Rahmen des deutsch-englischen Verhältnisses fortan eine Schlüsselstellung gewinnen sollte. Der Weg Großbritanniens nach Europa wurde wesentlich erleichtert durch den Umstand, daß es seit Ende der fünfziger Jahre eine grundlegende Veränderung seiner weltpolitischen Position durchgemacht hatte. Die Aufgabe der bisherigen Hegemonialposition östlich von Suez und der sich nähernde Abschluß des Dekolonisationsprozesses hatte die außereuropäischen Verpflichtungen Großbritanniens schlagartig vermindert. Nunmehr konnte die britische Politik sich wirklich uneingeschränkt Europa zuwenden, obschon die Beziehungen zum Commonwealth immer noch ein wichtiger Faktor waren, der gegenläufige Auswirkungen hatte. Aber die wirtschaftlichen Probleme, vor die sich Großbritannien gestellt sah, waren groß und schienen gegen einen Eintritt in die EWG zu sprechen. Sowohl innerhalb wie außerhalb Großbritanniens war die Meinung weit verbreitet, daß diese leichter auf nationaler Ebene gelöst werden könnten. Edward Heath hingegen kam zu dem ebenso bemerkenswerten wie couragierten Schluß, daß die britische Wirtschaft ganz im Gegenteil gerade durch den Beitritt der EWG und deren wirtschaftliche Bedingungen zu einer grundlegenden Regeneration veranlaßt werden würde. Diese vermutlich richtige Beobachtung führte freilich dazu, daß die parteipolitischen Gegensätze in Großbritannien über die Beitrittsfrage noch weiter verschärft wurden, sah doch die Labour Party im Beitrittsbeschluß in erster Linie die Absicht, mit Hilfe der Konkurrenz des übrigen Europa die Gewerkschaften zu »zähmen« und die Arbeiterschaft zu disziplinieren.

Die Engländer und ihre kontinentaleuropäischen Nachbarn mußten noch ein weites Stück Weges aufeinander zugehen und alte Vorurteile und Mißverständnisse abbauen, bevor es etwas mit einer englischen Mitgliedschaft in der EG werden konnte. In der Bundesrepublik war damals eine reichliche Menge von Hochmut verbreitet im Hinblick auf die wirtschaftlichen Probleme in England und namentlich die zahlreichen Massenstreiks, die die Leistungsfähigkeit der britischen Wirtschaft beeinträchtigten. In den siebziger Jahren sprach man in der Bundesrepublik vielfach von einer »englischen Krankheit« und warf den Briten eben das vor, was Werner Sombart während des Ersten Weltkriegs als deutsche Tugend gefeiert hatte, nämlich das Fehlen echt kommerziellen Geistes und einer entsprechenden Leistungsorientierung. Dabei wurde geflissentlich übersehen, daß sich ein guter Teil der wirtschaftlichen Probleme Großbritanniens langfristigen strukturellen Veränderungen, vor allem dem Niedergang der älteren, auf Stahl und Kohle konzentrierten Industrien, verdankte und nicht etwa nur der übergroßen Macht der Gewerkschaften oder dem angeblich schlechten Management der britischen Unternehmerschaft. Es waren dies vielmehr Probleme, die dann kaum ein Jahrzehnt später auch die Bundesrepublik erreichen und hier ebenfalls die Arbeitslosigkeit irritierend in die Höhe treiben sollten.

Es bedurfte einer ganzen Reihe von kollektiven Lernprozessen, um die Briten wie die Deutschen davon zu überzeugen, daß sich die großen wirtschaftlichen Probleme, namentlich jene, die direkt oder indirekt durch die beiden großen Ölkrisen ausgelöst worden waren, zumindest zu Teilen leichter auf supranationaler Ebene überwinden lassen würden. Davon ganz abgesehen, galt es, Tabus und Vorurteile hinwegzuräumen, die sich aus der Vergangenheit erhalten hatten, und dies auf beiden Seiten des Kanals. Dazu haben Einrichtungen wie die Brücke, der British Council, die Anglo-German Association und Wilton Park auf englischer Seite und das Goethe-Institut, die Deutsch-Britische Stiftung zum Studium der Industriegesellschaft, die Deutsch-Englische Gesellschaft, das Deutsche Historische Institut in London und zahlreiche andere Institutionen erheblich beigetragen. Auch die zunehmend intensivere Zusammenarbeit zwischen beiden Ländern auf dem Gebiete der Wissenschaft hat dabei eine, freilich eher indirekte Rolle gespielt. Schließlich kam auch den regelmäßigen Königswinter Konferenzen in diesem Zusammenhang einige Bedeutung zu. Sie erlaubten es, die beiderseits anstehenden Probleme auf einem neutralen Forum mit großer Freimütigkeit zu erörtern, statt wie sonst im politischen Leben durch unmittelbare politische Entscheidungsbedürfnisse an einer wirklich offenen Aussprache gehindert zu sein. Ralf Dahrendorf, damals Staatsminister im Auswärtigen Amt, attestierte den Königswinter Konferenzen, daß sie wesentlich zur Schaffung des geistigen Klimas beigetragen hätten, das den Beitritt Großbritanniens zur Europäischen Gemeinschaft zum 1. Januar 1973 allererst möglich gemacht habe.

Mit dem Beitritt Großbritanniens zur EG war es freilich keineswegs getan: Vielmehr traten die konkreten Probleme nun vollends hervor. Die auf deutscher Seite mit erheblicher Irritation zur Kenntnis genommene Forderung einer Neuverhandlung der Beitrittsbedingungen seitens der 1974 zur Macht gekommenen Labourregierung beleuchtete schlagartig, daß noch viel Überzeugungsarbeit geleistet werden mußte, namentlich im Lager der britischen Linken, bevor das europäische Schiff wirklich flott sein würde. Zugleich aber galt es für die Deutschen, vom hohen Roß ihrer Euro-Euphorie, die in mancher Hinsicht zu einem Surrogat des deutschen Nationalbewußtseins geworden war, herabzusteigen und einen pragmatischen Sinn für das Erreichbare zu entwickeln. Die Deutschen fanden es schwierig, die Einwände der Briten gegen einige Aspekte der EG-Politik, insbesondere die gemeinsame Agrarpolitik, sachlich zu würdigen. Statt dessen setzte sich die Meinung durch, daß Großbritannien nun einmal der Bremser im europäischen Haus sei und bleibe. Allerdings blieben auf deutscher Seite die Enttäuschungen nicht aus, so insbesondere im Zusammenhang der

Bemühungen Helmut Schmidts, durch Begründung eines europäischen Währungsverbunds, des sogenannten EWS, wenigstens einen bescheidenen Ersatz für das in Verfall geratene System von Bretton Woods zu schaffen und damit eine gewisse Konsolidierung des von wilden Devisenkursschwankungen betroffenen internationalen Finanzsystems zu erreichen. Andererseits vollzog sich eine weitreichende Umorientierung der britischen Handelsbeziehungen nach Europa hin; die Bundesrepublik wurde endgültig zum wichtigsten Handelspartner Großbritanniens. Auch die britische Hochfinanz entdeckte die Bundesrepublik als lohnendes Ziel für Kapitalinvestitionen großen Umfangs. Gleichzeitig bildeten sich neue internationale Handelsströme heraus, bei denen insbesondere der Standort Großbritannien als Einfallstor für Drittländer, namentlich für Japan, in die EG an Bedeutung gewann. Damit wurde Großbritannien direkt wie indirekt für den teilweisen Verlust der älteren Handelsbeziehungen zu zahlreichen Ländern des Britischen Commonwealth entschädigt. Insbesondere im tertiären Sektor eröffneten sich neue Chancen für die britische Wirtschaft, die im Zuge der Erweiterung des europäischen Marktes noch größer werden dürften. Die zunehmende Aktivität deutscher und britischer Unternehmen auf den Märkten des jeweils anderen Landes hat inzwischen einen Umfang angenommen, der älteren Vorbehalten gegenüber einer deutsch-britischen Zusammenarbeit namentlich auf britischer, aber auch auf deutscher Seite die Grundlage entzogen hat. Die deutsche und die englische Wirtschaft sind sich heute näher denn je zuvor gekommen, und die älteren Klischees vom »Handelsneid« und der »englischen Krankheit« haben ebenso ihre Kraft verloren wie die Vorbehalte gegenüber der »teutonischen Tüchtigkeit«, welche auf Kosten der zwischenmenschlichen Beziehungen gehe.

Noch ausgeprägter ist diese Entwicklung auf dem Gebiet der politischen und militärischen Beziehungen. Hier ist von einer »uneasy relationship« (William Wallace), wie sie für die sechziger Jahre durchweg gegeben war, nichts mehr zu spüren. Im Gegenteil, auf nahezu allen Ebenen stellte sich eine enge Zusammenarbeit zwischen deutschen und englischen Instanzen ein, bisweilen in informellen Formen, häufiger auf regelmäßiger, institutionalisierter Basis. Seit den siebziger Jahren wurden regelmäßige Konsultationen zwischen bundesdeutschen und britischen Regierungsinstanzen eine alltägliche Erscheinung auf politischem, auf wirtschaftspolitischem und insbesondere auf militärischem Gebiete. Dies geschieht häufig auch im Rahmen von multilateralen

Organisationen unterschiedlichster Art, zum Beispiel der sogenannten Eurogroup sowie den zahlreichen Instanzen und Gremien der Europäischen Gemeinschaft bzw., wie die neue Sprachregelung lautete, der Europäischen Union und der des Nato-Bündnisses. Jedenfalls auf dieser Ebene der Politik haben Deutsche und Engländer, in aller Regel in Verbindung mit Vertretern anderer interessierter Nationen, konkrete sachliche Arbeit geleistet und sind dabei einander weit näher gekommen, als man dies vor vierzig Jahren sich jemals hätte vorstellen können. Es handelt sich, wie man gesagt hat, um eine »solide Arbeitsbeziehung zwischen Deutschen und Briten, die sich außerhalb des Rampenlichtes der Öffentlichkeit vollzieht«, die man aber deshalb nicht schon für selbstverständlich halten sollte. Eine gemeinsame britisch-deutsche Studie über die Zusammenarbeit der Bundesrepublik und Großbritannien auf dem Gebiet der Rüstungspolitik hat diesen Sachverhalt auf die glückliche Formel einer »stillen Allianz« gebracht[17], und eben darum handelt es sich in der Tat: um Zusammenarbeit, die nicht die Schlagzeilen der Zeitungen füllt, sondern kontinuierlicher Natur ist, andererseits aber Bindungen begründet, die durch einseitige politische Willensakte schwerlich wieder von heute auf morgen zu beseitigen sein dürften.

Differenzierter stellen sich die Dinge hingegen auf den Kommandoebenen der großen Politik dar. Denn es wäre vermessen zu glauben, daß mit der Überwindung der historischen Vorbelastungen des deutsch-britischen Verhältnisses die Sachprobleme, die von Fall zu Fall beide Länder in unterschiedlicher Weise betreffen, bereits ausgeräumt wären. Gerade auf dem Gebiet der Europapolitik bestanden weiterhin große Differenzen zwischen Großbritannien und seinen kontinentalen Partnern, namentlich der Bundesrepublik. Helmut Schmidt, gemäß seinem eigenen Zeugnis nach Erziehung und Neigung anglophil eingestellt, fand es angesichts der fortdauernden Zurückhaltung Großbritanniens gegenüber einer dynamischen Europapolitik, aber auch einer gemeinsamen europäischen Sicherheitspolitik auch in Abweichung von jener der Vereinigten Staaten, am Ende leichter, seine politischen Vorstellungen auf dem Wege einer engen Zusammenarbeit mit Giscard d'Estaing voranzutreiben als mit Margaret Thatcher.

Die deutsch-britischen Beziehungen im Windschatten der europäischen Probleme

Während der langen Periode der Regierungszeit Helmut Kohls waren die deutsch-britischen Beziehungen gleichsam in den Windschatten der europäischen Probleme geraten, insbesondere der Entwicklung der europäischen Gemeinschaft. Kohls energischem Drängen auf einen weiteren Ausbau der Europäischen Union, wie man nun zu sagen begann, stand auf britischer Seite weiterhin große Reserviertheit gegenüber. Die anfänglichen Versuche, mittels der Gründung der EFTA die Europäische Gemeinschaft insgeheim zu torpedieren, waren zwar längst durch eine konstruktive Haltung ersetzt worden. Aber die Briten betrachteten eine Ausweitung der Europäischen Union auf neue Aktionsfelder der europäischen Politik nach wie vor mit großer Skepsis, auch auf dem europafreundlichen Flügel der Konservativen Partei. Diese Haltung steigerte sich mit dem Regierungsantritt Margaret Thatchers zu regelrechtem Mißtrauen gegenüber der Europapolitik vor allem des Präsidenten der Kommission Jacques Delors, der seinerseits einen ehrgeizigen Kurs der Ausweitung der Macht der Europäischen Union betrieb. Vor allem die von der Europäischen Gemeinschaft beschlossene Sozialcharta, welche ganz Europa auf die überholten Prinzipien des fürsorglichen Sozialstaats zu verpflichten drohe, wählte Frau Thatcher zur Zielscheibe ihrer Kritik, daneben aber die Europäische Agrarpolitik. Aus der Perspektive eines Landes, in dem 1995 gerade einmal 1,2 Prozent der Beschäftigten in dem Sektor Landwirtschaft, Forsten und Fischerei tätig war, das also den Prozeß der Rückführung des landwirtschaftlichen Sektors auf ein den modernen Verhältnissen angepaßtes Maß, der überall sonst noch im Gange war, längst hinter sich hatte, war das aufwendige System der Subvention der Landwirtschaft im Rahmen der Europäischen Gemeinschaft nur wenig plausibel.[18] Der Umstand, daß Großbritannien als hochindustrialisiertes Exportland überdies in besonderem Maße von den Abgaben für die Gemeinschaft betroffen war, führte dazu, daß die Regierung Thatcher seit 1979 mit äußerster Härte für besondere Rückzahlungen, die sogenannten »Rebates«, kämpfte, die ihr am Ende von ihren europäischen Partnern dann auch zähneknirschend zugestanden wurden. Ebenso mußten sie sich damit abfinden, daß die britische Politik den Bestrebungen, die Europäische Gemeinschaft in eine Europäische Union umzugestalten und im Ministerrat zumindest teilweise das

Mehrheitsprinzip einzuführen, die kalte Schulter zeigte. »Closer cooperation between the sovereign states of the community in all areas where this cooperation can be shown to be useful«, wie der Staatsminister im Foreign Office Douglas Hurd am 17. Juni 1983 im Unterhaus erklärte, war alles, was die britische Regierung zugestehen wollte.[19]

Lord Carrington hatte schon 1980 erklärt: »British foreign policy must now be conducted essentially in a European framework.« Die Realität ist auch heute noch einiges davon entfernt. Aber in vielen Bereichen wurde es nunmehr möglich, Europa mit einer Stimme sprechen zu lassen, auch wenn es weiterhin Probleme gibt, in deren Beurteilung Großbritannien und die Bundesrepublik radikal unterschiedliche Meinungen hatten und weiterhin haben werden. Und auch in Fragen, in denen jeweils das Interesse nur eines Landes überwog, wie etwa im Rhodesienkonflikt oder dem Falklandkrieg, ließ sich ein politisch gemeinsames Vorgehen erreichen. Einige Bedeutung gewann in diesem Zusammenhang die Einrichtung eines speziellen Koordinationsgremiums der EG-Länder in allen Fragen der großen Politik, die sogenannte »Europäische Politische Zusammenarbeit« (abgekürzt EPZ). In ihr nahmen die Vertreter Großbritanniens und der Bundesrepublik eine Schlüsselposition ein. Besonders die britische Regierung fand es zunehmend wertvoll, sich für eine Abstimmung der eigenen Politik mit jener ihrer kontinentaleuropäischen Partner, speziell der Bundesrepublik, des Instruments der EPZ zu bedienen und auf diese Weise die heikle Frage zu umgehen, ob und gegebenenfalls wie weit eine Erweiterung der Kompetenzen der Europäischen Union in Fragen der Außenpolitik erfolgen solle. Freilich ist im Zuge der jüngsten Entwicklung des internationalen Systems kaum noch von besonderen deutsch-englischen Beziehungen zu sprechen. Diese sind seit längerem zum Teilbestand eines Systems transnationaler Beziehungen der EG-Staaten untereinander, aber auch der westlichen Staaten überhaupt geworden. Besondere Bedeutung haben in dieser Hinsicht die Wirtschaftsgipfelkonferenzen gewonnen, die Helmut Schmidt 1975 initiierte. Politik ist zunehmend zu einer multilateralen Angelegenheit geworden; die großen Entscheidungen fallen seitdem nicht selten in internationalen Gremien, sei es den Sitzungen des Ministerrats der Europäischen Gemeinschaft, sei es der Nato oder auf den Wirtschaftsgipfeln der Sieben. Die bedeutsamsten Fortschritte auf dem Gebiet der Ost-West-Beziehungen sind im Rahmen der KSZE und ihren Folgekonferenzen erzielt worden.

Hier wurden jene Vereinbarungen in Fragen der Menschenrechte getroffen, die dann zu einer allmählichen Aushöhlung der Regime des »realen Sozialismus« in Ostmitteleuropa beigetragen haben.

Die europapolitischen Auseinandersetzungen strahlten auch auf das deutsch-britische Verhältnis aus. In der Bundesrepublik wurde die Politik Margaret Thatchers zumeist schlicht als europafeindlich angesehen, ohne die besondere Lage Großbritanniens dabei sonderlich zu berücksichtigen. Auf britischer Seite wurde den überkommenen antideutschen Stimmungen in der Öffentlichkeit teilweise freier Lauf gegeben. Freilich zahlten sich extrem antideutsche Stellungnahmen wie jene des britischen Staatsministers Nicholas Ridley, der das europäische Währungssystem (EWS) im *Spectator* als eine Geheimwaffe Deutschlands im Kampf um die Hegemonie in Europa bezeichnet und hinzugefügt hatte, daß Großbritannien, wenn es in diese eintrete, dann gleich Hitler hätte nachgeben sollen, nicht länger aus. Ridley mußte sein Amt als Staatsminister niederlegen. Margaret Thatcher ließ sich von ihren Vorurteilen gegenüber den Deutschen auch von einer Runde angesehener Historiker, die sie zu einer Beratung in ihren Landsitz in Chekkers eingeladen hatte, nicht abbringen; sie interpretierte deren Stellungnahmen unbekümmert im Sinne einer inhärenten Neigung der Deutschen zur Überheblichkeit und Großmachtsucht. Dies blieb freilich eine politisch folgenlose Episode, der *Daily Telegraph*-Affäre vom Jahre 1908 nicht unähnlich.

Der Trend der Entwicklung ging in eine andere Richtung; die Idee einer aktiven Rolle Großbritanniens in Europa gewann schrittweise Boden. In dieser Hinsicht kam es zu einer überraschenden Verkehrung der Fronten auf parteipolitischer Ebene. Während in der Konservativen Partei die Europaskeptiker mehr und mehr an Boden gewannen, schüttelte die Labour Party ihre *»little England«*-Mentalität ab, welche ihre politische Linie seit 1945 maßgeblich bestimmt hatte, und entwickelte schrittweise ein positives Verhältnis zur europäischen Idee, zumal eine konstruktive Haltung zum Projekt eines gemeinsamen Europa ihr strategische Vorteile gegenüber der Konservativen Partei eröffnete, nicht zuletzt auch die Festschreibung eines Minimums von sozialstaatlichen Grundsätzen vermittels der Sozialcharta der Europäischen Union. Die *Europapolitik* blieb unter diesen Umständen weiterhin heftig umstritten, obschon Großbritannien seine Mitgliedschaft grundsätzlich nicht mehr in Frage stellte. Großbritannien sanktionierte zwar den Maastrichter Vertrag, der prinzipiell einen weiteren Ausbau der europäischen

Institutionen vorsah, aber hielt sich auch weiterhin gleichsam auf den hinteren Bänken der europäischen Politik auf.

Die Differenzen mit den europäischen Partnern wirkten sich auf das deutsch-englische Verhältnis nicht eben günstig aus, wenn auch ohne nachhaltige Wirkungen. Dieses wurde seit 1989 freilich vor allem durch die überraschenden Entwicklungen in der deutschen Frage bestimmt. Margaret Thatcher stand der Aussicht, daß es zu einer Wiedervereinigung der beiden deutschen Staaten kommen könne, mit einigem Unbehagen gegenüber, und anfänglich war sie geneigt, diese Entwicklung nicht zuletzt durch den Versuch einer persönlichen Einwirkung auf Michail Gorbatschow abzubremsen, über den sie in ihren Memoiren selbst berichtet hat. Sie bestand überdies darauf, daß die Großmächte, die seit 1945 als Garanten der politischen Verhältnisse in Deutschland aufgetreten waren, an dem Vereinigungsprozeß maßgeblich beteiligt werden, ja die Führung innehaben müßten. Dies gelang nur zu Teilen; die Verständigung zwischen Bundeskanzler Kohl und Michail Gorbatschow im Juli 1990 präjudizierte das Ergebnis der Mächteverhandlungen im Spätsommer 1990, welche die Bahn für die Vereinigung der Bundesrepublik mit der DDR am 3. Oktober des gleichen Jahres freimachten. Zu diesem Zeitpunkt hatte sich freilich die Einstellung der britischen Öffentlichkeit zur Frage der Vereinigung der beiden deutschen Staaten grundlegend geändert. Für die Briten war seit den dramatischen Ereignissen des Septembers und Oktobers 1989 in den bundesdeutschen Botschaften in Budapest und Prag und anschließend in Leipzig, Berlin und anderen großen Städten der DDR klar, daß man die Deutschen nicht daran hindern dürfe, wieder einen geeinten Staat zu schaffen. Die Deutschen in der DDR votierten, wie nicht länger zu übersehen war (und wie BBC und ITV es in eindrucksvollen und menschlich bewegenden Sendungen jedermann vor Augen stellten), mit ihren Füßen oder, wie man in Großbritannien sagt, »mit ihren Stiefeln«. Diesen überwältigenden Beweis der Ausübung des Selbstbestimmungsrechts waren die Briten bereit, vorbehaltlos zu akzeptieren. Die in der britischen *tabloid press* weiterhin gepflegten Reminiszenzen an den Nationalsozialismus und den Zweiten Weltkrieg haben an dieser grundlegenden Wandlung der Einstellungen gegenüber Deutschland und den Deutschen nichts Nennenswertes ändern können.

Seitdem ist in den Beziehungen zwischen Großbritannien und dem neu konstituierten deutschen Staat längst Normalität eingetreten. Die Schatten der beiden Weltkriege liegen nicht mehr drückend über ihnen.

Die Gemeinsamkeiten auf wirtschaftlichem, kulturellem und politischem Gebiet sind immer stärker in das allgemeine Bewußtsein getreten und haben die Faktoren, die im letzten Jahrhundert zwischen den beiden Völkern standen, in den Hintergrund treten lassen. Dies ist zu einem nicht ganz unwesentlichen Teil auch der Ausstrahlung der Königswinter Konferenzen auf die britische und die deutsche Öffentlichkeit zu verdanken. Inzwischen sind neue politische Traditionen und Gemeinsamkeiten entstanden, welche die Vergangenheit zwar nicht vergessen machen können, aber den deutsch-englischen Beziehungen eine neue Qualität verliehen haben. Zwischen den Deutschen der Bundesrepublik und den Briten ist in den letzten Jahrzehnten ein neues Verständnis füreinander erwachsen. Allerdings wurde in mancher Hinsicht nur das wieder zurückgewonnen, was während des 19. Jahrhunderts in den führenden Schichten beider Länder schon einmal bestanden hatte, nämlich eine tiefgreifende Gemeinsamkeit der Gesinnung all derer, die für eine freiheitliche politische Ordnung, für friedlichen Wettbewerb nicht nur auf wirtschaftlichem Felde, sondern in allen Lebensgebieten und für eine Politik der Verständigung unter den Völkern eintreten.

ANTHONY GLEES

Britische Kulturpolitik in Deutschland in der unmittelbaren Nachkriegszeit

Die folgende Abhandlung über die britische Kulturpolitik in Deutschland während der Besatzungszeit ist mit Blick auf die Gegenwart und die Zukunft geschrieben. Die deutsch-britischen Beziehungen verdienen eine solche Betrachtung, weil sie, sei es zum Guten oder zum Schlechten, einer der bestimmenden Faktoren der britischen Politik des zwanzigsten Jahrhunderts waren. Untersucht man die Erfolge und Fehlschläge der britischen Kulturpolitik gegenüber Deutschland, so kann das dazu dienen, wissenschaftliche Aufmerksamkeit auf die Kulturpolitik und ihre Geschichte zu lenken. Dieses Thema ist bisher noch nicht allzu gründlich untersucht worden. Im folgenden sollen die politischen Maßnahmen analysiert werden, die Großbritannien nach Hitlers Niederlage ergriff, sowie die Konsequenzen, die sich daraus ergaben.

Hätte die Chance für einen radikalen Neuanfang, die der Zusammenbruch Deutschlands theoretisch bot, nicht besser genutzt werden können? Die Frage ist berechtigt. Doch wenn man sich das, was sich vor dem Mai 1945 zwischen Briten und Deutschen ereignet hatte, verdeutlicht, erscheint die britische Politik nach 1945 bereits als ausreichend einfallsreich. Deutschland und Großbritannien hatten viele Gemeinsamkeiten, von der königlichen Familie über die Industrialisierung bis zu den Herausforderungen der Modernisierung. Am Ende des Krieges aber zählte für die Briten nur noch, daß sie die Deutschen besiegt und daß sie die Barbarei des Nationalsozialismus überlebt hatten. Dies verbanden sie mit den Erinnerungen an die alte britisch-deutsche Rivalität, die Feindschaft und das Mißtrauen vor dem Ersten Weltkrieg. All das macht Großbritanniens Bereitschaft im Jahre 1945, seine selbstauferlegten Verpflichtungen im britischen Sektor Deutschlands wahrzunehmen und sich um eine gemeinsame Zukunft beider Länder zu bemühen, ebenso bemerkenswert, wie es seine Entschlossenheit im Jahre 1940 gewesen war.[1] Das ist eine Tatsache, auch wenn viele Deutsche sowohl in der Zeit der Besatzung als auch danach Großbritannien als distanziert, altmodisch und häufig auch feindlich gesinnt empfanden. In Wahrheit ist viel erreicht worden, auch wenn zweifellos Chancen verpaßt wurden. Jetzt, fünfzig Jahre später, lassen sich die Differenzen zwischen Großbritannien und Deutschland, über die Frage der europäischen Integration zum Beispiel, unschwer als das unvermeidliche Ergebnis der Tatsache erkennen, daß es beiden Seiten nicht gelang, die jeweils andere so vollständig kennenzulernen, wie das zwischen 1945 und 1949 vielleicht möglich gewesen wäre.[2]

Von dem Begriff Kultur sind britische Historiker und Politikwissenschaftler häufig unangenehm berührt. Das hängt einerseits damit zusammen, daß der Begriff »politische Kultur« häufig benutzt, aber selten präzis definiert wird. Andererseits bezeichnet er Musik, Theater und Literatur, deren historische und politische Auswirkungen praktisch nicht abschätzbar sind. Aus diesem Grund sind die britische Kultur, wie sie durch die Kunst repräsentiert wird, und die Möglichkeit, sie politisch zu nutzen, um Großbritanniens Ansehen bei anderen Nationen zu stärken, ein noch heikleres Thema als die sogenannte politische Kultur. Allgemein ging man davon aus, daß es »gut« für Großbritannien sei, wenn Ausländer die britische Kultur zu schätzen wüßten, wenn auch ihr tatsächlicher Effekt weder gemessen noch ermessen werden konnte. Vielleicht ist das der Grund dafür, daß Kulturetats traditionell gekürzt und nicht erhöht werden, was impliziert, daß man sie als politisches Instrument geringschätzt. J. M. Mitchell hat zu Recht gesagt, daß kulturelle Beziehungen »einen wichtigen, jedoch kaum verstandenen Bereich der internationalen Beziehungen« darstellen.[3] Die Niederlage des Dritten Reiches verlieh dieser Ansicht Gewicht. So erklärte der amerikanische Senator J. W. Fulbright, daß »Außenpolitik in der heutigen Welt nicht nur mit militärischen Positionen und diplomatischen Aktivitäten begründet werden darf. Die Gestaltung der Welt in der nächsten Generation wird weit mehr davon abhängen, wie gut wir in der Lage sind, unsere gesellschaftlichen Wertvorstellungen anderen Gesellschaften zu vermitteln, und weniger von der Tatsache, daß wir ihnen militärisch und diplomatisch überlegen sind.«[4] Fünfzig Jahre später hat der durchschlagende Erfolg der amerikanischen Kultur erst im Westen und dann im Osten gezeigt, wie vorausschauend Fulbright war.

Nach 1945 betrieben die Briten ihre Kulturpolitik gegenüber Deutschland, um zwei zentrale Ziele zu erreichen. Zum einen wollten sie die Deutschen nach mehr als zwölf Jahren Nationalsozialismus einer »re-education« unterziehen. Zum zweiten beabsichtigten sie, Informationen über Großbritannien und den »British way of life« zu vermitteln. Indem sie nahelegten, daß die liberale Demokratie ein höchst erstrebenswertes politisches Gut sei, wollten sie sowohl die »re-education« unterstützen, als auch zeigen, daß Deutschland während des Dritten Reiches von der modernen Kultur abgeschnitten war. Der Bedarf von Informationen auf diesem Gebiet war gewaltig. Nach Mitchell hatte der Krieg »eine Informationslücke hinterlassen«.[5] Deutschland war »kulturell isoliert« zurückgeblieben und infolge des kalten Krieges wurde diese Situation bedrohlich, denn es bestand die Gefahr, daß der Kommunismus versuchen würde, diese Lücke zu füllen.

Die Besatzung bot Großbritannien die Chance, ein ganz neues englisch-deutsches Verhältnis zu begründen. Dies erreichten die Briten, obwohl sie die zukünftige Orientierung Westdeutschlands auf Europa nicht vorauszusehen vermochten, was dem englisch-deutschen Verhältnis vielleicht ermöglicht hätte, so intensiv wie das französisch-deutsche zu werden. Auch vernachlässigten sie, besonders unter den jüngeren Deutschen neue Freunde zu gewinnen. Letzteres war eine Idee, die auf britischer Seite nur von wenigen mit Nachdruck verfolgt wurde. Robert Birley, der berühmteste unter den drei britischen Erziehungsberatern, spielte eine Schlüsselrolle in diesem informellen Prozeß.[6] Die offizielle britische Politik war sehr viel zurückhaltender und darauf ausgerichtet, Einfluß auf die Führungsschichten zu nehmen und, mit einer Ausnahme, alle normativen Vorgaben, besonders im deutschen Erziehungswesen, zu vermeiden. In diesem Sinne ließe sich zugespitzt sagen, daß die britische Politik häufig auf jene ausgerichtet war, die es am wenigsten nötig hatten, von den britischen Werten überzeugt zu werden, und jene im Stich ließ, die dieser Überzeugungsarbeit bedurften – vor allem die jungen Menschen, welche die zukünftigen Beziehungen mitgestalten würden.

Es lohnt sich daher, die Eigenart der britischen Kulturpolitik näher zu untersuchen. Gleichzeitig soll gezeigt werden, warum die verfolgte politische Linie in vieler Hinsicht als richtig erschien, aber dennoch nicht die Intimität und Unmittelbarkeit hervorrief, die hätte wünschenswert sein können. Vielleicht hatte, aufs Ganze gesehen, die Antwort paradoxerweise kulturspezifische Gründe: Die Briten fühlten sich im Jahre 1945, durchaus zu Recht, als politisch und kulturell gleichermaßen vollkommen verschieden von den Deutschen. Dieses Gefühl des »Andersseins«, wenn es um die Deutschen ging wie auch vermutlich um alle anderen, und – aus damaliger Sicht durchaus verständlich – der Überlegenheit mag dazu beigetragen haben, eine wagemutigere und einfallsreichere Politik zu hemmen. Selbstverständlich dürfen wir die Hindernisse, die einer phantasievollen Kulturpolitik im Weg standen, nicht ignorieren. Bei keinem Land war es so leicht wie im Fall Deutschlands, die Mittel, die in die Kulturpolitik investiert wurden, für vergeudet zu erklären. Deutschland war eine ideale Zielscheibe der Kritik, nicht nur weil viele Leute 1945 eine tiefe Abneigung gegen das Land hegten. Mitchell lenkt unsere Aufmerksamkeit auf die Kampagne blinder Vorurteile, welche Lord Beaverbrook im *Daily Express* gegen den British Council führte, der damit beauftragt war, die kulturellen Beziehungen zwischen Großbritannien und Deutschland zu verbessern. Am 16. Oktober 1952 war unter der Schlagzeile »Die Briten bringen den Deutschen ein Ständchen« zu lesen, daß englische Madrigal-Sänger »bullige Bayern bezirzten« – in Stuttgart. Anti-deutsche Gefühle wurden auf zynische Weise benutzt, »um den British Council fehlgeleitet, unpatriotisch und verschwenderisch erscheinen zu lassen«. Dabei hatten die Deutschen den betreffenden Auftritt selbst finanziert, obwohl das British Council natürlich weitere Veranstaltungen dieser Art förderte.[7]

Diejenigen, die die britische Kulturpolitik in Deutschland formulierten und umsetzten, waren der festen Überzeugung, daß es falsch wäre, Deutschland eine bestimmte Kulturpolitik aufzuzwingen. Sie sahen ihre Aufgabe durchgängig darin, als Förderer und nicht als Diktatoren zu wirken – die einzige wichtige Ausnahme war die Entnazifizierung. Das zeigt nicht nur den Wunsch, den Deutschen demokratisches Verhalten vorzuleben und ihre Taten ihren Worten entsprechen zu lassen, sondern es zeigt auch, daß man sich bewußt war, daß es eine deutsche Demokratie- und Kulturtradition gab, an die die britische Politik anknüpfen konnte. Insgesamt zeugt das von bemerkenswerter Aufgeschlossenheit. Die britischen Politiker teilten weder den Pessimismus von Kulturanalytikern wie etwa Lord Vansittart, der behauptete, der Nationalsozialismus sei das Resultat der gesamten deutschen Geschichte seit des Massakers an Varus' Legionen im Teutoburger Wald im ersten Jahrhundert[8], noch unterstützten sie die Auffassung von Kulturwissenschaftlern wie Hermann Glaser, daß die Ursprünge nationalsozialistischer Ideen in den weitgefächerten, wenngleich positiveren deutschnationalen politischen Traditionen des neunzehnten Jahrhunderts zu suchen seien. Die Quellen sprechen entschieden dafür, daß die Briten, welche die britische Kulturpolitik in Deutschland mitbestimmten, den Nationalsozialismus nicht für das einzige, unvermeidliche Resultat deutschen Nationaldenkens hielten. Mag sein, daß sie die Ansicht vertraten, daß der Faschismus nicht vom Himmel gefallen war, sondern seine Wurzeln in der deutschen Geschichte hatte. Aber sie wußten zugleich, daß jeder Versuch, ihn durch eine »Kulturrevolution« auszurotten, zum Scheitern verurteilt war und außerdem eben die Politik der Gewaltherrschaft und Gleichmacherei fortgeführt hätte, die eher zu dem Totalitarismus der Nazis als zu dem Bild einer westlichen, freiheitlichen Demokratie gepaßt hätte.

Die britische Besatzungspolitik beruhte auf drei Prinzipien: dem strafenden, dem kolonial-aufbauenden und dem partnerschaftlichen.[9] Das Strafmodell war ohne Zweifel unverzichtbar, um gegen die vorzugehen, die sich schuldig gemacht hatten, und vor allem auch, um den Nationalsozialismus in all seinen Erscheinungsformen bekämpfen zu können, damit die deutsche Demokratie auf einer stabilen Basis neu geschaffen werden konnte.[10] Die Besatzer gestalteten die Maßstäbe, die das politische Leben in Deutschland bestimmten, um und zwangen die Deutschen, demokratische Strukturen zu bilden, etwa mit der Gründung von Parteien und politischen Institutionen. Als die amerikanischen, britischen, französischen und russischen Truppen Berlin im Jahre 1994 schließlich verließen, bedeutete das nicht nur das Ende ihrer Einflußnahme auf die Politik der Bonner Republik. Es markierte auch den Schlußpunkt einer prägenden Präsenz, die in dieser Form einzigartig über ein halbes Jahrhundert hinweg aufgebaut wurde und ein Vermächtnis hinterließ, daß sich von dem, was von den früheren Beziehungen zwischen diesen Ländern und Deutschland übriggeblieben war, vollkommen unterschied.

Auf einer von den britischen Besatzungsbehörden anberaumten Konferenz für die deutschen politischen Leiter der einzelnen Regionen der britischen Besatzungszone, die am 19. und 20. November 1945 in Detmold stattfand, erklärte einer der dienstältesten britischen Befehlshaber, General Templer: »Eines unserer größten Vorhaben in diesem Land ist, eine Demokratie zu entwickeln, die dem deutschen Charakter, der Geschichte und den gegenwärtigen politischen Entwicklungen Rechnung trägt. Sie sollten sich dessen bewußt sein, daß wir nicht die Absicht haben, den Deutschen ein rein britisches Demokratiekonzept aufzuzwingen.«[11] Diese Sätze sind eine gute Zusammenfassung der Prinzipien, auf denen die britische Besatzungspolitik beruhte. Die britische Besatzungszone wurde zwar von den Briten regiert, aber in Zusammenarbeit mit den Deutschen, welche die Briten als ihre Partner bei diesem Unterfangen ansahen.

Wie es von einer imperialen und kolonialen Macht erwartet werden konnte, waren die Briten entschlossen, ihre Verantwortung als Besatzungsmacht sehr ernst zu nehmen. Insgesamt betrachtet, zeigten sie bei der gewaltigen Aufgabe, mit der sie konfrontiert waren, großen Einsatz, auch wenn einzelne britische Verantwortliche es oft schwer fanden, ihre Abneigung gegen die Deutschen zu verhehlen. Auch der britische Außenminister Ernest Bevin war nicht gerade ein Freund der Deutschen.[12] Andere führende Persönlichkeiten dagegen vertraten einen differenzierteren Standpunkt und hatten zumindest teilweise sogar Freude an ihrer Arbeit.[13] Die britische Zone sollte wie eine Kolonie regiert werden, oder wie Noel Annan es ausdrückte, »als ob die Deutschen ein besonders intelligentes Beduinenvolk wären«. Der Parteivorsitzende der SPD, Kurt Schumacher, sah sich sogar einmal gezwungen, Annan daran zu erinnern, daß die Deutschen *kein* »Negervolk« seien.[14] Trotzdem war das koloniale Projekt nicht ganz das, was es zu sein schien. Es gehörte zwar zum System des Kolonialismus, wie bereits in vielen britischen Kolonien erprobt, allumfassende Kontrolle aufrechtzuerhalten, aber gleichzeitig wurden Entscheidungsbefugnisse auch abgegeben und das Auftreten jener inländischen Führungskräfte gefördert, deren Ziele mit denen der Briten übereinstimmten. Von den zentralen Machtpositionen der Besatzung, die in Potsdam beschlossen worden waren, einmal abgesehen, erlaubten die Briten den Deutschen in größerem Umfang als jede andere der Siegermächte, ihr Schicksal in eigene Hände zu nehmen.

Im Juni 1945 rief das Kriegsministerium das Londoner Büro des Kontrollrats ins Leben, das dann im August, nach dem Wahlsieg der Labour-Partei, wieder umstrukturiert wurde. Die Labour-Partei hatte durchweg für die Notwendigkeit eines solchen »Kontrollorgans« für Deutschland (und Österreich) plädiert. Im April 1947 wurde es dem Außenministerium angegliedert, als Teil der Deutschlandabteilung. Feldmarschall Montgomery führte den Vorsitz über den britischen Teil des Alliierten Kontrollrates für Deutschland. 1947 nahm sein Stellvertreter, General Sir Brian Lancaster, dessen Platz ein. Der Kontrollrat für Deutschland und Österreich wurde im Oktober 1945 ursprünglich als unabhängiges Ministerium gegründet, das allein dem Kriegsminister unterstand. John Hynd wurde zum Minister für Deutschland ernannt. Sein formeller Titel muß die Deutschen amüsiert und verwirrt haben denn er erwähnte überhaupt keinen deutschen Landstrich. Offiziell hieß Hynd Chancellor of the Duchy of Lancaster. Der Kontrollrat für Deutschland beschäftigte insgesamt 55 000 Menschen, allein 29 000 davon in der britischen Zone. Schon am Anfang des Jahres 1946 beliefen sich die Gesamtkosten für das Ministerium auf 80 Millionen Pfund im Jahr. Sein Hauptquartier, dem die Verantwortlichen und Truppen den Spitznamen »hindquarters« (Hinterteil) gaben, blieb in London; Hynd selbst schob Besuche in Deutschland auf, so lange er konnte, und ernannte statt dessen einen jüdischen Kollegen, der ihn in der britischen Zone vertreten sollte.[15] Annan hielt es für klug, daß die Briten dafür einen prominenten Juden – Albu – benannt hatten: »Die Deutschen müßten anerkennen, daß ein Jude geschickt wurde, um ihnen bei dem Wiederaufbau ihres Landes beizustehen.« Vom Sommer 1945 an wurde dann Berlin das Hauptquartier, bis Frankfurt schließlich das Zentrum der Bizone wurde. 1949 übertrug die Alliierte Hohe Kommission schließlich die Machtbefugnisse des Militärkommandanten auf den britischen Hochkommissar, der sein Büro in der Wahner Heide bei Bonn unterhielt.[16]

Es gab stets Besorgnisse bezüglich der Kosten, die die Besatzung mit sich brachte, nicht zuletzt deshalb, weil die Labour Regierung 1945 ein übertrieben ehrgeiziges Verstaatlichungsprogramm ins Auge gefaßt hatte. Eine andere Angst resultierte aus der wachsenden Gewißheit, daß die Sowjets nicht mit den Westmächten zusammenarbeiten, sondern den kommunistischen Einflußbereich in Europa ausweiten wollten. Die leitenden Beamten im Außenministerium in London bemühten sich zunehmend, das Ausmaß der britischen Aktivitäten in Deutschland zurückzuschrauben aufgrund der Kosten, die die Besatzung mit sich brachte und im Hinblick auf ihre Auswirkungen auf den zukünftigen Weltfrieden. Der politische Berater von Montgomery, Sir William Strang, definiertes als die wichtigsten Aufgaben seiner Landsleute in den drei britischen Ländern und dem britischen Sektor von Berlin, Lebensmittel und Kohlen für die Bevölkerung zu beschaffen sowie das Problem der verschleppten Personen zu lösen und das der öffentlichen Sicherheit anzugehen. Die Politik konnte seiner Meinung nach warten. Persönlich war er sehr beeindruckt von dem Wunsch der Militärregierung, »das Leben der Menschen nach humanen Gesichtspunkten wiederaufzubauen«.[17]

Kulturpolitik mußte nicht nur auf dem Hintergrund der Besatzung, sondern auch unter den Bedingungen, die im Deutschland des Jahres

1945 herrschten, betrieben werden. Die Briten waren in Deutschland, wie ihre Verbündeten auch, mit einem totalen Chaos konfrontiert. Millionen waren unterwegs: Flüchtlinge, Verschleppte, die von den Deutschen als Zwangsarbeiter mißbraucht worden waren, Deutsche, die dem Machtbereich der Roten Armee zu entkommen suchten (der Herrschaft der Bolschewisten, die Goebbels so zynisch vorausgesagt hatte), Kriegsverbrecher und andere führende Nazis, die der Gefangennahme aus dem Wege gehen wollten. Die deutsche städtische Kultur war praktisch zerstört: Millionen hatten nicht einmal ein Dach über dem Kopf. Die Briten befürchteten, daß aufgrund von Hunger und Krankheit politische Unruhen ausbrechen könnten oder der Kommunismus Auftrieb erhalten würde. Ein weiteres Problem war, daß viele Briten nicht einsahen, daß sie weiterhin in ihrem eigenen Land die Rationierung von Lebensmitteln in Kauf nehmen müßten, nur um die Deutschen füttern zu können. Dennoch war es richtig, daß die Briten das Nahrungsproblem so gut, wie es eben möglich war, angingen. Damit machten sie sich Brechts berühmten Ausspruch zu eigen: »Erst kommt das Fressen, und dann die Moral.«

Die Briten betrieben ihre Politik nach den Vorgaben des Potsdamer Protokolls vom 2. August 1945, obwohl man sich bereits seit Ende 1943 Gedanken um die Zukunft Deutschlands gemacht hatte. In ihrer Zone versuchten die Briten, den Potsdamer Beschlüssen treu zu bleiben. Von den Differenzen zwischen den Alliierten einmal abgesehen (in den ersten zwei Jahren der Besatzung war der Streit zwischen Frankreich und den beiden anderen westlichen Verbündeten oft ebenso erbittert wie jener zwischen den Westmächten und der Sowjetunion), schlossen sich alle Siegermächte der Ansicht an, daß, da der deutsche Staat aufgehört hatte zu existieren, ein neuer entstehen müsse und gemeinsame Entscheidungen zur Formung dieses neuen Deutschlands nötig wären.[18] Selbstverständlich gab es wichtige Unterschiede hinsichtlich der Fähigkeit der einzelnen Mächte, Veränderungen in Deutschland herbeizuführen. Auf zehntausend Deutsche kamen achtzehn französische, zehn britische und drei amerikanische Repräsentanten. Amerika jedoch verfügte über weit größere finanzielle Ressourcen, als Großbritannien und Frankreich gemeinsam aufbringen konnten. Es kam aber noch ein weiterer Faktor ins Spiel: Die Deutschen erwiesen sich als überaus begierig, neue Lebensweisen kennenzulernen. Die Besatzung durch die Westmächte wurde, sehr zu ihrer Überraschung, von einigen, wichtigen Ausnahmen abgesehen, nicht abgelehnt. Was Frankreich und die Vereinigten Staaten anging, wurden die Beziehungen zu den Deutschen immer intensiver. Die Amerikaner wurden für ihre ökonomische und politische Tüchtigkeit bewundert; die Franzosen, weil sie ähnliches hatten durchmachen müssen wie das, was die Deutschen schließlich zu Fall gebracht hatte. Deutschland hatte Frankreich besetzt, und nun besetzte Frankreich Deutschland.

Die Briten glaubten, daß es zu nichts führen würde, die ehemaligen Nazis auszusondern, bloß um ihnen dann die Ämter zurückzugeben, die sie vorher innehatten, wie es die Amerikaner ihrer Meinung nach taten. Sie wollten eine konsequentere und gründlichere Arbeit leisten. Dennoch waren viele britische Offiziere unsicher, ob die Entnazifizierung überhaupt durchführbar war, und hatten Schwierigkeiten, selbst relativ einfache Fälle zu beurteilen: zum Beispiel, ob jemand, der nach 1933 in die NSDAP eingetreten war, mehr oder weniger Schuld auf sich geladen hatte als jemand, der bereits vor der Machtübernahme Hitlers Mitglied der Partei gewesen war. Der Hintergrund dieses Dilemmas war, daß man zwar bestimmte Leute nach 1933 zum Beitritt gedrängt hatte, die NSDAP nach der Machtübernahme aber auch bestialischer vorgegangen war, was die individuelle Schuld an einem späten Beitritt größer erscheinen ließ.

General Robertson war der Ansicht, daß es nicht nur zu einem gravierenden Mangel an verfügbaren Beamten, sondern auch zu einem drastischen Anstieg der Arbeitslosigkeit und damit zu erschreckenden Sicherheitsproblemen führen würde, wollte man alle Angestellten mit Nazivergangenheit, schätzungsweise 1,5 Millionen Deutsche in allen vier Zonen, von ihren Posten entfernen. Dabei ging er davon aus, daß ein arbeitsloser Ex-Nazi sehr wohl ein Komplott gegen die militärische Besatzung schmieden könnte, ein angestellter Ex-Nazi dagegen sich strikt an die Regeln halten würde. Strang wollte sich dieser Argumentation jedoch nicht anschließen. Er erinnerte die militärischen Befehlshaber daran, »daß es das Ziel einer Besatzung ist, zu zerstören und einer Wiederholung vorzubeugen«. Dieses Vorhaben gelang den Besatzern, denn wenn es auch vielen Nationalsozialisten und anderen Individuen, die von der nationalsozialistischen Herrschaft profitiert hatten, gelang, sich ihrer gerechten Strafe zu entziehen, so waren sie doch zumindest gezwungen, sich von ihren Überzeugungen zu verabschieden. Zwischen 1945 und 1949 internierten die Briten schätzungsweise 90 800 Männer und Frauen; in der Hauptsache solche, für die ein automatischer Haftgrund bestand, weil sie entweder verbotenen

Organisationen angehört oder sich an der Untergrundbewegung Werwolf beteiligt hatten.

Dies bildete den Hintergrund, vor dem Kulturpolitik betrieben werden mußte. Robert Birley schrieb sehr viel später, es dürfe nicht vergessen werden, »daß die Briten das deutsche Erziehungswesen nur achtzehn Monate lang kontrolliert hätten. Im Dezember 1946 wurde die Verordnung Nr. 57 erlassen, welche die Gesetzgebung den Parlamenten der Länder übertrug – von einigen Einflußbereichen abgesehen, die das Erziehungswesen aber nicht betrafen.«[19] Während sowohl die Franzosen als auch die Russen bis ins Innerste davon überzeugt waren, daß die Durchführung einer zielgerichteten »Umerziehung« oder Indoktrination nötig wäre, war das für die Briten und Amerikaner eine Vorstellung, vor der sie zurückschreckten.[20] Die ersten Aussagen der britischen Kulturpolitik zeigen, wie weit sie den praktikableren Grundregeln entsprachen, die von höchster politischer Ebene vorgegeben und darauf ausgerichtet waren, den Deutschen eine eigenständige Veränderung ihrer Gesellschaft zu ermöglichen. Die grundsätzliche Verpflichtung zur Erziehung der jungen Deutschen, in sich eine positive, aufgeklärte, liberale und optimistische Botschaft für die Zukunft, kam von Feldmarschall Montgomery selbst, der am 25. August 1945 eine »persönliche Botschaft an das deutsche Volk« übermitteln ließ. Er erklärte, daß »das deutsche Erziehungswesen in erster Linie eine deutsche Angelegenheit ist, die aber von den Briten beaufsichtigt und organisiert wird, um die Beseitigung aller nationalsozialistischen und militaristischen Tendenzen und die Entwicklung einer demokratischen Einstellung sicherzustellen. Die deutschen Kinder sollen von ihren Landsleuten zu würdigen Bürgern ihres Landes und der Welt erzogen werden.«[21]

Die beiden Kernpunkte im Hinblick auf das Erziehungswesen (einmal abgesehen von der Tatsache, daß die, die unterrichtet werden sollten, auch verpflegt werden mußten) betrafen den Grad der Zerstörung der Schulgebäude sowie die Entnazifizierung der Lehrer auf allen Ebenen. In Köln etwa waren schätzungsweise 92 Prozent der Schulen vollständig zerstört. In Schleswig-Holstein waren von ehemals 1550 Grundschulen nur 162 unbeschädigt geblieben. In der gesamten britischen Zone standen nur noch 4000 Schulgebäude – 1939 hatte es dagegen noch 12 000 gegeben. Was die Ziele der Erziehung anbelangte, so diskutierten die Briten auf einer Konferenz zum Thema Erziehungswesen auf höchster Ebene die Möglichkeiten einer grundlegenden Reform. Aus den Unterlagen wird jedoch deutlich, daß es den

Briten nicht in erster Linie um Reformen ging, sondern darum, das Schulsystem so schnell wie möglich wieder in Gang zu bringen. Am 10. September 1945 schrieb der erste Erziehungsberater, Professor Ronald Riddy: »Während es nicht sein darf, daß die politischen Vorgaben in der Zone verschieden ausgelegt werden, so möchten wir doch dezentrale Prozesse so weit als möglich unterstützen. Die Kontrolle des deutschen Erziehungswesens kann nur unter gemeinsamer Anstrengung aller Beteiligten erfolgen.«[22] Die erste Maßnahme, so Riddy, müsse der Ausschluß aller nationalsozialistischen Lehrer sein. Er erzählte seinen Kollegen, daß er durchaus optimistisch sei, was die Chancen auf Erfolg angehe, da alle Unterlagen der Nationalsozialisten noch vorhanden seien. Es gab 360 000 Ordner über den Nationalsozialistischen Lehrerbund (NSLB) in Bayreuth, 20 000 Ordner über Dozenten und 27 000 über Professoren, die in Kassel gelagert waren. Riddy erklärte, daß es jedoch ganz so aussähe, als würden die Deutschen schon von sich aus das Richtige tun. Er schien mit dem Bericht von einer Sitzung in Göttingen, zu der sich die Leiter der sechs Universitäten der britischen Zone am 26. und 27. September 1945 versammelt hatten, sehr zufrieden. Das Ergebnis bestand in der feierlichen Vereinbarung, daß Akademiker, die entlassen oder zur Emigration gezwungen worden waren, »aufgrund der Verfolgung durch das Naziregime ihren vorherigen Status wenn möglich zurückerlangen sollen. Wenn sie nicht voll arbeitsfähig sind, sollen angemessene Maßnahmen ergriffen werden, insbesondere, was die Rechte und Einkünfte der betroffenen Professoren angeht.« Riddy, außer sich vor Freude, war vielleicht ein wenig naiv, was die Bereitschaft mancher deutscher Akademiker betraf, die Wiedergutmachung des begangenen Unrechts derart effektiv und ehrenvoll anzugehen. Doch zu dieser Zeit gab es keine Belege dafür. Es ist möglich, daß Riddy in Kauf nahm, daß die Wiedereinsetzung dieser Professoren etwas warten mußte, um das Erziehungssystem erst einmal wieder zum Laufen zu bringen.

Einen besonders bedeutsamen und frühen Erfolg erzielten die Briten damit, daß die deutschen Kinder schnell wieder die Schule besuchen konnten. In der britischen Zone gab es ungefähr zwei Millionen Kinder im Schulalter. Die Hälfte von ihnen drückte Ende August 1945 schon wieder die Schulbank. Im September 1945 nahmen bereits 80–90 Prozent aller Sechs- bis Zehnjährigen am Unterricht teil. Die Universitäten boten ein ähnliches Bild. Seit Oktober 1945 hatte die Göttinger Universität den Lehrbetrieb aufgenommen und 4800 Studenten hatten sich dort eingeschrieben. In Hamburg, wo der Wiederaufbau nur langsam vorankam, gab es 10 000 Bewerber. Auch die Universität Bonn machte gute Fortschritte und hatte 6000 Bewerber. In Köln kam die Wiedereröffnung nur schleppend voran, trotzdem aber hatten sich 16 000 Studenten um einen Studienplatz beworben. Die Technischen Universitäten in Aachen, Braunschweig und Hannover waren entweder bereits geöffnet oder sollten ab November 1945 den Lehrbetrieb wieder aufnehmen.

Am 6. Oktober 1945 verfaßte der britische politische Nachrichtendienst einen Bericht über die aktuelle Lage und stellte fest, daß »die britische wie auch die russische und amerikanische Politik vermeide, den Deutschen ein fremdes System oder fremde Erziehungsmethoden aufzuzwingen«.[23] Der politische Nachrichtendienst beobachtete sehr sorgfältig, was die Russen taten. Es herrschte aber wie anderswo auch eine beträchtliche Verwirrung über die russischen Motive und das russische Vorgehen, weil bald deutlich wurde, daß sich die deutschen Kommunisten mehr als ihre russischen Herren der Erziehungsreform angenommen hatten. So legte der Bericht nahe, daß in der sowjetischen Zone weniger Einfluß auf die Erziehung genommen wurde als in der britischen oder amerikanischen. Allerdings betonte der Nachrichtendienst, daß die beiden führenden Personen im Erziehungswesen, die beide Deutsche waren, eine lange Zeit in Moskau verbracht hätten. Von einem sei bekannt, daß er ein Mitglied des Nationalkomitees Freies Deutschland gewesen sei. Die genaue Bedeutung dieser Fakten, daß nämlich die Sowjets die deutschen Kommunisten benutzten, um ihre Zone zu sowjetisieren, entging den britischen Verantwortlichen allerdings noch ebenso wie dem britischen Nachrichtendienst. Das Nationalkomitee war 1943 in Krasnogorsk bei Moskau als eine provisorische deutsche Exilregierung gebildet worden. Es sollte zukünftige Führungspersonen darin trainieren, wie politische und polizeiliche Macht anzuwenden sei, um ein kommunistisches Regime zu errichten.[24]

Wie in der britischen Zone wurden die regionalen Verwaltungsbeamten im Erziehungswesen unter den »hervorragenden Persönlichkeiten des Erziehungswesens« ausgesucht, die von den Nationalsozialisten entlassen worden waren. Die britische Politik war einfach: »Der erste Schritt aus verwaltungstechnischer Sicht ist, die Erziehung für die Deutschen von den Deutschen selbst wieder in Gang bringen zu lassen. Zu diesem Zweck hat die Militärregierung antinazistisch eingestellte, regionale Verantwortliche für die Erziehung ernannt.« Unter diesen galten Adolf Grimme in Hannover, Carl Beckers in Aachen, Landahl in Hamburg und Kroll in Köln als besonders fähig. Der nächste Schritt war, die richtigen Lehrer zu finden. Das zentrale politische Ziel war, die Entnazifizierung umzusetzen. Es wurde trocken festgestellt, daß dies schwieriger seien könne, als es schien, und daß man sich dabei nicht immer darauf verlassen könne, daß die sowjetischen Kollegen in Potsdam richtig handelten. Als die Briten begonnen hatten, ihre Zone zu besetzen, mußten sie nämlich einer Vielzahl von Lehrern, welche die Sowjets eingestellt hatten, wegen ihrer nationalsozialistischen Vergangenheit wieder kündigen. Eine offizielle britische Schätzung Mitte Juli 1945 kam zu dem Schluß, daß bis zu 60 Prozent aller Lehrer entlassen werden müßten. Man war der Meinung, daß die ländlichen Gegenden proportional mehr nationalsozialistische Lehrer gehabt hatten als die Städte. In Hamburg wurde Anfang 1945 die Hälfte aller Lehrer als unbelastet eingestuft. Ein Viertel wurde entlassen. In Hannover variierte die Entlassungsrate lokal zwischen 10 und 25 Prozent. In Schleswig-Holstein lag sie ungefähr bei 20 Prozent.

Wie die anderen Besatzungsmächte auch waren die Briten in ihrer Zone mit dem Problem einer beträchtlichen Anzahl von Nationalsozialisten unter den Lehrern, insbesondere unter den Hochschullehrern, konfrontiert. Zu dem Problem der Ersetzung politischer unzuverlässiger Lehrer kam hinzu, daß viele Lehrer im Krieg gefallen waren. Dies führte zu einem allgemeinen, in einigen Fällen sogar akuten Lehrermangel. In den Städten war dieser Mangel bereits vor 1940 aufgetreten. Allerdings stand es außer Frage, daß die Entnazifizierung nicht aufgehalten werden dürfe, nur um die Schulen offenzuhalten. Ein britischer Beamter stellte im November 1945 fest: »Es entspricht nicht der britischen Politik, Schulen mit den falschen Lehrern zu eröffnen, noch Lehrer anzustellen, die vor Gericht stehen. Wenn wir keine passenden Lehrer finden, bleiben die Schulen geschlossen.« »Es war möglicherweise eine unlösbare Aufgabe zu entscheiden, welche Lehrer wegen ihrer Verbindungen zur nationalsozialistischen Bewegung ein Lehrverbot bekamen«, argumentierte Robert Birley, Großbritanniens zweiter und bekanntester Erziehungsberater. Trotzdem bewertete er die Entnazifizierung als »sehr gut und absolut notwendig«. Außerdem, so Birley, hätte sie denjenigen keinen wirklichen Schaden zugefügt, die Nationalsozialisten gewesen waren, außer sie in Positionen ohne Verantwortung abzuschieben.[25] Birley nahm an, daß eine Bestrafung nur die Gefahr gesteigert hätte, die die Nationalsozialisten nach dem Krieg darstellten. Außerdem hätte es die Chancen für sie vergrößert, Schaden anzurichten. Diese sehr englische Sicht von Verantwortung verdeutlicht einen Punkt, auf den weiter unten noch eingegangen wird. Insgesamt erhielten 16 000 Lehrer in der britischen Zone Lehrverbot.[26]

Die Briten wollten den großen Mangel an Lehrkräften damit ausgleichen, daß sie jene Lehrer wieder anstellten, welche die Nationalsozialisten aus politischen Gründen entlassen hatten. Allerdings mußten sie feststellen, daß die Zahl der Lehrer in dieser Kategorie gering war. Zweitens strebten sie an, neue Hilfslehrer für die Grundschulen auszubilden. In allen Fällen lagen ihrer Erziehungspolitik aber mehr allgemeine politische als erziehungspolitische Anforderungen zugrunde. Sie verfolgten vor allem das Ziel, »demokratische Lehrmethoden« zu fördern. Allerdings wurde dieser Begriff in den vorliegenden Quellen nicht genau präzisiert. Im Lauf der Zeit begannen die Briten ebenso wie die anderen westlichen Alliierten, ihr Interesse an der Entnazifizierung zu verlieren, zum Teil wegen der Kosten, wie man zugeben muß, zum Teil aber auch, weil sie das Gefühl hatten, alles getan zu haben, was getan werden konnte. Einen Lehrer zu einem bestimmten Zeitpunkt zu entlassen, hieß sowieso nicht, daß man ihn zu einem späteren Zeitpunkt weiter daran hindern wollte, zu unterrichten. Es ist einfach, mit denjenigen einer Meinung zu sein, die wie Birley den ganzen Prozeß desillusioniert zu betrachten begannen. Tatsache war aber, daß die Kriminalisierung der Nationalsozialisten innerhalb einer bestimmten Berufsgruppe äußerst wichtig war, da diese Leute später eine zentrale Rolle in der »re-education« der jungen Deutschen spielen würden und sie vom totalitären Rassismus zur liberalen Demokratie hinwenden sollten. In den Universitäten war man mit ähnlichen Problemen konfrontiert. »Bemerkenswerte Fortschritte sind gemacht worden, die unzuverlässigen Mitarbeiter auszusondern. Hamburg hatte den kleinsten Anteil an belasteten Hochschullehrern. Die größte Lücke im Lehrpersonal infolge von Entlassungen gab es an der theologischen und der juristischen Fakultät der Universität Göttingen«, wird in einem Bericht festgestellt, ohne daß allerdings die Gründe dafür genannt werden. Zur selben Zeit bestanden die Briten darauf, zum Weimarer System zurückzukehren, welches die freie und geheime Wahl des Rektors durch den Senat der Universität vorsah.

Für Robert Birley war es von entscheidender Bedeutung, daß die britischen Verantwortlichen so viele Lehrer und Hochschullehrer wie möglich persönlich kennenlernten. Geschriebene Verordnungen und

Anweisungen konnten die Art der Zusammenarbeit nicht ersetzen, die nur durch persönliche Beziehungen, durch Begegnungen und den Austausch von Ideen in freier Diskussion entsteht. Als Birley später eine bedeutende Schlüsselfigur in der Deutsch-Englischen Gesellschaft wurde, war es kein Zufall, daß er eine für die damalige Zeit typisch englische und elitäre Position vertrat. Er war der Überzeugung, daß die richtigen Personen, wenn man ihnen die notwendige Autorität gebe, in der Lage sein würden, selbst stabile Institutionen zu gründen. Pluralismus in der Erziehung hielt er für eine Tugend. Der überragende Erfolg der Königswinter Konferenzen zeigte, was der »British way« erreichen konnte, auch wenn deren Erfolg vielleicht noch mehr der Vorstellungskraft, Voraussicht und harten Arbeit von Lilo Milchsack, Birleys deutscher Partnerin, zu verdanken war. Das strategische Konzept des »British way« bestand darin, eine pro-britische, deutsche politische Klasse zu identifizieren, sie mit großer Sorgfalt zu fördern und sich dann zurückzulehnen, sobald letztere in Machtpositionen aufstieg. Daß eine derartige Organisation überall in Deutschland Fuß fassen und wachsen konnte, war vielleicht das deutlichste Zeichen dafür, daß sich gemeinsame anglo-deutsche Unternehmungen auf den Weg bringen ließen und daß diese die Basis für einen Neuanfang in den deutsch-britischen Beziehungen abgeben konnten. Der Erfolg der Deutsch-Englischen Gesellschaft und ihrer Königswinter Konferenzen über ein halbes Jahrhundert hinweg verdeutlicht dies.

Birley war aus Überzeugung elitär. Wiederholt warnte er davor, eine Politik der Einheitserziehung zu verfolgen. Seine Ansichten spiegeln zu einem bemerkenswerten und erstaunlichen Grad die deutschen Bemühungen wieder, die regionalen Unterschiede in der Schulpolitik beizubehalten. Der britische Liberalismus ergänzte sich gut mit dem deutschen Föderalismus. Die konservative Richtung, die Nordrhein-Westfalen einschlug, stand in starkem Kontrast zu dem mehr radikalen Ansatz, den Hamburg oder Schleswig-Holstein verfolgten. Trotzdem konnten beide Richtungen nebeneinander ohne Probleme bestehen. Birley und seine Nachfolger hatten die Neigung, die Erziehung in der britischen Zone so zu behandeln, als ob das deutsche Erziehungssystem eine aufgeklärte Privatschule wäre, an der die Lehrer unterrichteten, aber die Verwaltung soweit wie möglich den verantwortlichen Aufsichtsschülern überließen. Birley war überzeugt, daß die Briten die Verantwortung für das deutsche Erziehungssystem den Deutschen selbst übertragen sollten.

Die Berlin-Politik, das heißt die nationale Erziehungspolitik für einen zukünftigen deutschen Staat, sollte wie jede Politik, auf die man sich in Potsdam geeinigt hatte, von den vier Mächten formuliert werden, die sich formal als Alliierter Kontrollrat trafen. Das Ziel der Erziehungspolitik war am Anfang ebenso wie in den anderen Politikbereichen, Hitlers rassistischen Staat zu beseitigen. In Potsdam hatte man beschlossen, daß das deutsche Erziehungssystem in solcher Weise kontrolliert werden sollte, daß alle nationalsozialistische und militaristische Ideologie vollständig aus der Welt geschafft werde. Jede der Alliierten Mächte nahm sich auf ihre Weise der Probleme an, die durch die erfolgreiche Gleichschaltung aller Erziehungseinrichtungen entstanden waren. Aber nicht nur waren ihre Lösungen unterschiedlich, auch die monatlichen Treffen des Erziehungskomitees des Alliierten Kontrollrates wurden von Differenzen überschattet. Diese bestanden auf der einen Seite zwischen Russen und Franzosen, auf der anderen Seite zwischen Briten und Amerikanern. Später kam noch die Verschärfung der Spannungen durch den kalten Krieg hinzu.

Allgemein kann man feststellen, daß einige der Berliner Probleme diejenigen widerspiegelten, auf welche die Briten in ihrer Besatzungszone trafen. Ein britischer Bericht stellte fest, daß viele Berliner Kinder unter 12 Jahren »weder schreiben noch lesen konnten und daß sie sich beim Lernen wegen der anhaltenden Unterernährung kaum konzentrieren konnten«. 12 000 Schulkinder in den Berliner Bezirken Charlottenburg im britischen Sektor und in Weißensee im sowjetischen Sektor erhielten bereits Schulspeisung. Aber die Verwaltung funktionierte wegen des speziellen Berlin-Status anders als im übrigen Deutschland.[27] Einem britischen Bericht zufolge hatten die Alliierten geplant gehabt, eine einheitliche Erziehungspolitik zu verfolgen. 1946 war aber bereits offensichtlich, daß die gravierenden Unterschiede in der westlichen und sowjetischen Politik es unmöglich machten, die Arbeit der Berliner Kommandatura fortzusetzen. Es war beabsichtigt gewesen, daß ganz Berlin eine gemeinsame Verwaltung haben sollte, die vom Berliner Magistrat geleitet werden und den vier Mächten gegenüber verantwortlich sein sollte. Es wurde aber bald deutlich, daß dieser Plan nicht aufgegangen war; die einzelnen Mächte übernahmen selbst die Verantwortung für ihre Sektoren. Das Schulgesetz, das der Berliner Magistrat im Herbst 1948 verabschiedet hatte, war noch von allen Alliierten Mächten gemeinsam akzeptiert worden. Die Umsetzung dieses Gesetzes verlief anders. Der Geschichtsunterricht war ein besonders heikles Thema. Die britischen Beamten schrieben, daß es unmöglich sei, beim Geschichtsunterricht eine gemeinsame Position zu finden, da die ideologischen Differenzen zwischen Ost und West zu eklatant waren.[28] Die Kommunisten unter der Führung des in Moskau geschulten Paul Wandel konnten zwei drastische Veränderungen durchsetzen. Erstens ließen sie alle Privatschulen abschaffen, und zweitens schufen sie die Einheitsschule, eine Gesamtschule für alle Sechs- bis Vierzehnjährigen. Zusätzlich erklärten sie Russisch zum Pflichtfach in allen Schulen und gewährten den »Opfern des Faschismus« bevorzugt Zugang zum Erziehungssystem. Die Briten, oder zumindest die Sozialisten unter ihnen, glaubten, daß »das alte deutsche Klassensystem abgeschafft würde« und daß Arbeiterkinder fortan keine minderwertige Erziehung mehr erdulden müßten.[29] Attlee selbst hatte selbstverständlich Haileybury besucht, eine führende Privatschule, und war überzeugt, daß er von dieser Erziehung profitiert hatte. Seine Regierung hatte daher nicht vor, eine ähnliche Reform mit dem britischen klassenbewußten Erziehungssystem vorzunehmen.

In Berlin wurde unter der Leitung eines Deutschen namens Sodmann eine zentrale Schulverwaltung aufgebaut, das Schulamt.[30] Sodmann erklärte, daß alle Berliner Lehrer schwer vom Nationalsozialismus infiziert seien. Die folgenden Entlassungen führten dazu, daß das Verhältnis von Lehrern zu Schülern sich so verschlechterte, daß man es nicht mehr als ausreichend bezeichnen konnte. Im Durchschnitt kamen auf einen Lehrer 75 Grund- und 22 Oberschüler. Das Verhältnis differierte zwischen den ärmeren und wohlhabenderen Bezirken. In Kreuzberg betrug es 125 : 1 und in Weißensee 118 : 1, in Wilmersdorf aber lag es bei 35 : 1 und in Zehlendorf bei 55 : 1. Ein Problem der Schulerziehung bestand in Berlin und im Rest der britischen Zone natürlich auch darin, daß Räumlichkeiten fehlten. Ein Viertel aller Schulen war im Krieg zerstört worden. Trotzdem gab es im Juli 1945 schon 15 000 Schüler in berufsbildenden und technischen Schulen.

Auch die Berliner Universitäten stellten die Alliierten vor Probleme: Die ehrwürdige Humboldt Universität lag im sowjetischen Sektor, und die Russen hatten ihre eigenen Pläne mit den Studenten und Dozenten. Die Technische Universität lag im britischen Sektor. Nach Berichten scheinen die Gebäude nach dem Krieg intakt gewesen zu sein. Professor Georg Schadel wurde zum Direktor gewählt. Dr. Waldemar Koch, der von den Nazis 1934 entlassen worden war, obwohl er 1919 bereits rechtsextreme Einstellungen bekundet hatte, erhielt die Professur für Betriebswirtschaftslehre. Dr. Ferdinand Friedensburg, ein bekannter Politiker der Weimarer Republik sowie Bürgermeister und stellvertretender Oberbürgermeister von Berlin zwischen 1946 und 1951, wurde Dekan des Instituts für Wirtschaftsforschung.

Schul- und Hochschulpolitik waren der Sektor der Kulturpolitik, der 1945 kurzfristig am wichtigsten war.[31] Da die Briten sich aber entschieden hatten, keine radikalen oder revolutionären Veränderungen in der deutschen Schulpolitik vorzunehmen, haben mittel- und längerfristig die anderen Aspekte der britischen Kulturpolitik den am längsten nachwirkenden Effekt gehabt. Dazu zählten die Verbreitung von Informationen über britische Politik und Kultur und die Versuche, britische kulturelle Ideen mit deutschen zu verschmelzen. Auf der einen Seite sah es so aus, als ob es eine lobenswerte Idee sei, britische Kultur nach Deutschland zu bringen. Allerdings läßt sich auch argumentieren, daß man damit Eulen nach Athen getragen hat, da ein Großteil der Deutschen, die sich für britische Kultur interessierten, bereits von ihr wußten. Diese Politik hatte zudem die Tendenz, Kultur, die man auch als »europäische Kultur« hätte verkaufen können, zu nationalisieren. Statt den britischen Beitrag zur gemeinsamen europäischen Kultur zu betonen, um eine Brücke zwischen den Kulturen zu schlagen, betonte die britische Politik das Britische an der Kultur und deren Eigenständigkeit, was die Kluft zwischen Großbritannien und Deutschland weiter vertiefte. Dies war natürlich in der Situation 1945 wenig überraschend. Im nachhinein erscheint es aber nicht als die weiseste politische Option, die man traf, zumindest wenn man die politischen Folgen betrachtet.

Der Leiter der Berliner Abteilung und der britische Vertreter im Rat für kulturelle Angelegenheiten der Alliierten Kommandantur, G. E. Bells, verfaßte im Dezember 1946 einen detaillierten Bericht über die kulturellen Aktivitäten der britischen Besatzungsmacht. Ein kurzer Blick auf die Summe der Maßnahmen zwischen Ende 1946 und Anfang 1947 zeigt, daß das kulturelle Angebot im britischen Sektor überraschend vielfältig war. Bei vielen Anlässen scheint man das Gefühl gehabt zu haben, daß sich die Berliner für die kulturellen Veranstaltungen nicht richtig interessierten. Dies schrieb man aber dem Umstand zu, daß es in den Veranstaltungsräumen wegen der Brennstoffknappheit ziemlich kalt war. Ein britischer Beamter schrieb am 28. März 1947, daß es in Berlin nicht nur einen fürchterlichen Winter gegeben habe, sondern daß auch andere Freizeitveranstaltungen und gesellschaftliche Zusammenkünfte eine große Konkurrenz für die britischen Aktivitäten darstellten. Dies sei in der britischen Besatzungszone in Westdeutschland nicht der Fall gewesen.[32]

Die Städtische Oper hatte bereits im August 1945 wiedereröffnet und erzielte nach Schätzungen Gewinne in Höhe von 1,3 Millionen Reichsmark.[33] Gezeigt wurden »Salome« von Richard Strauss und »Peter Grimes« von Benjamin Britten. Die Berliner im britischen Sektor konnten sich »Fräulein Julie« von August Strindberg anschauen als auch »Arms and the Man« von George Bernard Shaw sowie sich an einer Woche englischer Musik von Benjamin Britten erfreuen. Im Dezember 1946 eröffneten der Film-Klub Berlin, das Renaissance Theater und der Deutsche Bühnenklub. Außerdem wurde eine Weihnachtsausstellung mit Werken der Künstlergemeinschaft »Die Brücke« gezeigt. Es folgte die Premiere von »Sag mir die Wahrheit«, des ersten deutschsprachigen Films, der unter britischer Lizenz gedreht worden war. Im Februar 1947 hatte der zweite Film, »Die Zugvögel«, Premiere und lockte fast 100 000 Zuschauer in die Vorführungssäle. Im Dezember 1946 eröffnete Brigadegeneral W. R. N. Hinde, DSO, im Britischen Informationszentrum in der Schlüterstraße 45 eine Ausstellung. Vertreter der Militärregierung, der Alliierten Militärmission und des Berliner Magistrats sowie deutsche und britische Journalisten als auch Verleger nahmen daran teil. Nachdem W. R. N. Hinde und der Berliner Oberbürgermeister Otto Ostrowski Eröffnungsansprachen gehalten hatten, wurden kleine Erfrischungen gereicht, während ein Quartett moderne englische Musik spielte. Ausstellungen über »Weihnachten auf Schloß Windsor«, »Neuseeland«, »Alltag in London« und »Buchdesign in England 1946« rundeten das Programm ab. Allerdings gingen die Besucherzahlen bei diesen Ausstellungen schnell zurück, zum einen wegen der Kohleknappheit und der Stromkontingentierung und zum anderen, weil die Räumlichkeiten etwas armselig waren. Am 7. Mai 1947 forderten die mit der Kultur befaßten Verantwortlichen daher, ihnen die renovierte Roxy-Bar zur Verfügung zu stellen. Dort sollten ein Kino mit 200 Sitzen, Ausstellungsräume, eine Bücherei, ein Zeitungsraum, ein Gemeinschaftsraum und ein Studierzimmer untergebracht werden.

Gleichzeitig gab man sich große Mühe, Informationen über Großbritannien und britische Werte zu vermitteln. Seit 1947 gab es dafür auch noch einen weiteren, gewichtigen Grund: den kalten Krieg mit der Sowjetunion. »Berlin bekommt kontinuierlich die Konsequenzen der Propaganda zu spüren, die gegen die Westzonen gerichtet ist«, notierte G. E. Bell, ein leitender Offizier. Er fügte hinzu, daß jegliche Kritik an der sowjetischen Besatzungszone, die in der lizensierten Presse geäußert würde, sofort Ärger an höchster politischer Stelle hervorrufen würde.[34] Deshalb forderte man die britische Militärregierung dringend auf, sich mehr um die Öffentlichkeit zu kümmern, um die britische Sicht der Dinge in der Stadt wirksam zu präsentieren. Dafür bestanden gute Voraussetzungen: Umfragen zeigten, daß 40 Prozent aller Berliner den *Telegraf* bevorzugten. Den von den Amerikanern lizensierten *Tagesspiegel* dagegen lasen nur 23 Prozent, 7 Prozent die sowjetisch lizensierte *Berliner Zeitung* und 3 Prozent das *Neue Deutschland* der SED. *Der Sozialdemokrat* wurde nur von einem Prozent der Berliner gekauft.

Das britische Informationszentrum lud in diesen Jahren eine ganze Anzahl bekannter Redner nach Berlin ein. Im Herbst 1949 zählten dazu T. S. Eliot, C. S. Kent, der Generalmanager der Londoner *Times*, Lord Beveridge, Mrs. Lucy Middleton, Father John Murray, Professor Marshal, Birleys Nachfolger als Berater in Erziehungsfragen, und Professor Lewis aus Birmingham, eine Autorität auf dem Gebiet der englischen Musik.[35] Die Zuhörerzahlen für Herbst 1949 zeigen das große Interesse an britischer Kultur und dem zeitgenössischen britischen Leben.[36] Einer der größten Erfolge war der Besuch von T. S. Eliot im November. Es wurde berichtet, daß kein anderer Besucher aus dem Vereinigten Königreich so einen tiefen und bleibenden Eindruck hinterlassen habe. Man lobte besonders seine unerschöpfliche Geduld mit der hartnäckigen Zuhörerschaft.

Der kulturelle Beitrag, den die Briten in ihrer Besatzungszone in Deutschland und in ihrem Sektor in Berlin leisteten, war beeindrukkend. Der beginnende kalte Krieg und die Notwendigkeit, der Sowjetunion mit militärischer Stärke entgegenzutreten, verringerten allerdings den Stellenwert, den die Briten der Kulturpolitik beimaßen. Die Standhaftigkeit der Berliner während der sowjetischen Blockade beruhte allerdings zu einem guten Teil auf der Westbindung, welche die kulturelle Diplomatie mit geschaffen hatte. Die britische Politik hat dazu einen wichtigen Beitrag geleistet.[37]

Man hat den Westalliierten vorgeworfen, daß sie versäumt hätten, in Deutschland einen radikalen politischen Neuanfang auf den Weg zu bringen. Deutsche und ausländische Kritiker betonten, daß es in Deutschland eine Kontinuität von der Weimarer Zeit zur Bonner Republik gab, die sich in den politischen Karrieren von Männern wie

Konrad Adenauer und Kurt Schumacher zeige. Sie betrachteten dies als Restauration und monierten, daß die Verbindungen zwischen dem alten Deutschland vor 1933 und dem Dritten Reich nicht genügend thematisiert worden seien. Weiterhin kritisierten sie, daß es versäumt worden sei, die deutsche Industrie zu sozialisieren, den deutschen Beamtenapparat zu reformieren und die deutsche Kultur im allgemeinen zu verändern.[38] Solche Kritik ist völlig unangebracht. Die Briten oder die anderen westlichen Alliierten hatten keine Möglichkeit, die Deutschen zu zwingen, einer bestimmten Partei oder einer bestimmten Doktrin zu folgen. Natürlich hofften die Alliierten, daß die Deutschen die nötigen Reformen selbst in die Hand nehmen würden. Es war aber unmöglich, einerseits für demokratische Spielregeln einzutreten, andererseits aber die Bürger zu zwingen, sich demokratisch zu verhalten. Damit hätte man kurzfristige Erfolge erzielen können, aber mittelfristig hätte man das demokratische Prinzip desavouiert, für das die Westalliierten eintraten.

Es gab allerdings Gebiete, auf denen man mehr hätte tun können und mehr hätte tun sollen: Zum Beispiel hätte man die Verfehlungen nationalsozialistischer Akademiker, die in vielen Fällen wirkliche Verbrecher waren, härter bestrafen sollen. Auch bei den Reformen im Bereich der universitären Lehre hätte man mehr tun können. Es gibt zwei Gründe dafür, warum die Briten das eine taten, aber das andere unterließen: Erstens war es vernünftig, in das deutsche Erziehungssystem nicht einzugreifen. Der Preis dafür bestand allerdings darin, daß die Probleme, die unbestritten bereits vor 1933 existiert hatten, einfach in die Bonner Republik übernommen wurden. Diese Kritik hat der große alte Mann der deutschen Erziehungspolitik, Professor Helmut Becker, vorgebracht. Becker sagte, »daß die Frage offen bleibt, ob die Briten in den ersten Nachkriegsjahren nicht zu vorsichtig und zurückhaltend agierten. Aus deutscher Sicht ist es bedauernswert, daß die britischen Behörden sich so zurückgehalten haben, obwohl wir die Gründe für ihre Neutralität natürlich respektieren.«[39] Zweitens zeigt die zurückhaltende britische Politik, daß trotz des überwältigenden Sieges von Labour 1945 Großbritannien kein klares oder radikales Konzept für die Erziehungspolitik hatte. Ungeachtet des Erziehungsgesetzes von 1944 und der neuen Labour-Regierung behielt Großbritannien eines der elitärsten Erziehungssysteme der Welt bei. Die Public Schools mit all ihren spartanischen Grausamkeiten und »Oxbridge« galten als britische Werte. Sie hatten die liberale britische Demokratie gehegt und gepflegt und sollten daher nicht abgeschafft werden. So dachten selbst die überzeugtesten Labour-Abgeordneten. Darüber hinaus waren sie britisch und waren abhängig von der Existenz einer kleinen politischen Klasse, die sich untereinander kannte und respektierte. Solche Institutionen ließen sich nicht einfach in ein anderes Land übertragen. Dies erklärt, warum die Briten in der deutschen Erziehungspolitik so untätig blieben. Aber es soll die politisch Verantwortlichen nicht von der Kritik freisprechen, daß eine einfallsreichere und aktivere Politik es den demokratisch gesinnten Briten und Deutschen ermöglicht hätte, noch wesentlich intensivere Beziehungen aufzubauen. Birleys Anteil an der Arbeit der Deutsch-Englischen Gesellschaft kann gar nicht hoch genug bewertet werden, aber was letztendlich den Erfolg der Deutsch-Englischen Gesellschaft ausgemacht hat, war die *deutsche* Vision des Ehepaares Hans und Lilo Milchsack sowie ihrer Mitstreiter. Und diese Vision war keine britische Eingebung.

In der Erziehung und in anderen Fragen übernahmen die Briten anfänglich den Standpunkt eines Kolonialherren. Ein britischer Offizier schrieb an seine Kollegen, daß sich eine Art anglo-deutsches Beamtentum entwickelt hätte, welches im deutschen Erziehungswesen arbeite. »Wir scheinen unterbewußt nach dem Modell der alten Kolonialverwaltung Gebietsoffiziere geworden zu sein, die mit sehr vagen Zuständigkeitsbereichen ausgestattet sind, aber versuchen mit dem, was geschieht, umzugehen.«[40] Doch die Nachteile dieses aufgeklärten Kolonialismus sah man nicht nur in Deutschland, sondern auch an vielen anderen Orten im Osten und Westen, wo Großbritannien kolonial regiert hatte.

Insgesamt hat Großbritannien seine Aufgabe gut gelöst. Doch auf speziellen Gebieten hat die britische Besatzungspolitik einzigartige Chancen versäumt. Die britische Kulturpolitik, wie die britische Besatzungspolitik insgesamt, war generell vernünftig und wurde gut umgesetzt. Sie war von ihrem eigenen Standpunkt aus erfolgreich, soweit sich angesichts der Schranken, die jeder Politik durch aktuelle Ereignisse gesetzt werden, bei großen politischen Strategien überhaupt von erfolgreich reden läßt. Wenn wir über die heutigen und zukünftigen Kulturbeziehungen nachdenken, die auf diesen historischen Grundlagen ruhen, sollten wir sorgfältig und konstruktiv darüber nachdenken, daß wir die wirklichen Chancen, die sich für die Zukunft bieten, nicht verpassen.

Übersetzt von Christian Haase

MARION GRÄFIN DÖNHOFF

Die Anfänge der Deutsch-Englischen Gesellschaft. Erinnerungen an Lilo Milchsack

Obgleich schon beinahe 50 Jahre vergangen sind, seitdem ich 1950 an der ersten Königswinter-Konferenz teilnahm, erinnere ich mich dennoch genau der Gefühle, die mich bei diesem Treffen am stärksten bewegten: Staunen und Bewunderung.

Staunen darüber, mit welcher Offenheit und Liberalität, ohne Zurückhaltung und ohne jede gereizte Aggressivität die Engländer diskutierten – nie oberflächlich, sondern immer mit Blick auf die Tiefendimension des jeweiligen Themas –, und Bewunderung angesichts der Selbstverständlichkeit, mit der sie die großen Probleme in manchmal erbarmungsloser, immer aber fairer Weise abhandelten.

Auch wenn man in Opposition zu den Nationalsozialisten gestanden und mit Freunden offen darüber geredet hatte, waren solche Gespräche nur im kleinsten, vertrautesten Kreis möglich gewesen. Öffentliche Diskussionen kannte man nicht. Nun galt es, sich aus dieser langjährigen bangen Isolierung zu befreien und allmählich in eine liberale Gemeinschaft hineinzuwachsen. Freilich geschah dies für uns in Königswinter erst mit den Jahren; zu schwer wogen die unseligen Erfahrungen und schmerzhaften Erinnerungen nach diesem Krieg, die es der deutschen aber auch britischen Seite nicht leicht werden ließen, einen gemeinsamen Anfang zu wagen.

Die Engländer hatten durch den von Deutschland verursachten Krieg ihr Imperium und damit ihre Geltung in der Welt verloren – ein nie wieder wettzumachender Verlust, über den die Geschichte einfach hinwegging.

Und wir Deutsche, die gegen Hitler waren, wurden von den Engländern ein ums andere Mal enttäuscht. Schon zu Beginn ließen sie uns beim Kampf gegen die Nationalsozialisten im Stich. Mehrfach waren Abgesandte des Widerstandes unter Lebensgefahr zum britischen Außenminister und der obersten britischen Führung gereist, hatten Informationen weitergegeben und sie darum gebeten, in ihren Reden einen Unterschied zwischen Nationalsozialisten und Deutschen zu machen und nicht alle über einen Kamm zu scheren. Dadurch, so erhoffte man sich, würden die deutschen Bürger aufhorchen und mehr Verständnis für die Opposition aufbringen. Die Antwort der Engländer jedoch hieß »Appeasement-Politik«: Chamberlains Reise nach München im September 1938 gab Hitler freie Hand und erhöhte damit noch sein Prestige. Die Kombination von Erfolg und Terror sollte später das Geheimnis seiner Herrschaft werden.

Schließlich, nachdem der 20. Juli gescheitert war, behauptete Churchill am 2. August 1944 im Unterhaus – obgleich er sehr wohl über den deutschen Widerstand Bescheid wußte –, daß es sich bei den Vorgängen des 20. Juli lediglich »um Ausrottungskämpfe unter den Würdenträgern des Dritten Reiches« gehandelt habe.

In Washington, wo man durch Trott zu Solz und durch den Bruder des späteren Außenministers Foster Dulles, der von Genf aus die Situation in Deutschland beobachtete, ebenfalls genau informiert war, wiederholte der Sprecher des Präsidenten die Hitlersche Lüge von der »kleinen Clique ehrgeiziger Offiziere«. Das Motiv für diese Stellungnahmen: Die Alliierten wollten unter keinen Umständen eingestehen, daß es in Deutschland den Versuch gegeben hatte, sich von dem nationalsozialistischen Regime zu befreien. Totale Kapitulation, das war das anglo-amerikanische Ziel – und diesem gegenüber spielte die Wahrheit keine Rolle.

Man muß es als einen entscheidenden Glücksfall bezeichnen, daß Lilo Milchsack, die aus früheren Zeiten gute Freunde in England hatte, nach dem Krieg einige einflußreiche Deutsche dafür gewinnen konnte, fern von allen öffentlichen Bekundungen eine private Organisation ins Leben zu rufen, die es sich zur Aufgabe machte, die beiden zu Feinden gewordenen Völker wieder miteinander zu versöhnen: Schon ein Jahr nach Gründung der Deutsch-Englischen Gesellschaft 1949 wurde die erste – regelmäßig im Frühjahr stattfindende – Konferenz in Königswinter bei Bonn abgehalten.

Von Jahr zu Jahr gewann dieses Treffen immer mehr an Bedeutung und Gewicht. Damals gab es mehrere solcher bi-nationalen Organisationen, doch schien keine so beliebt, so interessant und so einflußreich wie die Deutsch-Englische Gesellschaft zu sein. Sicherlich war dies in erster Linie das Verdienst von Lilo Milchsack, die das ganze Jahr über an den Vorbereitungen für das deutsch-englische Gespräch in Königswinter arbeitete: Welches würde das wichtigste Thema sein, wer müßte um ein Referat – auf englischer und auch auf deutscher Seite – gebeten werden, wer sollte eingeladen werden? All diese Fragen wurden mit dem Steering Commitee und kompetenten Freunden besprochen.

Natürlich herrschte nicht von Anbeginn uneingeschränkte Freude und Freundschaft; es dauerte Jahre, nein, zwei Jahrzehnte, bis Mißtrauen und Ressentiment auf beiden Seiten ausgeräumt waren. Die entscheidende Wende hatte allerdings schon 1948 die Blockade Berlins und die Haltung der Berliner gebracht, die den Briten imponiert hatte. Mit dem Verbot jeglicher Fraternisierung hatte es einst begonnen, und nun verwandelte sich die Besatzungsmacht allmählich in eine Schutzmacht. Freilich gab es auch immer wieder Unterbrechungen.

Umstrittene Themen blieben die Wiederbewaffnung, gegen welche die Mehrzahl der Deutschen protestierte, die Notstandsgesetze, die Wiedervereinigung ... Und natürlich gab es Kulminationspunkte des Mißtrauens; zu einem solchen wurde die Stalin-Note vom März 1952. Diese versprach gesamtdeutsche Wahlen, also praktisch die Wiedervereinigung Deutschlands, forderte aber als Gegenleistung eine Neutralisierung Deutschlands.

Dies führte zu jahrelang anhaltenden, oft hektischen Diskussionen in Königswinter, die innerhalb der deutschen Gruppe weit intensiver geführt wurden als zwischen den beiden Nationen. Es war jene Differenz der Meinungen, die damals alle Deutschen beschäftigte und die charakterisiert war durch die beiden Stichworte »Politik der Stärke« und »Entspannung«. Adenauer und seine Partei beharrten auf dem Standpunkt, daß es sich bei der sowjetischen Note nur um ein »Täuschungsmanöver« handele, das dazu dienen solle, Bonn vom Westen abzuspalten. Eben darum müsse man eine »Politik der Stärke« verfolgen, also Rüsten, bis die Russen klein beigeben, und keinesfalls Gespräche mit ihnen. Die SPD trat im Gegensatz dazu für Entspannung ein, um auf diese Weise zu einer »friedlichen Koexistenz« zu gelangen. Die Engländer hielten sich zunächst mit Ratschlägen zurück, wurden allerdings im Laufe der Jahre immer dringlicher mit ihrer Mahnung, die deutsche Regierung möge Verhandlungen anstreben. Ich erinnere mich noch gut an Dick Crossmann, der mit viel Verve – damals 1958 – für eine Neutralisierung Gesamtdeutschlands eintrat.

Später wechselte der Tagungsort jährlich zwischen Deutschland und England. Im Jahre 1970 fand die deutsch-englische Konferenz in Cambridge statt, im Trinity-College, dem größten der dortigen Colleges. In meinem Bericht, den ich damals für *Die Zeit* schrieb, heißt es voller Bewunderung: »Hier hat Isaac Newton geforscht, Lord Byron seine ersten Verse geschrieben, hier haben Francis Bacon, Macaulay, Lord Rutherford, Jawaharlal Nehru und Wittgenstein studiert, wurden sechs Premierminister erzogen. Dies ist eines der Colleges, in dem die Führungsschicht Englands, die das größte Weltreich der Geschichte aufgebaut und beherrscht hat, geprägt wurde.«

Die Konferenz fand in Cambridge statt, aber selbst an diesem hehren Ort behielt sie ihren dörflichen Namen: Königswinter ist eben Königswinter. Die freundschaftliche Atmosphäre der Konferenz, die klaren, oft scharfen, aber stets toleranten Gespräche sind mir ganz unvergeßlich, schon, weil es immer wieder spannend und anregend war zu erleben, in welcher Offenheit Meinungsverschiedenheiten ohne jede Bösartigkeit, oft jedoch mit beißendem Witz ausgetragen wurden. Vielleicht sind die Freundschaften, die sich hier mit den Jahren gebildet haben, das eigentliche Kapital von Königswinter. Stets freute man sich auf das Wiedersehen mit den Freunden, Rivalen und Mitstreitern und genoß die weit in die Nacht hineinreichenden Diskussionen in den umliegenden Weinstuben und Pubs.

Wir haben über die Jahre viel von Königswinter profitiert. Nach jener langen Epoche haßerfüllter Feindbilder, selbstauferlegter Enge und Isolation, verbrecherischer Schandtaten waren die Weltoffenheit, Toleranz und Liberalität für uns tatsächlich eine Offenbarung.

Als Lilo Milchsack und ihre Freunde Königswinter ins Leben riefen, ging es ihnen nach diesem alles zerstörenden Krieg um Versöhnung mit den Nachbarn. Die Konferenz ist schließlich weit mehr geworden – sie wurde zu einem Forum für die großen außenpolitischen und gesellschaftspolitischen Debatten der Zeit. Und viele empfanden es nicht von ungefähr als Krönung von Königswinter, als im Jahr 1997 Berlin zum ersten Mal Tagungsort dieses Forums wurde.

CHRISTOPH BLUTH

Die deutsch-britischen Sicherheitsbeziehungen 1953–1990

Eines der erstaunlichen Phänomene der Nachkriegszeit war die außerordentlich enge und herzliche Beziehung zwischen Großbritannien und Deutschland, zwei Nationen, die während des Zweiten Weltkrieges so erbitterte Gegner gewesen waren. Beide Völker spielten eine Schlüsselrolle im europäischen Sicherheitssystem, sowohl während des kalten Krieges als auch in der Neuordnung Europas nach dem Ende des sowjetischen Herrschaftssystems.

Großbritannien gehörte zu den Siegermächten des zweiten Weltkrieges und hatte deshalb nicht die Erfahrung der Niederlage oder der Diskreditierung seiner gesamten politischen Elite durch einen Vorgang wie die Entnazifizierung in Deutschland hinter sich. Aus diesem Grund wurden die dramatische Veränderung der Position Großbritanniens in der Welt und alle sich daraus ergebenden Konsequenzen erst nach und nach, im Laufe von drei Jahrzehnten, voll erkannt. Ende der vierziger Jahre wurde Großbritanniens Rolle in der Welt von drei überlappenden Bereichen des Engagements definiert, was Sir Winston Churchill 1948 als die Doktrin der drei Kreise formulierte. Der erste Kreis beinhaltete die Beziehungen zum britischen Commonwealth und Empire, der zweite die Beziehungen zur englischsprechenden Welt, insbesondere den Vereinigten Staaten und Kanada, und der dritte schließlich die Beziehungen zu Europa.[1] Dieser Ansatz definierte die Prioritäten der britischen Sicherheitspolitik für die ersten beiden Jahrzehnte des kalten Krieges und wirkte in gewissem Maß bis zum Ende der achtziger Jahre fort. Aus heutiger Sicht wird klar, daß Churchill die tiefgreifenden Veränderungen im internationalen System unterschätzte, die damals einsetzten. Die Vereinigten Staaten waren zum dominanten Partner im Bündnis geworden. Großbritannien konnte, obgleich noch immer eindeutig die drittmächtigste Nation in der Welt, in keiner Weise an die amerikanische oder sowjetische Macht heranreichen. Zwar war es noch Zentrum eines großen Weltreiches, doch erreichte die Welle des Antikolonialismus einen ersten Höhepunkt, als Indien und Pakistan 1946 unabhängig wurden. Großbritanniens imperiale Rolle konnte weder politisch noch ökonomisch länger aufrechterhalten werden. Die Ambition, die eigene Rolle als Großmacht so lange wie möglich zu erhalten, erzeugte Spannungen zwischen dem Engagement in Europa und der sogenannten Sonderbeziehung (special relationship) zu den USA, die als Rückhalt einer weiter gefaßten Rolle dienen sollte. Diese Spannung bestimmte die Parameter der britischen Sicherheitspolitik während der gesamten Zeit des kalten Krieges.[2]

Die britische Außenpolitik der Nachkriegszeit mußte den Übergang der Nation vom Status einer Weltmacht zu dem einer Regionalmacht bewältigen. Das beeinflußte die britische Haltung zu Europa. Die große Bewegung der europäischen Integration, die für viele Kontinentaleuropäer die Hoffnung auf ein neues Zeitalter nach zwei Weltkriegen bedeutete, wurde auch in London begrüßt. Doch obwohl sie im Prinzip eine Art von »europäischer Einheit« befürwortete, war die britische Regierung über die supranationalen beziehungsweise föderalistischen Konzepte der Verfechter einer europäischen Integration nicht begeistert. Auf gar keinen Fall wollte sie, daß Großbritannien einem »europäischen Staat« beitrete. Natürlich teilte Großbritannien mit anderen europäischen Staaten ein Interesse an der Verteidigung Europas und an der Erhaltung der amerikanischen Verpflichtung Europa gegenüber. Aber die Perzeption der Sicherheitsinteressen in Großbritannien unterschied sich in vielen Punkten von denen seiner europäischen Partner. Die immer noch bestehenden Beziehungen zu zahlreichen außereuropäischen Regionen bedeuteten, daß die Aufmerksamkeit Großbritanniens nicht exklusiv auf die sowjetische Bedrohung gegen Westeuropa gerichtet war.[3] Zudem schätzte die britische Regierung seit den mittfünfziger Jahren eine vorsätzlich geplante sowjetische Invasion Westeuropas als unwahrscheinlich ein.[4] In den Bedrohungsperzeptionen gab es daher deutliche Differenzen, vor allem zu den Deutschen und den Amerikanern. Die Briten sahen ihr nationales Interesse in der allseitigen Akzeptanz des Status quo in Europa. Sie waren deshalb sehr daran interessiert, auf diplomatischem Wege eine Entspannung in den Ost-West-Beziehungen zu erreichen sowie durch Rüstungskontrolle und vertrauensbildende Maßnahmen das Risiko einer militärischen Konfrontation in Europa zu reduzieren. Ein wesentlicher Faktor in der britischen Politik war das Problem der Ressourcen. Man ging davon aus, daß ein Abbau der Konfrontation zwischen Ost und West eine Reduzierung der britischen Verpflichtungen ermöglichen würde. Diese Aspekte der britischen Sicherheitspolitik führten zu Mißtrauen im deutsch-britischen Verhältnis, weil Adenauer den Verdacht hegte, daß die Briten nur nach Vorwänden suchten, um sich von ihren Verpflichtungen hinsichtlich der Verteidigung Europas zurückzuziehen.[5]

Großbritannien gehörte der EWG, die 1957 gegründet wurde, nicht an. Frankreich und die Bundesrepublik Deutschland waren gegen seine EWG-Mitgliedschaft. Auch die Schaffung einer Freihandelszone, durch die OEEC-Mitgliedsstaaten eine besondere Handelsbeziehung zu den Staaten der EWG hätten entwickeln können, wurde abgelehnt. Adenauer und de Gaulle teilten die Ansicht, daß Großbritannien für eine enge politische Integration der europäischen Staaten, so wie sie damals für möglich gehalten wurde, nicht vorbereitet sei.[6] Zusammenfassend läßt sich sagen, daß die Beziehungen zu Europa, ungeachtet seiner Bedeutung für Großbritannien, schwieriger Natur waren.

Die Folgen der britischen Sicherheitspolitik für die deutsch-britischen Beziehungen

Die britische Entscheidung nach dem Zweiten Weltkrieg, eine eigenständige Atommacht zu werden, beruhte auf der Überzeugung, daß eine Großmacht jene Waffen besitzen müsse, die wahrscheinlich in der Zukunft die entscheidende militärische Bedeutung haben würden. Angesichts des Niedergangs Großbritanniens als Weltmacht stellte sich die Frage seiner Rolle in der Welt nach dem Krieg. Wirtschaftlich schwach und nicht mehr in der Lage, seine Präsenz in den überseeischen Gebieten uneingeschränkt aufrechtzuerhalten, bot sich der Besitz von Kernwaffen als ein Weg an, zumindest zu Teilen den Status einer Großmacht zu bewahren.

Die Verteidigungspolitik des Premierministers Sir Winston Churchill nach seinem Wahlsieg vom Jahre 1951 markierte die Akzentverschiebung in der britischen Strategie von der konventionellen Aufrüstung zum Aufbau eines Nuklearpotentials. Noch im selben Jahr wurde die erste britische Wasserstoffbombe gezündet. Die Stabschefs verfaßten einen »Globalen Strategiebericht«, in dem sie die Ansicht vertraten, der Aufbau einer nuklearen Streitmacht sei wesentlich preisgünstiger als die Unterhaltung konventioneller Kräfte.[7] Außerdem könne der sowjetischen Bedrohung damit wirkungsvoller begegnet werden.[8] Manche Konsequenzen dieser Politik stießen jedoch im britischen Verteidigungsministerium auf Widerstand, insbesondere als es darum ging, die Haushaltsausgaben der Armee und der Marine zu kürzen. Erst 1957, nach der Suez-Krise und dem weiteren Rückgang der weltweiten britischen Verpflichtungen, bekannte sich Verteidigungsminister Duncan Sandys in einem Weißbuch zu rigorosen Einsparungen bei Armee und Marine und sprach sich unzweideutig für eine Verlagerung der Ressourcen zugunsten der nuklearen Abschreckungsmacht aus.[9]

Die sicherheitspolitischen Ziele der Bundesrepublik

Während Großbritannien in den fünfziger Jahren im Begriff stand, eine Nuklearmacht zu werden, befand sich die Bundesrepublik Deutschland als Ergebnis der Niederlage im Zweiten Weltkrieg bezüglich ihrer Sicherheitsinteressen in einer besonderen Abhängigkeit von ihren Verbündeten. Ursprünglich hatten Bundeskanzler Konrad Adenauer und seine Regierungen Wert auf die konventionelle Verteidigung gelegt, da sie nicht wollten, daß die Bundesrepublik zum Schauplatz eines nuklearen Krieges werde. Angesichts der amerikanischen strategischen Überlegenheit sah man die amerikanische nukleare Garantie als ein glaubwürdiges Mittel zur Abschreckung eines sowjetischen konventionellen Angriffs an. Die Antwort wäre der Einsatz amerikanischer Nuklearwaffen gegen sowjetische Ziele gewesen. Eine starke westdeutsche konventionelle Streitkraft hingegen konnte jederzeit dazu beitragen, einen kleineren Konflikt zu lokalisieren, die sowjetische konventionelle Überlegenheit in Europa zu reduzieren und die politische Position der Bundesrepublik im Bündnis zu stärken.

Eisenhowers Revision der Militärstrategie der Vereinigten Staaten, die zu dem Konzept des »New Look« geführt hatte, betonte die extremen Schwierigkeiten, die einer konventionellen Verteidigungsstrategie in der Bundesrepublik im Wege standen. Die Strategie der »Vorwärtsverteidigung«, wonach jeder Meter westdeutschen Bodens verteidigt werden sollte, war aufgrund der geographischen Beschaffenheit des norddeutschen Raums, der einer Invasion mit großen Panzerarmeen weit offensteht, nur schwer in die Praxis umzusetzen. Eine glaubwürdige konventionelle Strategie erforderte deshalb eine große Zahl schwerbewaffneter Truppen – aber die Bündnispartner waren nicht bereit, die dafür erforderlichen personellen und finanziellen Ressourcen bereitzustellen. Daraus ergab sich das strategische Konzept für den Einsatz taktischer Nuklearwaffen: Die konventionellen Streitkräfte wurden als »Verteidigungsschild« bezeichnet, welcher den Bündnispartnern die Zeit verschaffen sollte, ihre Kräfte zu sammeln und das »Schwert« der nuklearen Waffen einsatzbereit zu machen, mit dem der Feind besiegt werden sollte. Konventionelle Streitkräfte wurden somit zu einer Art Stolperdraht, der den Einsatz der nuklearen Waffen auslösen würde. Der Sinn dieser Strategie lag darin, durch eine effektive Verteidigungsfähigkeit den Ausbruch eines Konflikts von vornherein zu verhindern.

Adenauer war mit der Nuklearisierung der Nato nicht einverstanden. Der Aufbau der Bundeswehr wurde durchgeführt, als ob Nuklearwaffen niemals erfunden worden wären. Erste klare Hinweise auf die möglichen Folgen des Einsatzes von Nuklearwaffen ergab die Militärübung »Carte Blanche« 1955: Der simulierte Einsatz von 355 Kernwaffen »führte« zu 1,7 Millionen »Toten« und 3,5 Millionen »Verwundeten«. Trotz der sich daraus ergebenden heftigen öffentlichen Diskussion, bei der die parlamentarische Opposition auf die Sinnlosigkeit des Aufbaus eines konventionellen Potentials in der Bundesrepublik hinwies, scheinen Adenauer und sein Verteidigungsminister Blank die Bedeutung des »New Look« zum damaligen Zeitpunkt nicht voll erfaßt zu haben.[10] Es dauerte jedoch nicht lange, bis sich die Bundesregierung angesichts innenpolitischer Kontroversen und einer Auseinandersetzung mit den USA über die Reduzierung der amerikanischen Streitkräfte in Europa gezwungen sah, sich der amerikanischen strategischen Politik anzupassen. Im Oktober 1956 folgte der Verteidigungsexperte der CSU und Minister für Atomfragen, Franz Josef Strauß, der die Bedeutung der Kernwaffen erkannt hatte und weniger Wert auf konventionelle Aufrüstung legte, Blank im Amt des Verteidigungsministers. Die Dauer der Wehrpflicht wurde von 18 auf 12 Monate verkürzt, was auf eine erhebliche Reduzierung der militärischen Präsenzstärke der Bundeswehr hinauslief. Adenauer und Strauß drängten von nun an darauf, die Bundeswehr mit nuklearen Trägerwaffen im Rahmen der Nato auszurüsten, mit der Maßgabe, die nuklearen Sprengköpfe unter amerikanischer Kontrolle zu belassen.

Die Unzulänglichkeit einer rein konventionellen Strategie war somit akzeptiert worden. Das Ergebnis war, daß sich die westdeutsche Verteidigungsplanung mit einem Dilemma konfrontiert sah, das bis heute im Mittelpunkt der deutschen Diskussion über Sicherheitsfragen steht: Die Verteidigung der Bundesrepublik ist nicht ohne den Einsatz von Nuklearwaffen möglich; jedoch würde die Detonation von Kernwaffen auf deutschem Boden unweigerlich sowohl im Hinblick auf die hohe Zahl von Toten als auch auf den zu erwartenden Schaden einer totalen Katastrophe gleichkommen. Die Verhinderung eines Krieges in Deutschland um nahezu jeden Preis mußte von nun an Priorität haben. Da Nuklearwaffen von deutschem Boden aus eingesetzt würden und die Verteidigung der Bundesrepublik immer stärker von ihnen abhing, wurde es im Laufe der Jahre immer wichtiger, daß deutsche Politiker auf die Entscheidung des Wann und Wie ihres Einsatzes Einfluß gewinnen würden.

Britische Sicherheitspolitik und die Sonderbeziehung zu den USA

Eine zentrale Rolle in der britischen Sicherheitspolitik spielte die Sonderbeziehung zu den Vereinigten Staaten. Die britisch-amerikanische Zusammenarbeit im Bereich der Kernwaffen geht bis in die Zeit des Zweiten Weltkrieges zurück. Die theoretischen Durchbrüche, die den Bau einer Atombombe erst möglich gemacht hatten, waren in Großbritannien erzielt worden. Außerdem hatte Großbritannien am Manhattan Project zum Bau der Atombombe teilgenommen. Um nach dem Krieg Kernwaffen zu erwerben, war die weitere Zusammenarbeit mit den USA unbedingt notwendig. Der amerikanische McMahon Act von 1946, der die Verbreitung von Informationen über Kernwaffen in jedes andere Land verbot, machte es theoretisch amerikanischen Präsidenten unmöglich, sich auf eine solche Zusammenarbeit einzulassen. Dennoch setzte Großbritannien erfolgreich sein Atombombenprojekt fort und erreichte, begünstigt durch die Modifizierung des McMahon Act, eine stärkere Beteiligung an amerikanischer Technologie. Während des nächsten Jahrzehnts gewann dies höchste Priorität in den britisch-amerikanischen Beziehungen.[11]

Im Bereich der nuklearen Zusammenarbeit strebte Großbritannien eine exklusive Beziehung zu den USA an. Auf der Ebene von Erklärungen wurde die Notwendigkeit einer unabhängigen britischen Abschreckungswaffe betont (die Hypothese vom standing alone). Die tatsächlich verfolgte Politik richtete sich jedoch auf eine immer engere Zusammenarbeit – und damit technologische Abhängigkeit – mit den Vereinigten Staaten; dabei ging man von der Erkenntnis aus, daß Großbritannien nicht in der Lage sein würde, der Sowjetunion allein gegenüberzutreten. Insofern beruhte der britische Ansatz in der militärischen Zielplanung auf der Voraussetzung, daß die Operationen gemeinsam mit den Vereinigten Staaten ausgeführt werden würden; der Verzicht auf ein eigenes, britisches Projekt für ballistische Raketen (Blue Streak) 1960 bedeutete eine klare Entscheidung für eine Politik, die ausschließlich auf die vertrauensvolle technologische Zusammenarbeit mit den USA setzte. Die britische Antwort auf das Dilemma einer Strategie der erweiterten Abschreckung (extended deterrence) beinhaltete also einen Widerspruch, der bis heute fortbesteht: Einerseits beschritt Großbritannien einen Weg, der die nukleare Abschrekkung zugunsten britischer Sicherheitsinteressen sicherstellen sollte und der zugleich das Problem der Kontrolle der Nuklearwaffen durch die Entwicklung einer eigenen Nuklearwaffe umging. Andererseits verfolgte die britische Politik eine entgegengesetzte Strategie, indem es versuchte, die USA enger an sich zu binden und sich selbst zugleich abhängiger von den USA zu machen. Die Kombination der beiden Ziele – einerseits die Stärkung der britischen nuklearen Abschreckung, andererseits die Intensivierung der Sonderbeziehung zu den USA auch auf dem Gebiet der Nuklearwaffen – war zweischneidig. Das eine war das Mittel, um das andere voranzutreiben; jedoch geriet die Antwort auf die Frage, welches der Zweck und welches das Mittel sei, dabei durcheinander. Der Schwerpunkt wechselte ständig vom einen zum anderen. Viele der erklärten Ziele bezüglich der Sonderbeziehung zu den USA bezogen sich auf den Zugang zu amerikanischer Technologie, die Zusammenarbeit in der Zielplanung und die Beeinflussung der amerikanischen Sicherheitspolitik. »Mittel« und »Zweck« waren auf diese Weise widersprüchlich ineinander verwickelt.

Die Zusammenarbeit mit den USA verhalf Großbritannien zu einem privilegierten Status im Vergleich mit den anderen europäischen Bündnispartnern. Premierminister Harold Macmillan war sich natürlich der gegenläufigen Wirkung dieser Politik hinsichtlich der britischen Beziehungen zu Europa – im besonderen zu Frankreich und Deutschland – bewußt, aber diese wurden der Sicherstellung einer britischen Nuklearabschreckung und der Pflege der Sonderbeziehung zu den USA nachgeordnet. Ein Ansatz, der als »abgestimmte Unabhängigkeit« (independence in concert) beschrieben wurde.[12] Der Höhepunkt der amerikanisch-britischen Nuklearzusammenarbeit war die 1962 in Nassau zwischen Macmillan und Kennedy getroffene Vereinbarung über den Kauf der Polaris-Raketen. Dieses Abkommen sicherte Großbritannien eine effektive Nuklearstreitmacht, legte aber zugleich die britische Abhängigkeit von den USA fest.[13]

Die Britische Sicherheitspolitik: Die Hinwendung zu Europa

Die Labour-Regierung unter Premierminister Wilson trat mit dem erklärten Willen an, das Nassau-Abkommen »neu zu verhandeln«. Wohl gelangte sie zu dem Schluß, daß das Polaris-Abkommen ein preisgünstiger Weg sei, Nuklearmacht zu bleiben – und somit die globale Rolle Großbritanniens aufrechtzuerhalten –, und erwarb vier der fünf geplanten Polaris-U-Boote. Doch kam es, abgesehen von diesem nuklear-strategischen Aspekt, zu einer beträchtlichen Verlagerung in der britischen Sicherheitspolitik. Endlich wurde anerkannt, daß Großbritannien angesichts der großen Probleme seiner wirtschaftlichen Entwicklung nicht länger in der Lage war, seine frühere globale Rolle voll wahrzunehmen. So fiel die Entscheidung, sich aus den Verpflichtungen »östlich von Suez« zurückzuziehen und die britische Sicherheitspolitik nunmehr stärker auf Europa auszurichten.[14]

Mitte der sechziger Jahre wuchs die Interessenkonvergenz zwischen Großbritannien und den anderen europäischen Bündnispartnern gegenüber den Vereinigten Staaten. Die von dem amerikanischen Verteidigungsminister Robert McNamara 1962 vorgeschlagene Strategie der »flexiblen Erwiderung« (flexible response) führte in Europa zu gemischten Reaktionen.[15] Besonders die Deutschen wehrten sich gegen jegliche Verringerung der amerikanischen Bereitschaft, im Konfliktfall Kernwaffen zur Verteidigung Europas einzusetzen, während die Briten zögerten, konventionelle Waffen in dem Umfang zur Verfügung zu stellen, wie es in McNamaras Konzept gefordert wurde. Der britische Verteidigungsminister Denis Healey war im Prinzip ein Befürworter der Strategie der »flexiblen Erwiderung«. Er zeigte jedoch eine kritische Haltung gegenüber dem »Wunschdenken« hinsichtlich der konventionellen Verteidigungsmöglichkeiten. Nach Ansicht Healeys sollte nicht so sehr die Kriegführung betont werden, als vielmehr die nukleare Abschreckung. Er hielt die Drohung eines frühzeitigen Einsatzes von Kernwaffen für ein wahrscheinlich notwendiges Element einer erfolgreichen Strategie der Abschreckung. Er befürchtete, daß im Fall aufkeimender Zweifel an der amerikanischen Entschlossenheit zu einer Strategie der nuklearen Abschreckung in Europa der Druck auf europäische Regierungen wachsen würde, eigenständige Kernwaffenarsenale aufzubauen, statt ihre konventionellen Kräfte zu stärken. Obwohl Healey nachdrücklich die Ansicht vertrat, daß man auf keinen Fall damit rechnen könne, eine Stärkung der konventionellen Kräfte der

Nato herbeizuführen, die einem sowjetischen Angriff auf rein konventioneller Ebene würden standhalten können, und somit auch das Konzept der Anhebung der nuklearen Schwelle ablehnte, standen seine Anschauungen dennoch im Einklang mit der Doktrin der »flexiblen Erwiderung«. Er sah die Rolle taktischer Nuklearwaffen darin, einer Aggression »im mittleren Bereich« zu begegnen: Im Falle des Versagens der Abschreckung müsse die Möglichkeit geschaffen werden, die Kräfte des Angreifers so lange abzuwehren, bis der Konflikt auf diplomatischer Ebene beendet werden könne, noch bevor es zum massiven Einsatz strategischer Nuklearwaffen komme. Dies war mit McNamaras ursprünglichem Konzept, das letztendlich auf eine Konventionalisierung der Kriegführung auf dem europäischen Schlachtfeld abzielte, nicht ganz zu vereinbaren.[16]

Bei der Entwicklung der Kompromißformel über die »flexible Erwiderung«, welche die Nato 1967 verabschiedete, sowie in der Nuklearen Planungsgruppe (NPG), die dann folgte, arbeiteten die Briten erstmals eng mit den anderen europäischen Verbündeten (außer Frankreich) zusammen. Es ist vor allem der deutsch-britischen Zusammenarbeit zu verdanken, daß die Nuklearpolitik der Nato den Interessen der europäischen Bündnispartner ausreichend Rechnung trug. Die Neuorientierung Großbritanniens im internationalen System, die durch die Hinwendung zu Europa in der Sicherheitspolitik und dem erneuten Antrag zur Mitgliedschaft in der EWG zum Ausdruck kam, hatte ihren Kern in der Begründung einer engen Zusammenarbeit mit der Bundesrepublik.

In der Sicherheitspolitik war die Frage der Nuklearstrategie weiterhin von zentraler Bedeutung. Der Dialog im Bündnis wurde im Rahmen der sogenannten Nuklearen Planungsgruppe (NPG) ausgetragen, in der die Briten und die Deutschen eine besonders enge Zusammenarbeit entwickelten. Das wichtigste Resultat waren die »vorläufigen politischen Richtlinien für den defensiven taktischen Ersteinsatz von Kernwaffen«, die auf einer deutsch-britischen Studie beruhten (dem sogenannten »Healey-Schröder Paper«). Diese Richtlinien betonten vor allem, daß der Einsatz taktischer Nuklearwaffen im wesentlichen das politische Ziel verfolgen sollte, den Gegner davon zu überzeugen, daß weitere militärische Aktionen mit hohen Risiken verbunden seien. Ihr Einsatz sollte dazu dienen, die Glaubwürdigkeit der Strategie der Abschreckung wiederherzustellen. Die Studien der NPG hatten gezeigt, daß selbst ein großangelegter Einsatz von taktischen Nuklearwaffen nicht notwendigerweise der Nato militärisch wieder die Initiative zurückgeben würde. Deshalb wurde der Nutzen von taktischen Nuklearwaffen hauptsächlich in ihrer Funktion als politisches Signal gesehen, um die Entschlossenheit des Bündnisses zu demonstrieren, im Notfall den Einsatz nuklearer Waffen auszuweiten. Der strittigste Punkt war der Einsatz von Waffen in einem »erweiterten Gebiet«, d.h. auf dem Territorium der Sowjetunion. Trotz amerikanischer Bedenken bestanden die Deutschen und die Briten darauf, daß die Eventualität eines solchen Einsatzes auch in den Richtlinien vorgesehen werden würde.[17]

Die Arbeit der Nuklearen Planungsgruppe war erfolgreich, insofern, als sie als ein effektiver Mechanismus der allianz-internen Konsultation in bezug auf kritische Sicherheitsprobleme diente. Die »vorläufigen Richtlinien« verhalfen dazu, den Eindruck zu vermitteln, als sei sich das Bündnis über seine Nuklearstrategie einig. Tatsächlich aber ließen sich die Paradoxe, die sich angesichts der unterschiedlichen Sicherheitsinteressen aus der Präsenz von Kernwaffen in Europa ergaben, nicht beseitigen, weder konzeptionell noch politisch. Es gelang den Briten und den Deutschen jedoch, die nukleare Zusammenarbeit in der Allianz zu erhalten. Die britisch-deutsche Zusammenarbeit spielte auch bei der Modernisierung der LRTNF (long range theatre nuclear forces) eine erhebliche Rolle. Diese schließlich führte zu dem »Doppelbeschluß« der Außen- und Verteidigungsminister der Nato im Dezember 1979, 572 LRTNF-Gefechtsköpfe in Europa zu dislozieren (108 Pershing II und 464 landgestützte Marschflugkörper), sofern die Verhandlungen mit der Sowjetunion über die Rüstungskontrolle ergebnislos bleiben sollten.[18]

Nukleare Kontroversen und Rüstungskontrolle in Europa

Der Nato-Doppelbeschluß vertiefte die Legitimationskrise der Nuklearpolitik in Westeuropa, während die politische Konfrontation mit der Sowjetunion ihrem Höhepunkt zustrebte. Die konservative Premierministerin Margaret Thatcher, die 1979 gewählt worden war, erneuerte die Sonderbeziehung zu den USA. Sie hatte sich schon in der Führung der Opposition als unnachgiebige Kritikerin der Sowjetunion hervorgetan. Sie teilte mit Präsident Reagan einen instinktiven Konservatismus, zu dem eine harte Linie gegenüber der Sowjetunion gehörte. Die Briten bestanden darauf, daß die sowjetische Bedrohung real sei und die Notwendigkeit bestehe, eine ausreichende Verteidigungsposition beizubehalten, die für Großbritannien den eventuellen Einsatz von Kernwaffen einschloß.[19] Das Kernstück der britischen Verteidigungspolitik war somit die Modernisierung des strategischen Potentials durch den Kauf des Trident D-5 Systems. Die Notwendigkeit, die Legitimität der Nuklearwaffen und der Strategie der »flexiblen Erwiderung« gegenüber aller politischen Kritik zu verteidigen und somit die Kohärenz der Allianz zu erhalten, hatte zur Folge, daß die Divergenzen innerhalb des Bündnisses weitgehend unterdrückt wurden. Die britische, die deutsche und die amerikanische Regierung waren sich einig, daß die »nukleare Schwelle« so hoch wie möglich angesetzt werden sollte. 1986 wurden neue allgemeine Richtlinien für den Einsatz taktischer Nuklearwaffen verabschiedet, nachdem sich die Verbündeten zehn Jahre nicht hatten einigen können. Das war ein klarer Sieg der europäischen Sicherheitsinteressen, für den vor allem die Deutschen und Briten verantwortlich waren.[20]

Zu diesem Zeitpunkt hatte Michail Gorbatschow bereits die Führung der Sowjetunion übernommen und damit begonnen, die Ost-West-Beziehungen auf eine neue Grundlage zu stellen. Die neuen Prioritäten der sowjetischen Außenpolitik wurden in einen semi-ideologischen Rahmen mit der Bezeichnung »Neues Politisches Denken« eingebettet, das offen für ein neues System der Werte und Prinzipien im Bereich der internationalen Beziehungen eintrat.[21]

Anfangs war die britische Reaktion auf die Politik Gorbatschows – die als förderlich für die Verbesserung der Ost-West-Beziehungen innerhalb eines gewohnten Sicherheitsumfelds angesehen wurde – angemessen und erlaubte Großbritannien ein gewisses Maß an Einfluß. Was die britische Regierung sich von Gorbatschow erhoffte, war eine Stabilisierung der Verhältnisse in Europa. Womit in London jedoch nicht gerechnet wurde, war eine völlige Neuordnung des internationalen Systems. Mit anderen Worten, die Rhetorik Gorbatschows wurde nicht ernst genommen. So unterstützte die Regierung Thatcher den INF-Vertrag von 1987, aufgrund dessen die Stationierung der Intermediate Nuclear Forces (auch LRTNF genannt) und der sowjetischen Mittelstreckenraketen rückgängig gemacht werden sollten, und zwar nicht, weil dies für den Westen militärisch von Vorteil war, sondern als Maßnahme zur Stabilisierung und Entspannung nach dem klassischen Muster der Theorie der Rüstungskontrolle. Weitergehende Schritte in der nuklearen Rüstungskontrolle wurden hingegen abgelehnt. Man war der Ansicht, daß auf der Grundlage des territorialen Status quo ein Modus vivendi erreicht worden sei, gestützt auf die nukleare Abschreckung, deren Auflösung gefährlich sein könnte. Daher wendete sich Premierministerin Thatcher entschieden gegen eine »dritte Null« – die beiderseitige Aufgabe aller taktischen Kernwaffen. Statt dessen befürwortete sie energisch die Modernisierung der nuklearen Kurzstreckenwaffen. Dabei war es völlig klar, daß es in der Bundesrepublik gegen jede Art der nuklearen Modernisierung eine so starke Opposition gab, daß ein neues landgestütztes System nie hätte disloziert werden können. Es wurde deutlich, daß die Haltung der britischen Regierung immer weniger mit den großen strukturellen Veränderungen des internationalen Systems in Europa im Einklang stand. Das zeigte sich auch, als Premierministerin Thatcher sogar noch nach dem Fall der Berliner Mauer, obschon der kalte Krieg effektiv zu Ende war, für die Aufrechterhaltung der Nato und des Warschauer Paktes eintrat. Die britische Regierung sprach sich auch gegen die deutsche Vereinigung aus, bis diese schließlich nicht mehr aufzuhalten war.[22]

In der Endphase des kalten Krieges spielte Großbritannien nur noch eine marginale Rolle, während die Bundesrepublik Deutschland im Mittelpunkt der Ereignisse stand.

Für Großbritannien bedeutete das Ende das kalten Krieges eine erneute Verschiebung der Machtverhältnisse Europas zuungunsten des Vereinigten Königreiches und stellte seine Weltrolle erneut in Frage. Nur der kalte Krieg hatte es Großbritannien ermöglicht, eine einzigartige Rolle in der Weltpolitik zu spielen oder zumindest so zu tun. Es war als eine der vier Alliierten Mächte des Zweiten Weltkriegs für die Konfliktbeilegung in der Nachkriegszeit verantwortlich gewesen. Und es verfügte über eine Sonderbeziehung zu den Vereinigten Staaten und hatte somit einen Anspruch darauf, als führende europäische Macht der Nato anerkannt zu werden. Die deutsche Vereinigung und das Ende der Ost-West-Konfrontation drohte Großbritannien nun eine eher marginale Rolle im internationalen System zuzuweisen.

Die Britische Sicherheitspolitik nach dem Ende des kalten Krieges

Alle europäischen Staaten, und darunter vor allem die Bundesrepublik Deutschland und Großbritannien, hatten große Schwierigkeiten, sich dem neuen Sicherheitsumfeld anzupassen. Dazu gehörte vor allem eine Neubewertung der nationalen Interessen und Sicherheitsbedürfnisse und die Entscheidung für die am besten geeigneten militärischen und politischen Instrumente zu ihrer Sicherstellung. An erster Stelle steht für Großbritannien nach wie vor das atlantische Bündnis und damit die Beziehung zu den USA. Dabei ist nach dem Wegfall der massiven militärischen Bedrohung aus dem Osten die Aufgabe des Bündnisses sehr unscharf geworden. Es ist vor allem der britische Pragmatismus, der die Linie der Politik bestimmt. Die Nato bleibt die einzige Institution, die in der Lage ist, eine integrierte militärische Kapazität bereitzustellen. Somit bleibt die britische Regierung davon überzeugt, daß die Nato weiterhin eine zentrale Rolle spielen wird. Das britische Festhalten an diesem Standpunkt rührt zum Teil daher, daß die Nato lange Zeit für Großbritannien ein äußerst wertvolles politisches und diplomatisches Instrument war. Sie erlaubte dem Land, eine starke Position innerhalb der Allianz auszuüben, weit über das hinaus, was normalerweise der Fall gewesen wäre. Den Briten liegt daher viel daran, auch in Zukunft die zentrale Rolle der Nato zu erhalten. Sie waren zudem sehr skeptisch hinsichtlich der Anwendung der Entscheidungsfindungsprozesse der Europäischen Union in einem so zentralen Bereich wie der Verteidigung. Die Erfahrungen im Golfkrieg und die Konflikte im ehemaligen Jugoslawien haben diese starke Skepsis hinsichtlich der Effektivität von Entscheidungen der Europäischen Union in der Sicherheitspolitik bestätigt.

Die Bundesrepublik unterstützte die Entwicklung der KSZE als ein gesamteuropäisches Sicherheitssystem für Europa nach dem kalten Krieg, um die Sowjetunion/Rußland fest mit einzubeziehen. Es stellte sich jedoch bald heraus, daß die USA und Großbritannien zwar dazu bereit waren, der KSZE (seit 1994 OSZE genannt) eine neue Funktion zuzuweisen, aber die Gewährleistung der europäischen Sicherheit nach wie vor allein in der Nato sahen.

Zwar bleibt die Rolle der Nato in der europäischen Sicherheitsarchitektur unklar, doch hat sie natürlich ein neues strategisches Konzept für die Herausforderungen nach dem Ende des kalten Krieges entwickelt, in dem ein Krieg von hoher Intensität in Mitteleuropa nicht länger die wichtigste Eventualität ist. Statt dessen wurde die Beteiligung an Maßnahmen zur Friedenserhaltung und an friedenschaffenden Operationen, wie im ehemaligen Jugoslawien, zum Schwerpunkt der strategischen Planung. Deshalb wurde die »Alliierte Schnelle Eingreiftruppe« (Allied Rapid Reaction Corps, ARRC) geschaffen. Großbritannien übernahm das Kommando der ARRC. Es war aus mehreren

Gründen daran interessiert: Es sah darin ein Mittel, eine entscheidende Rolle für die Nato beizubehalten, als deren vorrangige Daseinsberechtigung beinahe verschwunden war. Es sah in der ARRC auch ein Mittel, seinen eigenen herausragenden Platz innerhalb der Allianz zu schützen, und war daher bereit, einen beträchtlichen Teil seiner Streitkräfte entsprechend umzuorientieren. Die politischen Bedingungen, unter denen die Nato-Streitkräfte zu einem solchen Einsatz kommen sollen, bleiben jedoch trotz der zentralen Rolle der Nato bei der IFOR (Implementation Force) in Bosnien unklar. Die britische Haltung zu dieser Frage ist deshalb widersprüchlich. Auf der einen Seite wird die Nato bejaht, auf der anderen Seite ist Großbritannien in bezug auf friedensschaffende Operationen höchst skeptisch.

Die Bundesrepublik Deutschland hatte noch größere Anpassungsschwierigkeiten, weil der Einsatz von Truppen außer im Verteidigungsfall politisch nur schwer zu vertreten und auch möglicherweise mit dem Grundgesetz nicht zu vereinbaren war. Die Regierung Kohl begann, ihre Handlungsfähigkeit in diesem Bereich Schritt für Schritt auszudehnen, um die Bündnisfähigkeit der Bundesrepublik zu gewährleisten. Am Ende räumte das Bundesverfassungsgericht die rechtlichen Hindernisse aus dem Weg. In der Kosovo-Krise 1999 beteiligen sich deutsche Flugzeuge zum ersten Mal in der Nachkriegsgeschichte an militärischen Aktionen. Von dem Ausgang der Kosovo-Krise, in der die Nato effektiv die Rolle einer regionalen Sicherheitsorganisation übernahm, wird die Zukunft der europäischen Sicherheitsstruktur und die Rolle der Nato und anderer Sicherheitsorganisationen in erheblichem Maße abhängen.[23]

In den neunziger Jahren wurde der europäischen Zusammenarbeit in der Sicherheitspolitik mehr Bedeutung beigemessen. Es gehörte zum Prozeß der Bildung der Europäischen Union, daß die Prinzipien einer Gemeinsamen Außen- und Sicherheitspolitik (GSAP) entwickelt wurden.[24] Diskussionen der Mitgliedstaaten der Westeuropäischen Union (WEU) untereinander zeigten, daß es einen allgemeinen Konsens zugunsten der Schaffung einer Verbindung zwischen der Nato und der entstehenden Europäischen Politischen Union gab. Die WEU wurde daher zum operativen Arm der Europäischen Union für Angelegenheiten im Verteidigungsbereich erklärt. Dies wird von den Briten im Prinzip unterstützt, in der Praxis bleibt man jedoch im Hinblick auf die WEU zögerlich. Eher unglücklich war man auch über die Schaffung des deutsch-französischen Eurocorps im Jahr 1992, das als Eingriff in die Zuständigkeit der Nato gesehen wurde und als Versuch Frankreichs, Deutschland von der Nato abzuziehen. Die Bundesrepublik würde die Sicherheits- und Verteidigungspolitik gern als vierten Pfeiler der Europäischen Union sehen. Das würde eine Kongruenz der Mitgliedschaft von WEU und EU voraussetzen. Die britische Haltung gegenüber der WEU beruhte bis in die Gegenwart hinein auf dem ambivalenten Prinzip, die Koordinierung europäischer Aktivitäten durch die WEU innerhalb der Allianz oder im Auftrag der Vereinten Nationen zu befürworten, aber keine Rolle dieser Organisation für eine verteidigungspolitische Koordinierung außerhalb des Nato-Rahmens anzuerkennen. Verteidigungsminister Portillo lehnte den Gedanken einer gemeinsamen europäischen Verteidigungspolitik strikt ab. Die Labour Regierung unter Premierminister Blair hat sehr viel konstruktiver an der GASP mitgearbeitet. Gegenwärtig jedoch ist es immer noch so, daß, obwohl Großbritannien an den politischen Diskussionen über Sicherheitsfragen innerhalb eines europäischen Rahmens teilnehmen will und die Idee eines europäischen Pfeilers der Allianz prinzipiell unterstützt, es die Nato weiterhin als einzige Institution ansieht, die eine Zusammenarbeit in der Verteidigungsplanung ermöglicht. Somit enthält die britische Sicherheitspolitik viele der fundamentalen Widersprüche, die aus der unvollständigen Anpassung an die gegenwärtige Situation in Europa resultieren. Inzwischen ist die WEU als selbständige Organisation aufgelöst worden, doch die Differenzen bestehen fort. Für eine Organisation der kollektiven Verteidigung wie die Nato ist in der gegenwärtigen Sicherheitslage kein Bedarf, obwohl unter Umständen der Einsatz von Streitkräften, wie sie der Nato zur Verfügung stehen, durchaus nötig ist (zum Beispiel im Kosovo). Über die Prinzipien einer neuen Sicherheitsordnung in Europa, die den Organisationsrahmen und die Instrumentarien einer kollektiven Sicherheit in Europa festlegen würden, herrscht jedoch keine genaue Vorstellung. Die Zukunft der transatlantischen Beziehungen ist ungewiß. Für Großbritannien ist die Ära der Doktrin der »drei Kreise« somit endgültig zu einem Ende gelangt. Die Bedeutung Großbritanniens wird davon abhängen, in welchem Umfang es bei der Neudefinierung der europäischen Sicherheitsordnung mitwirken wird, bei der die Europäische Union ohne Frage eine Schlüsselposition einnimmt. Gerade in diesen Fragen wird die deutsch-britische Zusammenarbeit von zentraler Bedeutung sein.

WILLIAM E. PATERSON

Großbritannien, Europa und das deutsch-britische Verhältnis

Während die Nato die Beziehungen zwischen Deutschland und Großbritannien gefestigt hat, so hat die europäische Integration die beiden Länder regelmäßig entzweit. Seit ihrer Gründung verfolgte die Bundesrepublik Deutschland eine entschiedene Europapolitik. Die Integration erfüllte die elementaren Bedürfnisse der jungen Republik, nämlich »gut zu essen (Wohlstand), ruhig zu schlafen (Sicherheit) und nie, nie wieder allein zu sein (Identität)«, wie es Michael Stürmer einmal ausgedrückt hat. Integration war das zentrale Anliegen der deutschen Europapolitik, daher unterstützte die Bundesrepublik auch die Vertiefung und Erweiterung der Europäischen Gemeinschaft. Begleitend zu dieser Annäherung an Europa entwickelte sich in Deutschland eine europäische Identität und ein multilateraler Politikansatz. Der deutsch-französischen Achse maß Bonn dabei besondere Bedeutung zu, ursprünglich um neue Kriege zwischen den ehemaligen »Erbfeinden« für immer auszuschließen, aber auch, um als strategische Allianz die europäische Integration voranzutreiben.

Die britische Einstellung zur europäischen Integration unterschied sich von der deutschen grundlegend. Aus dem Zweiten Weltkrieg waren die Briten zwar als Sieger hervorgegangen, die Ressourcen ihrer Macht samt der enormen Auslandsreserven waren aber zum großen Teil erschöpft. Trotz eigener Atomwaffen gelang es Großbritannien nicht, sich nach dem Ende des Krieges neben den Vereinigten Staaten und der Sowjetunion als dritte Supermacht zu etablieren. Die folgenden britischen Regierungen strebten daher für Großbritannien eine Rolle als Großmacht an, die zwar weniger – für einige nur marginal weniger – Einfluß ausüben konnte als die Supermächte, aber deutlich oberhalb der anderen europäischen Staaten anzusiedeln war. Um diese letztendlich illusorische Großmachtstellung aufrechtzuerhalten, fielen immense Kosten an. Großbritannien investierte, gemessen an seinen wirtschaftlichen Ressourcen, übermäßig viel in »harte« Machtmittel, zu denen auch die kostspielige atomare Abschreckung zählte. Weit entscheidender als die eigene Rüstung war aber, daß Großbritannien nach dem Krieg die Unterstützung der Vereinigten Staaten benötigte und von der westlichen Supermacht abhängig wurde. Die Entwicklung eigener landgestützter Raketen und Abschußbasen für die britischen Atomwaffen (Blue Streak) scheiterte, und die Briten mußten auf das von den Vereinigten Staaten entwickelte seegestützte Nuklearträgersystem Trident zurückgreifen. Die Abhängigkeit von der amerikanischen Waffentechnologie minderte Großbritanniens Einfluß als unabhängige Großmacht erheblich.

Trotz dieser Schwierigkeiten nahm Großbritannien die mit der Großmachtstellung verbundenen Kosten in Kauf und war in der Lage, weltweit Einfluß auszuüben. Als internationale Macht verhielten sich die Briten gegenüber der europäischen Integration zurückhaltend. Aus dem Bewußtsein heraus, eine Großmacht zu sein, erschien es nicht angemessen, den Europäischen Gemeinschaften beizutreten. Von den frühen Erfolgen der europäischen Einigung fühlte sich das Vereinigte Königreich aber dennoch herausgefordert. Die britischen Reaktionen, wie die Gründung der Europäischen Freihandelszone als konkurrierendes Projekt, erschienen oftmals als Versuch, zentrale Ziele der deutschen Politik zu sabotieren. Für die deutsche Europapolitik war Großbritannien daher ein schwieriger Nachbar. Bonn wollte dieses Problem lösen, indem man die Aufnahme des Vereinigten Königreiches in die Europäische Wirtschaftsgemeinschaft unterstützte. Nach dem Beitritt 1973 zeigte sich Bonn enttäuscht, daß sich im Zuge der europäischen Integration nicht auch die britische Einstellung zu Europa wandelte.

Dieser Essay geht der Frage nach, warum das Vereinigte Königreich die deutschen Erwartungen enttäuscht und bis zu John Majors Wahlniederlage darin versagt hat, ein »normales« Mitglied der Europäischen Union zu werden. Die Abhandlung soll zeigen, daß sich die Beziehungen Großbritanniens zur Europäischen Union seit dem Amtsantritt Blairs normalisiert haben. Wie wirken sich diese Normalisierung und die veränderte deutsche Europapolitik auf die bilateralen Beziehungen aus? Ist die Zeit der deutschen Enttäuschungen damit nun für immer beendet?

Vom widerspenstigen Partner zum normalen Mitglied

Als das Vereinigte Königreich am 1. Januar 1973 den Europäischen Gemeinschaften beitrat, wurden die Briten Mitglied in einem Club, der in mehr als 15 Jahren ein eingespieltes System des Aushandelns und Austarierens entwickelt hatte. Gewöhnlich müssen sich neue Mitglieder in eine solche Institution eher durch allmähliche Anpassung eingliedern, als daß sich die Institution neu orientiert, um dem beigetretenen Land und seinen Präferenzen entgegenzukommen. Dies kann dazu führen, daß der Beitrittsstaat nach kurzen Flitterwochen das Gefühl bekommt, seine Interessen nicht genügend vertreten zu können, und dann zumeist erfolglos versucht, die Konditionen seines Beitritts nachträglich zu ändern.

Diese Probleme betrafen aber nicht alle neuen Mitgliedsstaaten, wie das Beispiel Irlands zeigt, das zum gleichen Zeitpunkt wie Großbritannien der Europäischen Gemeinschaft beigetreten war. Irland konnte seine ökonomischen und politischen Ziele in der EG realisieren. Die Gemeinsame Agrarpolitik lag in Irlands Interesse, und die gleichzeitige Mitgliedschaft des Vereinigten Königreiches in der EG erlaubte es Dublin, die ökonomische Abhängigkeit von seinem östlichen Nachbarn zu reduzieren. Irland begann, eine eigene internationale Position zu entwickeln und seine Rolle als »John Bull's other island« hinter sich zu lassen. Irland und die EG schienen wie füreinander geschaffen, und Dublin galt bald als normaler Partner.

Dagegen war das Verhältnis Großbritanniens zur übrigen EG geprägt von Spannungen und Mißverständnissen. Während die Integration in die EG Irland die internationale Bühne öffnete und seinen politischen und ökonomischen Handlungsspielraum erweiterte, sah dies aus Londoner Sicht ganz anders aus. Nach dem Zweiten Weltkrieg teilte sich Großbritannien mit den USA, wenn auch nur als Junior-Partner, die Verantwortung für die Sicherheit der nicht-kommunistischen Welt. Die Briten sahen die Nato und nicht die EG als das Fundament des Friedens in Europa an und zeigten wenig Verständnis für die zentrale Idee des Schuman-Planes, derzufolge die europäische Integration notwendig sei, um einen neuen Krieg zu verhindern. Die Iren dagegen vertraten die Ansicht, daß die Integration helfen könne, Spannungen zwischen den großen Staaten und ihren kleineren Nachbarn abzubauen. Für Großbritannien waren auch die ökonomischen Vorteile der Mitgliedschaft in der EG wesentlich weniger ersichtlich als für Irland. Seit dem 19. Jahrhundert hatten die Briten ihre Landwirtschaft weitgehend reformiert und modernisiert. Die Gemeinsame Agrarpolitik der EG, die aufgrund von Preisgarantien einen Großteil des Budgets verschlang, fand in London wenig Begeisterung. Man hatte wenig Verständnis dafür, daß die hohen britischen Beiträge an die EG für eine derart antiquierte Agrarpolitik verschwendet wurden.

»I want my money back« – die Beitragsfrage

Großbritannien hatte traditionell hohe Agrarimporte und mußte nach seinem EG-Beitritt hohe Zölle und Abgaben an die EG abführen. Die Zahlungen übertrafen schnell die Summe, die London aus Brüssel zurück erhielt. Aufgrund von Übergangsregelungen war das Problem nicht direkt nach dem britischen EG-Beitritt bemerkt worden. Während der Amtszeiten von Wilson und Callaghan zwischen 1974 und 1979 nahm man die Beitragsfrage zwar als wichtiges Thema wahr, doch zum dominierenden Element der britischen Europapolitik entwickelte sie sich erst mit dem Amtsantritt von Margaret Thatcher 1979. Die Premierministerin forderte in Dublin: »I want my money back.«

Die europäischen Partnerländer wiesen die britischen Forderungen brüsk zurück. Wenn Großbritannien weniger eingezahlt hätte, hätten sie tiefer in die Tasche greifen müssen. Allein die Erwähnung möglicher Reformen der Gemeinsamen Agrarpolitik rief in Paris bereits Unmut hervor. Die französische Regierung argumentierte, daß ein Großteil der Probleme sich lösen würde, wenn Großbritannien weniger Nahrungsmittel aus Ländern, die nicht zur EG gehörten, importierte. Mit ihrer Forderung, geringere Beiträge aus dem nationalen Mehrwertsteueraufkommen an Brüssel abzuführen, erhielt die britische Regierung vor allem in Bonn eine Abfuhr. Die Bundesregierung war der Meinung, daß Großbritannien im Gegensatz zur Bundesrepublik bei seinem Haushalt nicht genügend Disziplin walten und keinen ausreichenden Sparwillen erkennen lasse.

Thatcher verfolgte energisch ihr Ziel, den britischen Beitrag zu senken. Bei einer ganzen Reihe von Treffen des Europäischen Rates stand das Thema auf der Tagesordnung, und es gab regelmäßig Zwist. Zentraler Streitpunkt waren die Zölle und Tarife für Agrarimporte. London bestand auf Verhandlungen darüber, da es die Zölle und Tarife als Teil des britischen Beitrages an Brüssel ansah. Die Europäische Kommission und andere Mitglieder argumentierten dagegen, daß es sich dabei keineswegs um nationale Instrumente, sondern um Zölle der Europäischen Gemeinschaften handele. Von daher könnten sie auch nicht als Teil der nationalen Beiträge an Brüssel angesehen werden.

1984 konnte Thatcher mit ihrer Kampagne erste Erfolge verbuchen. Die französische Regierung schlug eine neue Berechnungsgrundlage für die Zahlungen an Brüssel vor, die stärker das Mehrwertsteueraufkommen berücksichtigte und weniger die umstrittenen Zölle und Tarife für Agrarimporte. Nach der neuen Beitragsberechnung sollten vor allem diejenigen Staaten Kompensationen erhalten, welche aus ihrem Mehrwertsteueraufkommen im vorangegangenen Jahr mehr nach Brüssel abgeführt hatten, als sie von dort zurückbekommen hatten. Großbritannien akzeptierte diesen Vorschlag als Ausgangspunkt für weitere Verhandlungen, obwohl die Briten gerne eine feste Klausel für einen ständigen Rabatt verankert hätten.

Bei dem Treffen des Europäischen Rates 1984 in Fontainebleu gelang es, die Beitragsfrage endgültig zu klären. Thatcher akzeptierte einen Beitragsrabatt in einer Höhe von einer Milliarde ECU für das laufende Haushaltsjahr. Ursprünglich hatte sie 1,5 Milliarden gefordert. Zukünftige Rabatte sollten auf der Basis von zwei Dritteln der Summe kalkuliert werden, die sich aus der Differenz zwischen den britischen Zahlungen an Brüssel aus seinem Mehrwertsteueraufkommen und den von Brüssel erhaltenen Zuwendungen berechnete. Es wurde vereinbart, diese Rabatt-Formel neu zu definieren, wenn der Anteil des abzuführenden Mehrwertsteueranteils von 1,4 auf 1,6 Prozent angehoben werden würde.[1]

Großbritannien und der Europäische Binnenmarkt

Die Regelung der britischen Beitragsfrage in Fontainebleu löste einen schwerwiegenden Streitpunkt zwischen dem Vereinigten Königreich und der Europäischen Gemeinschaft. Doch die Harmonie währte nicht lange. Im folgenden Jahr begann Jacques Delors, der neue Präsident der Europäischen Kommission, die Vollendung des Binnenmarktes vorzubereiten. Das Vereinigte Königreich unterstützte dieses Projekt, weil man sich in dieser Frage ausnahmsweise nicht als Außenseiter sah. Die Idee eines gemeinsamen Binnenmarktes paßte in das Konzept der Thatcher-Regierung, die eine Politik der Deregulierung und Marktorientierung verfolgte. Von dem Binnenmarkt versprachen sich die Briten auch, Zugang zum Finanz- und Versicherungsmarkt auf dem europäischen Festland zu erhalten. London war besonders erfreut darüber, daß Lord Cockfield, ein ehemaliges Mitglied des Kabinetts Thatcher, Kommissar für den Binnenmarkt wurde.

Das zunehmende Gewicht, welches Jacques Delors der Rolle des Kommissionspräsidenten verlieh, führte aber dazu, daß sich ein persönlicher Konflikt zwischen ihm und der britischen Premierministerin entspann, ähnlich den Streitigkeiten zwischen Walter Hallstein und Präsident de Gaulle. Thatcher echauffierte sich vor allem über eine Rede Delors' auf einer Gewerkschaftskonferenz in Bournemouth am 7. September 1988, in der dieser den Gewerkschaften versichert hatte, daß der Binnenmarkt über eine soziale Dimension verfügen würde. Thatcher empfand dies als Affront, denn zu ihren zentralen innenpolitischen Ziel zählte, den Einfluß der Gewerkschaften zurückzudrängen.

Seit 1988 versteifte sich Thatcher zunehmend in ihrer ablehnenden Haltung gegenüber der Europäischen Gemeinschaft. Wenige Jahre zuvor hatte sie noch die Nominierung von Delors zum Kommissionspräsidenten unterstützt, nachdem der von ihr bevorzugte Ruud Lubbers eine Kandidatur abgelehnt hatte. Ebenso hatte sie die Einführung von Entscheidungen im Rat mit qualifizierter Mehrheit befürwortet, um Fortschritte beim Europäischen Binnenmarkt zu forcieren. Beide Entscheidungen erwiesen sich als Fehlkalkulationen und hatten schwerwiegende Konsequenzen für Thatchers weitere Europapolitik. Jacques Delors entpuppte sich als eifriger Reformer, der zusammen mit Präsident Mitterrand und Bundeskanzler Kohl ein ambitioniertes Programm zur Vertiefung der Europäischen Gemeinschaft verfolgte. Auch Thatchers Erwartung, daß die Entscheidungen mit qualifizierter Mehrheit auf den Binnenmarkt begrenzt werden könnten, wurde enttäuscht. Die Kommission und diejenigen Mitgliedsstaaten, welche weitere Integrationsschritte befürworteten, nutzten die Möglichkeiten geschickt aus, die sich durch den Abschied vom Konsensprinzip eröffnet hatten.

Im ihrem Buch »The Downing Street Years« hat Thatcher ihre damalige Sichtweise dokumentiert: »Die Kommission mißbrauchte andauernd Vertragsartikel, die eine qualifizierte Mehrheit vorsahen, um Direktiven zu verabschieden, die unter anderen Artikeln Einstimmigkeit erfordert hätten. Hinterlistige Kommissare präsentierten sich als die ›wahren Freunde der britischen Arbeiter, Pensionäre und Umweltschützer‹. Und wann immer man sie vor Gericht verklagte, hielt der Europäische Gerichtshof zur Kommission. Der Gerichtshof verdrehte die Worte und Absichten des Ministerrates und gab ›dynamischen und expansiven‹ Auslegungen der Verträge stets den Vorrang vor restriktiven Interpretationen.« Je mehr sie die Lage betrachtete, »desto größer wurde meine Frustration und desto mehr wuchs meine Wut. Von der europäischen Idee wollte ich nichts mehr hören.«[2]

Bereits 1985/86 hatte Thatcher die Idee des Europäischen Binnenmarktes befürwortet, um das »britische Modell« in ganz Europa durchzusetzen. Sie gelangte aber schnell zu der Erkenntnis, daß ihre Politik in Großbritannien von der Bürokratie in Brüssel unterlaufen wurde. Das betraf vor allem eines ihrer Kernziele, nämlich die Macht der Gewerkschaften einzuschränken. Delors hatte in seiner Rede in Bournemouth den Gewerkschaften nicht nur versichert, daß der Binnenmarkt über eine soziale Dimension verfügen werde, sondern daß auch die Rechte der Arbeiter weitgehend gewahrt werden würden. Die Labour-Party und die Gewerkschaften, damals alles andere als Freunde der europäischen Integration, nutzten die Gelegenheit und applaudierten Delors, indem sie »Frère Jacques« sangen. Thatchers Antwort war prompt und deutlich. In ihrer Rede vor dem Europa-Kolleg in Brügge zur Eröffnung des Studienjahres beantwortete sie Delors' Vorschläge zum Mißfallen des britischen Außenministeriums mit einem kompromißlosen »Nein«. Thatchers Rede in Brügge offenbarte, daß ihre Politik extrem atlantisch ausgerichtet war. Außerdem zeigte sie sich wenig daran interessiert, sich mit den Problemen der europäischen Länder außerhalb der EG zu befassen und den Ländern Süd- und Mitteleuropas mehr Aufmerksamkeit zu widmen. Der folgende berühmt gewordene Satz verdeutlicht die zentrale Aussage ihrer Rede: »Wir haben nicht erfolgreich den Einfluß des Staates in Großbritannien zurückgedrängt, nur um ihn auf europäischer Ebene wieder auferstehen zu lassen in Form eines europäischen Super-Staates, der seine neue Dominanz von Brüssel aus ausübt.«[3]

Großbritannien und die deutsche Wiedervereinigung

Die sich abzeichnende Wiedervereinigung der beiden deutschen Staaten verstärkte Thatchers Befürchtungen über die europäische Integration. Die Welt sah die Premierministerin durch eine »realistische« Brille; für sie zog der Machtzuwachs eines Staates notwendigerweise den Machtverlust eines anderen nach sich. »Deutschland ist größer geworden und wir nicht«, stellte sie gerne fest.[4] Thatcher lehnte die Einheit Deutschlands wesentlich vehementer ab als das Foreign Office. Da die Premierministerin zum damaligen Zeitpunkt noch die dominierende Autorität in der Regierung war, setzte sich ihre Linie durch. Hinzu trat die in Großbritannien weitverbreitete Denktradition vom Gleichgewicht der Mächte. In dieser Sichtweise bedrohte der Machtzuwachs Deutschlands das Gleichgewicht in Europa und damit die Stabilität der politischen Ordnung, was nicht nur bei der Premierministerin große Besorgnis auslöste. Nicht ohne Grund setzte Thatcher am Anfang darauf, Präsident Mitterrand auf ihre Seite ziehen zu können. Dies erwies sich aber als politische Sackgasse, und die starke amerikanische Unterstützung für die Wiedervereinigung ließ die Einheit Deutschlands als unvermeidbar erscheinen.

Bundeskanzler Kohl war von der ablehnenden britischen Haltung enttäuscht, weil es Großbritannien seiner Meinung nach versäumt hatte, seinen vertraglichen Verpflichtungen zur Unterstützung der Wiedervereinigung nachzukommen. Doch er teilte die britischen Bedenken, daß Deutschland in der Lage sei, Europa zu dominieren. Kohl versuchte dem entgegenzuwirken, indem er die Europäische Gemeinschaft vertiefte und Deutschland fest in dieser Struktur verankerte. Obwohl Kohl sich mit seinen Plänen durchsetzte und Verhandlungen über die Politische Union und die Wirtschafts- und Währungsunion vorbereitet wurden, fand dieser Plan bei Thatcher wenig Beifall. »Manche Leute meinen, man müsse Deutschland nur in Europa verankern, um zu verhindern, daß sich die Charakterzüge seines politischen Übergewichts wieder durchsetzen«, sagte sie. »Statt aber Deutschland in Europa zu verankern, haben wir Europa an ein neuerdings dominantes Deutschland gebunden.«[5]

Thatchers Vorbehalte waren damals allgemein bekannt. Zusätzlich belasteten weitere Vorfälle die deutsch-britischen Beziehungen. So wurden die Ergebnisse eines Seminars in Chequers, in dem sich die Premierministerin Klarheit über den deutschen Nationalcharakter verschaffen wollte, in die Presse lanciert. Dieses Seminar hatte am 24. März 1990 stattgefunden, nur wenige Tage vor einem Zusammentreffen mit Bundeskanzler Kohl auf der Königswinter-Konferenz in Cambridge und später zu bilateralen Gesprächen in London. Im Memorandum des Seminars stand als zusammenfassende Einschätzung, daß die Deutschen ängstlich, aggressiv, anmaßend, tyrannisch, egoistisch und sentimental seien und außerdem unter Minderwertigkeitskomplexen litten.[6] Auch Nicholas Ridley, Kabinettsmitglied und ein enger Vertrauter Thatchers, trug nicht gerade zu einer Verbesserung der Beziehungen bei, als er in einem Interview die Währungsunion »als deutschen Schwindel zur Übernahme ganz Europas« bezeichnete.[7]

Thatchers Niederlage in der Frage der deutschen Einheit, ihre Vorbehalte gegenüber der voranschreitenden europäischen Integration und ihre sinkende Popularität im eigenen Land führten dazu, daß sie als Premierministerin mehr und mehr unter Druck geriet. Thatchers unbeherrschte und aggressive Opposition gegen die Politik der italienischen Ratspräsidentschaft veranlaßte den stellvertretenden Premierminister Sir Geoffrey Howe, am 13. November 1990 einen Angriff im Unterhaus gegen sie einzuleiten. Unmittelbar darauf setzte sich Michael Heseltine dafür ein, eine Wahl für den Parteivorsitz anzusetzen. In den folgenden Wahlen um den Parteivorsitz spielte Tristan Garel-Jones, Minister im Foreign Office mit besonderer Verantwortung für die Europäische Gemeinschaft, eine Schlüsselrolle. Garel-Jones artikulierte und organisierte die interne Unzufriedenheit in den Ministerien mit Thatchers Politik. Den Einwänden lag die Einschätzung zugrunde, daß ihr politisches Vorgehen schädlich für die britischen Interessen sei und daß ihr fanatisches Bemühen, die britische Souveränität und Identität zu wahren, den Einfluß der britischen Regierung auf die Europäische Union zu untergraben drohe. Dies verletze die Interessen der City of London und anderer Wirtschaftskreise. Diese Bedenken teilte auch ein kleiner Kreis von Tories, zu dem auch Chris Patten gehörte. Dieser Kreis bemühte sich, enge Verbindungen zu den Christdemokraten des Kontinents aufzubauen, und widersetzte sich entschieden Thatchers antieuropäischer Haltung.

»Im Herzen Europas« – John Majors Zwischenspiel

John Major gewann die Wahl um den Parteivorsitz gegen die offensichtlich europafreundlicheren Kandidaten Michael Heseltine und Douglas Hurd und wurde Nachfolger Thatchers. Als Finanzminister hatte er wesentlich dazu beigetragen, Thatcher zu überzeugen, das Pfund im Oktober 1990 in den Wechselkursmechanismus des Europäischen Währungssystems zu integrieren. Ansonsten wies er aber kein konkretes Profil in der Europapolitik auf. Einige seiner nahen Verbündeten, wie sein erster Finanzminister Norman Lamont, sympathisierten allerdings mit euroskeptischen Positionen. Majors Politik begann substantieller zu werden, als die Regierung sich anschickte, die Stellung Großbritanniens in Europa zu verbessern. Im März 1991 verkündete der neue Premierminister, der Platz Großbritanniens läge »at the very heart of Europe«. Parallel zu dieser rhetorischen Neuorientierung opponierte Großbritannien allerdings gegen die beiden Regierungskonferenzen über die Politische sowie die Wirtschafts- und Währungsunion. In allen diesen Punkten zeigte sich Major fest entschlossen, die Positionen der antieuropäischen Minderheit in der Konservativen Partei, die auch weiterhin Thatchers Ansichten teilte, mitzutragen, und war kaum bereit, ihr Vermächtnis anzugreifen. Auf dem Gipfeltreffen in Maastricht im Dezember 1991 konnte Major mit Hilfe von Bundeskanzler Kohl einige Erfolge erzielen. Majors Versuch, ein generelles »opting out« aus der Währungsunion sicherzustellen, war zu diesem Zeitpunkt bereits gescheitert. Das Vereinigte Königreich mußte sich mit einem »opt out« für sich selbst begnügen, welches Raum für ein späteres »opt in« offen ließ. Die Kehrseite dieses Erfolges war, daß London als ernstzunehmender Bewerber um den Sitz der Europäischen Zentralbank ausschied. Zusätzlich erstritten die Briten ein »opt out« aus der Sozialcharta.

In ihren Kampagnen zur Wahl des Unterhauses im April 1992 unterstützten alle britischen Parteien den Vertrag von Maastricht. Nur in der Frage des »opt out« aus der Sozialcharta gab es Differenzen. Die zwei einflußreichsten Euroskeptiker, Margaret Thatcher und der frühere Fraktionsminister Norman Tebbit, hatten das House of Commons inzwischen verlassen. In den ersten beiden Lesungen stimmten alle Fraktionen dem Vertrag von Maastricht zu. Zu diesem Zeitpunkt bildeten die Euroskeptiker in der Konservativen Partei eine kleine, wenn auch vernehmbare Minderheit. Nachdem die Dänen in einem aufsehenerregenden Referendum im Juni 1992 den Vertrag von Maastricht abgelehnt hatten, verschob die britische Regierung aus Angst vor einem euroskeptischen Aufruhr im Unterhaus die dritte Lesung auf die Zeit nach der Sommerpause. Ein schwerwiegender Fehler, denn im September 1992 schied das britische Pfund unter entwürdigenden Umständen aus dem Wechselkursmechanismus des Europäischen Währungssystems aus. Die dritte Lesung des Maastrichter Vertrages, die im Juni nur eine Formsache gewesen wäre, belastete nun die Einheit der Konservativen Partei und führte zu einem Autoritätsverlust des Premierministers, der ihn für den Rest seiner Amtszeit verfolgen sollte. Mehrmals versuchte er, seine euroskeptischen Kritiker zu isolieren. Doch seine Bemühungen, sie aus der Fraktion ausschließen zu lassen oder durch Rücktritt und Wiederwahl seine Stellung als Parteivorsitzender zu festigen, scheiterten. Zusätzlich erlitten die Konservativen in mehreren Nachwahlen eine Reihe von Niederlagen, was Majors

Autorität und die der konservativen Mehrheit im Unterhaus weiter untergrub.

New Labour und Europa

Thatchers Ablehnung der europäischen Integration und ihr zunehmend aufbrausender Ton in dieser Angelegenheit erleichterte es Labour, die Partei für Europa zu werden. Je mehr die Premierministerin gegen Europa wetterte, desto attraktiver erschien den Mitgliedern die Integration. Die »Eiserne Lady« spielte für die Umorientierung von Labours Europapolitik eine Schlüsselrolle. Während New Labour bei der Wirtschafts- und Bildungspolitik sowie in den Fragen innerer Sicherheit viel von ihr übernahm, besetzte die Partei mit ihrer europafreundlichen Politik ein Terrain, was zuvor von Thatcher kampflos geräumt worden war. Diese Neuorientierung krönte Labour das erste Mal 1992 mit der Ernennung von John Smith zum Parteivorsitzenden, nachdem die Partei gerade ihre vierte Wahlniederlage in Folge hatte hinnehmen müssen. Smith fühlte sich der Idee der europäischen Integration zutiefst verpflichtet und war deshalb 1971 aus Labours Schattenkabinett ausgeschieden. Als Smith im Mai 1994 starb, war dies ein schwerer Schlag für diejenigen Mitglieder, welche gehofft hatten, daß unter seiner Führung Labours Europapolitik konsequent weiterentwickelt werden würde. Gordon Brown konnte den Pro-Europäern ein wenig Trost spenden, in dem er sich für das Vermächtnis des Verstorbenen einsetzte.

Neuer Parteivorsitzender wurde Tony Blair. Blair wollte die nächste Wahl unbedingt gewinnen und befürwortete daher, das Parteiprogramm neu zu fassen. Seine Leitidee war, jene Themen geschickt zu umgehen, bei denen Labour den Attacken der konservativen Regierung und Presse schutzlos ausgeliefert zu sein schien. Dazu zählten vor allem die Steuer- und Europapolitik. Trotz dieser Strategie behielt Labour eigene Standpunkte bei. In der Opposition betonte die Partei wiederholt die Bereitschaft, die Sozialcharta zu unterzeichnen, und befürwortete eine Ausweitung der qualifizierten Mehrheitsentscheide auf die Sozial-, Umwelt- und Regionalpolitik der Europäischen Union. Labour revidierte seine frühere Zustimmung zur Wirtschafts- und Währungsunion und setzte sich nun dafür ein, der Union nur dann beizutreten, wenn Großbritanniens wirtschaftliche Bedingungen dies zuließen. Der Enthusiasmus der Partei für das Europäische Parlament kühlte sich ein wenig ab. Während der Kampagne für die Wahl zum Unterhaus versuchten konservative Kritiker, aus Blairs angeblichem Mangel an europapolitischer Erfahrung Profit zu schlagen. Sie prophezeiten, daß er nicht in der Lage sein werde, den Herausforderungen der bevorstehenden Regierungskonferenz von Amsterdam gerecht zu werden, und daß er seine im Wahlkampf gemachten Versprechungen am Verhandlungstisch werde aufgeben müssen. Blair aber gewann nicht nur die Wahlen zum Unterhaus am 1. Mai 1997 mit großer Mehrheit, sondern konnte auch aus Amsterdam zufrieden zurückkehren.

Am 18. Juni 1997 verkündete Blair im Unterhaus die Ergebnisse der Amsterdamer Verhandlungen im Bereich Justiz und Inneres, der sogenannten Dritten Säule des Vertrages von Maastricht: »Wir haben eine rechtliche Sicherung unserer Grenzkontrollen durch ein bindendes Protokoll zum Vertrag gewonnen. Das ist ein Erfolg von dauerhaftem Wert. Uns ist zugesichert worden, daß wir und nur wir über die Grenzpolitik entscheiden. Die politischen Entscheidungen über Immigration, Asyl und Visa-Vergabe werden in Großbritannien getroffen, nicht in Brüssel. Andere mögen andere Maßnahmen treffen, die ihren Traditionen und ihrer geographischen Lage entsprechen. Ich sehe keinen Grund, sie davon abzuhalten, obwohl nach dem Konsensprinzip entschieden wird. Wir können uns an weiteren Beschlüssen beteiligen. Das ist kein ›opt out‹, sondern ein ›opt in‹, wenn wir es wollen.«[8]

Blair begrüßte auch die Neuformulierung des Vertragstextes über die Gemeinsame Außen- und Sicherheitspolitik, obwohl die Westeuropäische Union und die Europäische Union nach der neuen Vereinbarung nun enger kooperierten, als es den Briten genehm war. Großbritannien war trotzdem zufrieden, weil sich die Mitgliedsstaaten entschlossen hatten, die beiden Institutionen nicht zu vereinen. London sah so die Interessen derjenigen Mitgliedsstaaten gewahrt, welche für Sicherheitskooperationen die Nato der EU vorzogen. Auch bei den Reformen der Institutionen der Europäischen Union setzten die Partner die neue britische Regierung nicht unter Druck. Im Gegenteil. Blair wäre bereit gewesen, einer Ausweitung qualifizierter Mehrheitsentscheide auf die Industrie- und Umweltpolitik der Europäischen Union zuzustimmen. Andere Mitgliedsstaaten votierten aber dagegen. Ganz auf der Linie der früheren Pläne von Labour lag der Entschluß, die Befugnisse des Europäischen Parlaments auszudehnen. Blair wertete auch die Einfügung eines Beschäftigungskapitels in den Vertrag von Maastricht als britischen Erfolg. Er hatte sich dafür zusammen mit dem neuen französischen Ministerpräsidenten Lionel Jospin stark gemacht. Im Artikel 2 des EU-Vertrages, der die Ziele der Union definiert, dokumentierten die Staaten der EU ihre Absicht, ein hohes Beschäftigungsniveau zu fördern. Den Mitgliedsstaaten wurde dabei explizit zugesichert, weiterhin die nationale Beschäftigungspolitik bestimmen zu können. In Zukunft sollten sie ihre Politik aber an einer koordinierten Beschäftigungsstrategie auf Gemeinschaftsebene ausrichten. Dafür wurde in Artikel 31 des EG-Vertrages festgelegt, eine intensive »Koordinierung der Beschäftigungspolitik der Mitgliedstaaten« zu fördern.

Großbritannien und die Wirtschafts- und Währungsunion

Die zentrale Frage für die neue Labour-Regierung war die Wirtschafts- und Währungsunion. In der Opposition hatte die Labour-Partei unter dem Druck der Wähler ihre Einstellung gegenüber der europäischen Einheitswährung ebenso geändert wie ihre Position in der Verfassungspolitik. Ursprünglich hatte Labour die Wirtschafts- und Währungsunion prinzipiell befürwortet, allerdings mit der Einschränkung, daß ein Beitritt des Vereinigten Königreiches von dem Grad der realen Konvergenz zwischen der britischen Ökonomie und den Volkswirtschaften der kontinentalen Mitgliedsstaaten abhängig sei. Mit dieser Formulierung sicherte sich Labour eine gewisse Flexibilität, die erlaubte, die Wirtschafts- und Währungsunion zu befürworten und gleichzeitig die öffentlich bekannten Differenzen innerhalb des Labour-Lagers zwischen Robin Cook und Gordon Brown zu überbrücken. In den letzten Monaten vor der Wahl konkretisierte die Partei ihre Vorstellungen und versprach, über die Teilnahme an der Wirtschafts- und Währungsunion ein nationales Referendum abzuhalten. Brown und Blair versicherten, daß das Vereinigte Königreich den Euro erst dann einführen würde, wenn fünf spezifisch britische ökonomische Kriterien erfüllt seien. Während des Wahlkampfes erklärte Cook, daß eine britische Mitgliedschaft gleich von Beginn der Euro-Einführung an nicht wahrscheinlich sei.

Wenige Monate nach der gewonnenen Unterhauswahl wandten sich die Kommentatoren in den britischen Medien wieder der ungelösten Euro-Frage zu. Auch die traditionell euroskeptisch orientierte *The Sun*, die seit dem Wahlkampf Labour unterstützte, wetzte die Feder gegen die Währungsunion. Die *Sun*-Redaktion deutete an, die politische

Unterstützung für Labour wieder aufzukündigen, solle sich die Regierung für einen Beitritt einsetzen. Blair befürchtete, die von Labour gewonnenen neuen Wählerschichten in der Kampagne für das Referendum zu verlieren. Zweifelsohne hätte eine Niederlage bei dem Referendum den Todesstoß für die Regierung bedeutet. Ein negativer Ausgang des Referendums ist immer noch ein mögliches Szenario, denn in Meinungsumfragen lehnen etwa zwei Drittel der Wähler die Aufgabe des Pfundes für den Euro ab.

Zur selben Zeit nahm die Liste der Teilnehmerländer an der Währungsunion klare Konturen an, und es zeichnete sich ab, daß entgegen früheren Erwartungen mindestens zehn EU-Staaten den Euro einführen würden. Im Falle einer Qualifizierung Italiens für den Euro-Club, so rechnete man in London, würde die Liste auf elf Staaten anwachsen und Großbritannien wäre isoliert. Diese Einschätzung bestärkte Schatzkanzler Gordon Brown darin, daß das Pfund als »prae-in« erklärt werden solle. Eine entsprechende Analyse des Finanzministeriums mag ihn zusätzlich überzeugt haben. Brown räumte die Differenzen, die sich zwischen seiner und Blairs Position abzeichneten, am 27. Oktober 1997 aus, indem er bestätigte, daß das Vereinigte Königreich der Währungsunion nicht beitreten werde.[9] Brown mußte mit seinem Statement vor dem Unterhaus einen prekären Balanceakt leisten. Seine Aufgabe war es, den anderen EU-Staaten zu signalisieren, daß die Regierung Blair der Europäischen Union positiver gegenüberstände als die Regierung Major, sich aber nicht verpflichten könne, der Wirtschafts- und Währungsunion beizutreten. Brown hoffte, Bonn und Paris dies zu vermitteln, indem er erklärte, daß Großbritannien erst dann Mitglied der Währungsunion werden würde, wenn sie sich als Erfolg erwiesen habe, und daß die britische Regierung die EU-Präsidentschaft konstruktiv nutzen würde, um die erfolgreiche Einführung des Euro zu gewährleisten.

Die Labour-Regierung hatte den Wählern versprochen, daß Großbritannien erst fünf spezifisch britische ökonomische Kriterien erfüllen müsse, bevor der Euro eingeführt werden könne. Die Wirtschafts- und Währungsunion müsse Arbeitsplätze schaffen, mit den Interessen der City of London korrespondieren, Investitionen fördern, von einer Arbeitsmarktreform begleitet sein und außerdem müßten der britische und der kontinentale Konjunkturzyklus zum Zeitpunkt des Beitritts im Gleichklang sein. Alle fünf Kriterien bis auf das letzte lassen sich flexibel interpretieren. Bei der Festlegung der Kriterien haben sich die

Minister genügend Handlungsspielraum offengelassen, um die öffentliche Meinung in Großbritannien positiv zu beeinflussen. Die fehlende Konvergenz zwischen dem Verlauf der Konjunkturzyklen auf dem Festland und auf den britischen Inseln stellt dagegen wirklich ein ernstzunehmendes Problem dar. Die Einführung des Euro zum falschen Zeitpunkt könnte den Zinssatz drücken, während die britische Wirtschaft auf höhere Zinsen angewiesen wäre. Der einzige Ausweg, die kurzfristig durch den Euro gesenkten Zinssätze mit den Bedingungen in Großbritannien in Einklang zu bringen, würde dann darin bestehen, die Steuern zu erhöhen. Würde Großbritannien 1999 oder kurze Zeit später der Währungsunion beitreten, wären so große fiskalische Anstrengungen erforderlich, daß Labour seine Steuerversprechungen brechen müßte.

Die Einführung des Euro am 1. Januar 1999 hat den Druck auf die britische Regierung erhöht, sich enger an die Währungsunion zu binden und Vorbereitungen zu treffen, um den Euro innerhalb von zwei Jahren nach einem erfolgreichen Referendum einführen zu können. Unter der Voraussetzung, daß das Referendum mit einem Sieg für Blairs Regierung endet, wäre es möglich, daß Großbritannien 2003 der Wirtschafts- und Währungsunion beitritt.

Großbritanniens neue Europapolitik – ein Ausblick

Seit dem Fall der Mauer und dem Ende der europäischen Nachkriegsordnung 1989 hadern die britischen Regierungen mit der neuen Rolle Großbritanniens in Europa. Über dieses Problem ist Thatcher gestürzt, Major hat es paralysiert, und Blair fühlt sich angreifbar. Man ist versucht zu behaupten, daß sich seit 1989 an diesem Grundproblem der britischen Politik wenig geändert hat und daß der »Mismatch« zwischen Großbritannien und der europäischen Integration weiter andauern wird. Das ist jedoch eine Fehleinschätzung. Thatcher suchte 1989 noch die Konfrontation mit den europäischen Partnern. Blair und die neue Regierung dagegen haben sich zu einer Politik verpflichtet, die Großbritannien näher an seine Nachbarn auf dem Kontinent heranführt. Es besteht kein Grund, an der Absicht der britischen Regierung zu zweifeln, Mitglied der Wirtschafts- und Währungsunion zu werden, sobald sich die Union als ein mehr oder weniger gut funktionierendes Währungssystem erweist. Im britischen Unterhaus existiert für diesen Schritt eine deutliche Mehrheit. Die Gründung einer unabhängigen Zentralbank, die Einrichtung von Parlamenten in Wales und Schottland, die Umsetzung der Europäischen Konvention für Menschenrechte und die geplante Abschaffung des »Erbschaftsprinzips« im House of Lords bringen das politische System Großbritanniens in größeren Einklang mit den anderen Mitgliedsstaaten als jemals zuvor.

Allerdings hat sich die Regierung Blair auf dünnes Eis begeben, als sie sich verpflichtet hat, ein Referendum über den Beitritt einzuberufen. Wahrscheinlich wird es nach der Wahl im Jahr 2001 oder 2002 angesetzt. Weniger problematisch als die geringe Begeisterungsfähigkeit der britischen Wähler für den Euro ist aber, daß Murdoch und Black acht der zwölf national publizierten Zeitungen kontrollieren und sich gegen den Beitritt aussprechen. Um die nächsten Wahlen zu gewinnen, muß Blair daher den Termin für das Referendum auf die Zeit nach den Wahlen verschieben und dann versuchen, eine Mehrheit zu finden. Das Referendum über die EG-Mitgliedschaft von 1975 hat jedoch gezeigt, daß es möglich ist, eine antieuropäisch eingestellte Bevölkerungsmehrheit durch eine Kampagne umzustimmen. Es ist daher anzunehmen, daß es auch dieser Regierung gelingen kann, in einem Referendum eine Mehrheit für den Beitritt zu Währungsunion zu gewinnen.

Großbritannien verfolgt seit einigen Jahren eine konstruktive, engagierte und beständige Europapolitik. Die Regierung ist fest entschlossen, an diesem Kurs gegenüber der Europäischen Union festzuhalten und nicht wie bei Thatcher oder beim Projekt des Gemeinsamen Binnenmarktes nach einem kurzen, aber täuschenden Lichtblick wieder umzuschwenken.

Großbritannien und das neue Deutschland

Die sprunghafte, an aktuellen Problemen ausgerichtete britische Europapolitik stand in den vierzig Jahren der europäischen Nachkriegsordnung, also von der Gründung der Bundesrepublik 1949 bis zum Fall der Mauer 1989, immer in starkem Kontrast zu der entschiedenen und konsistenten deutschen Europapolitik. Großbritannien enttäuschte mit dieser Politik die deutschen Erwartungen. Seit dem Ende des kalten Krieges hat sich die deutsche Politik verstärkt der Vertiefung der europäischen Integration zugewandt, was für Thatcher und Major eine enorme Herausforderung darstellte. So mancher Konflikt in den vergangenen zehn Jahren, der aus der Spannung zwischen den unterschiedlichen europapolitischen Strategien resultierte, ähnelte dem Zusammenstoß zweier tektonischer Platten. Die Einbindung Deutschlands in Europa, welche Kanzler Kohl vorantrieb, ging mit der Vertiefung der EG einher. Die Dominanz, mit der Deutschland die politische Agenda der Europäischen Gemeinschaft und Union in der Zeit von Major und Thatcher bestimmte, führte zu neuralgischen Reaktionen bei der Konservativen Partei. Dabei übersahen einige in Großbritannien, daß Deutschland mit der Währungsunion seine Souveränität in weiten Teilen aufgab, und sprachen zu Unrecht von der EU als einer »Fortsetzung Deutschlands mit anderen Mitteln«. Ihren Höhepunkt erreichten diese Antipathien in der BSE-Krise.

Seit der Wiedervereinigung hat sich an der Bonner Europapolitik wenig geändert. Sie war gekennzeichnet von einem reflektiven Multilateralismus und der Bereitschaft Deutschlands, für die europäische Integration den Zahlmeister zu spielen, da man sich davon große Vorteile für Deutschland und Europa insgesamt versprach. In den vergangenen Jahren wurde die traditionelle Bonner Europapolitik von einer kleinen Schar deutscher Akademiker herausgefordert. Diese Minderheit, die stark von britischen Ideen beeinflußt ist, wollte, daß Deutschland seine Zurückhaltung ablege und eine explizite nationale Interessenpolitik betreibe.[10] Obwohl sie ihre Argumente weit verbreiteten, blieben sie ohne nennenswerten Einfluß. Erste Hinweise darauf, daß auch britische Ideen in der Debatte um die deutsche Außenpolitik nach der Wiedervereinigung eine Rolle spielten, gab Peter Hort in einem Artikel in der *Frankfurter Allgemeinen Zeitung* mit dem Titel: »Wird die deutsche Europapolitik britischer?«[11] Hort zitierte den Staatssekretär im Auswärtigen Amt Hans-Friedrich von Ploetz und Kohls Berater für Europa- und Außenpolitik Joachim Bitterlich mit der Einschätzung, die außenpolitischen Strategien Londons würden in Deutschland vermehrt rezipiert werden. Dies habe sich vor allem bei den Debatten um die Beitragsfrage und in der neuerlichen Tendenz gezeigt, künftig vor allem den Nutzen der deutschen Europapolitik für Deutschland hervorzuheben und weniger die allgemeinen Vorteile für Gesamteuropa. Aufgrund der unterschiedlichen Ausgangslage ist es aber nicht anzunehmen, daß die deutsche Europapolitik nun britisch wird und die britische deutsch. Trotzdem zeigte sich im letzten Jahr der Kanzlerschaft Kohls eine deutliche Annäherung zwischen beiden Regierungen. London befürwortete eine weitere Ausdehnung der Entscheidungen mit qualifizierter Mehrheit als Bonn, und die deutsche Regierung ihrerseits schlug deutlich britische Töne in der Haushaltsfrage an. Differenzen bestanden weiterhin bei der Währungsunion, aber es ist offensichtlich, daß Großbritannien im Grunde einen Beitritt befürwortet.

Das Bild, welches die neue rot-grüne Regierung abgibt, ist bisher diffus. In den ersten sechs Monaten seit der Amtsübernahme erregten die Vorschläge zur Steuerharmonisierung des ehemaligen Finanzministers und Parteivorsitzenden Oskar Lafontaine großes Aufsehen. Längerfristig scheinen sich die Positionen der britischen und deutschen Regierung in den Fragen des Haushalts, des Kosovo-Konfliktes und der Erweiterung der Europäischen Union anzunähern, auch wenn einige Schwierigkeiten bestehen bleiben werden. Die wichtigste stellt für London die deutsch-französische Achse dar. Die Briten wissen sehr genau, daß ihr Einfluß in der EU beschränkt bleiben wird, solange sie der Wirtschafts- und Währungsunion nicht beitreten. Allerdings stellt sich für die London die Frage, ob Großbritannien je ein Status zugebilligt werden wird, der dem Deutschlands und Frankreichs ebenbürtig ist, oder ob Frankreichs privilegierter Status dazu beiträgt, daß einige Mitglieder als »normaler« betrachtet werden als andere.

Aufgrund der Geographie und Geschichte Großbritanniens erscheint es wenig wahrscheinlich, daß die britischen Beziehungen zur Europäischen Union jemals die Qualität der deutschen oder französischen erreichen. Auch die euroskeptische Presse bildet in dieser Hinsicht ein Hindernis. Trotzdem sind die Aussichten für die zukünftigen Beziehungen Großbritanniens zur Europäischen Union vielversprechend. Die weitere Vertiefung der Gemeinschaft, an der Thatcher noch gescheitert ist, steht nicht mehr im Zentrum der Planungen. Das Thema, welches die Debatten über die Zukunft der EU bestimmt, ist die Osterweiterung, welche für alle Mitgliedsländer eine Herausforderung darstellt. Großbritannien ist darauf gut vorbereitet, und es besteht die Hoffnung, daß das Vereinigte Königreich bei der Erweiterung wie einst beim Binnenmarkt als Katalysator wirken kann und sich letztendlich zu einem Mitglied entwickelt, das nicht als widerspenstig, sondern als »normal« gilt. Darauf deutet auch eine Eurobarometer-Umfrage von Mai 1999 hin, die zum ersten Mal eine überraschende Übereinstimmung zwischen Briten und Kontinentaleuropäern in der Bewertung der europäischen Integration gezeigt hat.[12]

Übersetzt von Christian Haase und Catherine McDowell

Anhang

Anmerkungen

Thomas Kielinger
Zwei Jahrhunderte deutsch-britischer Begegnungen

1 Hans-Dieter Gelfert, Typisch englisch: Wie die Briten wurden, was sie sind, München 1995, S. 151.
2 Ebenda.
3 1. September 1829.
4 12. März 1828.
5 Gordon A. Craig, The Germans, New York 1982, S. 22.
6 *The Spectator*, 14. Juli 1990.
7 Zit. nach John Mander, Our German Cousins. Anglo-German relations in the 19th and 20th centuries, London 1974, S. 259.
8 6. Mai 1827.
9 14. April 1824.
10 Horst Oppel, Englisch-deutsche Literaturbeziehungen, Band 1, Von den Anfängen bis zum Ausgang des 18. Jahrhunderts, Berlin 1971, S. 85.
11 Mander, S. 136.
12 Mander, S. 138.
13 Mander, S. 47.
14 Peter Lamb, Beiheft, Mendelssohn Bartholdy: Songs Without Words, Hyperion, CDA 66221/2, 1987, S. 5.
15 Adolf Birke (Hg.), Großbritannien und Deutschland – Nachbarn in Europa, Niedersächsische Landeszentrale für politische Bildung, Hannover 1988, S. 14.
16 Ebenda, S. 15.
17 Theodor Fontane, Der englische Charackter. Heute wie gestern, Berlin 1916, S. 17.
18 Craig, S. 15.
19 Fontane, S. 19.
20 Friedrich Nietzsche, Jenseits von Gut und Böse, in: Werke, Bd. II, München 1955, S. 718.

Peter Wende
Deutschland und Großbritannien im 18. Jahrhundert

1 Niedersächs. Jb. f. Landesgeschichte, 67 (1995), S. 25.
2 Manfred Schlenke, England blickt nach Europa, in: Peter Alter / Paul Kluke (Hg.), Aspects of Anglo-German Relations through the Centuries, Stuttgart 1978, S. 33 f.
3 Manfred Schlenke, England und das Friderizianische Preußen 1740–1763, Freiburg 1963, S. 337.
4 Michael Maurer, Aufklärung und Anglophilie in Deutschland, Göttingen 1987.

Wolf D. Gruner
Großbritannien und die Staaten des Deutschen Bundes im Vormärz

1 Aus Platzgründen werden sich die Anmerkungen zu Quellen und Literatur auf ein Minimum beschränken. Zum Gesamtüberblick und zu weiterführender Literatur für die hier zu behandelnde Periode vgl. u.a.: S.G. Checkland, The Rise of Industrial Society in England 1815–1885, Oxford 1974; Anselm Doering-Manteuffel, Vom Wiener Kongreß zur Pariser Konferenz. England, die deutsche Frage und das Mächtesystem 1815–1856, Göttingen 1991; Clive Emsley, British Society and the French Wars 1783–1815, London 1979; Norman Gash, After Waterloo: English Society and the Legacy of the Napoleonic Wars, in: TRHS Series 5, vol. 28/1978, S. 145–157; ders., Aristocracy and People. Britain 1815–1865, London 1979; Wolf D. Gruner, Großbritannien, der Deutsche Bund und die Struktur des europäischen Friedens im frühen 19. Jahrhundert. 2 Bde., München 1979; ders., Europäischer Friede als nationales Interesse. Die Rolle des Deutschen Bundes in der britischen Politik 1814–1832, in: Bohemia Jahrbuch 18/1977, S. 96–128; ders., Der Deutsche Bund als ›Centralstaat von Europa‹ und die Sicherung des Friedens. Aspekte britisch-deutscher Beziehungen in der internationalen Krise von 1819/20, in: Lothar Kettenacker / Manfred Schlenke / Hellmut Seier (Hg.), Studien zur Geschichte Englands und der deutsch-britischen Beziehungen. Festschrift Paul Kluke, München 1981, S. 79–102; ders., England, Hannover und der Deutsche Bund 1814–1837, in: England und Hannover, hg. v. Adolf M. Birke u. Kurt Kluxen, München 1986, S. 81–126; ders., ›Peace and Prosperity‹. Anmerkungen zur gesellschaftlichen und wirtschaftlichen Dimension britischer Politik am Ende der Napoleonischen Kriege. in: Gesellschaftsgeschichte. Festschift für Karl Bosl zum 80. Geburtstag, hg. v. Ferdinand Seibt. 2 Bde., München 1988, Bd. II, S. 204–222; ders., Die deutsche Frage in Europa 1800 bis 1990, München / Zürich 1993, bes. Kap. 2–3, ders., The Political, Social and Economic System and the Decision for Peace and War: Reflections on Anglo-German Relations 1800–1939, in: British Journal of International Studies 6/1980, S. 189–218; ders. / Bernd Jürgen Wendt (Hg.), Großbritan-

nien in Geschichte und Gegenwart, Hamburg 1994, darin insbesondere: ders. Friede als nationales Interesse: Großbritanniens Aufstieg zur politischen und ökonomischen Großmacht, S. 1–36; Mark Harrison, Crowds and History. Mass Phenomena in English Towns 1790–1835, Cambridge 1988; Norman McCord, British History 1815–1906, London 1991; Gottfried Niedhart, Geschichte Englands im 19. und 20. Jahrhundert, München 1987; Jonathan Sperber, The European Revolutions, 1848–1851, Cambridge 1994; Paul W. Schroeder, The Transformation of European Politics 1763–1848, Oxford 1994.

2 Vgl. hierzu Gruner, Großbritannien und die Struktur des europäischen Friedens I, Kap. 4.2 und ders., ›Centralstaat‹ von Europa, S. 85 ff.

3 Vgl. hierzu mit weiterer Literatur: Wolf D. Gruner, Die Rolle und Funktion von Kleinstaaten im internationalen System 1815–1914: Die Bedeutung des Endes der deutschen Mittel- und Kleinstaaten für die europäische Ordnung, in: ders., Deutschland mitten in Europa, Hamburg 1992, S. 107–172.

4 Exemplarisch für die ältere Sicht: Charles K. Webster, The Foreign Policy of Castlereagh 1812–1815, 1815–1822, London 1931 sowie ders., The Congress of Vienna, London 1969 (1919).

5 Vgl. hierzu Wolf D. Gruner, The Reconstruction of Europe after the Napoleonic Wars and the Vienna System: Some Structuralist Considerations, in: The Consortium on Revolutionary Europe. Proceedings 1998, Tallahassee 1999.

6 Vgl. hierzu ausführlicher Gruner, England, Hannover und der Deutsche Bund, S. 86 ff. sowie ders., Großbritannien und die Struktur des europäischen Friedens, bes. Kap. 3.2.

7 Vgl. ausführlicher hierzu Wolf D. Gruner, Deutschland und das europäische Gleichgewicht seit dem 18. Jahrhundert, in: ders. (Hg.), Gleichgewicht in Geschichte und Gegenwart, Hamburg 1989, S. 60–133.

8 PRO London FO 65/60 »On the Deliverance and Security of Europe« (Memorandum v. 19. 1. 1805).

9 Niedersächsisches Hauptstaatsarchiv Hannover Dep. 110/A 80 Konzept der Hannoverschen Erklärung zur Bundesakte.

10 PRO FO 30/10 Lamb-Hamilton private Frankfurt 5. 3. 1817.

11 Hansard I/XXXII HoC v. 26. 2. 1816, Sp. 862 f. Zu den innenpolitischen Auseinandersetzungen innerhalb und außerhalb des Parlamentes vgl. Gruner, Großbritannien und die Struktur des europäischen Friedens I, S. 242 ff., S. 461 ff. S. 491 ff.

12 PRO FO 64/102 Nr. 4 v. 20. 1. 1816.

13 Auf die Julirevolution und ihre Wirkungen auf Großbritannien sowie das Krisenverhalten des Landes 1830–1832 kann hier nur skizzenhaft eingegangen werden. Ich verweise daher auf Arbeiten, in denen ich detailliert auf die komplexen Entscheidungsprozesse eingegangen bin. Dort finden sich auch weitere Literaturhinweise: Wolf D. Gruner, Großbritannien und die Julirevo-

lution von 1830: Zwischen Legitimitätsprinzip und nationalem Interesse, in: Francia 9, 1982, S. 369–410; ders., Die belgisch-luxemburgische Frage im Spannungsfeld europäischer Politik 1830–1839, in: Francia 5, 1978, S. 299–39; ders., Europa in der Krise von 1830/31: Entscheidungsprozesse zwischen Systemstabilisierung und Eigeninteressen, in: Region – Territorium – Nationalstaat – Europa. Beiträge zu einer europäischen Geschichtslandschaft. Festschrift für Ludwig Hammermayer zum 70. Geburtstag, hrsg. v. Wolf D. Gruner und Markus Völkel, Rostock 1998, S. 199–244.

14 Broadlandpapers Southampton University Library (BP) GC/CA 533 Cartwright-Palmerston private, Frankfurt 19. 2. 1832. Vgl. auch Wolfgang Schieder (Hg.), Liberalismus in der Gesellschaft des Deutschen Vormärz, Göttingen 1983, bes. den Beitrag von Karl H. Wegert zur Pfalz.

15 Zur bayerischen Politik 1830–1832 vgl. u.a. Robert D. Billinger, Metternich and the German Question. States' Rights and Federal Duties 1820–1834, London / Toronto 1991; Heinz Gollwitzer, König Ludwig I., München 1986 sowie Wolf D. Gruner, Die deutsche Politik Ludwigs I., in: Zeitschrift für Bayerische Landesgeschichte 49, 1986, S. 449–507.

16 PRO FO 9/64 Erskine-Palmerston München 24. 1. 1832.

17 BP/GC/ER 12 Erskine-Palmerston München 10. 7. 1832.

18 BP/GC/ER 189 Palmerston-Erskine, private v. 3. 8. 1832.

19 Vgl. hierzu ausführlich: Gruner, England Hannover und der Deutsche Bund, S. 102 ff.

20 BP/GC/ER 17 Erskine-Palmerston, private München 2. 10. 1832.

21 BP/RC/A 10 v. 11. 11. 1832.

22 BP/GC/BE 484 Palmerston-Lamb v. 12. 6. 1837.

23 Doering-Manteuffel, Vom Wiener Kongreß zur Pariser Konferenz, S. 72.

24 Southgate, Donald, ›The most English Minister ...‹. The Policies and Politics of Palmerston, London 1966, S. 206 ff. Zu den Revolutionen und Reformen in Deutschland vgl. u.a. Günther Gillessen, Lord Palmerston und die Einigung Deutschlands. Die englische Politik von der Paulskirche bis zu den Dresdener Konferenzen (1848–1851), Lübeck 1961; Doering-Manteuffel, Vom Wiener Kongeß zur Pariser Konferenz, S. 72 ff.; Gruner, Deutsche Frage, S. 123 ff.

25 PRO FO 30/117 Abschlußbericht Stratford-Cannings v. 12. 5. 1848.

26 BP/RC.

27 Vgl. hierzu Gruner, Die deutsche Frage in Europa, S. 135 ff.

Wolfhard Weber
Technologietransfer zwischen Großbritannien und Deutschland in der industriellen Revolution

1 Vgl. Sidney Pollard, Peaceful conquest. The industrialization of Europe 1760–1970, Oxford 1981.

2 Der englisch-deutsche Technologietransfer war immer wieder Gegenstand

historischer Arbeiten. Zu nennen sind hier Konrad Matschoß, Wilhelm Treue, Ilja Mieck, Werner Kroker, Martin Schumacher, Jochen Braun, Akos Paulinyi, Gernot Wittling.

3 Margrit Schulte-Beerbühl, War England ein Sonderfall der Industrialisierung? Der ökonomische Einfluß der protestantischen Immigranten auf die Entwicklung der englischen Wirtschaft vor der Industrialisierung, in: Geschichte und Gesellschaft 21, 1995, S. 479–505. Vgl. auch Karel Davids, Successful and failed transitions. A comparison of innovations in windmill technology in Britain and the Netherlands in the early modern period, in: History and Technology 14, 1997, S. 225–247.

4 Vgl. Johan Schot, The usefulness of evolutionary models for explaining innovations. The cause of the Netherlands in the nineteenth century, in: History and Technology 14, 1997 [ersch. 1998], S. 173–200.

5 Wolfhard Weber, Preußische Transferpolitik 1780 – 1820, in: Technikgeschichte 50, 1983, S. 181–196.

6 In: Journal für Fabrik, Manufaktur, Handlung und Mode 1801, Stück 20/21, S. 351–362.

7 Vgl. Peter J. Brenner (Hg.), Der Reisebericht. Das Ende einer literarischen Gattung, Frankfurt/Main 1988; Klaus Beyrer, Die Postkutschenreise, Tübingen 1985; Hans Erich Bödeker: Reisebeschreibungen im historischen Diskurs der Aufklärung, in: ders. u.a. (Hg.): Aufklärung und Geschichte, Göttingen 1986, S. 276–298; Wolfgang Griep; Hans-Wolf Jäger (Hg.), Reisen im 18. Jahrhundert. Neue Untersuchungen, Heidelberg 1986, S. 34–49; dies., Europäische Reiseliteratur im 18. und frühen 19. Jahrhundert, Heidelberg 1988; Michael Maurer (Hg.), Reiseberichte deutscher Englandreisender des 18. Jahrhunderts, München 1991.

8 Robert E. Schofield, The Lunar Society of Birmingham, Oxford 1963; Rudolf Vierhaus u.a. (Hg.), Der Akademiegedanke im 17. und 18. Jahrhundert, Bremen 1977.

9 Hans-Joachim Braun, Technologische Beziehungen zwischen Deutschland und England von der Mitte des 17. bis zum Ausgang des 18. Jahrhunderts, Düsseldorf 1974.

10 Otto Ulbricht, Die englische Landwirtschaft in Kurhannover in der zweiten Hälfte des 18. Jahrhunderts, Berlin 1980.

11 Vgl. W. Weber, Preußische Transferpolitik 1780 – 1820.

12 L.T. C. Rolt / J.S. Allen, The steam engine of Thomas Newcomen, Hartington 1977.

13 W. Weber, Innovationen im frühindustriellen deutschen Bergbau und Hüttenwesen. Friedrich Anton von Heynitz, Göttingen 1976.

14 W. Weber, Die Maschine von Marly – ein Schnittpunkt für wen? in: G. Bayerl / W. Weber, Sozialgeschichte der Technik. Ulrich Troitzsch zum 60. Geburtstag, Münster 1998, S. 101–120.

15 Zum intensiven Technologietransfer Großbritannien-Frankreich vgl. John Harris, Essays in industry and technology in the eighteenth century, Great Yarmouth 1992.

16 Vgl. E. Hebestedt / J. Siemroth, Die erste deutsche Dampfmaschine 1785 in Hettstedt, in: Eberhard Wächtler / Otfried Wagenbreth (Hg.), Dampfmaschinen, Leipzig 1986, S. 116–144, mit zu optimistischer Einschätzung.

17 Hier nach Gernot Wittling, Der Technologietransfer während des Anlaufes der Industriellen Revolution in Preußen, Diss. Berlin 1992.

18 Allgemein vgl. D. A. Farnie, The English cotton industry and the world market, 1815–1896, Oxford 1979; ferner Akos Paulinyi, Die Umwälzung der Technik in der Industriellen Revolution zwischen 1760 und 1840, in: U. Troitzsch / A. Paulinyi, Mechanisierung und Maschinisierung 1600–1840, Berlin 1991, S. 271–495, 507–513; ders., Industrielle Revolution. Vom Ursprung der modernen Technik, Reinbek 1991. Zur Diffusion in die USA vgl. David Jeremy, Transatlantic industrial revolution: The diffusion of textile technologies between Britain and America 1780–1830s, Cambridge MA 1981.

19 Adrian Randall, Before the Luddites. Custom, community and machinery in the English woollen industry, 1776–1809, Cambridge 1991.

20 W. Weber, Früher Innovationstransfer in der sächsischen Textilindustrie, in: F. Naumann (Hg.): 200 Jahre industrielle Revolution in Sachsen, Chemnitz 1999.

21 Siehe D. Chapman, The early factory masters, 1967; ders., The cotton industry in the Industrial Revolution, London 1972; ders. u. a., European textile printers in the 18th century. A study of Peel and Oberkampf, London 1981; ders., Merchant Enterprise in Britain. From the Industrial Revolution to World War I, Oxford 1992.

22 Gernot Wittling, Der Technologietransfer während des Anlaufes der Industriellen Revolution in Preußen, Diss. Berlin 1992.

23 Die sächsische Regierung ließ den in Berlin 1790 eingeführten Krempel kopieren: StA Dresden Loc. 11 126.

24 Michael Klepsch / Helge Reisel, Von Cromford nach Cromford. Industriespionage im 18. Jahrhundert, Köln 1990.

25 Horst Schlechte, Die Staatsreform in Kursachsen 1762–1763, Berlin (Ost) 1958.

26 Vgl. Rudolf Forberger, Die Industrielle Revolution in Sachsen 1800–1861. Bd. I,1, Die Revolution der Produktivkräfte in Sachsen 1800–1830; Bd. I,2, Die Revolution in Sachsen 1800–1830. Übersichten zur Fabrikentwicklung, Berlin (Ost) 1982.

27 StA Dresden Loc. 11 148.

28 Schärfster Konkurrent Bernhards, der in Harthau arbeitete, waren Wöhler & Lange in Chemnitz, die sich der Hilfe des englischen Mechanikers William Whitfield versichert hatten und für ihn 1800 ein zehnjähriges Exklusivprivileg auf die Herstellung von Watergarnen erlangten.

Patente als zeitweilige Monopole sind ambivalent zu betrachten. Schon vor geraumer Zeit hat Christine McLeod nachgewiesen, daß gerade die führenden Werkzeugmaschinenbauer in England bewußt keine Patente auf ihre Werkzeugmaschinen genommen haben, um deren Details nicht bekanntzumachen: Inventing the Industrial Revolution, Cambridge 1988.

29 Vgl. Forberger, Bd. I,2, 1982, S. 19.

30 Die Unterlagen aus dem GStAPrK sind allerdings immer noch nicht hinreichend analysiert. Wichtigster Kontaktmann dabei war Steinhäuser, der allerdings auch für Sachsen Maschinen besorgte.

31 Vgl. Forberger, 1981.

32 Ilja Mieck, Preußische Gewerbepolitik in Berlin 1806–1844. Staatshilfe und Privatinitiative zwischen Merkantilismus und Liberalimsus, Berlin 1965; W. Weber, Preußische Transferpolitik.

33 Vgl. Weber 1976; ders., »Englisches Vorbild?« und »Friedrich Otto Burchardt von Reden: Gedanken über die Wichtigkeit des Steinkohlen-Berg-Baues im Allgemeinen, und besonders in Hinsicht auf Schlesien, und dessen wichtige Eisen-Erzeugung (1801)«, in: »Das preußische England ...«. Berichte über die industriellen und sozialen Zustände in Oberschlesien zwischen 1780 und 1876. Hg. von Hanswalter Dobbelmann u.a., Wiesbaden 1993, S. 126–135 und 136–152.

34 Technische Deputation an Fabriken- und Commerciendeputation am 8. Mai 1799. GStAPrK Gen.dir. Fabr.dep. XC 53 Bd. 1, fol. 19.

35 S. 133–142.

36 GStAPrK Rep. 120 C VII 2 Nr. 63. Eine Zusammenstellung vom 30. 7. 1821 nennt die Kosten für die beschafften Maschinen: GStAPrK Rep. 120 D I 1 1, fol. 157 r und v: Walkmaschine nach Lewis Davis, 4 Scheermaschinen an Hummel, Rauhmaschine Briam, Jaquardsche Mustermaschine für Wiedemann/Goldbach an Queva, Rauhmaschine Scheidt in Kettwig, 6 Scheermaschinen Hummel. Für den Maschinenbau kamen hinzu: Schmiede, Tiegelgießerei, der Kessel einer Dampfmaschine von 2 PS, ein Ölgasapparat nach englischem Vorbild, eine Dampfmaschine nach Newcomen, Stockschere und Kreisschere, zwei kleine Walzwerke, Drehbänke, Kreissäge. Hinzu kamen vier Drehbänke, davon eine von Rich in London, die anderen von Hummel in Berlin und Staedler nach Vorlage von Hague, Tobham und Maudslay. Ferner eine Sägemaschine von Alexander Galloway, eine vertikale Bohrmaschine von Hummel und die für die Zahnradherstellung unentbehrlichen Teilscheiben als Geschenk von Cockerill konnten durch vier beständige Arbeiter vorgeführt werden.

37 Die Modelle hatten in der Regel ein Drittel Größe. Modellsammlung: GStAPrK: Rep. 120 A II 10.

38 Zu den um 1830 üblichen Typen von Textilmaschinen vgl. Wittling 1993, S. 216.

39 Er gelangte über Hamburg nach England. Vgl. Léon Dubois, Hamburg 1798. La naissance de la revolution industrielle belge, Brüssel 1994.

40 Hubert Kiesewetter, Staat und Unternehmen während der Frühindustrialisierung. Das Königreich Sachsen als Paradigma, in: Zeitschrift für Unternehmensgeschichte 29; 1984, S. 1–32; ders., Entwicklungshypothesen zur regionalen Industrialisierung in Deutschland im 19. Jahrhundert, in: Vierteljahrschrift für Sozial- und Wirtschaftsgeschichte 67, 1980, S. 305–333; ders., Industrielle Revolution in Deutschland 1815–1914. Frankfurt 1989.

41 StA Dresden 11 152; für die Dresdener Ausstellungen vgl. Loc. 5975. Zu den Mustersammlungen vgl. Loc. 11 447.

42 StA Dresden Loc. 5975, f. 35.

43 Akos Paulinyi, Der Technologietransfer für die Metallbearbeitung und die preußische Gewerbeförderung (1820–1850), in: Fritz Blaich (Hg.), Die Rolle des Staates für die wirtschaftliche Entwicklung, Berlin 1982, S. 99–142; zuletzt ders., Die Umwälzung der Technik in der industriellen Revolution zwischen 1750 und 1840, in: Ulrich Troitzsch; Akos Pauliniyi, Mechanisierung und Maschinisierung, Berlin 1991, S. 271–495; Eric Dorn Brose, The politics of technological change in Prussia. Out of the shadow of antiquity 1809–1848, Princeton N.J. 1993.

44 Stiftung Westfälisches Wirtschaftsarchiv Dortmund: (WWA) F 1 Nr. 1 fol. 15v.

45 Wolfhard Weber, Entfaltung der Industriewirtschaft, in: W. Köllmann u.a. (Hg.), Das Ruhrgebiet im Industriezeitalter. 1. Bd., Düsseldorf 1990, S. 201–319, hier S. 222; Hedwig Behrens, Franz Dinnendahl, Köln 1970.

46 Ersterer arbeitete vom 31.7. 1819 bis zum 20.10. 1820 für Harkort in England; George kam wenig später aus Nordamerika nach. Harkort führte so eine Tradition weiter, die mit F. A. Eversmann und John Baildon begann bzw. bei Franz Anton Egells parallel ablief und zu den besten Resultaten im Technologietransfer führte.

47 Ein weiterer Arbeiter, Richmond, kam ebenfalls nach Wetter, starb aber vor 1827, während sein Bruder William in Manchester blieb und 1824–6 von G. Godwin erfolglos umworben wurde: WWA F 1 Nr. 515.

48 Samuel Godwin wurde nach 1826 Teilhaber des Elberfelder Ablegers von Harkort und Kamp. Harkort entsandte George Godwin vom 1.9. 1824 bis 18.2. 1826 nach Manchester, um qualifizierte Mechaniker für den Bau von neuesten Textilmaschinen zu gewinnen, doch vergeblich.(WWA Harkort F 1 Nr. 515).

49 Zu Thomas auch Helmut Lackner u.a., Das K.K. National-Fabriksprodukten-Kabinett. Technik und Design des Biedermeier, München 1995, S. 77. Bei Edward Thomas lernte auch Hauboldt, der spätere Gründer der ersten sächsischen Maschinenbaufabrik. Thomas, der 1823/4 immer noch als Kompagnon von Harkort in Wetter in Sachsen Maschinen aufrichtete, erhielt

1826/27 von Hauboldt 8000 [!] Taler für eine Beschaffungsreise nach England (StA Dresden Loc. 11 173), die Hauboldt später als verloren aufgab. Thomas ließ sich nicht in Sachsen halten, wie er ja auch nach dem Scheitern der Verbindung mit Harkort 1826 sich praktisch von diesem gelöst hatte. Er ging offenbar weiter nach Böhmen.

50 Er besuchte 1825 den Oberberghauptmann Gerhard in Berlin und hatte einen sehr positiven Eindruck von einer zukünftigen Zusammenarbeit; Gerhard wollte jedenfalls sein Werk in Wetter besuchen: WWA F 1 Nr. 1380.

51 Zunächst in seinem Aufsatz in der Zeitschrift *Hermann* 1825. Dann abschließend: Friedrich Harkort, Die Eisenbahn von Minden nach Cöln. Hagen 1833. Hg. und eingel. von W. Köllmann, Hagen 1961. Immerhin stammten 1830 15 von 26 Berliner Dampfmaschinen von Cockerill aus Belgien. Vgl. Karl Lärmer, Zur Einführung der Dampfkraft in die Berliner Wirtschaft in der ersten Phase der industriellen Revolution vom Ausgang des 18. Jahrhunderts bis zum Jahre 1830, in: Jahrbuch für Wirtschaftsgeschichte 1977, 4, S. 101–126. GStAPrK Rep. 120 A V 5 12.

52 Gottfried Riemann (Hg.), Karl Friedrich Schinkel: Reise nach England, Schottland und Paris im Jahre 1826, München 1986.

53 Brose 1993, S. 36, 128. Dazu paßt auch Beuths Bemerkung (bei Heggen 1975) über Schmutz in schlesischen Fabriken 1823. Sie wirft eine Frage nach der anthropologischen Bedeutung von Schmutz und Sauberkeit und zeitgleicher Flucht in die Vorstellung von Antike auf, die Beuth in seinen Vorbildverzeichnissen propagierte.

54 GStAPrK Rep. 121 D XIV 1 52 Bd. 1 fol. 161–167; GStAPrK Rep. 121 D VI 2 107, fol 20.

55 Ausführliche Berichte über die Streckenfindungsrecherchen in GStPrK Rep. 121 D VI 2 107 Bde 1 und 2.

56 Geislauterner Versuche: GStPrK Rep. 121 D III 5 1 Bde 1 und 2; s. Rainer Fremdling, Die Ausbreitung des Puddelverfahrens und des Kokshochofens in Belgien, Frankreich und Deutschland, in: Technikgeschichte 50, 1983, S. 197–212.

57 Akos Paulinyi, Das Puddeln, München 1987.

58 Puddelmeister Mac Mullen, Hammerschmied Lewis und Walzer Swift: Wittling 1993, S. 247ff.: GStAPrK Rep. 121 D III 5 Nr. 1.

59 Vgl. Brose 1993, S. 209 ff. GStAPrK Rep. 120 D XIV 1 52 und Rep. 121 D VI 2 107.

60 Beuth setzte auf Liberalisierung und Abbau der Bürokratie, auch im Bergdepartement. S. E. D. Brose 1992. Zu den unterschiedlichen Auffassungen über die Rolle des Vorbildes der Pariser Polytechnischen Schule vgl. jüngst Wolfgang König, Zwischen Verwaltungsstaat und Industriegesellschaft, in: Berichte zur Wissenschaftsgeschichte 21, 1998, S. 115–122.

61 Vgl. Richard Tilly, Finanzielle Institutionen, Staat und Industrialisierung:

Rheinland und Preußen im internationalen Vergleich, in: ders., Kapital, Staat und sozialer Protest in der deutschen Industrialisierung. Gesammelte Aufsätze, Göttingen 1980, S. 15–28.

62 Ulrich Troitzsch, Untersuchungen zum Innovationsproblem in der Eisenindustrie des Ruhrgebietes, Habil. schrift, Bochum 1971.

63 Vgl. Evelyn Kroker, Die Weltausstellungen im 19. Jahrhundert, Göttingen 1975.

Hartmut Berghoff
Großbritannien und Deutschland 1880–1914: Wirtschaftliche Rivalität oder internationale Arbeitsteilung?

1 Edgar Crammond, The Economic Relations of the British and German Empires, in: Journal of the Royal Statistical Society 77 (1913–14), S. 777–807, hier S. 806. Der Artikel erschien im Juli 1914 und ging auf einen am 16. Juni 1914 gehaltenen Vortrag zurück.

2 *Saturday Review*, 11.9. 1897, zit. n. Ross John S. Hoffman, Great Britain and the German Trade Rivalry, 1875–1914, Philadelphia 1933, S. 281.

3 Vgl. Christoph Buchheim, Aspects of XIXth Century Anglo-German Trade Rivalry Reconsidered, in: Journal of European Economic History 10 (1981), S. 273–89, hier S. 276. Eine Zusammenstellung leicht divergierender Angaben findet sich bei Sidney Pollard, Britain's Prime And Britain's Decline. The British Economy 1870–1914, London 1989, S. 15.

4 Die Zahlen basieren auf den offiziellen britischen Statistiken. Vgl. Paul Michael Kennedy, The Rise of the Anglo-German Antagonism 1860–1914, London 1980, S. 45 u. 291. Zur methodischen Problematik dieser Angaben und aller alternativen Erhebungen ebd., S. 471–474.

5 Diese Zahlen wurden übernommen von Kennedy, Rise, S. 293.

6 Detailliert Karl Ditt, Vorreiter und Nachzügler in der Textilindustrie: Das Vereinigte Königreich und Deutschland während des 19. Jahrhunderts im Vergleich, in: Hartmut Berghoff u. Dieter Ziegler (Hg.), Pionier und Nachzügler? Komparative Studien zur Geschichte Großbritanniens und Deutschlands im Zeitalter der Industrialisierung. Festschrift für Sidney Pollard zum 70. Geburtstag, Bochum 1995, S. 29–58.

7 Vgl. Kennedy, Rise, S. 296.

8 Vgl. Christoph Buchheim, Deutsche Gewerbeexporte nach England in der zweiten Hälfte des 19. Jahrhunderts, Ostfildern 1986, S. 119–122.

9 Vgl. Sidney Pollard, »Made in Germany« – die Angst vor der deutschen Konkurrenz im spätviktorianischen England, in: Technikgeschichte 54 (1987), S. 183–95, hier S. 188.

10 Vgl. Karlheinz Schädlich, Politische und ökonomische Aspekte der britisch-deutschen Handelsrivalität am Ende des 19. Jahrhunderts, in: Jahrbuch für Geschichte 15, 1977, S. 67–84, hier S. 72, u. Kennedy, Rise, S. 302.

11 Dem absoluten Wert des Volkseinkommens nach hatte Deutschland Großbritannien bereits kurz vor dem Krieg überholt. Pro Kopf blieb jedoch ein erheblicher Abstand von 1010 gegenüber 728 Mark zugunsten Großbritanniens erhalten. Vgl. Wilfried Feldenkirchen, Die wirtschaftliche Rivalität zwischen Deutschland und England im 19. Jahrhundert, in: Zeitschrift für Unternehmensgeschichte 25 (1980), S. 77–107, hier S. 81.

12 Vgl. Pollard, Made in Germany, S. 189.

13 Vgl. Kennedy, Rise, S. 41–47 u. 291–296.

14 Sidney Pollard, Die deutsch-britischen Wirtschaftsbeziehungen, Geschichte, Gegenwart, Zukunftsperspektiven, in: Deutschland-England: Geschichte einer produktiven Nachbarschaft, hg. v. d. Niedersächsischen Landeszentrale für politische Bildung, Hannover 1988, S. 28–46, Zitat S. 38.

15 Pollard, Wirtschaftsbeziehungen, S. 38. Vgl. auch Kennedy, Rise, S. 299.

16 Crammond, Economic Relations, S. 790 ff.

17 Bernhard W. E. Alford, Britain in the World Economy since 1880, London 1996, S. 33–47.

18 Vgl. Eric J. Hobsbawm, Industry and Empire, Harmondsworth 1969, S. 152; Schädlich, Aspekte, S. 69; Sidney Pollard, Capital Exports, 1870–1914, Harmful or Beneficial?, in: Economic History Review 38 (1985), S. 489–514; ders., Prime and Decline, S. 58–114.

19 In Bradford waren es 60–70. Vgl. allgemein Stanley D. Chapman, Merchants and Bankers from Germany in Britain, in: Werner E. Mosse (Hg.), Second Chance. Two Centuries of German-speaking Jews in the United Kingdom, Tübingen 1991, S. 335–346 u. Harold Pollins, German Jews in British Industry, ebd., S. 361–377. Zu Manchester Hartmut Berghoff, Englische Unternehmer 1870–1914. Eine Kollektivbiographie führender Wirtschaftsbürger in Birmingham, Bristol und Manchester, Göttingen 1991, S. 72.

20 Vgl. Gregory Anderson, German Clerks in England, 1870–1914: Another Aspect of the Great Depression Debate, in: Kenneth Lunn (Hg.), Hosts, Immigrants and Minorities, Folkstone 1980, S. 201–221; Panikos Panayi, German Immigrants in Britain, 1815–1914, in: ders. (Hg.), Germans in Britain since 1500, London 1996, S. 73–93. Zur Verfolgung der deutschen »communities im Ersten Weltkrieg« ders., The Enemy in our Midst: Germans in Britain during the First World War, London 1991.

21 Vgl. als Überblicke Samuel Berrick Saul, Industrialization and De-industrialization? The Interaction of the German and British Economics before the First World War, London 1980 u. Wolfgang J. Mommsen, Britain and Germany 1800–1914. Two Developmental Paths Towards Industrial Society, London 1984.

22 Vgl. Hartmut Berghoff u. Roland Möller, Unternehmer in Deutschland und England 1870–1914. Aspekte eines kollektivbiographischen Vergleichs, in: Historische Zeitschrift 256 (1993), S. 353–386, hier S. 366 f.

23 Knapp Antje Hagen, Anglo-German Economic Relations before, during and after the War, in: Hartmut Berghoff u. Robert von Friedeburg (Hg.), Change and Inertia. Britain under the Impact of the Great War, Bodenheim 1998, S. 67–86. Ausführlich dies., Deutsche Direktinvestitionen in Großbritannien, 1871–1918, Stuttgart 1997.

24 Wolfgang König u. Wolfhard Weber, Netzwerke. Stahl und Strom, 1840–1914. Propyläen Technikgeschichte Bd. 4, Berlin 1997, S. 377. Vgl. auch ebd., S. 360–382.

25 Vgl. Derek H. Aldcroft, The Inter-War Economy: Britain, 1919–1939, London 1970, S. 199f. Allgemein zu den Auswirkungen des Ersten Weltkrieges auf die Modernisierung der britischen Volkswirtschaft Gerard J. DeGroot, Blighty. British Society in the Era of the Great War, London 1996, S. 79–139, u. William R. Garside, The Economic Legacy of Conflict: Britain in the Aftermath of the Great War, in: Berghoff u. von Friedeburg (Hg.), Change and Inertia, S. 25–36.

26 Vgl. Kennedy, Rise, S. 304f; Günter Hollenberg, Englisches Interesse am Kaiserreich. Die Attraktivität Preußen-Deutschlands für Konservative und Liberale Kreise in Großbritannien, Wiesbaden 1974, S. 60–113, u. Panayi, Germans in Britain, S. 77.

27 Pollard, Wirtschaftsbeziehungen, S. 39.

28 Vgl. Raynond James Sontag, Germany and England. Background of Conflict 1848–1894, S. 213–219.

29 Vgl. Heinrich von Treitschke, Parteien und Fractionen, in: ders., Historische und politische Aufsätze, Bd. 3, 5. erweiterte Aufl., Leipzig 1886, S. 563–628, insb. S. 578; Werner Sombart, Händler und Helden. Patriotische Besinnungen, Leipzig 1915 u. Friedrich Meinecke, Geschichte des deutsch-englischen Bündnisproblems, 1890–1901, München 1927. Allgemein Sontag, Germany, S. 298–342; Rolf Peter Sieferle, Der deutsch-englische Gegensatz und die »Ideen von 1914«, in: Gottfried Niedhart (Hg.), Das kontinentale Europa und die britischen Inseln. Wahrnehmungsmuster und Wechselwirkungen seit der Antike, Mannheim 1993, S. 139–160.

30 Vgl. Karl W. Hardach, Anglomanie und Anglophobie während der Industriellen Revolution in Deutschland, in: Schmollers Jahrbuch 91 (1971), S. 153–181; Panayi, German Immigrants, S. 88f.; Hollenberg, Interesse, Sontag, Germany, u. Kennedy, Rise, S. 386–400.

31 Vgl. Hans-Peter Ullmann, Interessenverbände in Deutschland, Frankfurt/M. 1988, S. 77–85, u. Kennedy, Rise, S. 300.

32 So zwang das Patentgesetz von 1907 ausländische Unternehmen de facto dazu, in Großbritannien Fertigungsstätten zu errichten, wollten sie nicht ihre Schutzrechte verlieren. Auch ging Kanada 1897 dazu über, dem Mutterland Vorzugszölle zu gewähren. Dieser Praxis schlossen sich andere weiße Dominions an. Vgl. Hagen, Direktinvestitionen, S. 53–59.

33 Vgl. Kennedy, Rise, S. 300.
34 Vgl. Kennedy, Rise, S. 464–470.

Ulrich Wengenroth
Deutsche und britische Unternehmer im 19. und 20. Jahrhundert

1 Angaben nach: National Product, OECD in Figures, OECD, Paris, 1998 (Online edition, http://www.oecd.org/publications/figures/).
2 Günter Ogger, Nieten in Nadelstreifen. Deutschlands Manager im Zwielicht, München 1992.
3 Zur neueren Diskussion siehe Lothar Gall und Manfred Pohl (Hrsg.), Unternehmen im Nationalsozialismus, München 1998.
4 A. Shadwell, Industrial Efficiency, Bd. II, London 1906, S. 453.
5 Thorstein Veblen, Imperial Germany and the Industrial Revolution, Ann Arbor 1966 [1915], S. 142.
6 Ebd., S. 149.
7 Ebd., S. 70.
8 Ebd., S. 86.
9 R.J.S. Hoffman, Great Britain and the Trade Rivalry, 1875–1914, Philadelphia 1933.
10 David S. Landes, Technological Change and Development in Western Europe, 1750–1914, in: H.J. Habakkuk und M Postan (Hg.), Cambridge Economic History of Europe, VI, The Industrial Revolution and After, Part 1, Cambridge 1965; ders., The Unbound Prometheus, Cambridge 1969 [Deutsch: Der entfesselte Prometheus. Technologischer Wandel und industrielle Entwicklung in Westeuropa von 1750 bis zur Gegenwart, Köln 1973].
11 Peter L. Payne, British Entrepreneurship in the Nineteenth Century, London 1974, S. 46.
12 Siehe vor allem die verschiedenen Aufsätze von Donald N. McCloskey, zusammengefaßt in Donald N. McCloskey, Enterprise and Trade in Victorian Britain, London 1981; Ulrich Wengenroth, Unternehmensstrategien und technischer Fortschritt. Die deutsche und die britische Stahlindustrie 1865–1895, Göttingen 1986.
13 Siehe Appendix in Alfred D. Chandler, Jr., Scale and Scope. The Dynamics of Industrial Capitalism, Cambridge, MA 1990.
14 Extract from a Memorandum by Mr. James Bryce respecting the question of Diplomatic and Consular Assistance to British Trade Abroad, Foreign Office, 17 July 1886, hier nach D.C.M. Platt, Finance, Trade, and Politics in British Foreign Policy 1815–1914, Oxford 1968, S. 414 f.
15 Martin J. Wiener, English Culture and the Decline of Industrial Spirit, 1850–1980, Cambridge 1981.
16 Siehe die Rezension von W. Ashworth im Economic History Review, 34 (1981), S. 659 f.

17 Siehe Anm. 13.

18 Ebd., S. 591.

19 Ebd., S. 594 f.

20 Ebd., S. 592.

21 Ebd., S. 392.

22 Ebd., S. 588.

23 Chandlers besonders abschreckendes Beispiel ist die Anstellung von Alastair Pilkington durch den Glasfabrikanten Pilkington Brothers im Jahre 1945. Alastair Pilkington gehörte trotz gleichen Namens nicht zur Industriellenfamilie. Die beiden Zweige hatten sich mindestens 15 Generationen zuvor getrennt. Gleichwohl spielt die Diskussion des Namens bei der Einstellung eine gewichtige Rolle. Chandler, wie Anm. 13, S. 591 f.

24 Geoffrey Jones, Great Britain: Big business, management, and competitiveness in twentieth-century Britain, in: Alfred D. Chandler, Jr., Franco Amatori und Takashi Hikino (Hg.), Big Business and the Wealth of Nations, Cambridge 1997, S. 102–138.

25 Auf diese geht, auch gegen Chandlers verallgemeinernde These, sein Mitherausgeber Franco Amatori in demselben Band ein. Franco Amatori, Italy: The tormented rise of organizational capabilities between government and families, in: Chandler et.al., S. 246–276.

26 Jones in: Chandler et al., S. 105.

27 Stanley D. Chapman, British-Based Investment Groups before 1914, in: Economic History Review 38 (1985), S. 230–251.

28 John H. Dunning, Explaining International Production, London 1988, S. 74.

29 Geoffrey Jones, British Multinational Banking, 1830–1990, Oxford 1993, S. 96.

30 Ulrich Wengenroth, Germany: competition abroad – cooperation at home, 1870–1990, in: Chandler et al., insb. S. 139–151.

31 Auch das ist jedoch nicht sicher. Hier müßten zunächst die Kosten des Protektionismus in Form hoher Konsumentenbelastung und sektoraler Verschiebungen gegen die Zahl der tatsächlich geschützten Arbeitsplätze und das dadurch generierte Sozialprodukt aufgerechnet werden, was bisher in der deutschen Wirtschaftsgeschichte noch nicht systematisch unternommen wurde.

32 William Lazonick, Industrial Organization and Technological Change: the Decline of the British Cotton Industry, in: Business History Review 57 (1983), S. 195–236; ders. und Bernard Elbaum (Hg.), The Decline of the British Economy, Oxford 1986; ders., Competitive Advantage on the Shop Floor, Cambridge, MA 1990.

33 Siehe die Beiträge von Leunig und Toms in: Business and Economic History 26 (1997).

34 Sidney Pollard, Entrepreneurship, 1870–1914, in: Roderick Floud und Do-

nald McCloskey (Hg.), The Economic History of Britain since 1700, Bd. 2, Cambridge 1994, S. 62–89.

35 David Edgerton, The Decline of Declinism, in: Business History Review 71 (1997), S. 291–198.

36 William Manchester, Krupp. Zwölf Generationen, München 1968, Kap. 9 »Der Oscar Wilde des Zweiten Reiches«, insb. S. 225–229; Ulrich Wengenroth, Emil Rathenau, in: Wilhelm Treue und Wolfgang König (Hg.), Berlinische Lebensbilder – Techniker, Berlin 1990, S. 207 f.

37 Grundlegend ist William J. Baumol, Sue Anne Batey Blackman und Edward N. Wolff, Productivity and American Leadership: The Long View, Cambridge, MA 1989, insb. Kap. 5.

38 Nicholas Crafts, Britain's Relative Economic Decline 1870–1995: A Quantitative Persepctive, London 1997, S. 43 f.

39 Ebd., S. 44.

40 Jones in: Chandler et al., S. 118.

41 Wengenroth, in: Chandler et al., S. 163–165.

42 James Foreman-Peck und Robert Milward, Public and Private Ownership of British Industry, 1820–1990, Oxford 1994, S. 300–339.

43 Terence R. Gourvish, British Business and the Transition to a Corporate Economy: Entrepreneurship and Management Structures, in: Business History 29 (1987), S. 35; Gareth P. Dyas und Heinz T. Thannheiser, The Emerging European Enterprise: Strategy and Structure in French and German Industry, Boulder, CO 1976, S. 66 und 112 f.

44 Jones in: Chandler et al., S. 121 f.

45 Christel Lane, Management and Labour in Europe, Aldershot 1989, S. 91f.

46 Peter Lawrence, Managers and Management in West Germany, London 1980, S. 42.

47 Jones in: Chandler et al., S. 114 f.

48 Jones in: Chandler et al., S. 116.

49 A. Cawson, »European consumer electronics: corporate strategies and public policy«, in: M. Sharp and P. Holmes (Hg.), Strategy for New Technology, London 1989, S. 61.

50 United Nations Yearbook of International Trade Statistics, New York 1989, S. 669.

51 Empirischer Nachweis und theoretisches Modell bei R.E. Rowthorne und J.R. Wells, De-industrialization and foreign trade, Cambridge 1988, S. 14–18. Das bedeutet freilich nicht, daß es zu einer Sättigung der Nachfrage insgesamt kommt. Die Konsumbedürfnisse bestehen fort, verschieben sich in ihrem Schwerpunkt jedoch von industriellen Gütern auf Dienstleistungen und auf positionale Güter, die nicht industriell erzeugt werden können.

Michael Howard
Die deutsch-britischen Beziehungen im 20. Jahrhundert: Eine Haßliebe

1 Ernst Lissauer, Worte in die Zeit: Flugblätter, 1914.
2 Rydyard Kipling, Collected Verse. Definitive Edition, London 1982, S. 329.

Peter Alter
»Beschwerliche Reisen über den Kanal«
Großbritannien und Deutschland zwischen den Weltkriegen

1 Paul Schmidt, Statist auf diplomatischer Bühne 1923–45. Erlebnisse des Chefdolmetschers im Auswärtigen Amt mit den Staatsmännern Europas, Bonn 1950, S. 211.
2 Heinrich Brüning, Memoiren 1918–1934, Stuttgart 1970, S. 283.
3 Roland Hill, An Embassy in Belgrave Square, London 1991, S. 24.
4 G. M. Trevelyan, Englishmen and Italians, in: ders., Recreations of a Historian, London 1919, S. 242.
5 Winston Churchill, The United States of Europe, in: Michael Wolff (Hrsg.), The Collected Essays of Sir Winston Churchill, Bd. 2: Churchill and Politics, London 1976, S. 184f.
6 Zit. in: J. C. Fest, Hitler. Eine Biographie, Frankfurt/M. 1973, S. 675.
7 *Daily Herald* 1.10. 1938 (Titelseite).
8 Der Bericht des Botschafters ist zit. in: Oswald Hauser, England und das Dritte Reich, Bd. 1: 1933–1936, Stuttgart 1972, S. 16.
9 Zit. in: Angela Schwarz, Die Reise ins Dritte Reich. Britische Augenzeugen im nationalsozialistischen Deutschland (1933–39), Göttingen und Zürich 1993, S. 64.
10 Zit. in: Gottfried Niedhart, Zwischen negativem Deutschlandbild und Primat des Friedens: Großbritannien und der Beginn der nationalsozialistischen Herrschaft in Deutschland, in: Wolfgang Michalka (Hrsg.), Die nationalsozialistische Machtergreifung, Paderborn 1984, S. 278.
11 Winston Churchill, The Truth about Hitler, in: *Strand Magazine* 90 (Nov. 1935), S. 10f.
12 Zit. in: Martin Gilbert, Britain and Germany between the Wars, London 1964, S. 102.
13 Edward Heath, The Course of My Life. My Autobiography, London 1998, S. 42.
14 Zit. in: Bernd Jürgen Wendt, Economic Appeasement. Handel und Finanz in der britischen Deutschland-Politik 1933–1939, Düsseldorf 1971, S. 40.
15 Ernest Barker, Age and Youth. Memories of Three Universities, Oxford 1953, S. 136f.

Bernd Jürgen Wendt
»Appeasement« – Eine Friedenspolitik ohne Echo

1 Aus der Fülle der Literatur zur »Appeasementpolitik« sei nur verwiesen auf zwei neuere Bücher: Bernd Ebersold, Machtverfall und Machtbewußtsein. Britische Friedens- und Konfliktlösungsstrategie 1918–1956, München 1992; R.A.C. Parker, Chamberlain and Appeasement: British Policy and the Coming of the Second World War, London 1993.

2 Vgl. dazu Gustav Schmidt, England in der Krise. Grundzüge und Grundlagen der britischen Appeasement-Politik (1930–1937), Opladen 1981.

3 Vgl. dazu Bernd Jürgen Wendt, Economic Appeasement. Handel und Finanz in der britischen Deutschland-Politik 1933–1939, Düsseldorf 1971.

4 Zum britischen Deutschlandbild vgl. Detlev Clemens, Herr Hitler in Germany. Wahrnehmung und Deutungen des Nationalsozialismus in Großbritannien 1920 bis 1939, Göttingen 1996.

5 Zit. nach Reinhard Meyers, Britische Sicherheitspolitik 1934–1938. Studien zum außen und sicherheitspolitischen Entscheidungsprozeß, Düsseldorf 1976, S. 418.

6 Vgl. dazu Meyers, S. 76.

7 Zit. nach Paul W. Doerr, British Foreign Policy 1919–1939. »Hope for the Best, Prepare for the Worst«, Manchester / New York 1998, S. 209.

8 E.F.L. Halifax, Earl of, Fulness of Days, London 1957. S. 189.

9 Zur nationalsozialistischen Außenpolitik allgemein vgl. Bernd Jürgen Wendt, Großdeutschland. Außenpolitik und Kriegsvorbereitung des Hitler-Regimes, München 1987; Klaus Hildebrand, Das vergangene Reich. Deutsche Außenpolitik von Bismarck bis Hitler 1871–1945, Stuttgart 1995. Zur deutschen Englandpolitik im besonderen vgl. Josef Henke, England in Hitlers politischem Kalkül 1935–1939, Boppard am Rhein 1973.

10 Zit. nach Henke, S. 228.

Peter Hoffmann
Die britische Regierung, die deutsche Opposition gegen Hitler und die britische Kriegszielpolitik im Zweiten Weltkrieg

1 Akten zur deutschen auswärtigen Politik 1918–1945, Serie D (ADAP D), Bd. I, Baden-Baden 1950, Nr. 31; The Earl of Birkenhead, Halifax. The Life of Lord Halifax, London 1965, S. 368–374. Der vorliegende Beitrag erschien in einer früheren Fassung in Ernst Willi Hansen, Gerhard Schreiber und Bernd Wegner, Hrsg., Politischer Wandel, organisierte Gewalt und nationale Sicherheit. Festschrift für Klaus-Jürgen Müller, München 1995, S. 315–329.

2 Klaus-Jürgen Müller, General Ludwig Beck. Studien und Dokumente zur politisch-militärischen Vorstellungswelt und Tätigkeit des Generalstabschefs des deutschen Heeres 1933–1938 (Schriften des Bundesarchivs 30), Boppard am Rhein 1980, Nr. 43, S. 500.

3 Peter Hoffmann, Widerstand, Staatsstreich, Attentat. Der Kampf der Opposition gegen Hitler, München, Zürich, 4. Aufl. 1985, S. 78–94; Chamberlain an Viscount Halifax 19.8. 1938, Documents on British foreign policy 1919–1939, 3rd ser. (DBFP 3), Bd. II, London 1949, S. 686–687.

4 Keith Feiling, The life of Neville Chamberlain, London 1946, S. 360.

5 N.H. Gibbs, Grand strategy, volume I: rearmament policy, London 1976, S. 689–714; The parliamentary debates, fifth series, volume 345, House of Commons, Official report, London 1939, col. 2415.

6 Cabinet 37 (38) und 38 (38), Conclusions, 12. und 14.9. 1938, P.R.O., Cab. 23/95; Memoranden in P.R.O. Cab. 24/274 Nr. 196; Sir Orme Sargent (1938–1939 Assistant Under-secretary of State, Mai 1939–1946 Deputy Under-secretary of State im brit. AA) an Sir Robert Vansittart (Erster Diplomatischer Berater der brit. Regierung): »For instance, in the early days of last September, Weizsäcker's advice was, through Burckhardt, to send a strong warning to Hitler. It was largely on this advice that the Cabinet decided to instruct Sir N. Henderson at Nuremberg to deliver the famous message to Hitler. If you remember, Sir N. Henderson demurred, and eventually won the day [...]«; Neville Henderson, Failure of a mission. Berlin 1937–1939, Toronto 1940, S. 150–151; Rainer Blasius, Für Großdeutschland – gegen den großen Krieg. Staatssekretär Ernst Frhr. von Weizsäcker in den Krisen um die Tschechoslowakei und Polen 1938/39, Köln / Wien 1981, S. 64; Marion Thielenhaus, Zwischen Anpassung und Widerstand: Deutsche Diplomaten 1938–1941. Die politischen Aktivitäten der Beamtengruppe um Ernst von Weizsäcker im Auswärtigen Amt, Paderborn 1985, S. 74–75, 123.

7 The diaries of Sir Alexander Cadogan O.M. 1939–1945, hrsg. David Dilks, London 1971, S. 122–123; Cadogans Memorandum in P.R.O. FO 371/21659/XC155334.

8 A.P. Young, The »x« documents, hrsg. Sidney Aster, London 1974, S. 148–162; Cadogan (wie Anm. 7), S. 128–129.

9 F.H. Hinsley, British intelligence in the Second World War: its influence on strategy and operations, I, London 1979, S. 56–57; Peter W. Ludlow, »The unwinding of appeasement«, in: Das »Andere Deutschland« im Zweiten Weltkrieg. Emigration und Widerstand in internationaler Perspektive, hrsg. Lothar Kettenacker, Stuttgart 1977, S. 40; vgl. Peter Hoffmann, »The question of western allied co-operation with the German anti-Nazi conspiracy, 1938–1944«, in: The Historical Journal 34 (1991), S. 443–451.

10 Hinsley I (wie Anm. 9), S. 56–57.

11 Feiling (wie Anm. 4), S. 418, 426; Lothar Kettenacker, Krieg zur Friedenssicherung. Die Deutschlandplanung der britischen Regierung während des Zweiten Weltkrieges (Veröffentlichungen des Deutschen Historischen Instituts London Band 22), Göttingen, Zürich 1989, S. 21, 23, 30.

12 War Cabinet, W.M. (39) 38th Conclusions. Minute 8. Confidential Annex, 23.10. 1939, P.R.O. Cab. 65/3.

13 Hoffmann, Widerstand (wie Anm. 3), S. 138–143; Klemens von Klemperer, German resistance against Hitler. The search for allies abroad, 1938–1945, Oxford 1992, S. 117–134 ohne Präzisierungen.

14 War Cabinet, W.M. (39) 62nd Conclusions, Minute 9. Confidential Annex, P.R.O. Cab. 65/3; W.M. (39) 79th Conclusions, Minute 11. Confidential Annex, P.R.O. Cab. 65/4.

15 Christopher Andrew, Her majesty's secret service. The making of the British intelligence community, New York 1986, S. 438; Martin Gilbert, Winston S. Churchill, Bd. VI, London 1983, S. 72–73.

16 War Cabinet 78 (39), Conclusions 10. Nov. 1939, P.R.O. Cab. 65/2.

17 Cadogan (wie Anm. 7), S. 231, 233; Hinsley I (wie Anm. 9), S. 56–57; Andrew (wie Anm. 15), S. 438–439.

18 Hoffmann, Widerstand (wie Anm. 3), S. 203–213.

19 Peter Ludlow, »Papst Pius XII., die britische Regierung und die deutsche Opposition im Winter 1939/40«, in: Vierteljahrshefte für Zeitgeschichte 22 (1974), S. 322; Owen Chadwick, Britain and the Vatican during the Second World War, Cambridge 1986, S. 91, 93.

20 Ludlow, Papst (wie Anm. 19), S. 301–323, 334–335, 338. »Polen« war nicht näher definiert; in einem späteren Bericht Osbornes hieß es »most of Poland«; die an die Sowjetunion abgetretenen Gebiete und der sogenannte Korridor bzw. Westpreußen wurden nicht erwähnt.

21 T.P. Conwell-Evans, None so blind: a study of the crisis years, 1930–1939, London 1947, S. xi-xii; Hans Rothfels, Die deutsche Opposition gegen Hitler. Eine Würdigung, Frankfurt am Main 1977, S. 154, 228–229 Anm. 10; Cadogan (wie Anm. 7), S. 59; Andrew (wie Anm. 15), S. 416; DBFP 3 IV (wie Anm. 3), London 1951, S. 18; M.G. Christie, Taschenkalender 1940 im Besitz von Peter Ludlow; Harold C. Deutsch, The conspiracy in the twilight war, Minneapolis 1968, S. 158; ADAP C III (wie Anm. 1), Göttingen 1973, S. 817–818. Theo Kordt an Hans Rothfels 24.2. 1949, BA Nl. Rothfels 28/2; Erich Kosthorst, Die deutsche Opposition gegen Hitler zwischen Polen- und Frankreichfeldzug, 3. Aufl., Bonn 1957, S. 82–84.

22 Ulrich von Hassell, Die Hassell-Tagebücher 1938–1944. Aufzeichnungen vom Andern Deutschland, Berlin 1988, S. 171–172; P.R.O. FO 800/398/56034. Cadogan (wie Anm. 7), S. 256–257 notierte am 28.2. 1940: »5 Lonsdale Bryans, with his ridiculous story of a German opposition ready to overthrow Hitler, if we will guarantee we will not ›take advantage‹. Let him talk, then broke it to him that this was about the 100th time I had heard this story. He lacks charm to an extent that is positively astonishing.« Patricia Meehan, The unnecessary war. Whitehall and the German resistance to Hitler, London 1992, S. 274 kommentierte: »The Bryans-Hassell affair was clearly a case of the medium killing the message.«

23 Churchill instruierte Eden am 20.1. 1941: »Your predecessor was entirely

misled in December 1939. Our attitude towards all such inquiries or suggestions should be absolute silence.« Churchill an Eden 10.9. 1941: »I am sure we should not depart from our policy of absolute silence. Nothing would be more disturbing to our friends in the United States or more dangerous with our new ally, Russia, than the suggestion that we were entertaining such ideas. I am absolutely opposed to the slightest contact.« P.R.O., FO 371/26542/[C 610], FO 371/26543/C10855, PREMIER 4/100/8.

24 Kettenacker, Krieg (wie Anm. 11), S. 443.

25 Kettenacker, Krieg (wie Anm. 11), S. 42–43.

26 Kettenacker, Krieg (wie Anm. 11), S. 22, 33, 44, 57.

27 So Vansittart in einem Memorandum vom 28.11. 1939, Dokumente zur Deutschlandpolitik, I. Reihe, Bd. 1, hrsg. Rainer A. Blasius, Frankfurt a.M. 1984, S. 76–80.

28 Feiling (wie Anm. 4), S. 416–418; Kettenacker, Krieg (wie Anm. 11), S. 33–39. Ebenso sprach am 24.10. 1939 der britische Botschafter in Paris, Sir Eric Phipps, in seinem Bericht zum Abschluß seiner vierzigjährigen diplomatischen Tätigkeit von dem Irrtum mancher Leute, es gebe »zwei Deutschland«; Dokumente (wie Anm. 27), S. 38–41.

29 So Strang, Memorandum 31.10. 1939, zit. Kettenacker, Krieg (wie Anm. 11), S. 48–49.

30 Strang schrieb am 31.10. 1939, Deutschland solle »Land oder jedenfalls Einfluß in Osteuropa an Rußland verlieren«; Kettenacker, Krieg (wie Anm. 11), S. 50.

31 Lothar Kettenacker, »Zur britischen Reaktion auf deutsche Friedensfühler während des ›Phoney War‹ 1939/40« in: Deutschland (wie Anm. 9), S. 157–158.

32 War Cabinet 120 (39), Conclusions of a Meeting of the War Cabinet held at 10 Downing Street, S.W. 1, on Wednesday, December 20, 1939, at 11.30 a.m., P.R.O. Cab. 65/2.

33 Kettenacker, Reaktion (wie Anm. 31), S. 159–161; Llewellyn Woodward, British foreign policy in the Second World War, Bd. I, London 1970, S. 284–286.

34 Ludlow, Papst (wie Anm. 19), S. 337.

35 Woodward I (wie Anm. 33), S. 286.

36 Debates, fifth series, volume 360 (wie Anm. 5), 1940, col. 1501–1502.

37 War Cabinet, Defence Committee (Operation), Minutes of a Meeting held at 10, Downing Street, on Friday, 18th April, 1941, at 4.45 p.m., Presseerklärung, P.R.O. Cab. 120/300/1207; *The Times* 19.4. 1941.

38 Churchill an Eden 10.9. 1941, P.R.O. PREMIER 4/100/8.

39 United States No. 3 (1941), Joint Declaration by the President of the United States of America and Mr. Winston Churchill, representing His Majesty's Government in the United Kingdom Known as the Atlantic Charter, August

14, 1941, Cmd. 6321, accounts and papers [. .] 1940–41; veröffentlicht in *The Times* (Late London Ed.) 15.8. 1941, S. 4; War Cabinet 84 (41), Conclusions of a Meeting of the War Cabinet held at 10, Downing Street, S.W. 1, on Tuesday, August 19, 1941, at 11.30 a.m., P.R.O., Cab. 65/19. Dokumente (wie Anm. 27), S. XLIV und 450 erwähnt eine Sitzung am 26.8. 1941 als Sitzung des War Cabinet auf Grund eines Mißverständnisses einer Tagebucheintragung von Hugh Dalton, The Second World War diary of Hugh Dalton 1940–45, hrsg. Ben Pimlott, London 1986, S. 273–275, wo Dalton ein »meeting of ministers« erwähnt, also keine Kabinettsitzung; vgl. T.D. Burridge, British Labour and Hitler's war, London 1976, S. 29; Blasius' Mißverständnis führte zu einem irrtümlichen Verweis bei Andreas Hillgruber, Der Zusammenbruch im Osten 1944/45 als Problem der deutschen Nationalgeschichte und der europäischen Geschichte, Opladen 1985, S. 23. Siehe auch »The Atlantic Charter«, Rundfunkansprache in Winston S. Churchill, His complete speeches 1897–1963, Bd. VI, 1935–42, New York und London 1974, S. 6473–6476; debates, fifth series, vol. 374 (wie Anm. 5), 1941, 9.9. 1941, cols. 67–68; debates, fifth series, vol. 376 (wie Anm. 5), 1942, 18.11. 1941, cols. 187–188; debates, fifth series, vol. 398 (wie Anm. 5), 1944, 22.3. 1944, cols. 853–854.

40 Foreign relations of the United States 1942 (FRUS 1942), Bd. I, Washington 1960, S. 1–38; FRUS: the conference at Washington, 1941–1942, and Casablanca, 1943, Washington 1968, S. 362–376.

41 Kettenacker, Krieg (wie Anm. 11), S. 270, 272.

42 Phipps an Halifax 23.10. 1939, Dokumente (wie Anm. 27), S. 38.

43 Kettenacker, Krieg (wie Anm. 11), S. 49; Kettenacker, Reaktion (wie Anm. 31), S. 159–161.

44 Ludlow, Papst (wie Anm. 19), S. 336–337.

45 Ludlow, unwinding (wie Anm. 9), S. 40.

46 Eden an den englischen Botschafter in Moskau, Sir Stafford Cripps, 1.12. 1941, Dokumente (wie Anm. 27), S. 577–579.

47 Dokumente (wie Anm. 27), S. 579.

48 Kettenacker, Krieg (wie Anm. 11), S. 270–302.

49 Terry (wie Anm. 46), S. 218, 247–248, 252; Sebastian Siebel-Achenbach, »The social and political transformation of Lower Silesia, 1943–1948«, Phil. Diss. Oxford 1987, S. 63–68, 82–83; Dalton (wie Anm. 39), S. 441.

50 Kabinettsitzung 1.1. 1942 mittag, W.M. (42) 1st Conclusions, Minute 4, Confidential Annex, P.R.O. Cab. 65/21.

51 Winston S. Churchill, The second world war, Bd. IV, Boston 1950, S. 327; Churchill and Roosevelt, The complete correspondence, I, hrsg. Warren F. Kimball, Princeton 1984, S. 394–395.

52 War Cabinet 86 (42), Conclusions of a Meeting of the War Cabinet held at 10 Downing Street, S.W.1, on Monday, July 6, 1942, at 5.30 p.m., P.R.O. Cab.

65/27; War Cabinet, Anglo-Czechoslovak Relations, W.P. (42) 280, July 2, 1942, P.R.O. Cab. 66/26; W.M. (43), 135th Conclusions, Minute 4, Confidential Annex (5th October, 1943–5.30 p.m.), P.R.O. Cab. 65/40; A[nthony] E[den], War Cabinet, Western Frontiers of the U.S.S.R., W.P. (43) 280, 5th October, 1943, P.R.O. Cab. 66/41; War Cabinet 137 (43), Conclusions of a Meeting of the War Cabinet held at 10 Downing Street, S.W. 1, on Friday, 8th October, 1943, at 11.30 a.m., P.R.O. Cab. 65/36; W.M. (43), 137th Conclusions, Confidential Annex, P.R.O. Cab. 65/40.

53 Siebel-Achenbach (wie Anm. 49), S. 79–81; FRUS. Diplomatic papers. The conferences at Cairo and Teheran 1943, Washington 1961, S. 594–596; Kettenacker, Krieg (wie Anm. 11), S. 459–468; zur polnischen Westgrenze im einzelnen auch Josef Foschepoth, »Großbritannien, die Sowjetunion und die Westverschiebung Polens«, in: Militärgeschichtliche Mitteilungen 34 (1983), S. 61–90.

54 Churchill im House of Commons am 22.2. 1944, Debates, fifth series, volume 397 (wie Anm. 5), 1944, col. 698–699; FRUS 1944 I, S. 517–518; Woodward II (wie Anm. 33), 1971, S. 638, 357–662.

55 Kettenacker, Krieg (wie Anm. 11), S. 464 zit. den Vermerk Sargents vom 31.12. 1944 zur Westgrenze Polens: »It has already been settled and cannot be reopened at the peace settlement.«

56 Zit. in Kettenacker, Krieg (wie Anm. 11), S. 456.

57 Patricia Meehan (wie Anm. 22) hat die Ausflucht, die wirklichen Verschwörer seien von den falschen nicht zu unterscheiden gewesen, gründlich widerlegt.

58 Vgl. Hassell (wie Anm. 22), S. 266.

59 The memoirs of Lord Gladwyn, London 1972, S. 88–89.

60 Vgl. War Cabinet, Conclusions and confidential annexes, Sept. 1939–Aug.1941, P.R.O. Cab. 65/3–4, 11–16, 21–23.

61 George F. Kennan, Memoirs 1925–1950, Boston, Toronto 1967, S. 121.

62 George Cicestr [Bell], »The background of the Hitler plot«, in: The Contemporary Review, Oct. 1945, S. 206–208; Dietrich Bonhoeffer, Gesammelte Schriften, Bd. 1, München 1958, S. 373; Eberhard Bethge, Dietrich Bonhoeffer: Theologe, Christ, Zeitgenosse, 3. Aufl., München 1970, S. 824–835, 732–737; Willem Visser't Hooft, Die Welt war meine Gemeinde, München 1972, S. 185–186; Arvid Brodersen (Führer des norwegischen Widerstandes), mündliche Mitteilungen an d. Verf. 13.1. 1985.

63 H[ans] R[othfels], Hg., »Zwei aussenpolitische Memoranden der deutschen Opposition (Frühjahr 1942)«, in: Vierteljahrshefte für Zeitgeschichte 5 (1957), S. 388–395; Visser 't Hooft (wie Anm. 62), S. 182–200; Eugen Gerstenmaier, »Der Kreisauer Kreis: Zu dem Buch Gerrit van Roons ›Neuordnung im Widerstand‹«, in: Vierteljahrshefte für Zeitgeschichte 15 (1967), S. 236–237; George K. A. Bell, »Die Ökumene und die innerdeutsche Opposition«, in: Vierteljahrshefte für Zeitgeschichte 5 (1957), S. 362–378; Bonhoef-

fer (wie Anm. 62), S. 372–389; Political memorandum, Germany No. 41, 23 March 1944, for Political Intelligence Department, P.R.O. FO 371/39059 139936.

64 Hassell (wie Anm. 22), S. 266, 382.

65 H[ans] B[ernd] G[isevius], memorandum for A[llen] W[elsh] D[ulles], Juli 1944, Masch., im Besitz d. Verf.

66 [Carl Goerdeler], Unsere Idee, Masch., Nov. 1944, S. 33–40, BA Nl. Goerdeler 26; [Urteil des Volksgerichtshofes, I. Senat, 17. Jan. 1945 gegen H. Kaiser und B. Thoma], Masch.-Abschrift, Az. I L 454/44 O J 7/44 g Rs, [Berlin 17.1. 1945], BA EAP 105/30; Spiegelbild einer Verschwörung. Die Kaltenbrunner-Berichte an Bormann und Hitler über das Attentat vom 20. Juli 1944. Geheime Dokumente aus dem ehemaligen Reichssicherheitshauptamt, Stuttgart 1961, S. 126–127, 410–412.

67 Siehe oben, S. 173–174, 177–178.

68 Vgl. »Memorandum by Mr. Eyre Crowe. Memorandum on the Present State of British Relations with France and Germany« 1.1. 1907, in: British Documents on the Origins of the War 1898–1914, hrsg. G.P. Gooch und Harold Temperley, Bd. III, London 1928, S. 897–420; s. oben, S. 177–178, die Begründung des Bombenkrieges gegen die deutsche Zivilbevölkerung als gegen die »schuldigen Länder« gerichtet.

69 Z.B. Kettenacker, Krieg (wie Anm. 11), S. 60–61.

70 Michael Balfour, Withstanding Hitler in Germany, 1933–45, New York 1988, S. 180, 184, 222–223.

71 Meldungen aus dem Reich 1938–1945. Die geheimen Lageberichte des Sicherheitsdienstes der SS, hrsg. Heinz Boberach, Herrsching 1984.

72 Richard Lamb, The ghosts of peace 1935–1945, Wilton 1987, S. 257; Meehan (wie Anm. 22), S. 309–310.

73 Lamb (wie Anm. 72), S. 296–297.

74 Zit. in Kettenacker, Krieg (wie Anm. 11), S. 61.

75 Lamb (wie Anm. 72), S. 283; Meehan (wie Anm. 22), S. 326.

Wolfgang J. Mommsen
Vom Kriegsgegner zum Partner

1 Dieser Beitrag geht auf einen Vortrag zurück, der anläßlich des 40jährigen Jubiläums der Deutsch-Englischen Gesellschaft im Jahr 1989 in Düsseldorf gehalten wurde.

2 Vgl. den Beitrag von Peter Hoffmann in diesem Band, S. 176f.

3 Brief vom 31. Aug. 1945, zit. bei Alan Bullock, Ernest Bevin, Foreign Secretary 1945–1951, London 1983, S. 117.

4 Vgl. Ralph Uhlig, Die Deutsch-Englische Gesellschaft 1949–1983. Der Beitrag ihrer »Königswinter-Konferenzen« zur britisch-deutschen Verständigung, Deutsches Historisches Institut London, Göttingen 1986, S. 18 ff.

5 Zit. bei Donald Cameron Watt, Hauptprobleme der britischen Deutschlandpolitik 1945–1949, in: Claus Scharf / Hans-Jürgen Schröder, Hrsg., Die Deutschlandpolitik Großbritanniens und die Britische Zone 1945–1949, Wiesbaden 1979, S. 28.

6 Vgl. Winston S. Churchill, Sinews of peace, ed. by R. S. Churchill, London 1948, S. 199 ff.

7 Bullock, Ernest Bevin, S. 578.

8 Zitiert bei Hans Peter Schwarz, Geschichte der Bundesrepublik Deutschland, Bd. 3, Die Ära Adenauer, Epochenwechsel 1957–1963, Stuttgart 1981, S. 100.

9 Zitiert bei F. S. Northedge, Descent from Power. British foreign Policy 1955–1973, London 1974, S. 241.

10 Vgl. Josef Foschepot, Kalter Krieg und Deutsche Frage, Göttingen 1985, S. 29 ff. Auf die sich daran anschließende Diskussion kann hier nicht eingegangen werden.

11 Schwarz, Geschichte, Bd. 3, S. 107.

12 Zu Adenauers Sorge vor einem Ausverkauf Deutschlands an die UdSSR durch die britische Diplomatie siehe Angelika Volle, Deutsch-Britische Beziehungen, Eine Untersuchung des bilateralen Verhältnisses auf der staatlichen und der nichtstaatlichen Ebene seit dem Zweiten Weltkrieg, Bonn 1976, S. 41 ff.

13 Vgl. die Rede am 7.2. 1963, Verhandlungen des deutschen Bundestages, 4. Wahlperiode, Stenographische Berichte, Bd. 52, S. 2623 ff.

14 Willy Brandt, Begegnungen und Einsichten, Die Jahre 1960–1975, Hamburg 1976, S. 202.

15 Verhandlungen des deutschen Bundestages, 6. Wahlperiode, Stenographische Berichte, Bd. 71, S. 32B.

16 Werner Link, Außen und Deutschlandpolitik in der Ära Schmidt 1974–1982, in: Wolfgang Jäger / Ders., Geschichte der Bundesrepublik Deutschland, Bd. 5/II: Republik im Wandel, Die Ära Schmidt, Stuttgart 1987, S. 309.

17 Karl Kaiser und John Roper, Hrsg., Die stille Allianz. Deutsch-Britische Sicherheitskooperation. Schriften des Forschungsinstituts der Deutschen Gesellschaft für Auswärtige Politik: Reihe Rüstungsbeschränkung und Sicherheit, Bd. 17, Bonn 1987.

18 Vgl. Sidney Pollard, Struktur- und Entwicklungsprobleme der britischen Wirtschaft, in: Kastendiek/Rohe/Volle, Hrsg., Länderbericht Großbritannien. Geschichte – Politik – Wirtschaft – Gesellschaft, Bonn 1998, S. 306.

19 Siehe Alan Sked und Cris Cook, Post-War Britain. A Political History London 1994, S. 380 f.

Anthony Glees
Britische Kulturpolitik in Deutschland in der unmittelbaren Nachkriegszeit

1 Vgl. Wolfgang J. Mommsen, Britain and Germany 1800 to 1914. Two Development Paths Towards Industrial Society, London 1986; vgl. auch Anthony Glees, The Germans and the British: from Enemies to Partners, in: C. Soe, D. Verheyen, D. (Hrsg.), Germany and its Neighbours. Boulder 1993.

2 Vgl. Ralph Uhlig, Die Deutsch-Englische Gesellschaft 1949–1983, Göttingen 1985; Giles Radice, The New Germans, London 1995; Thomas Kielinger, Crossroads and Roundabouts. Junctions in German-British Relations, Bonn 1997; Yvonne Klein, Obstructive or Promoting? British Views on German Unification 1989/90, in: German Politics, 5/3, 1996, S. 404–431; Jonathan Wright, The Role of Britain in West German Foreign Policy since 1949, in: German Politics, 5/1, 1996, S. 26–42.

3 Vgl. J. M. Mitchell, International Cultural Relations, London 1986.

4 Ebenda, S. 2.

5 Ebenda, S. 58.

6 Vgl. Anthony Glees, The Diplomacy of Anglo-German Relations: A Study of ERM Crisis of September 1992, in: German Politics, 3/1, 1994, S. 75–90.

7 J.M. Mitchell: a.a.O, S. 108 f.

8 Lord Vansittart, Black Record, London 1941.

9 Vgl. Anthony Glees, From Enemies to Partners, in: C. Soe und D. Verheyen (Hrsg.), Germany and its Neighbours: a.a.O.

10 Vgl. Norbert Frei, Vergangenheitspolitik. Die Anfänge der Bundesrepublik und die NS-Vergangenheit, München 1996. Freis These lautet, daß die erfolgreiche Eliminierung des Nationalsozialismus in Deutschland weniger den Deutschen selbst als den Westmächten zu verdanken ist.

11 Vogel und Weisz, 1976, S. 151 ff.

12 Vgl. Ivone Kirkpatrick, The Inner Circle, London 1959, S. 205; vgl. auch Anthony Glees, Exile Politics During the Second World War, Oxford 1982, S. 142 f. Interview mit Sir Frank Roberts, 28. Juni 1979.

13 Noel Annan und sein Vorgesetzter, Sir Christopher (›Kit‹) Steel, der erste Vorsitzende der ›Zonal Political Division‹, sind gute Beispiele. »He certainly put first things first. Delighted to hear that I had the entree at Veuve Clicquot, he set off with me for Rheims and loaded up the Foreign Office truck there. As we came over the rise dropping down to Bingen Steel he gazed across the Rhine at the Johannisberger vineyard. ›What a bloody marvellous sight‹, he said.« Noel Annan, Changing Enemies, The Defeat and Regeneration of Germany, London 1995, S. 151.

14 Noel Annan, a.a.O., S. 157.

15 Noel Annan, a.a.O., S. 184 ff.: »For the most part Albu concerned himself with governmental problems on which he could speak with authority and deal

direct with Hynd. He found the military government trying to impose upon the Germans the British system of representation and of voting in elections. Albu proposed a compromise ... all the western allies agreed there should be some sort of federated decentralised state: the French wanted the loosest kind of confederation; the American political scientists could not envisage anything very different from the United States Constitution and the British officials hardly understood the notion of federalism. Despite the fact that the Colonial Office often imposed that form of government upon Colonies that were gaining their independence. Albu negotiated with the Germans – Schumacher wanted the whole UK zone to be one Land; Kopf got Hanover, Brunswick Oldenburg and Schaumburg-Lippe as Lower Saxony.«

16 Public Record Office, Index.

17 Zitiert bei M. Pelly und G. Bennett, FCO Historical Branch Occasional Papers Nr. 3, November 1989.

18 Anthony Glees, Reinventing Germany: German Political Development since 1945, Oxford / Washington 1996, S. 26 ff.

19 Arthur Hearnden, The British in Germany, London 1978, S. 49.

20 Michael Ermath hat die Natur der amerikanischen Besatzungspolitik auf den Punkt gebracht. Die allgemeine Meinung sei, daß diese weniger erfolgreich als die der übrigen Alliierten war; ironischerweise sei die amerikanische Kultur selbst so assimilierbar, daß sie trotz weniger entwickeltem Anspruch leichter und vollständiger im Nachkriegsdeutschland absorbiert wurde als die britische Kultur mit ihrem höheren Anspruch. Vgl. Michael Ermath, America and the Shaping of German Society, Ann Arbor 1993.

21 FO 1050/1292, 6. Oktober 1945.

22 FO 1050/1265.

23 FO 1050/1292.

24 Vgl. Anthony Glees, The secrets of the Service: British Intelligence and Communist Subversion, 1939–51 London 1989, S. 191 ff.

25 Zitiert in A. Hearnden (Hrsg.), The British in Germany, London 1976, S. 52.

26 Ebenda.

27 Auf Berlins Sonderstatus gehen in Hearndens Veröffentlichung unterschiedliche Autoren ein.

28 A. Hearnden, a.a.O., S. 60.

29 FO 1050/1292.

30 FO 1050/1292, 6. Oktober 1945.

31 Vgl. J.M. Mitchell, a.a.O., S. 58: »The typical information activities in cultural relations work were lectures, documentary film shows, photographic display of news and current affairs, lending libraries and presentations of books and periodicals and language teaching, based on the institute model.« Vergl. S. 59 bezueglich der »Bruecken«.

32 FO 1050/1332 Nina (?) zu Nick Soulsby in Buende.

33 FO 1050/1332 Dezember 1946.
34 FO 1050/1332.
35 FO 1050 1356.
36 Es gab: 14 212 Besucher des Leseraums; 1815 in der Referenzbibliothek; 2979 in der Bibliothek; 3500 in den Kinos und 162 in Diskussionsgruppen.
37 Vgl. Anthony Glees, Reinventing Germany, 1996, S. 39f.
38 Vgl. Curt Garner, Public Service Personnel in West Germany in the 1950s, in: The Journal of Social History, 29 (1995/96), S. 25–80.
39 Becker in A. Hearnden, a.a.O., S. 268 ff.
40 T. Davies in A. Hearnden, a.a.O, S. 218.

Christoph Bluth
Die deutsch-britischen Sicherheitsbeziehungen 1953–1990

1 Aus einer Rede anläßlich der Conservative Party Conference in Llandudno, 9. Oktober 1948, zitiert aus Graeme P. Auton / Wolfram Hanrieder, The Foreign Policies of West Germany, France, and Britain, Englewood Cliffs, NJ 1980, S. 177 f.
2 David Sanders, Losing an Empire, Finding a Role, London 1990.
3 Brian Lapping, End of Empire, London 1989.
4 Für eine Darstellung der eher optimistischen britischen Bewertung der Wahrscheinlichkeit eines Sowjetischen Angriffs auf Westeuropa – im Unterschied zu amerikanischen Positionen, die das Risiko eines Krieges höher einschätzten, und deshalb stärkere Rüstungsanstrengungen forderten – vgl. PRO, DEFE 7/677, Sir O. Franks, no. 822 to Foreign Office, 3. August 1952; diskutiert bei Ian Clark and Nicholas J. Wheeler, The British Origins of Nuclear Strategy 1945–1955, Oxford 1989, S. 174 f. James Matthew Jones, »British threat analyses in the 1950s«, in: Carl-Christoph Schweitzer, The Changing Western Analysis of the Soviet Threat, London 1990, S. 119–135, führt aus, die britische Wahrnehmung der sowjetischen Bedrohung habe sich Mitte der sechziger Jahre von der militärischen in die ökonomische Sphäre verschoben. Besonders aufschlußreiche Belege sind FO 371/122790, 1 May 1956, NS 1023/23; FO 371/122797, 3 March 1956.
5 Dieser Verdacht war voll gerechtfertigt. Zwischen 1957 und 1960 wurde die British Army on the Rhine (BAOR) von 77 000 auf 55 000 Mann reduziert. Das Sandys Verteidigungs-Weißbuch von 1957, das erhebliche Kürzungen in den Budgets der Armee und Marine und eine Verschiebung des Schwerpunkts auf die nukleare Abschreckung vorsah, verursachte eine sehr negative Reaktion in der Bundesrepublik. Ein Bericht von General Ulrich de Maizière hatte eine »tiefe Wirkung« auf den Bundeskanzler, da dieser »schlimmer als erwartet« war. Siehe NHP Dokumente, Leiter IV A, Tgb. Nr. /57, Besprechung beim Bundeskanzler am 27 April 1957 vorm. Bonn, 27. April 1957. Siehe auch Olaf Mager, Die Stationierung der britischen Rheinarmee, Baden-Baden 1990,

S. 161–88; Christoph Bluth, »Nuclear Weapons and British-German Relations«, in: Beatrice Heuser / Robert O'Neill (Hrsg.), Securing Peace in Europe, 1945–62, London 1992, S. 139–156.

6 Angelika Volle, Deutsch-Britische Beziehungen, Bonn 1976, S. 33–69; zur britischen Haltung zu Europa siehe Royal Institute of International Affairs, Britain in Western Europe, London 1956, S. 7 f.; John W. Young, Britain, France and the Unity of Europe 1945–1951, Leicester 1984.

7 PRO, CAB 131.12, D (52) 41, 29. September 1952. Ian Clark / N.J. Wheeler, The British Origins of Nuclear Strategy 1945–55, Oxford 1989, S. 163; eine detaillierte Analyse findet sich bei John Baylis, Ambiguity and Deterrence, Oxford 1995, S. 126–151.

8 Es war offensichtlich, daß die amerikanischen Nuklearwaffen das wesentliche Element der Abschreckung gegen die Sowjetunion darstellen mußten. Britische Kernwaffen würden jedoch in Zusammenarbeit mit den Vereinigten Staaten eine Rolle spielen und somit Großbritannien Einfluß über die amerikanische Kernwaffenpolitik geben.

9 Martin S. Navias, Nuclear Weapons and British Strategic Planning 1955–1958, Oxford 1991.

10 Vgl. David N. Schwartz, Nato's Nuclear Dilemmas, Washington 1983, S. 42–46.

11 Margaret Gowing, Independence and Deterrence: Britain and Atomic Energy 1945–52, London 1974; Christoph Bluth, Britain, Germany and Western Nuclear Strategy, Oxford 1995, S. 52–104.

12 Dieser Begriff ist entwickelt worden bei Martin S. Navias, The Sandys White Paper of 1957 and the move to the British New Look: An analysis of nuclear weapons, conventional forces and strategic planning 1955–57, unveröffentl. Ph.D. Thesis, London: King's College 1989, Kapitel 4.

13 Richard Neustadt, Report to the President: Skybolt and Nassau, 15. Nov 1963, National Security Files, Box 322, Staff memoranda, J.F. Kennedy Library, Boston; eine unkonventionelle Analyse bietet John D. Steinbruner, The Cybernetic Theory of Decision, Princeton 1974; siehe auch Baylis, a.a.O., S. 320–326.

14 Neville Brown, »British Arms and the Switch Towards Europe«, in: International Affairs, No. 3. Juli 1967, S. 468–482.

15 Jane Stromseth, The Origins of Flexible Response, London 1988; David N. Schwartz, Nato's Nuclear Dilemmas, Washington 1983; Denis Healey, »Nato, Britain and Soviet Military Policy«, in: Orbis, XIII 1, 1969, S. 48–58.

16 Healey, a.a.O.; siehe auch Bluth, a.a.O., S. 105–142.

17 Bluth, a.a.O., S. 179–200; Oral History Transcripts, »Nuclear Planning and British-German Relations 1966–70«, King's College London, 12. April 1989; J. Michael Legge, Theater Nuclear Weapons and the Nato Strategy of Flexible Response, Santa Monica 1983.

18 Detailliert dazu: John Cartwright and Julian Critchley, Cruise, Pershing and SS-20 (A North Atlantic Assembly Report), London 1985.

19 Alex Pravda / Peter J.S. Duncan (Hrsg.), Soviet-British Relations Since the 1970s, Cambridge 1990.

20 Siehe Tom Halverson, The Last Great Nuclear Debate: Nato and Short-Range Nuclear Weapons in the 1980s, Ph.D. Thesis, University of London 1992, S. 278–279.

21 Christoph Bluth, The Collapse of Soviet Military Power, Aldershort 1995; Stephen Shenfield, The Nuclear Predicament, London 1987.

22 Andrew McEwen, »Thatcher Toughens Here Line on Alteration of Frontiers«, *The Times*, 12. Februar 1990; siehe auch Condoleezza Rice und Philip Zelikow, Germany Unified and Europe Transformed, Cambridge, MA 1995.

23 Tim Judah, »Kosovo's Road to War«, in: Survival, 41, No. 2, 1999, S. 5–18.

24 Peter Schmidt (Hrsg.), In the Midst of Change: On the Development of West European Security and Defence Co-operation, Baden-Baden 1992; Laurence Martin / John Roper (Hrsg.), Towards A Common Defence Policy, Paris 1995; Christoph Bluth, Germany and the Future of European Security, London 1993.

William E. Paterson
Großbritannien, Europa und das deutsch-britische Verhältnis

1 Vgl. Hugo Young, This Blessed Plot – Britain and Europe from Churchill to Blair, London 1998, S. 322–324.

2 Margaret Thatcher, The Downing Street Years, London 1993, S. 743.

3 Ebenda, S. 744 f.

4 Zitiert in William E. Paterson, Beyond Semi-Sovereignity: The New Germany in the New Europe, in: German Politics, 5, 1996. S. 167–184; hier S. 172.

5 Zitiert in *Die Zeit* vom 8. März 1996.

6 Siehe Y. Klein, Obstructing or Preventing ? British Views on German Unification, in: German Politics, 5, 1996, S. 404–431, hier S. 414 f. Das vertrauliche Memorandum von Charles Powell ist am 15. Juli 1990 im *Independent* veröffentlicht worden unter dem Titel »What the Primeminister learnt about the Germans«.

7 Zitiert in *The Spectator* vom 14. Juli 1990.

8 Zitiert in *The Times* vom 19. Juni 1997.

9 Vgl. Hansard 27/20/97, Cols 503–88. Zitiert in *The Times* vom 28. Oktober 1997.

10 Vgl. Arnulf Baring, Germany's new position in Europe. Problems and Perspectives, Oxford, 1996.

11 Vgl. FAZ vom 27. Oktober 1997.

12 Vgl. *The Guardian*: »Britons warm to the European ideal« vom 1. Juni 1999.

Auswahlbibliographie

Aldcroft, Derek H., The Inter-War Economy: Britain, 1919–1939, London 1970.

Alford, Bernhard W.E., Britain in the World Economy since 1880, London 1996.

Balfour, Michael, Withstanding Hitler in Germany, 1933–1945, New York 1988.

Berghoff, Hartmut / Friedeburg, Robert v. (Hg.), Change and Inertia. Britain under the Impact of the Great War, Bodenheim 1998.

Berghoff, Hartmut / Ziegler, Dieter, Pionier und Nachzügler? Komparative Studien zur Geschichte Großbritanniens und Deutschlands im Zeitalter der Industrialisierung. Festschrift für Sidney Pollard zum 70. Geburtstag, Bochum 1995.

Birke, Adolf M. / Kluxen, Kurt (Hg.), England und Hannover, München 1986.

Blasius, Rainer, Für Deutschland – gegen den großen Krieg. Staatssekretär Ernst Frhr. von Weizsäcker in den Krisen um die Tschechoslowakei und Polen 1938/39, Köln/Wien 1981.

Braun, H.-J., Technologische Beziehungen zwischen Deutschland und England von der Mitte des 17. bis zum Ausgang des 18. Jahrhunderts, Düsseldorf 1974.

Bruford, W.H., Germany and the Germans – Eighteenth-Century English Travellers' Tales, in: German Life and Letters, I, 2, 1937, S. 81–95.

Buchheim, Christoph, Deutsche Gewerbeexporte nach England in der zweiten Hälfte des 19. Jahrhunderts, Ostfildern 1986.

Checkland, S.G., The Rise of Industrial Society in England 1815–1885, Oxford 1974.

Clemens, Detlev, Herr Hitler in Germany. Wahrnehmung und Deutung des Nationalsozialismus in Großbritannien 1920–1939, Göttingen 1996.

DeGroot, Gerard J., Blighty. British Society in the Era of the Great War, London 1996.

Doerr, Paul W., British Foreign Policy 1919–1939. »Hope for the Best, Prepare for the Worst«, Manchester/New York 1998.

Doering-Manteuffel, Anselm, Vom Wiener Kongreß zur Pariser Konferenz. England, die deutsche Frage und das Mächtesystem 1815–1856, Göttingen 1991.

Emsley, Clive, British Society and the French Wars 1783–1815, London 1979.

Farnie, D. A., The English cotton industry and the world market, 1815–1896, Oxford 1979.

Feiling, Keith, The Life of Neville Chamberlain, London 1946.

Gash, Norman, After Waterloo: English Society and the Legacy of the Napoleonic Wars, in: TRHS Series 5, 28/1978, S. 145–157.

Gash, Norman, Aristocracy and People. Britain 1815–1865, London 1979.

Gruner, Wolf D., Großbritannien, der Deutsche Bund und die Strukturen des europäischen Friedens im frühen 19. Jahrhundert. 2 Bde., München 1979.

Gruner, Wolf D., Die deutsche Frage in Europa 1800 bis 1990, München/Zürich 1993.

Gruner, Wolf D. / Wendt, Bernd Jürgen (Hg.), Großbritannien in Geschichte und Gegenwart. Beiträge zur Deutschen und Europäischen Geschichte, Bd. 9, Hamburg 1994.

Ebersold, Bernd, Machtverfall und Machtbewußtsein. Britische Friedens- und Konfliktlösungsstrategie 1918–1956, München 1992.

E. F. L. Halifax, Earl of, Fulness of Days, London 1957.

Harrison, Mark, Crowds and History. Mass Phenomena in English Towns 1790–1835, Cambridge 1988.

Hassell, Ulrich von, Die Hassell-Tagebücher 1938–1944. Aufzeichnungen vom anderen Deutschland, Berlin 1988.

Henke, Josef, England in Hitlers politischem Kalkül 1935–1939, Boppard am Rhein 1973.

Hildebrand, Klaus, Das vergangene Reich. Deutsche Außenpolitik von Bismarck bis Hitler, Stuttgart 1995.

Hinsley, F.H., British intelligence in the Second World War: It's influence on strategy and operations, I, London 1979.

Hobsbawm, Eric J., Industry and Empire, Harmondsworth 1969.

Hoffmann, Peter, Widerstand, Staatsstreich, Attentat. Der Kampf der Opposition gegen Hitler, München/Zürich 1985.

Hollenberg, Günter, Englisches Interesse am Kaiserreich. Die Attrak-

tivität Preußen-Deutschlands für Konservative und Liberale Kreise in Großbritannien, Wiesbaden 1974.
Kennedy, Paul M., The Rise of the Anglo-German Antagonism 1860–1914, London 1980.
Kettenacker, Lothar (Hg.), Emigration und Widerstand in internationaler Perspektive, Stuttgart 1977.
Kettenacker, Lothar, Krieg zur Friedenssicherung. Die Deutschlandplanung der britischen Regierung während des Zweiten Weltkrieges, Göttingen/Zürich 1989.
Kettenacker, Lothar / Schlenke, Manfred / Seier, Hellmut (Hg.), Studien zur Geschichte Englands und der deutsch-britischen Beziehungen. Festschrift Paul Kluke, München 1981.
Klemperer, Klemens von, German resistance against Hitler. The search for allies abroad, 1938–1945, Oxford 1992.
Klepsch, Michael / Reisel, Helge, Von Cromford nach Cromford. Industriespionage im 18. Jahrhundert, Köln 1990.
Kroker, Evelyn, Die Weltausstellungen im 19. Jahrhundert, Göttingen 1975.
Lamb, Richard, The ghost of peace 1935–1945, Wilton 1987.
Maurer, Michael (Hg.), O Britannien, von deiner Freiheit einen Hut voll. Deutsche Reiseberichte des 18. Jahrhunderts, Leipzig 1992.
Maurer, Michael, Aufklärung und Anglophilie in Deutschland, Göttingen 1987.
Mander, J., Our German Cousins, London 1974.
McCord, Norman, British History 1815–1906, London 1991.
Meehan, Patricia, The unnecessary war. Whitehall and the German resistance to Hitler, London 1992.
Meyers, Reinhard, Britische Sicherheitspolitik 1934–1938. Studien zum außen- und sicherheitspolitischen Entscheidungsprozeß, Düsseldorf 1976.
Mommsen, Wolfgang J., Britain and Germany 1800–1914. Two Developmental Paths towards Industrial Society, London 1984.
Mosse, Werner E. (Hg.), Second Chance. Two Centuries of German-speaking Jews in the United Kingdom, Tübingen 1991.
Niedhart, Gottfried, Geschichte Englands im 19. und 20. Jahrhundert, München 1987.
Niedhart, Gottfried (Hg.), Das kontinentale Europa und die britischen Inseln. Wahrnehmungsmuster und Wechselwirkungen seit der Antike, Mannheim 1993.

Panayi, Panikos (Hg.), Germans in Britain since 1500, London 1996.
Panayi, Panikos, The Enemy in our Midst: Germans in Britain during the First World War, London 1991.
Parker, R. A. C., Chamberlain and appeasement: British Policy and the Coming of the Second World War, London 1993.
Paulinyi, Akos / Troitzsch, Ulrich, Mechanisierung und Maschinisierung 1600–1840, Berlin 1991.
Pollard, Sidney, Peaceful Conquest. The industrialization of Europe 1760–1970, Oxford 1981.
Pollard, Sidney, Britain's Prime and Britain's Decline. The British Economy 1870–1914, London 1989.
Rothfels, Hans, Die deutsche Opposition gegen Hitler. Eine Würdigung, Frankfurt am Main 1977.
Schmidt, Gustav, England in der Krise. Grundzüge und Grundlagen der britischen Appeasement-Politik (1930–1937), Opladen 1981.
Schroeder, Paul W., The Transformation of European Politics 1763–1848, Oxford 1994.
Schlenke, Manfred, England und das Friderizianische Preußen 1740–1763, Freiburg 1963.
Schlenke, Manfred, England blickt nach Europa, in: Peter Alter / Paul Kluke (Hg.), Aspects of Anglo-German Relations through the Centuries, Stuttgart 1978.
Schwarz, Angela, Die Reise ins Dritte Reich. Britische Augenzeugen im nationalsozialistischen Deutschland (1933–1939), Göttingen/Zürich 1993.
Sperber, Jonathan, The European Revolutions, 1848–1851, Cambridge 1994.
Süssmuth, Hans (Hg.), Deutschlandbilder in Dänemark und England, in Frankreich und in den Niederlanden, Baden-Baden 1996.
Tilly, Richard, Kapital, Staat und sozialer Protest in der deutschen Industrialisierung, Göttingen 1980.
Thielenhaus, Marion, Zwischen Anpassung und Widerstand: Deutsche Diplomaten 1938–1941. Die politischen Aktivitäten der Beamtengruppe um E. v. Weizsäcker im Auswärtigen Amt, Paderborn 1985.
Ulbricht, Otto, Die englische Landwirtschaft in Kurhannover in der zweiten Hälfte des 18. Jahrhunderts, Berlin 1980.
Weber, Wolfhard, Innovationen im frühindustriellen deutschen Bergbau und Hüttenwesen. Friedrich Anton von Heynitz, Göttingen 1976.

Wellenreuther, H., Von der Interessenharmonie zur Dissoziation. Kurhannover und England in der Zeit der Personalunion, in: Niedersächsisches Jahrbuch für Landesgeschichte, Bd. 67, 1995, S. 23–42.

Wendt, Bernd Jürgen, Economic Appeasement. Handel und Finanz in der britischen Deutschlandpolitik 1933–1939, Düsseldorf 1971.

Wendt, Bernd Jürgen, Großdeutschland. Außenpolitik und Kriegsvorbereitung des Hitler-Regimes, München 1987.

Wittling, Gernot, Der Technologietransfer während des Anlaufes der Industriellen Revolution in Preußen, Diss. Berlin 1992.